HERBERT ROSENDORFER

Der Prinz von Homburg *oder* Der Landgraf mit dem silbernen Bein

Biographie

NYMPHENBURGER

Die Karten zeichnete Hansherbert Buschhüter, Brannenburg

Satz und Druck: Poeschel & Schulz-Schomburgk, Eschwege
ISBN 3-485-00340-9
Printed in Germany

Die Landgrafen von Hessen im 16. Jahrhundert

Nachdem der letzte Landgraf der Marburger Seitenlinie (Wilhelm III.) am 17. Februar 1500 gestorben war, vereinigte Landgraf Wilhelm II., der zu Kassel regierte, die ganze hessische Landgrafschaft in seiner Hand. Wilhelm II. starb 1509 und hinterließ einen einzigen, damals noch nicht ganz fünfjährigen Sohn, den Landgrafen Philipp, der unter der Vormundschaft seiner Mutter, Anna von Mecklenburg, die Nachfolge in ganz Hessen antrat. 1518 wurde Landgraf Philipp – es war, wie er später genannt wurde, Philipp der Großmütige – für großjährig erklärt und trat die selbständige Regierung an. Das war im vorletzten Regierungsjahr Kaiser Maximilians, ein Jahr, nachdem Martin Luther seine 95 Thesen am Tor der Schloßkirche von Wittenberg angeschlagen hatte.

Landgraf Philipp der Großmütige war der letzte Fürst, der in ganz Hessen regierte. Er war ein bemerkenswerter Herr. Er galt als einer der wachesten und intelligentesten Fürsten seiner Zeit. Er gründete die Universität Marburg und nahm lebhaften, auch persönlichen Anteil an den geistigen (und bald auch politischen) Auseinandersetzungen, die auf das oben erwähnte, zunächst so unscheinbar wirkende Ereignis in Wittenberg folgten. Man vergegenwärtigt sich heute kaum noch, daß die reformatorische Bewegung Luthers noch zu Lebzeiten des Reformators durch eine Unzahl zum Teil äußerst kleinkarierter Lehrmeinungen, die binnen weniger Jahre entstanden, in ernstlicher Gefahr war, hoffnungslos aufgesplittert zu werden und dadurch unterzugehen. Landgraf Philipp erkannte diese Gefahr, und es gelang ihm einerseits durch die »Konkordienformel«, andererseits durch den »Schmalkaldischen Bund«, die Gefahr abzufangen.

Die »Konkordienformel« war eine Art Minimaleinigung, ein Kompromiß auf der kleinsten gemeinsamen Grundlage aller reformatorischen Lehrmeinungen, die es allen Anhängern der neuen Lehre gestattete, sich als Teile einer gemeinsamen geistigen Bewegung zu fühlen und entsprechend zu handeln. Diese »Konkordienformel« von 1536 wurde in Kassel und Wittenberg ausgehandelt. (Sie darf nicht mit einer späteren Konkordienformel von 1576, dem »Bergischen Bund«, verwechselt werden, die der Abgrenzung zwischen der melanchthonischen und der streng-lutheranischen Richtung diente.)

Diese erste Konkordienformel oder »Wittenberger Konkordie« war ein Werk des Straßburger Theologen Butzer. Es ging dabei um Form und Bedeutung des Abendmahls und darum, wie Brot und Wein beim Abendmahl zu betrachten seien (einheitlich-sakramentlich und als »darreichendes Zeichen« faßte Butzer zusammen).

Der »Schmalkaldische Bund« wurde am 31. Dezember 1530 in Schmalkalden geschlossen und am 4. April 1531 förmlich ratifiziert. Gründungsmitglieder waren neun Reichsfürsten (mehrere Herzöge von Sachsen und Braunschweig, der Landgraf von Hessen, der Fürst von Anhalt und der Graf von Mansfeld) und elf protestantische Reichsstädte. Der Bund, dessen staatsrechtliche Stellung schwer zu definieren ist, war ein gegen den Kaiser gerichteter Schutzverein einiger Reichsstände, die dem neuen Glauben anhingen. Die Bundesgenossen verpflichteten sich, in religiösen und politischen (und später auch militärischen) Fragen eine einheitliche Linie zu verfolgen, um den Protestantismus zu schützen. Der Bund fand knapp zwanzig Jahre später durch das Ausscheren Herzog Moritz' von Sachsen sein Ende.

Landgraf Philipp war das energischste Mitglied dieses Fürstenvereins, der politischen Interessenvertretung der Reichsfürsten, die der Reformation anhingen. Da das Zustandekommen sowohl des »Schmalkaldischen Bundes« als auch der »Konkordienformel« von 1536 auf die Initiative des Landgrafen Philipp zurückzuführen ist, schreibt man ihm mit Recht ein erhebliches Verdienst am Überleben der Reformation zu. Zugleich wurde durch ihn Hessen – neben den sächsischen Herzogtümern – zum Kernland der Reformation in Deutschland, was die hessischen Landgrafen, insbesondere die spätere Darmstädter Linie, nicht hinderte, in den folgenden Auseinandersetzungen stets betont kaisertreu zu bleiben. Die habsburgischen Kaiser haben diese Treue kaum gedankt. Sie erwiesen auch hier den sprichwörtlichen »Dank des Hauses Habsburg«.

Auch das private Leben des Landgrafen Philipp ist nicht ohne historischen Reiz. Er war seit 1523 mit der Herzogin Christine von Sachsen verheiratet, die ihm bis 1539 sieben Kinder gebar. Mit Zustimmung Luthers und Melanchthons und auch mit dem ausdrücklichen Einverständnis seiner Frau heiratete er dann am 4. März 1540 Fräulein Margarethe von der Saale, die ihm sechs Söhne und eine Tochter gebar. Daneben zeugte Landgraf Philipp mit der Landgräfin weitere drei Kinder. Philipp dürfte somit der einzige christliche Fürst der neueren Geschichte gewesen sein, der zumindest im Ansatz eine Art legitimen Harem hatte. Er überlebte beide Frauen: Die Landgräfin Christine starb 1549, Margarethe, die man »die linke Landgräfin« nannte (d.h. die zur linken Hand, also morganatisch, angetraute), starb 1566, Landgraf Philipp ein Jahr später. Die familiäre Fruchtbarkeit im Hause Hessen vererbte sich, nicht immer zum Nutzen des Landes, viele Generationen fort, wie wir sehen werden.

Nach dem Tod Philipps des Großmütigen wurde Hessen für den Rest der Geschichte des alten Reichs endgültig geteilt. Zwar erhielten die Kinder der »linken Landgräfin« als Sprößlinge einer nicht ebenbürtigen Ehe nur Titel und Apanage der Grafen von Dietz, aber die vier überlebenden »rechten« Söhne teilten das Land: Wilhelm IV. erhielt Kassel, Ludwig IV. Marburg, Philipp II. Rheinfels und Georg Darmstadt.

Georg I., genannt der Fromme, geboren 1547, erhielt als jüngster Sohn lediglich ein Achtel des ganzen hessischen Landes, nämlich die »obere Grafschaft Katzenelnbogen« mit der Stadt Darmstadt. 1577 konnte er seinen Anteil vergrößern, 1583 starb Landgraf Philipp II. von Rheinfels kinderlos und vererbte seinen Anteil an Georg, der Rheinfels allerdings in einem Vertrag mit seinem Bruder Wilhelm III. gegen die sogenannten Dietzschen Lande vertauschte, so daß er über ein relativ abgerundetes Herrschaftsgebiet von circa 2000 Quadratkilometer verfügte, das von Homburg nördlich des Mains bis nach Süden zur pfälzischen Grenze reichte, im Osten vom Odenwald und im Westen vom Rhein begrenzt wurde.

Landgraf Georg I. hatte aus zwei Ehen (mit Gräfin

Magdalena von der Lippe und Herzogin Eleonora von Württemberg, die er allerdings im Gegensatz zu seinem Vater nicht gleichzeitig, sondern nacheinander geheiratet hatte) zehn Kinder. Vier Söhne überlebten ihn: Ludwig, Philipp, Friedrich und Heinrich. Nur der älteste, Ludwig, galt beim Tode des Vaters (1596) als Neunzehnjähriger für volljährig und trat als Landgraf Ludwig V. in Darmstadt die Regierung an.

Landgraf Georg hatte testamentarisch verfügt, daß die Söhne zehn Jahre lang nach seinem Tod gemeinsam zu regieren hatten, sodann das Land wiederum geteilt werden sollte. Es kam aber anders. Zunächst starb 1601 Landgraf Heinrich, der jüngste Bruder, ein elfjähriges Kind. 1604 starb in Marburg Landgraf Ludwig III. kinderlos, der erste und letzte Landgraf der Marburger Linie als letzter der vier Söhne, unter denen Philipp der Großmütige vor nunmehr fast vierzig Jahren das Land in vier (ungleiche) Teile aufgeteilt hatte. Um die Marburger Erbschaft entbrannte sofort Streit zwischen der darmstädtischen und der Kasseler Linie des Hauses Hessen. In Kassel war nach dem Tod des Gründers der Linie, Wilhelm V., 1592 der damals zwanzigjährige Landgraf Moritz an die Regierung gekommen. Die familiären Zusammenhänge verdeutliche diese vereinfachte Stammtafel (siehe Seite 10) des Hauses Hessen, die den genealogischen Stand von 1604 wiedergibt.

Moritz, den der Beiname »der Gelehrte« nicht zu Unrecht schmückt, war ein an Künsten und Wissenschaften äußerst interessierter Mann. Er ließ 1603 bis 1606 das Ottoneum, das erste feste Theater Deutschlands, in Kassel erbauen. Am ebenfalls von ihm gegründeten »Collegium Mauritianum« wurde Heinrich Schütz erzogen,

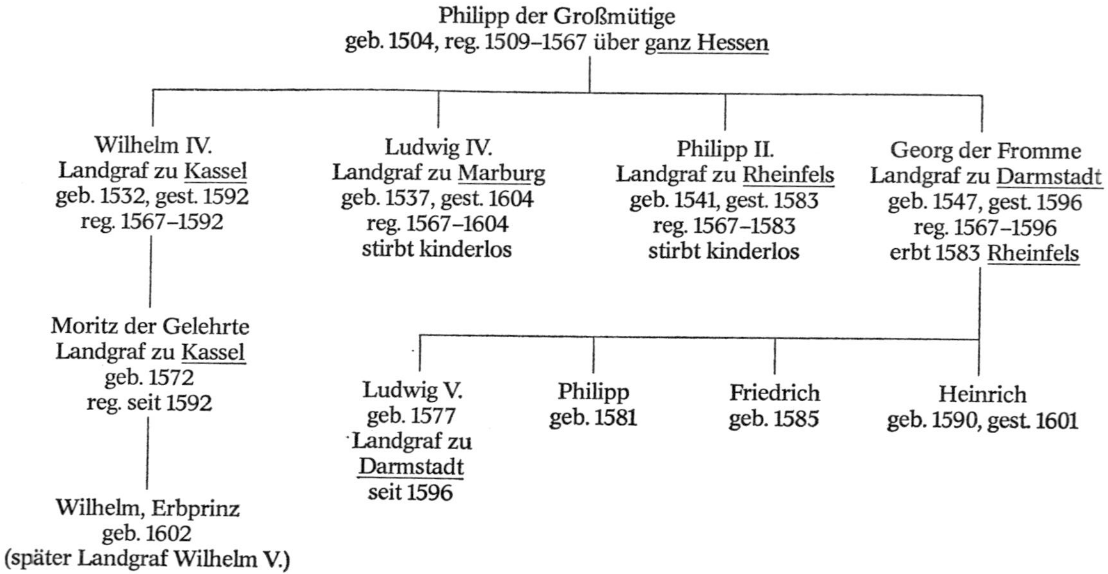
Philipp der Großmütige
geb. 1504, reg. 1509–1567 über ganz Hessen
Wilhelm IV.
Landgraf zu Kassel
geb. 1532, gest. 1592
reg. 1567–1592
Ludwig IV.
Landgraf zu Marburg
geb. 1537, gest. 1604
reg. 1567–1604
stirbt kinderlos
Philipp II.
Landgraf zu Rheinfels
geb. 1541, gest. 1583
reg. 1567–1583
stirbt kinderlos
Georg der Fromme
Landgraf zu Darmstadt
geb. 1547, gest. 1596
reg. 1567–1596
erbt 1583 Rheinfels
Moritz der Gelehrte
Landgraf zu Kassel
geb. 1572
reg. seit 1592
Ludwig V.
geb. 1577
Landgraf zu
Darmstadt
seit 1596
Philipp
geb. 1581
Friedrich
geb. 1585
Heinrich
geb. 1590, gest. 1601
Wilhelm, Erbprinz
geb. 1602
(später Landgraf Wilhelm V.)

dessen weitere Ausbildung bei Giovanni Gabriele in Venedig Moritz veranlaßte und finanzierte. Der indirekte Einfluß des Landgrafen Moritz auf die deutsche Musikgeschichte ist deshalb gar nicht hoch genug anzuschlagen. Auch selber war der Landgraf ein ernstzunehmender Komponist. Unter den zahlreichen Vokal- und Instrumentalkompositionen des Landgrafen, die zum Teil zu seinen Lebzeiten im Druck erschienen, finden sich deutsche und lateinische Motetten, »Geistliche Comedien« und 24 Petrarca-Vertonungen.

Dieser Landgraf Moritz verstand es, 1604 die Marburger Erbschaft an sich zu ziehen, womit sich aber seine Darmstädter Vettern natürlich nicht zufriedengaben, besonders die jüngeren nicht, weil die drei überlebenden Brüder – Heinrich, der jüngste, war ja schon tot – 1602 einen Vergleich abgeschlossen hatten, wonach entgegen dem Testament des Vaters Hessen-Darmstadt nicht mehr weiter geteilt, sondern in Zukunft nach dem Primogenitur-Recht vererbt werden sollte. Diesen Vergleich, der einen völligen Verzicht der jüngeren Brüder und deren eventuellen Nachkommen auf die Regierung bedeutete, schlossen Philipp und Friedrich in der Erwartung, daß sie demnächst den marburgischen Anteil des über sechzigjährigen, kinderlosen Onkels erben würden. Nachdem zwar der Erbfall eingetreten, das Erbe aber an den Vetter Moritz von Kassel gefallen war, waren die beiden jüngeren Landgrafen natürlich enttäuscht. Ludwig V. mußte befürchten, daß nun seine Brüder doch wieder auf der Erfüllung des väterlichen Testaments bestehen und eine Aufteilung des Landes verlangen würden. Da schon die Landgrafschaft Hessen-Darmstadt wegen geringer Einkünfte in ständigen Geldnöten war, wäre eine weitere

Teilung für das Land eine wirtschaftliche Katastrophe gewesen und hätte die verbleibenden Teile politisch völlig bedeutungslos gemacht. Offenbar verstand es Landgraf Ludwig V., der wegen seiner unverbrüchlichen Kaisertreue »der Getreue« genannt wurde, diese drohenden Folgen seinen Brüdern klarzumachen, so daß es 1606 zu einem neuerlichen Vertrag zwischen den Brüdern kam, wonach die Primogenitur in Hessen-Darmstadt neuerdings anerkannt, die jüngeren Brüder mit Renten abgefunden wurden. Philipp sollte jährlich 24 000, Friedrich 20 000 Gulden bekommen mit der Maßgabe, daß, sollte einer der Brüder kinderlos sterben, der andere von da an 10 000 Gulden jährlich dazubekommen sollte. 1608 bestätigte Kaiser Rudolf II. diesen Vertrag. Die kaiserliche Genehmigung war wegen der staats- und lehensrechtlichen Folgen des Vertrages erforderlich. Man muß sich dabei vergegenwärtigen, daß die Landgrafen von Hessen – wie alle Reichsfürsten – ihr Land als kaiserliches, erbliches Lehen und nicht als quasi ursprünglichen Besitz in Händen hatten.

Schon bald konnte Landgraf Ludwig V. seine neuen Verpflichtungen seinen Brüdern gegenüber nicht mehr erfüllen. 1609 stellte er seine Zahlungen an Philipp ein und überließ ihm dafür Butzbach, damals schon Stadt, etwa auf dem halben Wege zwischen Frankfurt und Gießen gelegen (im heutigen Landkreis Wetterau). Dieser Vertrag zwischen den beiden Landgrafen Ludwig V. und Philipp, nunmehr Landgraf von Hessen-Butzbach, ist deswegen bemerkenswert – auch im Hinblick auf den künftigen Vertrag mit Friedrich von Homburg –, weil er ausdrücklich keine Landesteilung oder Territorialabtretung bedeuten sollte, sondern lediglich eine Art Pfand, einen Ausgleich für die Apanagezahlung in Geld. Landgraf Ludwig überließ Philipp die Stadt Butzbach zur Nutznießung unter ausdrücklichem Vorbehalt der landesfürstlichen Oberhoheit. Philipp sollte zwar der Eigentümer und Besitzer, nicht aber der Fürst des kleinen Landesteiles sein. Der landgräfliche Titel stand ihm quasi privat zu, als standesgemäßer Sohn seines Vaters, nicht aber als Herr über Butzbach. Vorbehalten hatte sich Ludwig eine Reihe von ausdrücklich aufgezählten Rechten, u. a. die »hessen-darmstädtische lutherische Schulverfassung, die Appellation an die Darmstädter Gerichte, die Einberufung der Stadt zu den hessen-darmstädtischen Landtagen, die Erhebung des Weinzolls, die Erbhuldigung als Landesfürst«.

Diese Übereignung der Stadt Butzbach war, wie gesagt, nur ein Ausgleich für die Apanagezahlung in Geld. Da aber diese Apanagezahlung auch wiederum nur ein Ausgleich für ursprünglich erbrechtliche Territorialansprüche war, läßt sich denken, daß dieses komplizierte Rechtsverhältnis von vornherein juristischen Sprengstoff barg, der zwar im Fall der Linie Butzbach – weil Landgraf Philipp keine Kinder hinterließ – nicht zur Zündung kam, wohl aber später und auf Jahrzehnte hinaus im Fall der Linie Homburg.

Landgraf Friedrich der Ältere und die Begründung der Apanage Homburg

Landgraf Friedrich, der jüngste, 1606 noch lebende Sohn Georgs des Frommen, wurde am 5. März 1585 geboren. Er wurde nach dem Tod seines Vaters, bei dem er elf Jahre alt war, am Darmstädter Hof erzogen. Die Mutter, Magdalena, eine geborene Gräfin zur Lippe, hatte er schon 1587 verloren. 1600 unternahm Friedrich die für einen jungen Mann adeliger Herkunft obligatorische Kavaliersreise, und zwar »nach Frankreich, Burgund und der Schweiz«. Vom 7. Juli 1601 bis zum 20. September 1604 belagerte der Erzherzog Albrecht von Österreich, der Bruder des Kaisers und Statthalter der (spanischen) Niederlande, die von den rebellischen protestantischen Niederländern gehaltene Festung Ostende. Diese über drei Jahre andauernde Belagerung, die der spanische Condottiere, der Marchese Ambrosio Spinola de los Balbazos leitete, war berühmt und galt – was für die Besatzung und vor allem für die geschundene Bevölkerung nur ein schwacher Trost gewesen sein dürfte – als das seinerzeit sehenswerteste Kriegsschauspiel in Europa. Auch der junge Cavalier Friedrich versäumte es 1602 nicht, dieses Schauspiel zu besuchen und den einen oder anderen wohlgelungenen Schuß mit höflichem Beifall zu quittieren.

Die Welt war für den barocken Menschen – den man sich gar nicht barock genug vorstellen kann – ein Theater. Nicht umsonst hat gerade diese Zeit das größte Theatergenie, Shakespeare, und die komplexeste Theaterform, die Oper, hervorgebracht. Die wohl umfangreichste deutsche Chronik des 17. Jahrhunderts, eine Art aktuelle

Geschichtsschreibung in Fortsetzungen (die später durch die Illustrationen der Familie Merian berühmt wurde), hieß »Theatrum Europaeum«. Das Konzil zu Trient gestaltete den katholischen Gottesdienst zwar natürlich nicht ausdrücklich, aber bewußt zu einem Bühnenweihespiel aus, die Altäre der Barockkirchen wurden Bühnen, die Ausgestaltungen der Kirchen Dekoration. Diese theatralische Auffassung von der Welt und vom Leben war keineswegs nur oberflächlich, sie hatte auch eine ernste Seite. Die Welt als Spiel zu betrachten, das Leben als eine Rolle, die einem zugeteilt ist, das Dasein als eine Maske, ist ein im Grunde zutiefst pessimistischer, fatalistischer Zug, dem nicht zuletzt auch etwa die Gnadenlehre Luthers entspringt. Es war ein sanguinisches Zeitalter. So wie in den Theaterstücken, auch in den Tragödien, erschütternde oder grüblerische Szenen mit Szenen derber Komik abwechseln, so sah man auch das Leben. Das Theater, das Improvisierte, die Kulissen sind unbeständig, schnell vergänglich, der Hauch des gesprochenen Wortes ist rasch verflogen. So war das Theater für den barocken Menschen das Sinnbild der Vergänglichkeit. Wir sind nur Gast auf Erden, weniger, wir sind nur Schauspieler, die während ihres kurzen Auftrittes ihr vorgeformtes heiteres oder trauriges, meist aber tragikomisches Geschick zeigen und dann wieder in der Versenkung verschwinden. Die Vergänglichkeit wurde den Menschen des 17. Jahrhunderts durch die Pest, den großen Krieg und den Hunger deutlich genug vor Augen geführt. Daß diese Stimmung andererseits ein pralles »carpe diem« provozierte, ist klar.

Merkwürdigerweise ist im deutschen Sprachraum – im Gegensatz zu England, Frankreich und Spanien, wo die barocken Dichter als die Klassiker gelten – die Literatur des Barock nur theoretisch in der Literaturgeschichte gegenwärtig. Es mag sein, daß die zum Teil schwer erträgliche Überfrachtung mit Symbolen, die oft schwulstige Ausdrucksweise die Lektüre schwer machen. Es ist hier nicht der Ort, um Wert und Bedeutung der deutschen Barockliteratur zu untersuchen, jedenfalls, wie könnte es anders sein, war die Barockdichtung ein Spiegel der Zeit. So stehen den heiteren, tändelnden Versen Paul Flemings »Wie er wolle geküsset sein«:

»Nirgends hin als auf den Mund,
da sinkt's in des Herzens Grund.
Nicht zu frei, nicht zu gezwungen,
nicht mit gar zu fauler Zungen ...«

die Zeilen Andreas Gryphius' gegenüber:

»Du siehst, wohin du siehst, nur Eitelkeit auf Erden!
...
Was jetzund prächtig blüht, soll bald zertreten werden,
was jetzt noch pocht und trotzt, ist morgen Asch und Bein;
nichts ist, das ewig sei, kein Erz, kein Marmorstein ...«

und:

»... so muß auch unser Nam, Lob, Ehr und Ruhm verschwinden.
...
Was sag ich? Wir vergehn wie Rauch vor starken Winden!«

Zweifellos rühren diese Verse Gryphius' an. Und doch erkennt man die Theatralik daraus, die Pose. Pose kann auch echt sein. Die Kulissen des Theatrum europaeum, die Inszenierung »Mensch«, die heute noch ein derbes Lustspiel zeigte, zerfällt morgen, wenn das Stück abgesetzt ist, zu Moder und Staub. Nicht die Bretter des Theaters bedeuten die Welt, die Welt bedeutet die Bretter.

So erklärt sich auch in diesem Zeitalter, das man sich nicht vielschichtig genug vorstellen kann, die passive Zuschauerrolle der Menschen, die bis ins Herzlose geht. Die Dimensionen verwischten sich. Wenn alles Theater ist, selbst der Friedhof eine Darstellung des Todes, dic Seele nur als Phyllis und Jesus als Apollon gedacht wird, was ist echt, was ist falsch? Nur das Gespielte ist echt, alles Echte ist gespielt. Das Leben ist ein Wahn, nur der Trug ist handfest. Wen wundert es, daß bei der oft übermäßig grausam betriebenen Jagd, die selbstverständlich auch als Inszenierung verstanden wurde, groteske Wendungen erscheinen?

Der zweite Sohn des Prinzen von Homburg, Landgraf Kasimir, war ein leidenschaftlicher Jäger. Ihn interessierte eigentlich nur die Jagd. Er hinterließ ein »Jagdtagebuch«, aus dem hervorgeht, daß auch seine Frau, die Landgräfin Christine Charlotte, eine passionierte Diana war, und der Landgraf verstieg sich zu der Bemerkung: Wie glücklich müssen die Hasen und Rehe gewesen sein, von der Hand einer so schönen Frau erschossen zu werden.

So stand man auch nicht an, einem wohlgelungenen Schuß, der ein Dutzend Soldaten zerriß, höflich zu applaudieren. Daß der Tod für die Betroffenen echt war, entzog sich dem Sinn des Zuschauers. Es war ein theatralisches Zeitalter:

»Was sind wir Menschen doch? Ein Wohnhaus grimmer Schmerzen,
ein Ball des falschen Glücks, ein Irrlicht dieser Zeit,
ein Schauplatz herber Angst, besetzt mit scharfem Leid,
ein bald verschmelzter Schnee und abgebrannte Kerzen.«
(Gryphius)

1605, nach dem ersten Vergleich zwischen den Darmstädter Landgrafen-Brüdern, unternahm Friedrich zusammen mit seinem älteren Bruder, dem regierenden Landgrafen Ludwig, eine Reise nach Spanien, 1607, nach dem endgültigen Vergleich und wohl weil er dadurch in den Besitz erheblicher Barmittel gekommen und vorerst ohne weitere Verpflichtungen war, eine Reise nach England und Schottland. Am Hofe König Jakobs in London »wierfuhre Ihnen (= ihm) viel Ehre«, auch dürfte er mit ziemlicher Sicherheit einige Vorstellungen der Shakespeareschen Theatervorstellungen besucht haben. Eine vierte Reise, 1618, führte ihn wieder nach Frankreich. 1620 kehrte er aus Paris nach Deutschland zurück. Er scheint sich bei seinem jüngeren Bruder an dessen kleinem Hof in Butzbach aufgehalten zu haben, denn dort heiratete Friedrich am 10. August 1622 Margarethe Elisabeth, eine geborene Gräfin von Leiningen-Westerburg. Die Grafen von Leiningen waren ein ursprünglich im Wormsgau ansässiges Geschlecht, das später Besitzungen im Elsaß und in Lothringen erheiratete, im 16. und 17. Jahrhundert in andere Linien aufgespalten, politisch bedeutungslos, aber ebenbürtig war.

Um die Weiterzahlung der den hessen-darmstädtischen Staatshaushalt nicht unbeträchtlich belastenden Apanage einzuschränken, und wohl auch, um dem jungen Landgrafenpaar eine standesgemäße »Wohnung« zu verschaffen, kamen 1622 Ludwig V. und Landgraf Friedrich überein, einen ähnlichen Vertrag zu schließen, wie er 1609 zwischen Ludwig und Philipp von Butzbach geschlossen worden war: Friedrich erhielt Stadt und Amt Homburg vor der Höhe mit genau den Pflichten und Rechten, wie sie Philipp für Butzbach erhalten hatte, also

»mit aller Hoch- und Obrigkeit«, aber ohne landesherrliche Gewalt. So mußten, zum Beispiel, auch in allen späteren Jahren die homburgischen Beamten den Treueid nicht auf den homburgischen Landgrafen, sondern auf den Landesherrn in Darmstadt leisten. Da aber das Amt Homburg nur 5000 Gulden an jährlichen Einkünften abwarf, war Darmstadt weiterhin verpflichtet, die restlichen 15 000 Gulden in bar an den homburgischen Landgrafen zu bezahlen.

Das Amt Homburg umfaßte damals die Stadt Homburg selber sowie die Dörfer Seulberg, Köpern, Gonzenhain und Obersteden. In der Stadt, oder vielmehr über der Stadt, stand eine alte, vermutlich unwohnliche Burg aus der Zeit der Eppensteiner. Stadt und Amt Homburg zählten 2500 Seelen.

Das Schloß Homburg und das erst im Lauf der Zeit um die Burg sozusagen herumgewachsene Dorf Dietigheim wurden im ersten Drittel des 14. Jahrhunderts zur Stadt mit dem Namen Homburg erhoben, sie gehörte den Grafen von Eppstein oder Eppenstein, einem rheinischen Dynastengeschlecht, das den berühmtesten Erzbischof von Mainz, Siegfried von Eppenstein, hervorgebracht hatte und im 16. Jahrhundert ausgestorben war. Aber schon vorher, 1487, hatten die Eppsteiner die Burg und das Amt Homburg an die Grafen von Hanau verkauft, die es jedoch in den Wirren des sogenannten Landshuter Erbfolgekrieges zwischen Bayern und der Pfalz 1504 und endgültig 1521 an Hessen verloren.

Friedrich – der zum Unterschied von seinem gleichnamigen jüngsten Sohn, dem diese Biographie gilt, oft »Friedrich der Ältere von Homburg« genannt wird – hatte einen wenig erfreulichen »Regierungsantritt« in

Homburg. Der große Krieg, von dem noch niemand wußte, daß er dreißig Jahre dauern würde, war ausgebrochen, hatte Hessen zwar noch nicht direkt in Mitleidenschaft gezogen, wohl aber in die politische Konfrontation verwickelt. Aber die Pest, die inzwischen in Deutschland ausgebrochen war – vermutlich die Lungenpest, bei der die Sterblichkeit 100 Prozent beträgt – herrschte auch in Homburg.

Eine Bemerkung oben muß eingeschränkt werden: der Kinderreichtum der landgräflichen Familie Hessen-Darmstadt nebst Nebenlinien war nicht obligatorisch, sondern polarisiert. Bis ins neunzehnte Jahrhundert galt, wenn man die hessische Stammtafel ansieht, die – sicher ungewollte – Regel, daß die Landgrafen entweder (auch wenn sie verheiratet waren) überhaupt keine oder eine Menge Kinder zeugten. In der hier behandelten Generation war es so, daß Ludwig V. von Darmstadt zwölf Kinder, Philipp von Butzbach trotz zweier Ehen keine Kinder, und Friedrich von Homburg immerhin sechs Kinder hatte, dabei wurden die Zeitläufte eher immer düsterer; aber vielleicht war selbst für hochfürstliche Herrschaften in solchen Zeiten die Kinderzeugung die einzige Abwechslung, die relativ wenig Geldaufwand erforderte.

Die sechzehn Regierungsjahre Friedrichs I. oder Älteren in Homburg (1622-1638) sind angefüllt von Mißlichkeiten, Geldmangel und echter, ernster Gefahr selbst für die landgräfliche Familie. Der große Krieg weitete sich 1632 aus einem immer noch mehr oder minder innerdeutschen Religionskonflikt durch das Eingreifen Frankreichs in einen offenen europäischen Krieg aus, dessen Kriegsschauplatz praktisch das ganze deutsche Reich wurde. Die Fronten waren längst nicht mehr klar. Frankreich etwa, dessen Geschicke die Kardinäle der römischen Kirche Richelieu und später Mazarin leiteten, kämpfte im Bunde mit Schweden, das sich seit Gustav Adolf als Hort und Hüter der protestantischen Religion empfand, gegen den katholischen Kaiser. Aber auch innerhalb des protestantischen Lagers waren die Fronten nicht eindeutig. Hessen ist ein Beispiel dafür. 1604 war der oben erwähnte Landgraf Moritz von Hessen-Kassel von der lutherischen zur reformierten Konfession übergetreten. Obwohl dogmatisch zwischen den beiden Konfessionen sehr wenig Unterschied bestand, wurde das als Signal empfunden.

Die reformierte Konfession (oder Religion, wie sie damals sogar genannt wurde) war in der Schweiz entstanden und zeichnete sich bei ihren Gründern und ersten Ideologen Zwingli und Calvin durch eine noch schroffere, konsequentere Ablehnung des Papstes als Oberhaupt der Kirche und des katholischen Kultus aus. Die reformierte Kirche wollte radikal auch in der Ausprägung des Gottesdienstes zu den Wurzeln des Christentums, zur Urkirche zurückkehren, lehnte jeden Schmuck und jede Feierlichkeit ab. Der Hauptunterschied zur lutherischen Konfession lag aber in der Kirchenverfassung. Während Luther – was ihm später häufig als grober Fehler angekreidet wurde – die bischöfliche Gewalt auf die weltlichen Landesherren übertrug, also eine Staatskirche oder vielmehr: viele Staatskirchen schuf, so viele wie es Fürsten gab, führte die reformierte Kirche die Presbyter-Verfassung ein, die ihr als »urchristlich« galt, die Wahl des Priesters durch die Gemeinde. Der Haß der Lutheraner auf die Reformierten und umgekehrt war nicht geringer als der Haß der Protestanten gegen die Katholiken.

Daß die Feindschaft des Landgrafen von Darmstadt (es war nicht mehr Ludwig V., der war 1626 gestorben, ihm war sein einundzwanzig Jahre alter Sohn Georg II. gefolgt) mit dem Vetter von Kassel aber nicht nur aus dem Gegensatz lutherisch/reformiert erwuchs, ist klar, wenn man bedenkt, daß man in Darmstadt immer noch nicht die Vorgänge nach dem Anfall der Marburger Erbschaft vergessen hatte, die sich der nun reformierte Landgraf Moritz angeeignet hatte; zu Unrecht, selbstverständlich, wie man in Darmstadt meinte. Man grub in Darmstadt eine Testamentsbestimmung Ludwigs IV. von Marburg aus, in der es hieß, daß seinen Erben jede Religionsänderung untersagt sei. Der alte Ludwig hatte zwar den Übertritt vom Protestantismus zur katholischen Religion gemeint, aber Hessen-Darmstadt legte die Klausel so aus, daß sie auch auf einen Wechsel von lutherischer zur reformierten Konfession anzuwenden sei. Moritz von Kassel habe somit, sagte man in Darmstadt, den Anspruch auf das Marburger Erbe verwirkt. Kaiser Ferdinand II. und der Wiener Reichshofrat waren auch dieser Meinung – Darmstadt war kaisertreu, Moritz von Kassel war als Mitglied der protestantischen Union kaiserfeindlich – und sprachen 1623 dem Landgrafen von Hessen-Darmstadt das ganze marburgische Erbe zu. Moritz erkannte diesen Spruch natürlich nicht an. Da die Darmstädter Landgrafen finanziell und militärisch nicht in der Lage waren, den kaiserlichen Spruch durchzusetzen, riefen sie ligistische, also kaiserlich-katholische Truppen zu Hilfe, die die Hessen-Kasseler aus Marburg und Oberhessen vertrieben. Damit war es dem Darmstädter Landgrafen gelungen, den großen Krieg auch nach Hessen zu ziehen. Es sollte verheerende Folgen haben.

Der bekannte Grundsatz, daß der Krieg den Krieg zu ernähren habe, machte natürlich auch vor Hessen nicht halt. Die herbeigerufenen Hilfstruppen brandschatzten und plünderten das Land. Das nahm solche Ausmaße an, daß die landgräfliche Familie in Darmstadt ihres Lebens nicht mehr sicher war und der Landgraf 1631 die Residenz nach Gießen, in die stärkste Festung des Landes, verlegte. Nachdem es 1634 im Amt Homburg durch Isolanische Truppen »zu unerträglichen Kriegspressuren« gekommen war, floh auch Landgraf Friedrich der Ältere mit seiner Familie nach Gießen. 1634 mußte das Amt Homburg an Isolani für die »Salvaguardien« (Schutzbriefe) 200 Reichstaler zahlen, dennoch wurden von Soldaten die Rinderherden weggetrieben, und zur Verhinderung von Schlimmerem mußten die Homburger weitere 200 Reichstaler dazulegen. Im Dezember 1634 lagerte der schwedische Generalwachtmeister Brünninghausen mit 8000 Pferden (und wahrscheinlich ebensovielen Reitern) für eine Nacht vor Homburg und verlangte dafür – ein merkwürdiger Handel – 1000 Reichstaler binnen einer Woche und nahm bis zur vollständigen Bezahlung einige Homburger als Bürgen, das heißt als Geiseln mit. Legt man den gängigen Umrechnungsfuß von 1 Gulden = 2/3 Taler zugrunde, so entsprach die vom Amt Homburg im Jahr 1634 zusätzlich zu erbringende Summe von 1400 Reichstalern ungefähr 2000 Gulden, also fast die Hälfte der regulären jährlichen Steuerabgabe von 5000 Gulden.

Zwei Jahre später, 1636, beschwerte sich Landgraf Friedrich beim kaiserlichen General Gallas über die Verheerungen, die seine Truppen angerichtet hatten; außerdem hatte das Amt in dem Jahr zweimal Einquartierungen der Truppen des kaiserlichen Generals Lamboy zu erdulden. Im Januar 1637 beklagten sich Stadt und Amt Homburg beim Landgrafen über die fast unerträglichen Belastungen. Noch 1638 drohten Durchmärsche kaiserlicher Truppen, konnten aber abgewendet werden.

Die landgräflich hessen-homburgische Familie, die 1634 von Homburg nach Gießen flüchtete und dort »in Dr. Krebsens Haus« wohnte, bestand aus sieben Köpfen. Der Landgraf und die Landgräfin hatten in den sonst düsteren Jahren nach ihrer Hochzeit in sehr rascher Folge – fast jedes Jahr eins – fünf Kinder bekommen: 1623 den Erbprinzen Ludwig Philipp, 1624 einen kleinen Landgrafen namens Georg, der aber im gleichen Jahr wieder starb, 1625 den Landgrafen Wilhelm Christoph, 1626 Georg Christian und 1629 die einzige Tochter Anna Margarethe. Alle Kinder waren in Homburg geboren, nur Wilhelm Christoph in Ober-Roßbach, »wohin sich der Hof von Homburg wegen der Pest geflüchtet hatte«. 1633 kam ein Nachzügler zur Welt, am 30. März in Homburg, der jüngste Sohn, der wie der Vater Friedrich getauft wurde, der als Prinz von Homburg und als Sieger von Fehrbellin in die Geschichte und in die Literatur eingehen sollte.

Der Geburtsort des Prinzen – Homburg – ist nur in einer einzigen Quelle überliefert, und zwar in einer Urkunde, die erst im Oktober 1936 gefunden wurde. Landgraf Friedrich der Ältere ließ Ende seiner Regierungszeit den sogenannten Weißen Turm des Schlosses von Homburg um zwei Geschosse aufstocken und in dem neuen Turmknauf eine Urkunde einschließen, in der alle Mitglieder des landgräflich-homburgischen Hauses aufgezählt wurden, an letzter Stelle das jüngste: »Friedrich geboren zu Homburg vor der Höhe A° 1633 Sambstags den 30ten Martii abents zwischen acht und neun Uhren.« Der Turmknauf wurde 1936 bei einer Reparatur abgenommen, dabei die Urkunde entdeckt und kopiert. Das Original wurde wieder in den Knauf eingeschlossen.

Bei Kleist heißt der Prinz von Homburg mit Vornamen »Friedrich Arthur« und wird meist sogar mit dem zweiten Namen »Arthur« angeredet. In keiner der Quellen, die ich eingesehen habe, kommt dieser zweite Vorname vor. Selbst in feierlichstem Staatszusammenhang hat sich der Prinz von Homburg stets nur »Friedrich, Landgraf von Hessen« genannt. Kleist hat den zweiten Vornamen dazuerfunden, um wohl dem Namen seines Helden mehr Klangfülle zu geben.

Die landgräfliche Familie lebte – residieren wird man es wohl nicht genannt haben können – von Oktober 1634 an in Gießen. Die Zustände in der Festung müssen fürchterlich gewesen sein. Sie war überfüllt von Flüchtlingen aus dem umliegenden Land. Die Pest hatte auf die Festung übergegriffen. Insgesamt fielen ihr in Gießen 1400 Menschen zum Opfer, meistens Kinder, Flüchtlinge und Soldaten. Es gibt eine Schilderung der Zustände aus jener Zeit in Frankfurt, das nicht etwa belagert war: Die Versorgung der Stadt war zusammengebrochen, das Land ringsum war ausgeplündert und verwüstet. Lebensmittel waren nur für die Reichen zu erschwingen. Kein Hund, heißt es, sei auf der Straße sicher gewesen. Oft sei ein Hund, wenn er sich auf die Straße gewagt habe, an Ort und Stelle erschlagen, gebraten und gegessen worden. Überall seien abgezogene Häute von aufgegessenen Hunden herumgelegen. Aber man habe auch, wenn die Dämmerung gekommen sei, das Bettelgesindel mit Stricken und Säcken herumschleichen sehen, und es sei nur deshalb nie aufgekommen, wann, wo und wieviele Menschen geschlachtet und gebraten worden seien, weil man sich nicht die Mühe gemacht habe, verschwundenen Leuten nachzuforschen. Die Zustände in dem kleinen Gießen werden nicht anders, wohl eher schlimmer als in dem großen und reichen Frankfurt gewesen sein.

Die menschliche Geschichte ist, wenn man sie nicht mit idealistischen Augen betrachtet, ein Abgrund des Grauens, eine Spur durch die Zeit aus Blut und Eiter. Der Anteil des Heroischen, der freilich in der Geschichtsschreibung im Gegensatz zur Geschichte selber überwiegt, ist gering. Groß ist der Anteil der gezielten und vor allem der gedankenlos verübten Grausamkeiten. Das edle und erhebende Leid der Privilegierten, die Taten der Helden und Friedensfürsten werden lächerlich, wenn man sich die Mühe macht und unten, im Fußgestrüpp der Weltgeschichte, die Geschicke der Namenlosen betrachtet. Nein, betrachten kann man sie nicht, denn sie sind nicht überliefert, aber man kann sie vermuten, und dann aber muß man sich überwinden, daß man sich nicht von unserer ganzen Menschheitsgeschichte abwendet wie von einem Geschwür. Manchmal erscheint es, als sei der Sinn der Beschäftigung mit der Geschichte nur der, daß er zu der Erkenntnis führt: die Menschheit hat es nicht verdient, auf diesem Planeten zu leben.

Die landgräfliche Familie überlebte in Gießen, freilich, sie zählte zu denen, denen es besser ging, vielleicht nur etwas besser, aber immerhin soweit, daß sie nicht in zu nahen Kontakt mit der Umwelt kam. In so einer buchstäblich verpesteten, engen Situation das günstigste Privileg, das man haben kann. Die Pest, die Lungenpest, die damals ganz Deutschland überzogen hatte, wird durch direkte Infektion übertragen; ihre Ausbreitung war also eine Sache der mangelnden Hygiene. Das Mindestmaß an Hygiene, das den adeligen und großbürgerlichen Familien zur Verfügung stand, rettete sie vermutlich.

1635 verließ die landgräfliche Familie Gießen wieder und kehrte – am 23. Juli – nach Homburg zurück. Landgraf Friedrich, der, wenn man dem glauben darf, was über ihn geschrieben wird, redlich bemüht war, sein geschundenes Ländchen einigermaßen wieder zu ordnen, starb schon drei Jahre später, am 9. Mai 1638, in Homburg nach kurzer Krankheit. Der Prinz von Homburg, der Gegenstand dieser Biographie, war beim Tod seines Vaters etwas über vier Jahre alt.

Kindheit und Jugend des Prinzen von Homburg

Eine ausgesprochene Erbfolge, eine Regierungssukzession für Homburg wurde nach dem Tod des Landgrafen Friedrich I. von keiner Seite für notwendig erachtet. Das kleine Ländchen galt entsprechend dem Vertrag von 1622 nicht als selbständiges Herrschaftsgebiet, sondern als privatrechtliches Deputat, allerdings ein erbliches. Die Nachfolge in Homburg war also nichts anderes als eine zivilrechtliche Erb- und Vormundschaftsangelegenheit. Die Vormundschaft über die samt und sonders noch unmündigen Landgrafenkinder (Ludwig Philipp, der Älteste, war noch nicht fünfzehn Jahre alt) übernahm, wohl mehr pro forma, ihr Vetter, Georg II., der seit 1626 in Darmstadt regierende Landgraf und Landesherr. Die tatsächliche Verwaltung Homburgs führte die Landgräfin-Witwe bis 1650 weiter. Zwei Ereignisse waren in diesen zwölf Jahren von Bedeutung für die Entwicklung des kleinen Fürstentums: Am 16. März 1643 starb, knapp zwanzig Jahre alt, der älteste Sohn der Landgräfin; das männliche Haupt der Familie, wenn man so sagen kann, wurde damit der dritte Sohn (der zweite, Georg, war ja schon als kleines Kind gestorben), der Landgraf Wilhelm Christoph, von dem noch zu reden sein wird. Wenig mehr als einen Monat später starb in Butzbach der alte Landgraf Philipp, womit, entsprechend dem Vertrag von 1602, der regierende Landgraf in Darmstadt verpflichtet gewesen wäre, dem Deputat der verbleibenden homburgischen Landgrafenkinder 10 000 Gulden hinzuzufügen. Dazu war Georg II. von Darmstadt finanziell nicht in der Lage, weshalb er der Landgräfin-Witwe von Homburg das Amt Bingenheim einräumte, allerdings mit noch weniger hoheitlichen Rechten, als seinerzeit sein Vater dem Bruder Homburg übertragen hatte. Die Übertragung Bingenheims war nicht viel mehr als ein Pfand.

Am 21. April 1650 heiratete der nunmehr älteste Sohn zu Homburg, Wilhelm Christoph, die Tochter seines Vetters aus Darmstadt, die Landgräfin Sophie Eleonore. Der Bräutigam war 25, die Braut 16 Jahre alt. Diese Vermählung nahm die Landgräfin-Witwe zum Anlaß, die Verwaltung über das Ländchen an ihren ältesten Sohn zu übergeben, der aber nach Bingenheim zog und dort Residenz nahm, weshalb er der Landgraf von

Hessen-Bingenheim genannt wurde. Bingenheim ist ein kleiner Ort in der Nähe von Friedberg in Hessen, einige Kilometer südlich von Eckzell. Bingenheim war für Homburg eine Exklave; eine Verbindung, ohne über fremdes Gebiet zu gehen, gab es nicht.

Im gleichen Jahr 1650 – am 5. Mai – heiratete des Prinzen von Homburg einzige Schwester Anna Margarethe den Herzog von Holstein-Wiesenburg. Die Braut war 21 Jahre alt, der Bräutigam, Herzog Philipp Ludwig, 30 und seit nicht ganz einem Jahr verwitwet. Die – zumindest partielle – Fortpflanzungsfreudigkeit des Hauses Hessen erwies sich bei Anna Margarethe als auch in weiblicher Linie beständig: Sie gebar ihrem Mann neun Kinder.

Über die früheste Jugend des Prinzen von Homburg, des Landgrafen Friedrich, wissen wir recht wenig. Es heißt, der Vetter Georg II. von Darmstadt habe ihn 1645 nach Marburg kommen und mit seinen eigenen Söhnen erziehen lassen. Auch bei Georg II. bewährte sich das hessische Fruchtbarkeitsprinzip: Er hatte 15 Kinder (von einer Frau), von denen die beiden ältesten Söhne, Ludwig und Georg, ungefähr im Alter des Prinzen von Homburg waren. Spätestens 1649 muß der Prinz aber wieder in Homburg gewesen sein, denn am 4. August dieses Jahres bestellte ihm seine Mutter einen Herrn Friedrich Meinhard von Langeln zum Hofmeister. Die Urkunde ist erhalten. Sie ist – abgesehen von der Erwähnung des Kindes in dem Dokument im Knauf des Weißen Turms von Homburg – die erste direkte Erwähnung Friedrichs. Die Urkunde beginnt: »Von Gottes Gnaden wir Margaretha Elisabetha Landgräfin zu Hessen ... (es folgt die gesamte Titulatur) Wittib und Vormundin thun kundt hiemit öffentlich bekennen, daß wir den Herren Herren Lieben, Getreuen Friedrich Meinhardt von Langeln zu unsers beliebten Sohns deß hochgebornen Fürsten, Herrn Friedrichen Landgravens zu Hessen etc. Hoffmeister bestellt und angenommen haben ...« Es folgen dann acht Seiten detaillierte Erziehungsanweisungen, die allerdings keine besonderen pädagogischen Genialitäten der Landgräfin oder wer sonst sie verfaßt hat, erkennen lassen. Interessant ist das Dokument auch deswegen, weil es zeigt, wie die Landgräfin-Witwe (1649 hatte sie die Verwaltung noch nicht ihrem Sohn übergeben) ihre Stellung sah: Sie firmierte ausdrücklich als »von Gottes Gnaden«, was eigentlich nur dem Landesherrn, nicht aber dem Besitzer einer Apanage zukam. Die Landgräfin hatte die finanzschwache Position ihres angeheirateten Darmstädter Vetters schon seit einigen Jahren ausgenutzt und arbeitete offenbar zielstrebig darauf hin, die volle Landeshoheit über das kleine Ländchen ihrer Kinder zu erreichen. Solange Georg in Darmstadt die vereinbarte Apanage nicht zahlen konnte, mußte er wohl oder übel zu solchen Praktiken, die in seinen Augen nichts anderes als eine Anmaßung waren, ruhig sein.

Aus der Zeit vor 1649 gibt es zwei Nachrichten über den jungen Prinzen von Homburg, die mehr anekdotischen Charakter haben. Beide Nachrichten stammen aus einem Dokument, das eine der wichtigsten Quellen für das Leben des Prinzen von Homburg ist: aus der naiven, ältesten Biographie des Prinzen von der Hand seines Kammerdieners. So wird im Verlauf der Erzählung noch mehrfach auf dieses Dokument zurückzukommen sein. Der Kammerdiener, der Johann Bocksen oder Pocksen hieß, schrieb am 24. Februar 1708, also genau einen Monat nach dem Tod des Prinzen, das nieder, was er entweder in seinem fast dreißigjährigen Dienst beim Prinzen selber miterlebt hat oder das »so ich von Sein. Hochfürstl. Durchlaucht von Wort zu Wort selbsten gehört«. Aus den Kameralabrechnungen, die im Hessischen Staatsarchiv in Darmstadt liegen, geht hervor, daß Bocksen nicht nur seit etwa 1678 immer in unmittelbarer Umgebung des Fürsten in Homburg war, sondern daß er ihn auch auf einigen Reisen begleitet hat.

Bocksen berichtet, ohne es zu datieren, von einem Ereignis, das sich aber nur 1645 abgespielt haben kann, als Turenne mit französischen Truppen das Rhein-Main-Gebiet unsicher machte, vermutlich nach dem 3. August dieses Jahres, dem Tag seines Sieges bei Nördlingen. Henri de Latour d'Auvergne, Vicomte de Turenne, aus altem französischem Adel und, von der Mutterseite, ein Enkel Wilhelms von Oranien, des Helden der Niederländischen Rebellion, mit 29 Jahren bereits Marschall von Frankreich, war ein glänzender, gebildeter und kühner Feldherr. Er habe, heißt es, durch Umsicht und Taktik mehr Unglücksfälle verhindert oder wiedergutgemacht, als Schlachten gewonnen. Seine kluge Taktik hat allerdings nicht verhindert, daß auch er, und gerade er, den Grundsatz, daß der Krieg den Krieg ernähren müsse, hochhielt. Das ohnedies geschundene Deutschland verdankte ihm die letzten großflächigen Verwüstungen des Dreißigjährigen Krieges.

Als die Landgräfin-Witwe erfuhr, daß Turenne mit seinen Truppen in der Nähe Homburgs stand, schickte sie Friedrich Turenne entgegen mit der Bitte, von einer Einquartierung in Homburg abzusehen. Friedrich gelangte auch tatsächlich bis vor Turenne, der, selber noch ein relativ junger Mann von 35 Jahren, an dem halben Kind Gefallen fand. Turenne zeigte Friedrich seine Truppen und fragte ihn dann: »Mon prince, haben Sie nicht Lust zum Krieg?« Turenne habe Friedrich sein Leibregiment zu Pferd angeboten und auch, ihn nach Frankreich, Spanien und Italien reisen zu lassen. Friedrich habe, so erzählte Bocksen, höflich gedankt und sei nach Hause geritten, wo er seiner Mutter von dem Vorschlag berichtete. Aber die Mutter verbot den Kriegsdienst.

Von einer Einquartierung französischer Truppen in Homburg ist nichts berichtet. Wieviel von der Geschichte wahr ist und, wenn sie wahr ist, wie ernst es dem französischen Marschall war, sein Leibregiment zu Pferd einem Kind von 12 oder 13 Jahren anzuvertrauen, muß dahingestellt bleiben. Jedenfalls scheint die Geschichte einen großen Eindruck auf den jungen Mann gemacht zu haben, da er sie noch Jahrzehnte später in aller Ausführlichkeit weitererzählte.

Das andere Ereignis, Bocksen datiert es auf »Anno 48«, also 1648, der Prinz war 14 Jahre alt, deutet darauf hin, daß Friedrich ein bevorzugtes Opfer der Tücke des Objektes gewesen zu sein scheint. Auch darauf wird noch öfters zurückzukommen sein. Die Darstellung dieses Vorfalls bei Bocksen ist zu kurios, als daß man sie nicht wörtlich hierhersetzen sollte:

»Anno 48 haben Seine Hochfürstliche Durchlaucht wollen von dem Hof in den Garten gehen; wie Sie nun an den Berg kamen und wollten den Berg hinunter gehen, thaten Sie mit dem rechten Fuß einen Mißtritt und fielen über die Seite und brachen den rechten

Schenkel entzwei. Darauf riefen Se. D. Frau Mutter und riefen Sie zu aus dem Fenster und sagten: »Fritz, habt Ihr Euch weh gethan?« Darauf sagten Se. D.: »Ja, ich habe gewiß den Schenkel gebrochen!« Darauf erschraken J. D. Frau Mutter und machten gleich die Anstalt und ließen Sie herauftragen in Ihr Zimmer, allwo Sie vom Balbier wohl versehen wurden, wurden also auch glücklich kuriert.«

Für das folgende Jahr 1649 berichtete Bocksen von einem Rückfall, einem »starken Schlagfluß an demselben Schenkel«, der trotz Anwendung aller Medikamente nicht gebessert werden konnte. Erst eine Kur im »Pfaffenbad« – einem offenbar heute nicht mehr bestehenden Heilbad – heilte den Prinzen.

Etwa in den Jahren zwischen 1650 und 1653 unternahm Friedrich seine, im Vergleich zu der seines Vaters fünfzig Jahre zuvor, bescheidene Kavaliersreise. Ich datiere den Beginn der Reise auf frühestens 1650, denn die Bestellung des Hofmeisters war im August 1649 erfolgt und dürfte wohl nicht nur für ein halbes Jahr gedacht gewesen sein. Die Reise führte den Prinzen nach Genf, wo er eine »Ritterakademie« besuchte, die allerdings keine Akademie in unserem Sinn oder auch im damaligen »akademischen« Sinn gewesen sein dürfte, sondern eine Reit- und Fechtschule mit – möglicherweise – gleichzeitiger Unterweisung in der französischen Sprache, die damals die erste Weltsprache und fast die Umgangssprache des deutschen Adels war. Friedrich, der die Reise – nach Bocksen – mit nur wenigen Begleitern unternahm, logierte bei einem adeligen Herrn in Genf und reiste, als er sich in der Reitkunst und im Französischen vervollkommnet hatte, weiter nach Frankreich und Italien; wohin genau, ist nicht überliefert. Merkwürdigerweise erwähnt Bocksen zwar den Aufenthalt Friedrichs in Genf, von einer Reise nach Frankreich und Italien, die ein weit eingreifenderer Jugendeindruck gewesen sein müßte, hat der alte Friedrich seinem Kammerdiener nichts erzählt, oder Bocksen hat es vergessen aufzuschreiben, vielleicht ist deshalb diese Nachricht eine Verwechslung mit den Reisen seines Vaters. Wenn die Reise aber stattgefunden hat, so war es die einzige Reise, die der Prinz jemals in südlichere Gegenden unternommen hat. Sein Lebens- und Wirkungsbereich sollte der Norden Europas bleiben, fürs erste sogar die nördlichste der zivilisierten europäischen Monarchien: Schweden; davon im nächsten Kapitel.

1653 kehrte der Prinz in seine Heimat nach Homburg zurück. Aus dieser Zeit gibt es ein Porträt des Prinzen mit Allongeperücke und Küraß, eines der beiden zeitgenössischen Porträts, die den Prinzen als jungen Mann zeigen.

Im selben Jahr trat Homburg zusammen mit seinen Brüdern in den »Palmenorden« ein. Der »Palmenorden«, auch »Fruchtbringende Gesellschaft« genannt, war eine Sprachakademie, 1617 von einigen, hauptsächlich norddeutschen Fürsten gegründet und sollte nach dem Vorbild der italienischen Akademien der Renaissance, namentlich der berühmten »Accademia della Crusca« in Florenz, der Pflege der Sprache dienen. So wie die Crusca in Florenz die toscanische (wohlgemerkt, nicht die italienische) Sprache reinigen und reinerhalten wollte, zu dem Zweck – vor der Académie Française – ein Wörterbuch herauszugeben und die Werke Dantes in sauberen Ausgaben zu edieren begann, wollte sich der »Palmenorden« der deutschen Sprache und überhaupt deutscher

Sitte und Art annehmen. Mitglieder durften nur fürstliche Herren oder durch dichterisches oder wissenschaftliches Verdienst ausgezeichnete Personen werden. Die schon merkwürdigen, geheimbündlerisch anmutenden Gepflogenheiten der Crusca nahmen bei ihren deutschen Nachahmern zum Teil groteske Züge an. Jedes Mitglied erhielt einen geheimnisvollen (oft ausgesprochen negativen, fast schimpflichen) Namen, ein Sinnbild aus dem Pflanzenreich und einen (deutschen, nicht lateinischen oder französischen) Wahlspruch. So hieß der Präsident der Gesellschaft, unter dem Friedrich und seine beiden Brüder in den Orden eintraten, der Herzog Wilhelm von Sachsen-Weimar (der Ur-Ur-Großvater von Goethes herzoglichem Freund Karl August) als Mitglied des Palmenordens »der Schmackhafte«, sein Sinnbild war eine Birne mit einem Wespenstich, sein Wahlspruch »Erkannte Güte«. Es gab aber auch »den Nährenden«, »den Wohlgeratenen«, »den Bittersüßen«, »den Vielbemühten«, »den Steifen« und »den Abtreibenden«. Georg Philipp Harsdörffer, der Lyriker und Pegnitzschäfer, war unter dem Namen »der Spielende«, der als Philander von Sittewald bekannte Johann Michael Moscherosch, einer der ersten deutschen Prosa-Satiriker, war unter dem Namen »der Träumende«, Friedrich von Logau als »der Verkleinende« Mitglied des Ordens. Auch Opitz und Gryphius gehörten ihm an. Die Wirkung des Ordens zu Anfang des 17. Jahrhunderts ist, trotz allen äußerlichen Brimboriums, das die Mitglieder entfalteten, nicht zu unterschätzen. In späteren Jahren verflachten seine Bemühungen in bloße Förmlichkeiten und Förmeleien; nach dem Tod des dritten Präsidenten, des Herzogs August von Sachsen, ging die Gesellschaft ein.

Friedrich von Homburg hatte den wenig schmeichelhaften Namen – aber vielleicht wurde er damals nicht so empfunden – »der Klebrichte«, sein Wahlspruch: »Hält an sich«. Daß er größere Aktivitäten in der »Fruchtbringenden Gesellschaft« entfaltet hätte, ist nicht bekannt. Im übrigen ist Friedrichs Mitgliedschaft im »Palmenorden«, soweit überliefert, die einzige Bekundung geistigen oder musischen Interesses geblieben, dessen sich der Prinz Zeit seines Lebens befleißigt hat.

Der »Nordische Alexander«, der schwedisch-polnische Krieg, Homburg in schwedischen Diensten

Friedrichs von Homburg schwedische Dienste, vielmehr sein Eintritt in schwedische Dienste im Jahr 1654 – im Alter von 21 Jahren – hängen mit dem Regierungsantritt einer der merkwürdigsten Figuren auf dem schwedischen Thron zusammen: Karls X.

Nach vielen Wirren und Thronstreitigkeiten – deren Erzählung sich manchmal wie die Sagen von den alten Raufbolden der Edda anhört – wurde 1523 Gustaf Wasa, der schon zwei Jahre lang Reichsverweser gewesen war, zum König gewählt. Gustav Wasa, nunmehr König Gustav I., war der Gründer von Schwedens Vormachtstellung im Norden Europas und der Gründer einer Dynastie, die – fortgesetzt in weiblicher Erblinie – bis zum Anfang des 19. Jahrhunderts in Schweden regierte. Bei seinem Tod hinterließ Gustav I. drei Söhne, von denen ihm zunächst der älteste, Erich XIV., als König folgte, aber 1568 von seinem jüngeren Bruder Johann – König Johann III. – entthront wurde. (Der jüngste Bruder, Karl, sollte erst fast 50 Jahre später eine Rolle in der schwedischen Geschichte spielen.) Gustav I. und Erich XIV. hatten den Protestantismus in Schweden eingeführt, Johann III. war katholisch geblieben, hatte auch eine Katholikin zur Frau, die polnische Prinzessin Katharina, die jüngste Tochter des polnischen Königs Sigismund I. aus dem Hause der Jagiellonen. Johann III. versuchte vergeblich, Schweden wieder dem Katholizismus zuzuführen. Seine Regierungszeit war ein Kampf des katholischen Königs gegen seine protestantischen Untertanen.

Mit dem Tod von Johanns III. Schwager, Sigismund II. August 1572, des letzten Jagiellonen, starb das polnische Königshaus aus. Nach der eher ephemeren Regierungszeit eines vom Adel zum König von Polen gewählten französischen Prinzen, des Herzogs Heinrich von Valois (1573-1575), und der Regierung eines anderen Schwiegersohnes des alten Sigismund I., des ungarischen Fürsten von Siebenbürgen Stephan Bathory, wurde 1586 der älteste Sohn des Königs von Schweden, der offensichtlich schon im Hinblick oder jedenfalls in Hoffnung auf dieses Ereignis den in Schweden bis dahin unerhörten Namen Sigismund erhalten hatte, als Sigismund III. König von Polen. Als 1592 König Johann III. von Schweden starb, erbte dieser König von Polen auch die Krone Schwedens. 1592 bis 1599 waren die beiden Königreiche in Personalunion vereinigt. Wären nicht die konfessionellen Gegensätze gewesen, Schweden-Polen wäre die beherrschende Macht im Norden und Osten Europas gewesen und wohl auch für längere Zeit unangefochten geblieben. Aber auch Sigismund (in Polen III., in Schweden I. und notabene einziger) war katholisch, hintereinander mit zwei Töchtern des Erzherzogs Karl von Steiermark vermählt, der als einer der Pfeiler der Gegenreformation galt. 1599 setzte deshalb der oben erwähnte Prinz Karl Wasa – ein Protestant – seinen Neffen Sigismund als König von Schweden ab; 1604, nach fünf Jahren königsloser Zeit (und faktischer Herrschaft des Prinzen Karl), erklärte sich Karl zum König von Schweden (Karl IX.). Sigismund blieb König von Polen und machte dort eine recht unglückliche Figur. So wie in Schweden als Katholik, war er in Polen als Schwede verhaßt. Er versuchte mit Hilfe von – nacheinander – zwei falschen Demetrii (einer davon war das Vorbild für Schillers Dramenfragment) in Rußland den polnischen (und katholischen) Einfluß durchzusetzen. Als Karl IX. von Schweden 1611 starb, mußte Sigismund, der mitten in diesem merkwürdigen, sinnlosen und kostspieligen historischen Abenteuer steckte, wohl oder übel die in seinen Augen illegale Thronfolge des Sohnes Karls IX. annehmen. Dieser Sohn war König Gustav II. Adolf. Die beiden so grundverschiedenen Vettern Sigismund III. und Gustav Adolf starben im selben Jahr 1632. Auf Gustav Adolf folgte seine Tochter Christine, auf Sigismund zunächst sein ältester Sohn Wladislaw IV. Sigismund und nach dessen Tod 1648 Johann II. Kasimir.

Königin Christine von Schweden verzichtete 1654 auf die Regierung. Gustav Adolf hatte außer ihr keine Kinder gehabt, wohl aber eine Schwester – Katharina –, die mit einem deutschen Duodezfürsten, dem Pfalzgrafen Johann Kasimir von Kleeburg, verheiratet war, einem protestantischen Wittelsbacher und entfernten Vetter des

»Winterkönigs« von Böhmen, des Kurfürsten Friedrich von der Pfalz, dessen Partei Johann Kasimir gegen den Kaiser ergriffen hatte, weswegen er nach der Niederlage des »Winterkönigs« in der Schlacht am weißen Berge in die Heimat seiner Frau, nach Schweden, fliehen mußte. Hier kam am 8. November 1622 in Nyköpping der älteste Sohn des Pfalzgrafen Johann Kasimir zur Welt, der nach dem mütterlichen Großvater Karl und wegen seiner halbschwedischen Herkunft auch noch Gustav getauft wurde.

Dieser Prinz Karl Gustav, der in Schweden zunächst nur »der Pfalzgraf« hieß, der »Nordische Alexander«, wie er in barocker Übertreibung später oft genannt wurde, wurde nach der Abdankung der Königin Christine – um deren Hand er vorher erfolglos geworben – auf Vorschlag der abdankenden Königin und als nächster Verwandter vom Adel Schwedens als Karl X. Gustav zum König gewählt. (Schweden war dem Namen nach eine Wahlmonarchie.) Dieser »Nordische Alexander« hatte mit dem antiken Alexander gemeinsam, daß er in relativ jungen Jahren starb und innerhalb einer kurzen Regierungszeit die ihm überschaubare Welt durcheinanderbrachte. Es hätte wenig gefehlt, so wäre, weniger als ein Jahrzehnt nach dem mühselig erreichten Westfälischen Frieden, Europa in einen zweiten großen Krieg, einen »Weltkrieg« wie der Dreißigjährige, gestürzt worden.

Der dynastische Grund – oder eher nur ein Anlaß – für den Krieg des »Nordischen Alexander«, den sogenannten Ersten Nordischen Krieg, war denkbar lächerlich, so lächerlich, daß sich die Vermutung aufdrängt, er sei für Karl X. eigentlich nur ein Vorwand gewesen.

Stammtafel zum Nordischen Krieg 1654–1660.

Gustav I. Wasa
geb. 1496, gest. 1560
1521 Reichsverweser, 1523 König von Schweden

Erich XIV.
geb. 1533, gest. 1577
1560 König v. Schweden
1568 abgesetzt

Johann III.
geb. 1537, gest. 1592
1568 König von Schweden
⚭ 1562 Prinzessin
Katharina von Polen,
Tochter König Sigismund I.

Sigismund III. (I.)
geb. 1566, gest. 1632
1587 König von Polen
1592 König von Schweden,
als solcher 1599 abgesetzt
⚭ in 1. Ehe 1592 mit
Erzherzogin Anna von
Österreich (gest. 1598)
⚭ in 2. Ehe 1605 mit
deren Schwester Constanze
(gest. 1631)

Karl IX.
geb. 1550, gest. 1611
1599 Reichsverweser
1604 König von Schweden

Katharina
geb. 1584
gest. 1638
⚭ 1615
Johann Kasimir
Pfalzgraf von Kleeburg
geb. 1589
gest. 1652

Gustav II.
Adolf
geb. 1594
gest. 1632
1611 König
von Schweden

Christine
geb. 1626, gest. 1689
1632 Königin von
Schweden.

Wladislaw IV.
Sigismund
geb. 1595
gest. 1648
1632 König
von Polen

Johann II.
Kasimir
geb. 1609
gest. 1672
1648 König
von Polen
⚭ 1649 Prinzessin
Louise Maria
Gonzaga

Karl
Ferdinand
geb. 1613
gest. 1655
1625 Bischof
von Breslau

Christine Magdalena
geb. 1616, gest. 1662
⚭ 1642 Friedrich VI.
Markgraf von
Baden-Durlach

Karl X. Gustav
geb. 1622, gest. 1660
1654 König v. Schweden
⚭ 1654 Hedwig Eleonore
von Holstein-Gottorp

Karl
Erbprinz von Schweden
geb. 1655
später
König Karl XI.

Adolf Johann I.
geb. 1629, gest. 1689
Pfalzgraf von Kleeburg

Bei Karls X. Gustav Wahl und Thronbesteigung 1654 lebte noch der oben erwähnte König Johann II. Kasimir von Polen, ein echter Wasa, ein Nachkomme Gustavs I. aus männlicher Linie, nicht nur ein halber Wasa von der Mutterseite wie Karl Gustav. Johann II. Kasimir erhob Protest gegen die Thronbesteigung Karl Gustavs. Wie ernst gemeint dieser Protest war, ist nicht recht abzusehen. Da Johann Kasimir keine Kinder, auch keiner seiner vielen Brüder einen Sohn hinterlassen hatte, der einzige 1654 noch lebende Bruder – Karl Ferdinand Wasa – als Bischof von Breslau für eine Nachfolge, und erst recht nicht für die Weiterführung der Dynastie in Frage kam, ist nicht von der Hand zu weisen, daß Johann Kasimirs Protest eher eine theoretische Angelegenheit war, und daß der polnische König keine ernsthaften Ambitionen auf den für ihn als Katholiken sicher unbequemen schwedischen Thron gehabt hat. Irgendwelche konkreten Schritte zur Durchsetzung seines Protestes hat Johann Kasimir nicht unternommen. Karl Gustav aber genügte der Protest als Anlaß zum Krieg.

Es muß eine der ersten Maßnahmen im Zuge der Kriegsvorbereitungen Schwedens gewesen sein, daß Karl Gustav die Bewerbung des jungen Friedrich von Homburg annahm. Friedrich war – laut Bocksen – 1654, kurz nach dem Regierungsantritt Karl Gustavs, für die Bewerbung um den Offiziersposten eigens nach Stockholm gereist. Friedrich hat Bocksen erzählt, daß er der erste neue Offizier gewesen sei, den König Karl Gustav in seine Dienste genommen habe. Friedrich erhielt ein Patent als »Oberst zu Roß«. Seine erste Aufgabe war, sofort nach Deutschland zurückzukehren und ein Regiment anzuwerben.

Die erste Phase des Krieges, der mit dem Einmarsch Karl Gustavs in Polen im Sommer 1655 begann, hat Friedrich nicht mitgemacht, denn mindestens noch im Oktober 1655 war er damit beschäftigt, auftragsgemäß das Regiment anzuwerben; aus diesem Monat ist eine Intervention des Kurfürsten von Brandenburg durch seinen Gesandten in Wien (von Löben) beim Kaiser bekannt, die darauf zielte, dem Landgrafen die Werbung von Truppen für eine fremde Macht innerhalb des Reiches zu verbieten.

Das Königreich Schweden umfaßte damals einerseits nicht das ganze heutige Schweden – die Kattegatküste mit Ausnahme Göteborgs, der südlichste Teil des Landes mit den Städten Malmö und Lund waren dänisch, ein großer Teil Mittelschwedens (das Jämtland) war norwegisch, und damit, weil Dänemark und Norwegen in Personalunion verbunden waren, mittelbar auch dänisch –, anderseits gehörten ganz Finnland und Karelien bis zum Ladogasee, das »Ingermanland« (also die Newamündung, St. Petersburg war noch nicht gegründet), Estland und Livland zu Schweden. Schweden beherrschte die ganzen Küsten der östlichen Ostsee, Reval und Riga waren schwedische Häfen.

Seit dem Westfälischen Frieden 1648 gehörten außerdem auf dem Reichsgebiet das Herzogtum Bremen (das war das Land zwischen Weser und Elbemündung mit Ausnahme der Stadt Bremen) und Vorpommern von Stettin bis Stralsund und die Insel Rügen zur Krone Schwedens. Als Herzog von Bremen und Herr von Vorpommern, selbstverständlich auch, was des Königs sozusagen persönlichen Besitz, die Pfalzgrafschaft Kleeburg anbetraf, war Karl Gustav Reichsfürst und – de jure – dem Kaiser untergeordnet.

Da zu Polen seit Jagiellos Zeiten das Großfürstentum Litauen (und der größte Teil der Ukraine einschließlich Kiews) und das Herzogtum Kurland gehörten – das heutige Lettland –, hatten Schweden und Polen eine gemeinsame Landesgrenze. Der Grenzfluß war die Düna. (Das Herzogtum Kurland, in dem als polnischer Lehensträger die deutsche Familie Ketteler herrschte, sollte viel später in Friedrichs von Homburg Leben und bei seinen Nachkommen eine wichtige Rolle spielen.)

Im Sommer 1655 fiel Karl Gustav von zwei Seiten in Polen ein: aus Livland direkt und aus Pommern, wobei hier die Schweden brandenburgisches Gebiet durchqueren mußten, was bald zu Verwicklungen führen sollte.

Die Polen waren von der Offensive völlig überrascht, die Schweden fanden kaum Widerstand. Die Tore der Städte und Festungen öffnete man in vielen Fällen freiwillig, selbst in Warschau und Krakau. Lediglich ein »großpolnisches« Aufgebot wurde am Fluß Netze den Schweden entgegengestellt, aber es kam nicht einmal zur Schlacht. Die adeligen polnischen Reiter liefen zu den Schweden über, der Rest der Armee ergab sich. Ganz Polen war im Spätherbst 1655 in der Hand der Schweden, König Johann Kasimir floh nach Schlesien.

Friedrich von Homburg war während dieses glänzenden und beispiellos erfolgreichen und kostensparenden Feldzuges in Deutschland, wie erwähnt, mit der weniger ruhmvollen als mühseligen Werbung und Rekrutierung seines Regiments beschäftigt und somit vollständig daran gehindert, die ersten Lorbeeren zu pflücken. Ob das auch der Tücke des Objektes zuzuschreiben ist, die den Landgrafen Zeit seines Lebens verfolgte, mag dahingestellt bleiben. Die Werbung war übrigens äußerst schwierig, erstens war sie illegal und zweitens fand sie in einem ausgepowerten Land statt, das acht Jahre vorher erst von einem mörderischen Krieg erlöst worden war. Die Lust zum fröhlichen Soldatenleben dürfte nicht übermäßig gewesen sein.

Der Kurfürst von Brandenburg, Friedrich Wilhelm, den die preußische Geschichtsschreibung nicht ohne ein gewisses Recht »den Großen Kurfürsten« nennt, war als Herzog von Preußen (d. i. Ostpreußen) staatsrechtlich gesehen Vasall der Krone Polens. Friedrich Wilhelm hatte nun einerseits – sicher in Verletzung seiner Vasallenpflicht gegenüber dem König von Polen – im Vertrag von Stettin Karl Gustav den Durchzug durch brandenburgisches Gebiet gestattet, hatte sogar ein Bündnis mit Schweden erwogen, anderseits waren ihm nun die raschen Erfolge Karl Gustavs in Polen unheimlich. Bei einem vollständigen Sieg Schwedens in Polen wäre Brandenburg an drei Seiten von schwedischem Einflußgebiet umgeben gewesen. (Damit ist klar, warum Friedrich Wilhelm durch den Kaiser die Werbung weiterer Truppen für Schweden in Deutschland verhindern wollte.) Der Kurfürst wechselte – halb – die Front. Er zog sehr rasch – was als organisatorische Glanzleistung angesehen wurde – seine Truppen, auch die aus den damals schon »preußischen« Niederrheinprovinzen, zusammen, durchquerte mit ihnen das schwedisch besetzte Polen und bereitete Ostpreußen zur Verteidigung vor. Zu dem Zweck schloß der Kurfürst im November 1655 mit den Ständen Ostpreußens (den dort lebenden Adeligen und den

Städten) das Bündnis von Rinsk und bot die »Wybranzen« – Volksmilizen – auf.

Aber das Kriegsglück blieb – vorerst – dem »Nordischen Alexander« treu. Und nun war auch Friedrich von Homburg endlich dabei. Er hatte zwar – aus Geldmangel und wohl auch wegen der oben genannten Schwierigkeiten – statt eines Regiments nur zwei Kompanien anwerben können. Einzelheiten sind wegen des später zu erwähnenden Unglücksfalls des Prinzen, bei dem fast alle Dokumente aus der früheren Zeit verloren gingen, nicht bekannt. Erhalten ist aber eine königliche Verfügung Karl Gustavs vom 6. Dezember 1655 an den Landgrafen, in der der Auftrag gegeben wurde, zu den »allbereit habenden 2 Kompanien nunnoch 10 Kompanien zu werben«, und somit ein Regiment zu Pferd mit insgesamt 12 Kompanien zu bilden. Friedrich wurde ermächtigt, 18 000 Reichstaler bei der Staatskasse anzufordern, woraus das Werbegeld (pro Kopf 30 Reichstaler) und die Versorgung für die Zeit der Rekrutierung des Regiments zu bestreiten waren. Anzuwerben war die Mannschaft, nicht die Offiziere. Jede Kompanie sollte aus »60 gemeine Einspännigen« bestehen, das heißt, ein Pferd pro Mann »teutsche Reuter«, »gute und untadelhafte Reuter zusamt Pferden, Pistolen, Sätteln und allem andern Zeug und Zubehör«; das heißt also, die Soldaten mußten ihr eigenes Pferd, eigene Waffen und die ganze Adjustierung mitbringen. Wie ein solcher Haufen dann ausgesehen hat, ist unschwer vorstellbar. Binnen 4 Monaten, also bis Anfang April 1656, sollte der Landgraf die Truppe zusammenstellen und dann dem König zur Musterung vorführen. Der Ort der Musterung war einem weiteren Befehl vorbehalten.

Im gleichen Monat Dezember 1655 erhielt Friedrich von Homburg das, was man bis vor einer Generation euphemistisch »die Feuertaufe« genannt hat. Bei einem Gefecht bei Mewe (polnisch Gniew), einem Ort südlich von Danzig gegenüber der Einmündung der Ferse in die Weichsel, kämpfte Friedrich unter dem Kommando des Feldmarschalls Steenbok und rieb eine polnische (d.h. ostpreußische) Reitereinheit auf. Der erste Feind, gegen den der spätere Sieger von Fehrbellin zum Kampf antrat, war der Kurfürst Friedrich Wilhelm.

Es ist eine etwas rätselhafte Geschichte nachzutragen, die möglicherweise in das Gebiet der »Tücke des Objektes« zu rechnen ist. Die Quelle ist, wie immer für diese Zeit, die Erzählung Bocksens. Da Bocksen aber an dieser Stelle einige Dinge zeitlich durcheinanderbringt, Dinge, die aus anderen Quellen richtig zu datieren sind, ist nicht auszumachen, wann dieses merkwürdige Ereignis gespielt hat. (Möglicherweise war auch schon Bocksens Quelle, der Landgraf selber und dessen Gedächtnis an die Jugendzeit, ungenau.) Bei einem der Aufenthalte Friedrichs in Stockholm war er mit anderen Offizieren beim Grafen Königsmarck eingeladen. Da Bocksen vom »alten« Grafen Königsmarck schreibt, dürfte es sich um Hans Christoph Königsmarck gehandelt haben, einen märkischen Condottiere brutalster Art, der in schwedischem Dienst im Dreißigjährigen Krieg große Teile Deutschlands, insbesondere Schlesien, verwüstet hatte und dafür in den Grafenstand erhoben und zum Feldmarschall ernannt worden war. Er war übrigens der Großvater jener Aurora Gräfin von Königsmarck, die eine der Maitressen Augusts des Starken von Sachsen und Mutter von dessen illegitimem Sohn – einem von angeblich 365 – Moritz war, der, Jahrzehnte nach den Ereignissen, bei denen diese Erzählung hier steht, 1726 der gegenüber des Landgrafen von Homburg Familie erfolgreichere Bewerber um das Herzogtum Kurland wurde, sich allerdings dort nicht lange hielt, nur bis 1729. Danach trat er in französische Kriegsdienste und wurde unter dem Namen »Maréchal de Saxe« einer der bedeutendsten französischen Feldherren der ersten Hälfte des 18. Jahrhunderts; er war ganz ein Kind dieser dekadenten und ausschweifenden Zeit. Die Maitresse des Maréchal de Saxe war Mademoiselle Verrière, eine Schauspielerin, die ihm eine Tochter, Marie Aurore de la Riviere, gebar. (Der Name war der des Stiefvaters, des bürgerlichen Ehemannes der Verrière.) Um diesen Stammbaum an Illegitimität voll zu machen, heiratete Marie Aurore einen Grafen Bernhard von Horn, einen unehelichen Sohn Ludwigs XV., später einen Herrn Dupin de Francueil. Aus dieser Ehe ging ein Sohn hervor, Maurice (wie der illegitime Großvater) Dupin de Francueil, der später Oberst der französischen Armee unter Napoleon wurde. Zwar nicht unehelich, aber nur einen Monat nach der Eheschließung der Eltern geboren, am 5. Juli 1804, war die Tochter Dupins, die den in dieser merkwürdigen Deszendenz traditionellen Namen Aurora erhielt, genauer: Aurore Amantine Lucile. Diese Aurore Dupin, später verheiratete Dudevant, ist weltberühmt geworden, eine Schriftstellerin, deren Werke heute niemand, deren Pseudonym jeder kennt: George Sand.

Die Sache, die eben hier erzählt worden ist, berührt selbstverständlich die Geschichte des Prinzen von Homburg nicht. Aber erstens soll sie zeigen, über welche merkwürdige Hintertreppen die Geschichte manchmal führt, und zweitens ist sie bezeichnend dafür, wie abenteuerlich die Umstände der Geschichte unserer Welt und Kultur manchmal zusammenhängen. Die Geschichte gleicht einer Stadt mit kompliziertem Grundriß. Lebt man in so einer Stadt oder befaßt man sich mit ihr, so kennt man vielleicht den einen prächtigen Straßenzug genau, und man kennt auch einen anderen, armseligen und pittoresken Straßenzug recht gut. Man hält sie für meilenweit voneinander entfernt, weil der eine Straßenzug vom anderen aus nur über viele verschlungene Wege zu erreichen ist. Und eines Tages erfährt man durch Zufall, weil man eine Passage plötzlich entdeckte oder eine vorher immer verschlossen gewesene Torduchfahrt überraschend geöffnet ist, daß der eine Straßenzug nichts anderes ist als die Rückfront des anderen. Die Betrachtung der Geschichte ist oft eine Geschichte der Überraschungen.

Bei diesem, nun ungebührlich ausführlich erwähnten Grafen Königsmarck war Landgraf Friedrich zu Gast. Der alte Königsmarck hatte einen goldenen Becher, den er voll Wein schenken ließ und auf die Gesundheit des Königs trank. Der Becher ging reihum, und bald darauf sagte Graf Königsmarck: »Ich glaube, ich habe Gift und Galle getrunken!« Auch dem Landgrafen wurde schlecht, und er mußte die Tafel verlassen. Zwei Offiziere, die zuletzt – also vielleicht den Bodensatz – aus dem Becher getrunken hatten, starben am nächsten Tag. Friedrich wurde mit Medikamenten behandelt und kam davon. Ob es sich um einen mißlungenen Mordanschlag auf den Landgrafen gehandelt hat oder um einen gelungenen auf jene beiden Offiziere, dessen Opfer nebenbei dann fast auch der Landgraf geworden wäre, ist nicht ersichtlich. Auffällig ist, daß Bocksen diese Geschichte ausführlich und doch unvollständig erzählt. Ob irgendeine Untersuchung diesem Vorfall folgte, der gewiß der Öffentlichkeit nicht verborgen blieb, ist nicht bekannt. Weiter ist auffällig, daß Königsmarck, der hochgeehrte und ruhmreiche schwedische Feldmarschall, kurz nach Ausbruch des schwedisch-polnischen Krieges, also wenig nach dem eben geschilderten Vorfall, als Privatmann nach Preußen übersiedelte, wo ihn allerdings der Kurfürst Friedrich Wilhelm bis zum Frieden von Oliva 1660 internierte.

Das Kriegsglück, haben wir eben gesagt, blieb dem »Nordischen Alexander« vorerst noch treu. Die schwedischen Truppen überrannten Ostpreußen binnen weniger Wochen – das Gefecht bei Mewe war ein Teil dieser Operation – und drangen bis vor die Mauern von Königsberg vor.

Zu einer Entscheidungsschlacht kam es nicht, denn Friedrich Wilhelm fügte sich dem König von Schweden und schloß am 17. Januar 1656 den Vertrag von Königsberg, der für den Kurfürsten alles andere als schimpflich war: der König von Schweden und der Kurfürst von Brandenburg kamen überein, daß Ostpreußen (also das Herzogtum Preußen) schwedisch sei, aber in vollem Umfang dem Kurfürsten von Brandenburg zu Lehen verbleiben sollte. Dazu bekam der Kurfürst – ebenfalls als schwedisches Lehen – das »Bistum« Ermland, einen Gebietsstreifen, der vorher als schmerzlicher Pfahl in das sonst abgerundete Ostpreußen hineingeragt hatte. Der Kurfürst mußte lediglich sein Bündnis mit den polnischen Ständen kündigen, sich verpflichten, seine Häfen für schwedische Kriegsschiffe zu öffnen (Kolberg, Königsberg und Memel) und den Durchzug schwedischer Truppen durch sein Land zu dulden. Allerdings, und das dürfte für den Kurfürsten das Schmerzlichste gewesen sein: er mußte an Karl Gustav die Hälfte der Einnahmen aus den Seezöllen abtreten und sich außerdem zu fernerer Neutralität im Kriege Schwedens gegen Polen verpflichten, denn dieser Krieg war mitnichten beendet.

Die Jahre 1656 und 1657

In den Monaten Januar bis März 1656 hielt sich der Prinz von Homburg auftragsgemäß in Deutschland auf, um sein Regiment anzuwerben, und zwar in der Gegend von Frankfurt. Die Werbung war diesmal erfolgreich, vielleicht war der Prinz darin nun schon etwas routinierter. Friedrich marschierte mit seinem Regiment zunächst – vermutlich war inzwischen entsprechende Ordre gekommen – nach »Stiftsbremen«, also auf das Gebiet des schwedischen Herzogtums Bremen, wo er »den Königsmarck zu assistieren« (Bocksen), sich also mit dessen Regimentern zu treffen hatte. Ob es sich bei diesem Königsmarck um den alten, oben erwähnten Feldmarschall Königsmarck gehandelt hat, der diese Truppen kommandierte, bevor er sich nach Preußen absetzte, oder um dessen Sohn, den Grafen Otto Wilhelm von Königsmarck, ist aus Bocksens Schilderung nicht zu ersehen. Auf dem Weitermarsch von »Stiftsbremen« bis zum eigentlichen

Kriegsschauplatz vor Danzig, wo das Regiment dann vom König gemustert wurde, scheint eine Insurrektion bei Homburgs Regiment vorgefallen zu sein. Die Schilderung bei Bocksen ist unklar. Unangenehme Dinge pflegte man damals – anders als heute? – nicht, jedenfalls nicht ausdrücklich niederzuschreiben. Offenbar war es so, daß sich Homburg – befehlswidrig? – längere Zeit von seinem Regiment entfernt hatte und, als er zurückkam, große Unordnung und Disziplinlosigkeit vorfand. Da später von Bocksen das Wort »Rädelsführer« gebraucht wird, scheint sich eine richtiggehende Revolte abgespielt zu haben, die Homburg vorerst einmal dadurch beschwichtigte, daß er »den Soldaten etliche Tonnen Bier« gab und Spielleute kommen ließ, die zum Tanz aufspielten. Einige Tage später allerdings, vermutlich bei günstiger Gelegenheit und in günstiger Situation (bei Stettin auf einer kleinen Insel), ließ Homburg sein eigenes Regiment durch zwei Königsmarcksche Regimenter umstellen und forderte seine Leute auf, die »Rädelsführer« herauszugeben. Das Regiment weigerte sich, worauf Homburg verfügte, daß jeder zehnte gehenkt werden sollte. Die Hinzurichtenden waren durch das Los zu ermitteln. Daraufhin lenkten die Soldaten ein »und gaben vier Reuter heraus, so die bösesten vom ganzen Regiment waren« (Bocksen). Die vier wurden zum Tod verurteilt und zum Galgen geführt. Da »that das Regiment einen Fußfall« und Homburg begnadigte die vier. Was bei der Insurrektion konkret vorgefallen, berichtet Bocksen nicht.

Inzwischen hatte sich die Kriegslage etwas zuungunsten des Königs von Schweden geändert. Die polnischen Adeligen, die das Jahr zuvor ihren König in Stich gelassen hatten und zu den Schweden übergelaufen waren, sahen sich als Katholiken gegenüber den schwedischen Protestanten vielfach zurückgesetzt. Auch sonst scheinen sich die Schweden in Polen nicht gerade beliebt gemacht zu haben. Der König Johann Kasimir kehrte zurück und sammelte ein Heer. Die schwedische Armee war namentlich durch den Winterfeldzug 1655/56 geschwächt und dadurch, daß überall in den festen Plätzen eine schwedische Besatzung zurückgelassen werden mußte, auf die Hälfte des ursprünglichen Bestandes zusammengeschmolzen. Die Situation Karl Gustavs in Polen wurde prekär. Nachdem es König Johann Kasimir gelungen war, im Frühjahr 1656 nicht nur Warschau wieder zu besetzen, sondern weit nach Norden vorzustoßen und Danzig zurückzuerobern, traten bei den Schweden ernsthafte Versorgungsschwierigkeiten ein. Dazu kam, daß der Zar von Rußland – Alexej Michailowitsch, der zweite Zar aus dem Hause Romanow, genannt Alexej der Stille – erklärte, er sehe die Sache Polens als die gerechte an, und ins schwedische Livland einfiel.

König Karl Gustav bot nun dem Kurfürsten von Brandenburg, der sich bisher ja nur zur Neutralität verpflichtet hatte, ein Offensivbündnis an und zum Ausgleich dafür das Bistum Ermland (das dem König rechtens gar nicht gehörte), nun nicht mehr nur als schwedisches Lehen, sondern endgültig als souveränes Herrschaftsgebiet, und außerdem vier polnische Woiwodschaften. Der Kurfürst willigte ein, und es kam zu dem entsprechenden Vertrag von Marienburg am 23. Juni 1656.

Noch vorher hatte Karl Gustav versucht, das von den

Polen wiedereroberte Danzig zurückzugewinnen. In der Zeit dieser vergeblichen Belagerung Danzigs im Frühjahr 1656 stieß Homburg mit seinem neuen Regiment zum Gros des schwedischen Heeres, und der König nahm bei Groß-Lindenau im Marienburger Werder die Musterung des Regiments vor, das dann noch im April zum Belagerungsheer von Danzig abkommandiert wurde. Übrigens zahlte – nach Darstellung Bocksens, der der Erzählung des Landgrafen folgt – die schwedische Kriegskasse die oben erwähnten 18 000 Reichstaler nicht aus. Der Prinz von Homburg streckte das Geld aus eigenen Mitteln, das heißt aus seinem Drittel der homburgischen Apanage, vor.

Vor Danzig ereilte den Prinzen von Homburg nicht eine feindliche Kugel oder ein Säbelstreich, sondern wiederum die Tücke des Objektes. Die Polen unternahmen aus Danzig einen starken Ausfall. Der Feldmarschall Steenbok, der die Belagerung leitete (Bocksen schreibt »Steinbock«), kommandierte unter anderen Homburg ab, um den Ausfall abzuriegeln. Es gelang. Obwohl die polnische Streitmacht in der Überzahl war, »gingen« die Schweden »also vigresemang darauf« (Bocksen), fügten den Polen erhebliche Verluste zu, machten viele Gefangene und trieben den Rest in die Festung zurück. Der Prinz von Homburg erbeutete dabei ein schönes Pferd, »war aber ein Rapp, wo mit die Rappen Ihr Lebtag kein Glück gehabt« (Bocksen). Beim Rücktransport der Gefangenen ins Lager stellte man fest, daß die Polen alle Brunnen vergiftet hatten. Die Truppe war also gezwungen, ihren und auch der Pferde Durst mit Bier zu stillen. Bocksen spricht es nicht aus, aber das Ergebnis des Berichtes rechtfertigt die Vermutung, daß Pferde und Reiter angeheitert waren, denn ohne ersichtlichen Grund fiel der junge Landgraf vom Pferd, und zwar auf einen Baumstumpf. Das Blut schoß dem Landgrafen aus Nase und Ohren, »auch die rechte Achsel entzwei und die Brust entzwei« (Bocksen). Der Landgraf habe über die Folgen der Verletzung sein Leben lang geklagt.

Man brachte den Landgrafen auf einem Wagen zurück ins Lager, wo der »Doktor und der Balbierer« ihn behandelten, aber, da er einen Tag und eine Nacht völlig bewußtlos war, ihn aufgaben. Es wurde bereits ein Sarg angefertigt, aber nach weiteren zwei Tagen und zwei Nächten Bewußtlosigkeit wachte der Prinz wieder auf, konnte allerdings den Kopf und die Arme nicht mehr bewegen. Erst im Lauf der nächsten Zeit trat eine Besserung ein.

Auf Grund des Marienburger Vertrages marschierte das nun wieder durch den brandenburgischen Zuzug verstärkte schwedische Heer gegen Warschau. Am 28. Juli 1656 kam es zur Schlacht bei Warschau, die drei Tage dauerte. Am 30. Juli endete die Schlacht mit einer vernichtenden Niederlage der Polen, die auch die neuerliche Kapitulation der Stadt mit sich brachte.

Karl Gustav hatte – mit Hilfe des Kurfürsten – die Schlacht gewonnen, aber noch lange nicht den Krieg. Die Belagerung von Danzig war immer noch erfolglos. In Livland standen die Russen, bereit, weiter vorzudringen. Eine holländische Hilfsflotte war auf Seiten der Polen vor Danzig aufgetaucht, die die schwedische Flotte vertrieb und die Belagerung dieser strategischen Schlüsselfestung vollends aussichtslos machte. Der Kurfürst von Brandenburg schloß, womit sich ein neuerlicher Kurswechsel abzeichnete, mit den Holländern am 10. September 1656 den Vertrag von Elbing, der Danzig zur neutralen Stadt erklärte. Ein brandenburgisches Heer erlitt um die gleiche Zeit eine Niederlage gegen die Polen bei Lyck in Ostpreußen. Die Vermutung, daß der Kurfürst Friedrich Wilhelm seine Bündnispflicht gegenüber Karl Gustav nur mit halbem Herzen erfüllte, ist nicht von der Hand zu weisen. Im November 1656 begehrte er vom König die Revision des Vertrages von Marienburg. Friedrich Wilhelm verlangte als Preis für weitere militärische Unterstützung die Überlassung ganz Ostpreußens als souveränes Herrschaftsgebiet, also die Aufhebung des schwedischen Lehensverhältnisses. Karl Gustav blieb nichts anderes übrig, als einzuwilligen. Am 20. November 1656 wurde diese neuerliche Revision des schwedisch-brandenburgischen Bündnisses unterzeichnet.

Karl Gustav hatte noch einen anderen unerwarteten Bundesgenossen gefunden, was aber, nachdem nun schon außer den eigentlich kriegführenden Parteien Rußland und Holland in die Auseinandersetzungen verwikkelt waren, die Gefahr einer europäischen Ausweitung des Krieges bedeutete. Karl Gustav, der »Nordische Alexander«, hat diese Gefahr ohne Bedenken in Kauf genommen.

Polens südlicher Nachbar war – auf der Landkarte – der türkische Großsultan. In Wirklichkeit regierte im nördlichen und östlichen Ungarn unter nomineller Oberhoheit der Hohen Pforte der nahezu unabhängige Fürst von Siebenbürgen. Das war seit 1648 ein immens reicher ungarischer Aristokrat namens Georg Rákóczy (als Fürst von Siebenbürgen: Georg II.), der – auch das unter nomineller Oberhoheit der Türken – die Fürstentümer Walachei und Moldau (das ist Rumänien südlich und östlich der Karpaten) erworben hatte und nun sein Herrschaftsgebiet im Norden auf Kosten der Polen abrunden wollte. Er schloß einen Bündnisvertrag mit dem König von Polen, was er aber – de jure – nicht durfte, weil er kein souveräner Fürst, sondern Vasall der Pforte war. Der Sultan verbot Rákóczy das Bündnis. Rákóczy kümmerte sich nicht darum, stellte eine Armee auf und fiel mit ihr am 18. Januar 1657 in Polen ein. Das brandenburgisch-schwedische Heer zog vom Norden Polens heran, um sich mit ihm zu vereinigen.

Diese Situation berührte nun die Interessensphäre des Hauses Habsburg. Kaiser Ferdinand III. schloß – wenige Monate vor seinem Tod – ein Bündnis mit König Johann Kasimir, der ihm auch familiär nahestand. Die Kaiserin, eine geborene Prinzessin Gonzaga, war die Nichte der Königin von Polen. Zwar noch nicht das militärische, aber das politische Glück schien sich in diesem Frühjahr 1657, zu Beginn des dritten Kriegsjahres, den Gegnern Karl Gustavs zuzuwenden. Das veranlaßte den König von Dänemark, Friedrich III., nun auch noch über Schweden herzufallen. Dänemark war nicht nur der nächste Nachbar Schwedens, sondern auch, wie es gelegentlich bei Nachbarn zu sein pflegt, namentlich, wenn sie verwandt sind, der Erbfeind Schwedens. Außerdem glaubte der König von Dänemark, einen uralten und daher besonders ehrwürdigen Anspruch auf den schwedischen Thron erheben zu können.

Der Friede von Roskilde

Seit dem Sturz des Prinzen von Homburg vom Pferd im April 1656 bis zur neuerlichen Wende des Krieges durch die Kriegserklärung Dänemarks an Schweden am 1. Juni 1657 sind nur zwei kriegerische Aktivitäten des Prinzen überliefert: In der Schlacht bei Philippowo am 12. Oktober 1656 führte der Prinz den schwedisch-brandenburgischen Vortrab zusammen mit dem kurbrandenburgischen General Görtzke. Im April 1657 unternahm Homburg einen militärischen Streifzug nach Kujawien (die polnische Provinz um Thorn und Bromberg) zusammen mit dem Pfalzgrafen Philipp von Sulzbach. Dieser Philipp von Sulzbach war nicht nur fast gleichaltrig mit Homburg (er war am 19. Januar 1630 geboren), sondern überhaupt in ähnlicher Lage. Auch er gehörte einer politisch unbedeutenden Zweiglinie eines deutschen Fürstenhauses an (Pfalz-Sulzbach), deren Land schon zu klein zur Teilung war. Auch Philipp hatte als dritter Sohn seines Vaters keine greifbare Aussicht, jemals in seinem kleinen Heimatland an die Regierung zu kommen, weshalb er, wie Friedrich von Homburg, in fremde Kriegsdienste trat. Im letzten Jahr des Dreißigjährigen Krieges, 1648, war Philipp von Sulzbach in ein hessisches Regiment eingetreten, 1650 trat er in lothringische Dienste und 1655, nach dem Regierungsantritt seines entfernten Vetters Karl Gustav in Schweden, der wie er einer Nebenlinie der pfälzischen Wittelsbacher entstammte, kämpfte er in Polen und Dänemark. Anders als Homburg blieb allerdings Philipp Zeit seines Lebens beim Kriegshandwerk, und wo Krieg in Europa war, war dieser Pfalzgraf Philipp zu finden. 1662 trat er in venezianische Dienste, 1664 in die kaiserliche Armee ein. 1668 wurde er französischer, 1675 kurbayrischer Offizier. 1703 starb er, unverheiratet, in Nürnberg.

Die nächste Nachricht über den Prinzen von Homburg, der auch während der ersten Phase des dänischen Krieges bei den – spärlichen – schwedischen Truppen in Polen geblieben zu sein scheint, findet sich erst für August 1657. (Bocksen schweigt sich über die Jahre von April 1656 bis Januar 1659, dem Zeitpunkt der zweiten Belagerung Kopenhagens, aus.)

Der König von Dänemark glaubte mit den angeschlagenen und in Polen engagierten Schweden leichtes Spiel zu haben. Anfangserfolge schienen ihm Recht zu geben. Er fiel bald nach der Kriegserklärung in das schwedische Herzogtum Bremen (»Stiftsbremen«) ein und eroberte Bremervörde.

Aber Karl Gustav muß ein unverzagter Mann gewesen sein. Er ließ seinen eher unwilligen Verbündeten (Brandenburg) und den abenteuerlichen (Rákóczy) in Polen mit einem kleinen Teil der schwedischen Truppen zurück mit dem Auftrag, den Krieg auf kleiner Flamme zu halten. Das Gros seiner Armee warf er in Gewaltmärschen, die seine Zeitgenossen staunen machten, nach Norden, eroberte Stiftsbremen zurück und schoß die bedauernswerte dänisch-holsteinische Stadt Itzehoe zu einem Stein- und Trümmerhaufen. Am 18. August 1657 verfügte der schwedische König einen Kommandowechsel. Feldmarschall Steenbok wurde durch den Grafen Karl Gustav Wrangel ersetzt, einen alten Haudegen aus dem Dreißigjährigen Krieg, der seit 1655 die schwedische

Flotte befehligt und im Jahr zuvor schon die dreitägige Schlacht bei Warschau geleitet hatte. Wrangel rekrutierte die Armee neu. Nun traf mit sechs anderen Regimentern auch Homburg mit seinem Regiment in Kiel ein. Von hier aus eroberte Wrangel – mit Ausnahme einiger Festungen – Jütland, also das ganze dänische Festland. Noch vor Ablauf von zwei Monaten, im Oktober, war der größere Teil von Dänemark in schwedischer Hand, der Krieg schien für den dänischen König verloren.

In Polen hatte der Krieg mittlerweile zwar auf Sparflamme gekocht, aber nicht im Sinn des Königs von Schweden. Der siebenbürgische Fürst Rákóczy war von den Polen geschlagen worden, das siebenbürgische Heer mitsamt dem General Janos Kémeny gefangen auf die Halbinsel Krim abgeführt. Der türkische Sultan erklärte Rákóczy für abgesetzt. Da Rákóczy sich widerborstig zeigte, sandte der Sultan eine türkische Strafexpedition, die Rákóczy am 22. Mai 1660 bei Klausenburg schlug. Der Fürst wurde in der Schlacht schwer verwundet, es gelang ihm zwar dennoch die Flucht, am 6. Juni starb er jedoch infolge seiner Verwundungen.

Aber nicht nur der siebenbürgische Bundesgenosse Karl Gustavs wurde ausgeschaltet, auch der Kurfürst von Brandenburg vollzog eine Wendung um hundertachtzig Grad. Die schwedischen Erfolge in Dänemark waren dem Kurfürsten unheimlich. Außerdem fühlte er sich in Polen allein auf sich gestellt und im Stich gelassen. Unter Vermittlung des österreichischen Gesandten Lisola kam am 19. September 1657, während Karl Gustav auf seinem Siegeszug durch Dänemark war, der Vertrag von Wehlau zustande, der den Frieden zwischen Brandenburg und Polen schloß. Brandenburg erhielt (das westpreußische, nicht mit dem norddeutschen zu verwechselnde) Lauenburg und Bütow von Polen abgetreten, die Stadt Elbing als Pfand. Lauenburg und Bütow waren zwei polnische Ausbuchtungen gewesen, die unschön in brandenburgisches Gebiet hineingeragt hatten. Knapp zwei Monate später, am 6. November 1657, nachdem im Oktober durch die Eroberung Festland-Dänemarks die Gefahr eines vollständigen schwedischen Sieges klargeworden war, schloß der Kurfürst von Brandenburg mit Polen ein Schutz- und Trutzbündnis, das zwar deutlich gegen Schweden gerichtet war, vorerst aber keine kriegerischen Eingriffe in den Krieg unternahm, der sich nun eindeutig aus Ost- nach Nordeuropa verlagert hatte.

Der Winter 1657/58 war extrem streng. Es war so kalt, daß die Ostsee gefroren war. Karl Gustav ergriff diese Gelegenheit und wagte das kühne und riskante, von aller Welt bestaunte Unternehmen, mit seinem ganzen Heer, mit Roß und Wagen und Kanonen über die gefrorenen Belte zu marschieren. Das Eis hielt. Die Dänen waren konsterniert. Zuerst wurde die Insel Fünen erobert (was 5000 dänische Soldaten das Leben kostete), dann Langeland, Laaland, Falster und Möen. Das Eis hielt immer noch. Am 30. Januar setzten die Schweden in Kriegsformation über das gefrorene Meer auf die letzte, die Hauptinsel Dänemarks über, Seeland, auf der Kopenhagen liegt, das somit unmittelbar bedroht war. Homburg marschierte auf dem rechten Flügel des Heeres unter dem Kommando des Markgrafen Karl Magnus von Baden. Auch dieser Markgraf war einer der vielen jüngeren Söhne deutscher Duodezfürsten, die mangels Regierungsaussichten in fremde Kriegsdienste getreten waren. Allerdings war schwedischer Kriegsdienst bei der Nebenlinie Baden-Durlach, der auch Karl Magnus angehörte, schon Tradition. Karl Magnus' Onkel, der Markgraf Christoph, war 1622 als schwedischer Offizier vor Ingolstadt gefallen, auch sein Bruder, der regierende Markgraf Friedrich VI., war in schwedischen Diensten gewesen und außerdem mit der ältesten Schwester König Karl Gustavs verheiratet. Karl Magnus' Schwester Johanna war die Frau des schwedischen Feldmarschalls Johann Banér.

Zu einer Schlacht kam es nicht. Die Schweden rückten fast ungehindert bis vor Kopenhagen und bereiteten die Belagerung vor. Da gab König Friedrich III. von Dänemark auf. Er erklärte sich im Februar 1658 zum Frieden bereit, der am 26. Februar zu Roskilde (oder Roeskilde), einer kleinen Stadt westlich von Kopenhagen, geschlossen wurde. Die Friedensbedingungen waren für Dänemark drückend und demütigend. Der König von Dänemark mußte die gesamten »übersundischen Lande«, etwa ein Viertel seines Königreichs und die Insel Bornholm an Schweden abtreten (die übersundischen Lande waren die Schonen, Halland, Blekinge und Bohus, also das ganze heutige südschwedische Küstenland an Kattegat und Ostsee mit den Städten Lund und Malmö), außerdem das Stift Drontheim, also Mittelnorwegen, wodurch Schweden direkten Zugang zur Nordsee erhielt. Darüber hinaus wurde Schweden von der Entrichtung des Sundzolles befreit, das heißt, schwedische Schiffe, auch Kriegsschiffe, konnten nun ungehindert von der Ostsee in die Nordsee fahren. Dies berührte sofort die heikelsten und geheiligtsten Wirtschaftsinteressen der seefahrenden westeuropäischen Nationen: Holland und England. Das durch den Westfälischen Frieden mühsam ausgependelte europäische Gleichgewicht schien in Gefahr. Schweden war wieder – wie unter Gustav Adolf – auf dem Weg zur Weltmacht. In Berlin, genauer gesagt: in Kölln an der Spree, schlossen deshalb Kur-Brandenburg und der Kaiser ein Bündnis zum Schutze Dänemarks, unternahmen aber zunächst angesichts des Friedens von Roskilde nichts.

Der König von Dänemark und der König von Schweden trafen sich in Frederiksborg, einem Schloß bei Kopenhagen, versöhnten sich und besiegelten bei ausgedehnten Festlichkeiten den »ewigen Frieden von Roskilde«, ein ewiger Friede, der fast genau ein halbes Jahr, nämlich bis August 1658, dauern sollte.

Die Familie Hessen

Die Zeit des ewigen Friedens zwischen Schweden und Dänemark vom Februar bis August 1658 soll hier benützt werden, um einen Seitenblick auf das kleine Land Homburg und des Prinzen von Homburg Familie zu tun.

Im Jahr 1653 hatten sich die beiden feindlichen Linien Hessen-Kassel und Hessen-Darmstadt ausgesöhnt. Die Versöhnung ging zum Teil auf Kosten der Selbständigkeit des Homburger Ländchens, denn die beiden regierenden Oberhäupter – Landgraf Wilhelm VI. von Kassel und Landgraf Georg II. von Darmstadt – hatten ähnliche Probleme, die Versorgung jüngerer Landgrafensprossen zu gewährleisten, ohne den Gebietsbestand des Hauptlandes zu schmälern. Wilhelm von Kassel hatte nicht weniger als drei jüngere Brüder seines Vaters zu versorgen: den Landgrafen Hermann, den Landgrafen Friedrich und den Landgrafen Ernst. Hermann hatte Rotenburg, Friedrich Eschwege und Ernst Rheinfels als Anteil bekommen. Georg von Darmstadt hatte einmal die Überlassung Homburgs an seinen Onkel Friedrich und dessen Kinder zu respektieren, anderseits auch einen jüngeren Bruder, den Landgrafen Johann, der Braubach erhielt. Ein zweiter Bruder Georgs, der auch Friedrich hieß, wurde – sicher zum Leidwesen der lutherischen Familie, aber auch zum Glück – katholisch, Priester, 1655 Kardinal und 1671 Fürstbischof von Breslau (Nachfolger des oben erwähnten Karl Ferdinand, Bruder des letzten Wasa-Königs von Polen). Als Inhaber dieses Bistums, das wegen seines Reichtums »das goldene Bistum« hieß, hatte dieser Landgraf Friedrich ausgesorgt. Aber die anderen Jung-Hessen lagen den Familienchefs quasi auf der Tasche, zumal sie sich, mit Respekt gesagt, fast wie die Kaninchen vermehrten. Georg II. von Darmstadt und Wilhelm VI. von Kassel kamen daher überein, und zwar auf der letzten großen Reichsversammlung dieses Jahres in Regensburg, daß es in Zukunft nur noch zwei regierende Linien in Hessen geben sollte: in Darmstadt und in Kassel. Die Regierung sollte nach den Regeln der Primogenitur vererbt werden, die Landanteile der jüngeren Söhne und von deren Nachkommen sollten lediglich Apanagen sein ohne jede landesherrliche Befugnis, ein Standpunkt, den Georg II. von Darmstadt wie auch schon sein Vater Ludwig V. stets vertreten hatten, der aber nichtsdestoweniger in Rotenburg, Eschwege, Braubach usw. und namentlich in Homburg gar nicht gern gehört wurde.

Friedrichs Mutter, die verwitwete Landgräfin Margarethe Elisabeth, die 1650 die Verwaltung des Ländchens an ihren ältesten lebenden Sohn übergeben hatte, lebte noch in Homburg, vierundfünfzig Jahre alt. Der »Chef« der Linie Hessen-Homburg, der Landgraf Wilhelm Christoph, dreiunddreißig Jahre alt, residierte zu Bingenheim und zeugte Kind um Kind. Im Mai 1658 – in der Zeit, in der wir in der Schilderung der Ereignisse kurz Halt gemacht haben – wurde Wilhelm Christophs siebtes Kind geboren (fünf weitere sollten folgen). Auch wenn vier Kinder von den sieben bald wieder gestorben waren, lebten doch zwei Söhne, der vier Jahre alte Landgraf Leopold Georg und der eben im Mai zur Welt gekommene Landgraf Karl Wilhelm. Daß unseres Prinzen Friedrich von Homburg Chancen, in seiner Heimat jemals zur Regierung zu kommen, damit nicht gerade gestiegen sind, liegt auf der Hand.

Der andere Bruder Friedrichs, der jetzt zweiunddreißigjährige Landgraf Georg Christian, war noch unverheiratet. Er galt als das schwarze Schaf der Familie. Er war in spanische Kriegsdienste getreten und in den Niederlanden zur römisch-katholischen Konfession konvertiert, jedoch nicht aus innerer Überzeugung, sondern infolge eines galanten Abenteuers, wie ein zeitgenössischer Bericht eines Herrn Ernst von Rotenburg schreibt, der allerdings Einzelheiten diskret verschweigt.

Im Grunde genommen war der »ewige Friede« zwischen Schweden und Dänemark von vornherein zum Scheitern verurteilt. Johann Hübner schreibt in seiner »Politischen Historia«, der ersten deutsch abgefaßten Weltgeschichte, die zwischen 1700 und 1720 erschien und für die Vorgänge in der zweiten Hälfte des 17. Jahrhunderts als fast zeitgenössischer Bericht gelten kann: »Ob nun wohl nach geschlossenem Frieden beyde Könige zu Friederichsburg zusammen kamen, so ward doch dieser ewige Friede noch in demselben 1658. Jahre gebrochen. Die Dänen schieben die Schuld auf die Schweden, welche bedauert hätten, daß sie nicht gleich im ersten Schrecken auf Copenhagen loßgegangen wären: und hingegen die Schweden beschuldigen die Dänen, daß sie niemals gesinnet gewesen wären, den Rothschildischen (= von Roskilde) Frieden zu halten, sondern schon mit auswärtigen Potentaten eines neuen Krieges wegen correspondiret hätten.«

Beides dürfte zugetroffen haben. Die Dänen empfanden den Frieden von Roskilde als schlimmste Demütigung, die sie je in ihrer Geschichte erlebt hatten. Schon bei der Unterzeichnung hatte der dänische Ratsherr Joachim Gersdorf gesagt, bevor er seinen Namen als dänischer Unterhändler unter das Dokument setzte: »Ach, daß ich doch nicht schreiben könnte!« Beim Nachtarokken kamen die Dänen drauf, daß sie eigentlich gar nicht zu kapitulieren hätten brauchen: König Karl Gustav war mit nur 5000 Mann in Seeland gelandet, und mehr als das hätte der König von Dänemark an Milizen nur in Seeland binnen kurzer Zeit aufbringen können. Außerdem war in Kopenhagen die gesamte dänische Kavallerie einsatzbereit gestanden. Man sei, vermutete man nachher, wo man immer gescheiter ist, nur wie gelähmt gewesen, weil kein Mensch geglaubt habe, auch nur ein Mann könne über den gefrorenen Belt, geschweige denn eine ganze Armee. Der Frieden war – aus dänischer Sicht – durch Bluff erzielt und daher unmoralisch. Noch der dänische Historiker Palle Lauring, dessen »Geschichte Dänemarks« 1971 in deutscher Sprache erschien, beklagt sich bitter über diese Vorgänge und nennt den Vertrag von Roskilde einen »Panikfrieden«.

Aber man muß gerechterweise einräumen, daß es doch wieder, wie bei Betrachtung des Charakters nicht anders zu erwarten, König Karl X. Gustav war, der den neuen dänischen Krieg vom Zaun brach.

Anlaß waren die Sundzölle. Man muß dazu die Landkarte betrachten: Der einzige für größere Schiffe befahrbare Weg von der Nordsee in die Ostsee ist der Öresund, an dessen westlicher Seite Kopenhagen liegt. Bis zum Frieden von Roskilde war auch das gegenüberliegende Ufer dänisch. Da der Sund an seiner schmalsten Stelle (zwischen Helsingborg und Helsingör) nur 4 Kilometer breit und etwas weiter südlich von der Festung Kronenburg beherrscht wurde, war es klar, daß auch keine schwimmende Maus durch den Sund kam, ohne von den Dänen bemerkt zu werden. Der Sundzoll, den die Dänen erhoben, war eine der wichtigsten Einnahmequellen des Königreichs; er betrug 1-1½ Prozent des vom Schiff mitgeführten Warenwertes und eine Abgabe für das Schiff. Einige Hansestädte hatten seit altersher Sundzoll-Befreiung, einige Staaten, zum Beispiel Holland, eine Ermäßigung. Für Holland war das ungemein wichtig, weil der Handel mit dem Getreide der Ostseeanrainer – nicht, wie man häufig annimmt, der eher risikoreiche und abenteuerliche Ostasienhandel – der wichtigste Faktor der niederländischen Wirtschaft war. Die Ostsee galt in Holland als »Wiege aller Kommerzien«.

Nun, nachdem nach dem Frieden von Roskilde sowohl Dänemark als auch Schweden den Sund beherrschten, kam es fast unausweichlich zu Reibereien. Wenn zwei Feinde nur gemeinsam ein Ziel erreichen können – hier die reibungslose Abwicklung des Sundzolles –, und wenn jeder in der günstigen Lage ist, durch nicht mehr als schlichtes Nichtstun, durch Verweigerung der Kooperation, den anderen zu ärgern, dann kann das nicht lange gutgehen. So begannen schon bald nach dem Friedensschluß die Streitereien über die Auslegung des Friedensvertrages und über Formalien.

Noch ein anderer Punkt ist hier nachzutragen. 1654, wenige Monate nach seiner Thronbesteigung, hatte König Karl Gustav von Schweden die Prinzessin Hedwig Eleonora von Holstein-Gottorp geheiratet. Die Prinzessin war die Tochter des Herzogs Friedrich III. von Holstein-Gottorp, dessen Herzogtum als dänisches Lehen galt. Vor der Kriegserklärung Dänemarks an Schweden hatte der König von Dänemark seinen Vetter (auch Friedrich von Dänemark stammte aus dem Hause Holstein) aufgefordert, auf Seiten Dänemarks gegen Schweden zu ziehen. Herzog Friedrich von Gottorp lehnte es ab, da ja der König von Schweden sein Schwiegersohn war. Er blieb neutral. Der König von Schweden dankte es ihm dadurch, daß er in dem Frieden von Roskilde vom König von Dänemark die Entlassung des Herzogs von Holstein-Gottorp aus dem dänischen Lehensverband verlangte. Und diese, noch am ehesten zu verschmerzende Friedensbedingung wurde vom dänischen König angenommen.

Daß Karl Gustav die holsteinische Souveränität nicht ganz ohne Beachtung eigener Interessen durchdrückte, zeigen die folgenden Ereignisse.

Im August 1658 versammelte Karl Gustav – ohne Zweifel mit Einverständnis des Herzogs – seine Armee in der holsteinischen Hauptstadt Kiel. Niemand außer einigen engen Vertrauten aus der unmittelbaren Umgebung des Königs wußte von seinen Plänen. Es war ein Täuschungsmanöver. Der dänische König, der sicher nicht nur auf das Papier von Roskilde vertraute, hätte allenfalls einen schwedischen Angriff von Osten her, über den Sund auf dem kürzesten Weg, erwartet. Eine Rekrutierung der Armee in Kiel konnte allenfalls als Zurüstung zu einem Vorstoß nach Süden gewertet werden; in Kurbrandenburg, das sich ja als Verbündeter Polens de jure immer noch im Kriegszustand befand, wurde das auch so vermerkt. Aber plötzlich schiffte der König Karl Gustav nach weiteren klammheimlichen Vorbereitungen sein Heer in Kiel ein und verschwand auf hoher See.

Auf der Fahrt unterrichtete der König den französischen Gesandten Terlon von seinem wahren Ziel: die dänische Hauptinsel Seeland. Auf See konnte der König gefahrlos sein Geheimnis preisgeben. Einen Telegraphen gab es nicht. Terlon hätte, selbst wenn er gewollt hätte, niemand mehr verständigen oder warnen können. Der französische Gesandte fuhr natürlich nur als Gast mit, um sich die kommende weitere Szene dieses europäischen Kriegstheaters nicht entgehen zu lassen. Er sollte nicht enttäuscht werden, wenn auch die Vorstellung nicht so lief, wie sie Karl Gustav geglaubt hatte, inszeniert zu haben.

Noch auf dem Schiff machte der französische Diplomat dem König Vorhaltungen, daß es doch eigentlich nicht angehe, nach geschlossenem »ewigen Frieden«, ohne Kriegserklärung, ein Land zu überfallen. Karl Gustav erklärte, daß er solche Bedenken nicht teile. Er habe schon seit dem Frieden von Roskilde bedauert, daß er »eine Tollheit halb-vollendet lassen« habe. Er äußerte sich gegenüber Terlon auch über die Kriegsziele: Dänemark, Norwegen und Schweden sollten vereinigt werden, aber nicht wie in den Tagen der Kalmarischen Union, sondern als *ein,* natürlich schwedisches Königreich. Norwegen sollte von einem schwedischen Statthalter verwaltet, Dänemark in vier schwedische Provinzen aufgeteilt, die ganze Bevölkerung Kopenhagens ausgesiedelt und die Stadt niedergerissen werden, um das dänische Nationalbewußtsein durch Auslöschen des Zentrums zu vernichten. Diese Kriegsziele, der Plan zu einem glatten Völkermord, verraten wohl einen vielleicht schon krankhaften Hang zum Größenwahn.

Zunächst läuft alles nach Plan. Karl Gustav landet mit seiner Armee in Korsör – Friedrich von Homburg mit seinem Regiment ist dabei – und marschiert in Richtung Kopenhagen. Gleichzeitig erscheint die schwedische Flotte vor der Hauptstadt. Die Lage des dänischen Königs scheint aussichtslos: Die Wälle Kopenhagens sind noch nicht fertig und nur mit sechs Kanonen bestückt. Die Stadt ist überhaupt nicht auf eine Belagerung vorbereitet. Aber anders als im Februar verliert König Friedrich III. diesmal den Kopf nicht. In aller Eile werden in Tag- und Nachtschichten Wälle aufgeschüttet, auch Frauen,

Greise und Kinder müssen helfen. Das Unwahrscheinliche gelingt, fast ein Wunder: der erste Sturm der Schweden auf das mangelhaft befestigte Kopenhagen wird abgewiesen. Aber eine fünfmonatige Belagerungs- und Leidenszeit beginnt. Karl Gustav schließt die Stadt ein, blockiert die Seezufahrt mit seiner Flotte. Er erstürmt die Festung Kronenborg am Sund nördlich von Kopenhagen und läßt die großen Kanonen von dort vor die Stadt bringen. Die besten Kanonen, die die Dänen hatten, waren nun auf sie selber gerichtet.

Aber dann kamen die ersten Rückschläge für die Schweden. Im Oktober taucht eine holländische Flotte im Kattegat auf. Die Holländer hatten, wie oben geschildert, bedeutende Wirtschaftsinteressen im Ostseeraum.

Die Erwägungen der Holländer waren einfach: wenn die Sund-Durchfahrt durch die dummen Kriegshandlungen womöglich auf Monate hinaus blockiert war, konnte kein Umsatz erzielt werden. Was das aber für das Herz der passionierten Pfeffersäcke in Amsterdam bedeutete, war klar.

Nun wäre die einfachste Art, den Krieg beenden zu helfen, gewesen, wenn die Holländer auch noch auf die Dänen draufgeklopft hätten; aber dann wäre die Ostsee praktisch ein schwedisches Binnenmeer geworden, und die Holländer wären nicht nur den Umsatz eines halben Jahres, sondern den ganzen Markt losgewesen. Also ergriffen sie die Partei des dänischen Königs.

Ein historisches Bild von literarischen Dimensionen blitzt in dieser elenden Zeit auf (die Geschichte kennt fast nur elende Zeiten): der alte Admiral Opdam. Er war so gichtbrüchig, daß er sich nicht bewegen konnte. Er mußte auf Deck getragen werden, wo er von einem Sessel aus die Seeschlacht leitete. Der Durchbruch der Holländer gelang, die schwedische Flotte konnte die holländische nicht aufhalten, sie fuhr in den Sund und dann in den Hafen von Kopenhagen ein. Die Flotte brachte ein holländisches Hilfscorps, Kanonen, Munition, Lebensmittel und Geld. Für das belagerte Kopenhagen war es die Rettung.

Aber auch die schon fast ein Jahr vorher geschlossene österreichisch-polnisch-brandenburgische Allianz entschloß sich endlich zum Handeln. Ein Allianzheer fiel in Holstein ein. In der Nacht vom 15. auf 16. Dezember 1658 setzte das Heer auf die Insel Alsen über und vertrieb die Schweden. Ende des Jahres war ganz Jütland besetzt. Gleichzeitig regten sich in den ehemals dänischen Provinzen Halland und Schonen und auf der Insel Bornholm pro-dänische Aufstände. Der jahrelange, fast jahrzehntelange »Krieg gegen die Schnapphähne« begann. »Schnapphähne« war der dänische Spitzname für die Schweden. Der Krieg war ein Guerilla-Krieg von Freischärlern, der den Schweden noch lange nach dem Frieden von Oliva zu schaffen machte. Er artete später in eine rein kriminelle Wegelagerei aus, die von den Schweden erst in den achtziger Jahren beseitigt werden konnte. Wirksam war die anti-schwedische Rebellion auf der Insel Bornholm. Die schwedische Besatzung samt den schwedischen Beamten wurde im Dezember 1658 von der Bevölkerung unter Anführung zweier dänischer Andreas-Hofer-Typen namens Jens Koefoed und Poul Anker überfallen und umgebracht. Dann fuhr eine Abordnung der Bornholmer, es müssen ein paar Männer gewesen sein, die wirklich Tod und Teufel nicht gefürchtet haben konnten, in einem offenen Boot durch den mörderischen

Belagerungsring nach Kopenhagen wegen nichts anderem, als nur dem König zu sagen: Die Insel ist wieder von Schweden frei, und die Bevölkerung mache sie dem König persönlich zum Geschenk.

Der König war, was ihm später hoch angerechnet wurde, in dem belagerten Kopenhagen geblieben und hatte auf den Vorschlag, sich doch ins Ausland in Sicherheit zu bringen, mit dem Vers 28,18 aus dem Buch Job geantwortet: »Ich will in meinem Nest ersterben.«

Diese Aufstände in den ehemals dänischen Provinzen hinter der Front waren für Karl Gustav lästig und sogar gefährlich, weil sie die Nachschubwege der nun ihrerseits durch die heranrückenden Allianztruppen bedrohten Belagerungsarmee abschnitten. So befahl König Karl Gustav für die Nacht vom 10. auf 11. Februar 1659 den Sturm auf die Stadt. Eigentlich hätte der Sturm bereits am 7. stattfinden sollen, aber die Dänen hatten auf ungeklärte Weise Nachricht von dem Plan bekommen, und die Schweden fanden die Wälle ungemein stark besetzt vor, worauf – da der eingeplante Überraschungseffekt verloren war – der Sturm abgeblasen und verlegt wurde. Karl Gustavs Offiziere widerrieten der Wiederholung des Sturmes für die Nacht vom 10. auf 11., aber Karl Gustav setzte sich über die Bedenken hinweg, ein Entschluß, den er angeblich noch auf dem Totenbett bereut haben soll. Die schwedischen Soldaten wurden angewiesen, »weiße Hemden« überzuziehen, damit sie im Schnee nicht zu sehen waren, und so wurden – wie der oben zitierte Hübner schreibt – »denn bey vielen die Hemden in Sterbe-Kitteln verwandelt.«

Der Sund war zum Teil zugefroren, so daß die Schweden um ein Uhr in der Nacht über das Meer um die Wälle herumgehen konnten. Dennoch wurde dieser erste Sturm von den Dänen abgewiesen. Der zweite Stoß richtete sich gegen Christianshavn, auch er wurde abgewiesen. Den dritten Angriff richtete, schon gegen Morgen, Karl Gustav gegen den Nordwall, den die holländischen Hilfstruppen verteidigten. Auch dieser Sturm war erfolglos.

Um sechs Uhr früh war der schwedische Traum von der Großmacht vorbei. Innerhalb fünf Stunden waren 3000 Schweden gefallen (bei nur 20 Mann dänisch-holländischer Verluste), eine weitere Belagerung war aussichtslos. Zwar zog sich Karl Gustav nicht ganz zurück, er hob nur die Belagerung auf und verwandelte sie in eine Blockade, das heißt, er versperrte die Zufahrtswege zu Land, was aber weniger wirksam war, weil seine Flotte die ohnehin wichtigsten Zufahrtswege vom Meer her nicht zu versperren vermocht hatte.

Der Prinz von Homburg war bei der Belagerung von Kopenhagen dabei, aber nicht mehr beim Sturm vom 10./11. Februar, denn ein bitteres Ereignis hatte am 19. Januar seiner militärischen Karriere – vorerst, aber das wußte er damals noch nicht – ein Ende gesetzt.

An diesem 19. Januar 1659 versuchten die Schweden, die Insel Amager gegenüber der weniger befestigten Seeseite Kopenhagens zu nehmen. Die Schweden, darunter Landgraf Friedrich mit einem starken Teil seines Regiments, gingen über das Eis, kamen aber in unerwartet starken Artilleriebeschuß. Der Landgraf attackierte mit Bravour die dänischen Stellungen, aber vergeblich. Der Angriff dauerte drei Stunden, zwei Offiziere und 20 Reiter von Homburgs Regiment fielen, Homburg selber wurden drei Pferde unter dem Leib totgeschossen, die dritte Kugel, ein sechspfündiges Stück, riß dem Landgrafen das rechte Bein ab, so daß es nur noch an einer Sehne hing. Der Landgraf ließ sich ein Messer geben und schnitt sich selber diese sinnlos gewordene Sehne ab. Es gelang, den Landgrafen so schnell zu versorgen (bei einem »gemeinen Reuter« wäre es wahrscheinlich anders gewesen), daß er nicht verblutete. Er wurde ins Lager zurückgebracht, wo ihn der König besuchte und ihm versprach, er könne als Entschädigung haben, was er wolle. Es dürfte ein schwacher Trost gewesen sein. Obwohl ihn dann der König am 23. Januar, also vier Tage später, zum Generalmajor der Kavallerie beförderte und ihm eine jährliche Pension von 2000 Reichstalern auf Lebenszeit aussetzte, war klar, daß zumindest in nächster Zeit von weiteren Kriegsdiensten nicht mehr die Rede sein konnte.

Ein Wort soll zu der an sich müßigen Debatte gesagt werden, ob dem Prinzen von Homburg das rechte oder das linke Bein abgeschossen worden war. Das »Theatrum Europaeum«, das den Vorfall ziemlich genau schildert, erzählt, daß dem Prinzen »sein lahmes Bein abgeschossen« worden sei. Wenn sich dieses »lahme« auf den oben geschilderten Unfall in Friedrichs Jugend bezieht, so war damit tatsächlich das rechte gemeint. Jungfer legt sich nicht fest, zitiert nur das »Theatrum Europaeum« und das »Diarium Europaeum« und »manche neuere Schriften«, die er aber näher nicht bezeichnet und die das linke als das abgeschossene Bein anführen. Auch der sonst in Kleinigkeiten so genaue Bocksen sagt darüber nichts.

Es war aber das rechte Bein, denn bis ins vorige Jahrhundert wurden im Schloß zu Homburg zwei Prothesen des Prinzen aufbewahrt, eine davon ist heute noch zu sehen. Es ist eindeutig eine Prothese für ein rechtes Bein. Die Versorgung mit Prothesen war damals noch keineswegs üblich. Das äußerste war gewöhnlich ein primitives Holzbein. Friedrich ließ sich aber – in späteren Jahren, wir werden in anderem Zusammenhang darauf zurückkommen – eine bewegliche Prothese mit silbernen Scharnieren machen, wovon er den etwas zynischen Beinamen »der Landgraf mit dem silbernen Bein« erhielt, der ihm, auch in der Erinnerung der Nachwelt, blieb, bis die theatralische Heldengestalt, die Kleist aus dem Prinzen von Homburg machte, die historische Realität zu überstrahlen begann.

Das Ende des »Nordischen Alexander«

Friedrich von Homburg scheint, sobald er transportfähig war, nach Stockholm gebracht worden zu sein, um sich, soweit man bei so einer Verwundung davon sprechen kann, auskurieren zu lassen. In einem Anflug von Optimismus oder eher Überschwang ließ er sich einen Reisepaß für eine Reise von Stockholm nach Homburg ausstellen, und zwar für April 1659. Aber der Reisepaß verfiel, es konnte im April noch überhaupt keine Rede davon sein, daß der Prinz die lange Reise unternehmen würde.

Indessen ging der Krieg weiter, den Karl Gustav offenbar immer noch nicht verloren gab. Im Mai 1659 trafen im Haag die Gesandten Frankreichs, Englands und der Generalstaaten (der Niederlande) zusammen. Daß die holländischen Kaufherren von der Entwicklung an der Ostsee beunruhigt waren, ist sofort einzusehen. Erstaunlich war das Interesse Frankreichs und Englands, denn beide Staaten hätten, meint man, anderes zu tun gehabt: Frankreich stand in den letzten Phasen eines Krieges mit Spanien; in England, das damals eine Republik war, hatte nach dem Tod des Lord-Protektors Oliver Cromwell dessen Sohn und Nachfolger Richard Cromwell Schwierigkeiten mit dem Parlament bekommen und war zurückgetreten. General Monk bereitete von Schottland aus die monarchistische Restauration vor. Daß beide Staaten, England und Frankreich, dennoch ihre Gesandten nach dem Haag schickten, spricht dafür, daß lebenswichtige Wirtschaftsinteressen auf dem Spiel standen.

Die Politik ist schwierig, und manchmal hat man das Gefühl, daß die Zeitläufte, wie sie auch gehen, es den Staatsmännern nie recht machen können. Hatten die Holländer im vorigen Jahr unter Einsatz nicht unbeträchtlicher Mittel die Dänen gegen den schwedischen Überfall unterstützt, so waren sie jetzt schon wieder unsicher geworden: ob nicht vielleicht durch einen vollkommenen dänischen Sieg ein unschönes Übergewicht der Dänen in ihrer »Wiege aller Kommerzien« entstehen könnte? Auch England und Frankreich teilten diese Bedenken, und so kamen diese drei Staaten in dem »Haager Konzert« vom Mai 1659 (nicht zu verwechseln mit einer auch »Haager Konzert« genannten Vereinbarung zwischen dem Kaiser und den Seemächten 1710) überein, daß Schweden unterstützt werden müsse. Es wurden Verhandlungen mit Schweden angeknüpft: Angeboten wurde der status quo nach dem Frieden von Roskilde, aber mit Bedingung der freien Sundschiffahrt. Die Herren im Haag waren bereit, um ihre Handelsinteressen nicht zu gefährden, Dinge herzuschenken, die ihnen gar nicht gehörten. Der Vorgang ist keinesfalls beispiellos in der Geschichte.

Aber Karl Gustav lehnte ab. Das kann nur Verblendung gewesen sein, denn der Krieg war für ihn militärisch nicht mehr zu gewinnen. So blieb den Holländern nichts anderes übrig, als weiter die Dänen – wohldosiert – zu unterstützen. Im Sommer 1659 erfolgte ein dänischer Angriff unterstützt von einer holländischen Flotte unter Admiral Ruyter auf die schwedisch besetzte Insel Fünen, von der die Schweden nun vertrieben wurden. Gleichzeitig drang ein österreichisches Heer unter General de Souches in Schwedisch-Pommern vor und nahm fast alle schwedischen Stützpunkte weg. Die Polen besetzten Livland und Kurland.

Nun erinnerte sich Karl Gustav an das freundliche Angebot der Holländer. Er wollte geheime Verhandlungen mit den Generalstaaten anknüpfen und beauftragte einen Gesandten namens Coyet (oder Cojett), nach dem Haag zu reisen. Diese – gescheiterte – Reise ist in mehrfacher Hinsicht interessant.

Coyet war 1658 nach dem Frieden von Roskilde schwedischer Gesandter in Kopenhagen geworden, das er natürlich nach Wiederausbrechen des Krieges verließ. In Kopenhagen stellte Coyet einen jungen Deutschen, einen 26jährigen, in Chemnitz geborenen Juristen als Hofmeister an. Das war Samuel (später Freiherr) Pufendorf, der liberalste, aufgeklärteste Kopf im deutschen Geistesleben des 17. Jahrhunderts, der später durch seine Schriften die Grundlage für die Entwicklung des Naturrechts und überhaupt des modernen Rechtsgefüges legte. Auch an äußeren Ehren reich – er wurde Hofrat, Professor und

Staatssekretär, abwechselnd in Deutschland und Schweden – ist er nicht genug als Geistesheros zu preisen. Er verfaßte 1688 auch eine Geschichte der Feldzüge Karls X., die er ja zum Teil als Augenzeuge miterlebt hatte.

Dr. Samuel Pufendorf sollte den Gesandten Coyet im September 1659 nach dem Haag begleiten. Offenbar war die Fahrt auf einem schwedischen Schiff von Stockholm durch den Sund nach dem Haag wegen der immer noch andauernden Kriegshandlungen unmöglich oder mindestens zu gefährlich. So stellten die Holländer selber ein Schiff zur Verfügung, ein Zeichen dafür, daß den Herren Generalstaaten auch die sehr späte Verhandlungsbereitschaft des schwedischen Königs nicht ganz ungelegen kam. Der schwedische Diplomat Coyet hatte also das merkwürdige Vergnügen, auf einem feindlichen Schiff durch den Kriegsschauplatz zu fahren.

Der Prinz von Homburg wollte diese Gelegenheit wahrnehmen und auch – als privater Passagier – nach dem Haag mitfahren, denn dadurch erhoffte er sich, die für ihn nun besonders beschwerliche Landreise vermeiden zu können. Offenbar hatte er vor, von Holland aus rheinaufwärts bis Mainz zu fahren, von wo aus der Weg nach Homburg nicht mehr weit gewesen wäre. Der holländische Kapitän hatte keine Bedenken, den Landgrafen, der ja immerhin Generalmajor der feindlichen Kavallerie war, auf seinem Schiff mitzunehmen.

Die Reise durch den Sund und das Kriegsgebiet ging gut. Erst danach schlug die Tücke des Objektes zu. In der Nacht vom 25. auf 26. September kam ein heftiger Sturm auf. Das Schiff geriet auf eine Sandbank in der Nähe der Insel Anholt im Kattegat. (Der hier folgende Bericht dieses nicht ungefährlichen, dennoch eher kuriosen, weltgeschichtlich nicht bedeutenden, aber für den Prinzen von Homburg folgenschweren Ereignisses beruht auf einem Mosaik aus den zum Teil divergierenden Berichten darüber, die von Bocksen, von Pufendorf, aus dem »Diarium Europaeum« und einem Gesandtschaftsbericht des brandenburgischen Gesandten in Kopenhagen von Marwitz stammen.)

Das holländische Schiff, eine Fregatte, hatte, offenbar bei Rettungsversuchen in der Nacht, alle Boote verloren. Drei Tage lang, also bis 28. September, lag es auf der Sandbank bei immer noch schwerer See, ständig in Gefahr, von der Brandung zertrümmert zu werden. Ein anderes holländisches Schiff fuhr vorbei, entweder konnte es oder wollte es nicht helfen. Dafür zeigten sich auffallend viele Seehunde. Der holländische Kapitän wertete dies als schlechtes Vorzeichen und sagte von den Seehunden: »Das ist unser Kirchhof.« »Sie sollen nicht alle von uns fressen!« sagte Homburg, ließ sich ein Gewehr reichen und erschoß einige von den unschuldigen Rundköpfen.

Bald darauf kam ein weiteres Schiff in Sicht, ein Hamburger Kauffahrer. Homburg versprach demjenigen 200 Taler (eine Menge Geld, 10 Prozent seines Generalmajors-Jahreseinkommens), der von dort Hilfe holen würde. Ein Matrose erklärte sich bereit und bastelte aus Brettern eine Art Rettungsring, der mit einem Seil vom Schiff aus gehalten wurde. In dem hölzernen Ring schwamm oder ruderte der Matrose hinüber zu dem anderen Schiff – dem durch zwei Schüsse die Notlage signalisiert worden war – und meldete dort, daß auf der in Seenot geratenen Fregatte einige vornehme Herren seien. Der Kapitän des Hamburgers erklärte sich bereit, die vornehmen Herren zu retten. Der Matrose erhielt ein Boot, das mit Hilfe des Strickes, der nunmehr die beiden Schiffe verband, hinübergezogen wurde. Der Gesandte Coyet, Dr. Pufendorf und der Prinz von Homburg stiegen in das Boot. Der Prinz nahm eine Schatulle (»ein eisernes Kästgen«) mit seinem Geld und seinen Dokumenten mit. Das Boot wurde glücklich wieder zu dem Hamburger Kauffahrer herübergezogen oder gerudert, aber als es anlegte, bevor die Insassen aussteigen konnten, wurde das Boot durch eine so starke Welle gegen das große Schiff geschleudert, daß es scheiterte. Die vornehmen Herren fielen ins Wasser, wurden aber mit knapper Not gerettet. Nicht gerettet wurde des Prinzen von Homburg »eisernes Kästgen«.

Der Kapitän des Hamburgers weigerte sich, nach diesem Unglücksfall auch die restliche Besatzung des Holländers zu retten, überließ sie ihrem Schicksal und segelte nach Helsingborg, wo er Coyet, Pufendorf und Homburg absetzte. Die Tücke des Objektes fügte nun noch Ironie hinzu: ab 1. Oktober wehte ein günstigerer Wind, die holländische Fregatte kam frei, und einen oder zwei Tage später sahen die »Geretteten« ihr Schiff im Hafen von Helsingborg wieder.

Ob der Matrose seine versprochenen 200 Reichstaler erhielt, ist nicht überliefert. Ich halte es für unwahrscheinlich, denn erstens hatte ja Homburg sein Kästchen mit dem ganzen Geld verloren, und zweitens waren die Herren den kleinen Leuten gegenüber – damals? – nicht übermäßig zimperlich. Den Namen des Kapitäns überliefert Bocksen mit »Admiral Bankert«. Daß ein Admiral die Fregatte kommandiert haben sollte, erscheint nicht wahrscheinlich. Auch irrt Bocksen im Datum, er verlegt den Unfall in das Jahr 1655.

Landgraf Friedrich kehrte von Helsingborg nach Stockholm zurück und verließ Schweden Ende Oktober 1659 dann doch auf dem Landweg zurück nach Homburg. Der Weg führte durch Dänemark, also durch feindliches Gebiet. Die Dänen hatten keine Bedenken, dem feindlichen Generalmajor, da er doch als Privatmann reiste, einen Paß auszustellen. Durch die Reise verschlechterte sich Friedrichs Zustand, der Brand war hinzugekommen, konnte aber »von einem trefflichen Balbierer« aus Oppenheim am Rhein, zu dem sich Homburg in Behandlung gab, geheilt werden. Bocksen berichtet, daß der Landgraf, um seine Schmerzen zu übertönen, »von Ungeduld zu Pferde sitzen« mußte, »und reiten hinaus aufs Feld, haben auch etliche Lerchen geschossen«. Daß man durch Töten von Lerchen, dieser besonders liebenswerten Vögel, eigenen Schmerzen Linderung verschafft, ist schwer zu begreifen; aber das ist bereits ein ganz anderes Kapitel.

Der Krieg – das war die andere, angenehmere Seite der Betrachtung der Welt als Theater – ging nur die Soldaten was an. War man aus der Rolle geschlüpft, war man sich nicht mehr Feind. Der Krieg diente nur den Interessen der Großen. Die Kleinen hatten zwar darunter zu leiden, aber im übrigen nichts damit zu tun. Die Erfindung des Volks- und Hetzkrieges, der Kriegspropaganda, ist eine Errungenschaft unseres Jahrhunderts. Damals, im 17., 18., ja sogar noch im 19. Jahrhundert war der Krieg ein zwar bedauerliches, aber isoliertes Ereignis. Wer durch ein Kriegsgebiet reiste, war zwar vorsichtig, aber nicht anders, als ob man heute durch ein Gebiet reist, in dem, sagen wir, eine Grippeepidemie herrscht, oder wie man mit dem Auto auf einer Strecke fährt, die steinschlaggefährdet ist. Eigentlich erst in unserem Jahrhundert ist man auf die Idee gekommen, der Krieg gehe die ganze Bevölkerung an. Der »totale Krieg« war das bisherige Endergebnis dieser Ideologisierung. Noch das neunzehnte Jahrhundert hätte das als Dummheit betrachtet. Das Kriegshandwerk war zwar ein besonders angesehener Beruf, weil er der einzige Beruf (außer dem des Priesters) war, dem auch die Herren nachgehen durften, ohne ihre Standesehre zu beflecken, aber sonst war es ein Handwerk wie jedes andere. Geht es die Bäcker was an, was die Spengler machen? Geht beide was an, was die Soldaten machen? Nur dann, natürlich, geht den Spengler das was an, wenn grad sein Haus beschossen wird, aber, wenn der Bäcker ihm schlechte Semmel liefert, ist das ein vergleichbarer Fall.

Als Lawrence Sterne 1762 nach Paris reiste und dort mit Diderot Freundschaft schloß, ihn Voltaire den »zweiten Rabelais« nannte, befanden sich England und Frankreich miteinander im Kriegszustand. Nicht im Traum wäre Diderot eingefallen, Sterne als Feind zu behandeln. Kann man sich vorstellen, daß Anatole France 1917 eine Vortragsreise durch Deutschland gemacht hätte? Zu einer Zeit, wo man ernsthaft diskutierte, ob man Shakespeare auf deutschen Bühnen spielen dürfe?

Selbst in konfessionellen und sogar in Kriegen mit religiösen Hintergründen (etwa die christlich-türkische Auseinandersetzung im Abendland, die von der Eroberung Konstantinopels 1453 bis zur Okkupation Bosniens und der Herzegowina durch Österreich-Ungarn 1878 dauerte) deckten sich die militärischen mit den ideologischen Fronten nicht. Der streng lutheranische Landgraf von Hessen, etwa, stand im Dreißigjährigen Krieg auf Seiten des katholischen Kaisers; bei der zweiten Belagerung Wiens 1683 kämpfte der christliche Fürst von Siebenbürgen auf Seiten der Türken.

Ende 1870 versuchte die französische Postverwaltung, aus dem belagerten Paris heraus Briefe per unbemanntem Ballon zu befördern. Es ging ganz gut (die Briefmarken sind Raritäten), aber ein Ballon wurde weit nach Osten abgetrieben und landete in Deutschland. Was tat die deutsche Post? Sie beförderte die ordnungsgemäß frankierten Briefe weiter, wie es die Bestimmungen des Weltpostvereins vorsahen. Nur mit den französischen Kanonen befand man sich im Krieg, nicht mit den französischen Postkunden.

Kriege waren keine nationalen Angelegenheiten. Die Heere waren keine Nationalheere. Ein schwedisches Regiment war nicht notwendigerweise ein Regiment, das aus lauter Schweden bestand, so wenig wie das Bayerische Staatsorchester nur aus Bayern besteht. Dieser Stellenwert des Krieges innerhalb der Staatsinteressen hatte Einfluß auf die Beziehung des Staatsbürgers – der damals noch Untertan war – zum Staat und zu seiner Nation. Der Patriotismus, den es durchaus schon gab, wie etwa die oben skizzierten Bemühungen des »Palmenordens« zeigten, bezog sich auf die Sprache, die Sitte, die Bildung, nicht aber auf die militärische Macht. Den Militärpatriotismus erfunden zu haben ist auch eines der traurigen Ergebnisse, in die die Französische Revolution pervertiert ist. Die gleichzeitige Errungenschaft der zündendsten Nationalhymne der Welt, der Marseillaise, wiegt das nicht auf. Daß in Deutschland, namentlich im zweiten Kaiserreich unter dessen perfektester und widerwärtigster Ausprägung Wilhelm II., der Patriotismus dem Militär mit deutscher Gründlichkeit deckungsgleich gemacht wurde, ist leider eine historische Tatsache, weshalb, mit einigem Recht, die an sich positive oder zumindest neutrale Erscheinung des Patriotismus in Verruf gekommen ist.

Aber vielleicht ist die Entwicklung vom sozusagen isoliert-gewerblichen Charakter des Krieges zum »totalen Krieg« nicht nur eine notwendige und unaufhaltsame, sondern auch eine begrüßenswerte Wendung gewesen. Ohne daß dieser Aussatz, der die Menschengeschichte seit Beginn überzieht, diese letzte, totale Fresse gebleckt hätte, wäre es nicht möglich gewesen, ihn so zu ächten, wie es heute zwar mühsam, aber immerhin der Fall ist.

Eine gewisse Ausnahme machte allerdings – zeitweise – der Kurfürst Friedrich Wilhelm von Brandenburg, der in einer scheinheiligen Flugschrift von 1658 eines der ersten Zeugnisse des deutschen Hurra-Patriotismus liefert: »Ehrlicher Teutscher«, hieß es da, »wem noch einig teutsch Blut um sein Herze warm ist, muß darüber weinen und seufzen: Was sind Rhein, Weser, Elbe und Oderstrom nunmehr anders als fremder Nationen Gefangene? Wer nur kein schwedisch Brot essen will, soll daran denken, was er für die Ehre des teutschen Namens zu tun habe ... Bedenke, daß du ein Teutscher bist!« Kurz darauf wechselte der Kurfürst die Front und trat auf schwedische Seite.

Im dänischen Reisepaß, den Friedrich von Homburg ausgestellt erhielt, sind auch die Begleiter – allerdings nicht namentlich – aufgezählt. Der Aufwand für einen jungen Herrn, Homburg war 26 Jahre alt, selbst wenn man einrechnet, daß er ein Landgraf war und Generalmajor, ist verblüffend: ein Stallmeister mit zwei Knechten, ein Edelmann und sein Knecht, zwei Kammerdiener und ein Pferdeknecht, drei Pagen, zwei Leibknechte, ein »Kanzlist«, ein Feldscher, ein Jäger, zwei Trompeter mit einem Knecht, zwei Reitknechte, zwei Kutscher und ein Beiläufer begleiteten den Landgrafen, dreiundzwanzig Mann also mit insgesamt 29 Pferden.

Der schwedische König fragte im Lauf des Winters mehrmals bei Friedrich an, ob er nun wieder in den Dienst zurückkehre. Wohl hatte der König jeden Offizier bitter nötig, namentlich nach der Schlacht bei Nyborg auf Fünen, in der die Truppen der brandenburgisch-dänisch-holländischen Allianz am 24. November 1659 den Schweden eine vernichtende Niederlage beibrachten. Es war die letzte Schlacht dieses Krieges, die letzte Schlacht Karl Gustavs, die entscheidende Niederlage des »Nordischen Alexander«, den damit das Kriegsglück endgültig verlassen hatte.

Der schwedische Reichstag trat in den ersten Tagen des Jahres 1660 in Helsingborg zusammen und verlangte vom König nur noch eins: den Frieden. Der Reichstag war nicht mehr bereit, weitere Mittel zu bewilligen. Noch während der Verhandlungen auf diesem Reichstag wurde der König krank, kurz und schwer krank, und am 23. Februar 1660 starb er, siebenunddreißig Jahre alt, die letzte überraschende Wendung, die dieser merkwürdige Fürst dem Lauf der Geschichte bot.

In seinem Testament hatte er verfügt, daß seine Frau, die Königin Hedwig Eleonore, und sein Bruder, der Pfalzgraf Adolf Johann von Kleeburg, die Vormundschaft für seinen eben vier Jahre alt gewordenen Sohn

Karl – nun König Karl XI. – übernehmen sollten, der Pfalzgraf als oberster Militärbefehlshaber. Der Reichstag akzeptierte zwar die Königin, nicht aber den Pfalzgrafen, der von der Vormundschaft ausgeschlossen wurde. Statt dessen wurde eine Vormundschaftsregierung eingerichtet, der lange Jahre der vorzügliche Magnus Gabriel de la Gardie präsidierte.

Am 3. Mai 1660 wurde im Kloster Oliva der Friede zwischen Schweden, Polen und Brandenburg geschlossen: König Johann II. Kasimir von Polen entsagte allen Ansprüchen auf die Krone von Schweden; Livland, Estland und die Insel Ösel kamen nun auch de jure an Schweden. Schweden verzichtete auf Kurland, behielt aber die deutschen Besitzungen »Stiftsbremen« und Pommern. Schweden und Polen bestätigten die volle Souveränität des Kurfürsten von Brandenburg als Herzog von Preußen. Dänemark, das den beinahe gewonnenen Krieg gern weitergeführt hätte, um die verlorenen Provinzen jenseits des Sunds zurückzugewinnen, mußte sich dem massiven Druck Hollands und Frankreichs beugen, die im Interesse des Gleichgewichts an der Ostsee nun wieder im Sinne Schwedens in die diplomatischen Verhandlungen eingriffen. Am 6. Juni 1660 mußte auch der König von Dänemark mit Schweden Frieden schließen (Friedensvertrag von Kopenhagen). Schweden behielt die Provinzen Schonen, Halland usw. und damit die Ostküste des Sundes. Dänemark bekam immerhin das Stift Drontheim (= Mittelnorwegen) zurück, von den übersundischen Gebieten aber nur die Insel Bornholm.

Der eigentliche Verlierer des Krieges war Dänemark, das ein Viertel seines Staatsgebietes und seine Schlüsselstellung am Sund eingebüßt hatte. Der eigentliche Gewinner war der Kurfürst von Brandenburg: er war – als Herzog von Preußen – ein souveräner Fürst geworden, gleichrangig im Konzert der Mächte, und hatte damit die Basis für die Bedeutung geschaffen, die Brandenburg-Preußen im 18. und 19. Jahrhundert bekommen sollte. Die christlichen Kaufherren in Holland – christlicher Kaufherr heißt: sie bescheißen in Gottes Namen –, die Kaufherren aber, deren madenfeiste Gesichter wir aus den Porträts Frans Hals' und Vermeers kennen, konnten sich in ihre mit dunklem Leder gepolsterten Kontorsessel zurücklehnen und aufatmen.

Margarethe Brahe

Landgraf Friedrich war es, wie geschildert, nicht mehr möglich gewesen, nach seiner Genesung, sofern man unter seinen Umständen davon sprechen kann, zur Armee zurückzukehren. Als Friedrich wieder nach Schweden kam, war sein erster Kriegsherr, Karl X. Gustav, tot, der Frieden geschlossen.

Homburgs Regiment wurde, wie die anderen Regimenter auch, abgemustert. Ein stehendes Heer hielt sich Schweden damals noch nicht. Friedrichs Pension wurde, nach einigem Zögern, im Lauf des Jahres 1660 von der Vormundschaftsregierung bestätigt, aber es bedurfte dazu einiger fast schon geharnischter Gegenvorstellungen des Prinzen. »Ihre Königl. Majestät«, schrieb Friedrich aus Homburg an die schwedische Regierung, gemeint war der verstorbene Karl X., »haben, da nach empfangener blessure ich meine gehabte Dienste quittiert, sowohl selbsten als auch durch expreß (= gemeint ist expressis verbis, ausdrücklich) an mich Abgefertigte begehret und andeuten lassen, in Dero Diensten fernerweit zu verbleiben mit beigefügten Assurancen, daß sowohl bei währenden Kriegs- als etwa erfolgten Friedenszeiten ich jedesmalen stehend verbleiben und meine Dienste wirklich genießen sollte, wodurch ich bewogen, andere mir von anderen Parteien angebotene ansehnliche conditiones fahren zu lassen.« (Dieser Brief ist vor dem Friedensschluß von Oliva geschrieben, als aber das Kriegsende schon abzusehen war und keine kriegerischen Aktionen mehr stattfanden.) Ob der Hinweis auf die angebotenen anderen »conditiones« ein Bluff war oder ob Friedrich tatsächlich ein Dienst in einem anderen und in welchem Heer angeboten worden war, ist nicht bekannt. Eine Korrespondenz in dieser Richtung liegt beim Homburgischen Hausarchiv – das sich heute im Hessischen Staatsarchiv befindet – nicht vor. Undenkbar wäre es nicht, denn die Bravour des jungen Generalmajors war durch die vielen Berichte über den Krieg des »Nordischen Alexander« in ganz Europa bekannt geworden. Auch Bocksen schweigt sich darüber aus. Aus einer mit Vorsicht zu gebrauchenden Quelle, der »Histoire généalogique et chronologique de la Sérénissime maison de Hesse-Hombourg« von Adrien François de Verdy du Vernois, die 1791 in Berlin erschien, geht hervor, daß Friedrich von Homburg von Karl X. als Gouverneur von Livland vorgesehen war. Auch aus einem nicht unterzeichneten Bericht, einer Art juristisch-genealogischen Zusammenfassung der Vorfälle im Haus Hessen-Homburg etwa aus dem Jahr 1742, dessen Konzept im Hessischen Staatsarchiv liegt, heißt es: »Er – Friedrich – wurde vom König Carl Gustav zur Belohnung Seiner Treuen Dienste zum Gouverneur von gantz Liefland im Testament erklärt, das Testament aber ist nicht exequiert worden, und hat also das Gouvernement nicht erhalten.« Das Testament König Karl Gustavs enthält aber keine diesbezügliche Klausel. Dennoch könnte natürlich möglich sein, daß – was nicht unüblich gewesen wäre – Karl seinem jungen Generalmajor die einträgliche und begehrte Statthalterschaft versprochen hatte, vielleicht nur mündlich, weshalb Friedrich dann bei seinen Verhandlungen mit der schwedischen Vormundschaftsregierung nicht mehr darauf zurückkam. Er mußte ohnedies froh sein, daß ihm wenigstens seine Generalmajorspension belassen wurde.

Friedrich scheint Ende des Jahres 1660 oder zu Anfang des Jahres 1661 nach Stockholm zurückgekehrt zu sein. Die schwedische Regierung war, angesichts der durch den fünf Jahre dauernden Krieg in trostlosen Zustand geratenen Staatsfinanzen bemüht, einzusparen, wo es nur irgend ging. Einerseits ist das verständlich und sogar lobenswert; für den Prinzen von Homburg, den nun arbeitslosen Generalmajor, zeichnete sich die drohende Entwicklung ab, daß sein Gehalt im Zuge der Einsparungsmaßnahmen auf kurz oder lang gestrichen würde. Es ergab sich aber eine andere Versorgungsmöglichkeit, keine unübliche, aber im konkreten Fall doch kuriose.

In Stockholm lebte eine vielfache Millionärin, eine Dame von damals siebenundfünfzig Jahren, eine Gräfin Margarethe Brahe zu Wisingborg, die ehemals Hofdame der Königin Christine gewesen war. Sie war die Tochter des verstorbenen Reichsrats Abraham Brahe; ihr Bruder, der Reichsdrost (Regierungspräsident) Per Brahe war mit einer Cousine des Vorsitzenden der Vormundschaftsregierung Grafen Magnus Gabriel de la Gardie verheiratet, dessen Mutter wiederum eine Cousine von Margarethe Brahe war. Sie war außerdem mit allen Königsmarcks, Steenboks, Wrangels und Güldensterns verwandt, sogar relativ nahe mit dem Königshaus, denn ihre Großmutter, Benta Steenbok, war die Schwester von König Gustav I. dritter Frau, Katharina Steenbok, gewesen.

Margarethe Brahe war in erster Ehe mit Bengt Oxenstjerna, in zweiter Ehe mit dem Reichskanzler Johann Oxenstjerna verheiratet gewesen, seit 1657 Witwe, hatte ein immenses Vermögen von ihren beiden Männern geerbt – und war kinderlos. Sie wird als feingebildet und anmutig geschildert und sie sei »eine Blume aller im Königreich Schweden lebenden Damen« gewesen. Daß diese Blume die Tatsache, daß sie ihre allererste Frühlingsfrische schon hinter sich hatte, mit ihrem Vermögen sichtbar vergoldete, darf man, ohne ihrem Andenken zu nahe zu treten, wohl vermuten. Ein deutscher Duodezfürst, Graf, seit 1652 Fürst Ludwig Heinrich von Nassau-Dillenburg, ein Großneffe des großen Schweigers von Oranien, Wilhelms von Nassau, warb schriftlich um die Hand der Gräfin Margarethe Brahe und erhielt eine Antwort, die zwar nicht Ja, aber auch nicht Nein sagte. Das war 1660 gewesen. Auch der Fürst Ludwig Heinrich war Witwer, war vierundsechzig Jahre alt und hatte aus drei Ehen siebzehn Kinder, die zum Teil natürlich längst erwachsen waren. Einer seiner Söhne, der Graf Philipp, war im März 1657 in Polen gefallen.

Der Fürst von Nassau-Dillenburg legte die Antwort der Gräfin Brahe – Jein – als Aufforderung aus, nach Schweden zu kommen und seine Werbung fortzusetzen. Das tat er im Frühjahr 1661, aber inzwischen hatte die Dame den Landgrafen von Homburg kennen und lieben gelernt. Welche Gefühle den achtundzwanzigjährigen Landgrafen der dreißig Jahre älteren Frau gegenüber bewegten, war vielleicht damals schon schwer auszumachen, heute, nach dreihundert Jahren, ist es unmöglich. Ob man mit der Vermutung, der – bösartig, aber die kommenden Dinge doch treffend gesagt – abgetakelte Invalide in Geldnot habe die reiche Alte wegen ihrer Millionen geheiratet, ob man mit dieser natürlich naheliegenden Vermutung der Sache ganz gerecht wird, ist schon deshalb zu bezweifeln, weil Friedrich und Margarethe immerhin acht Jahre in offenbar einigermaßen harmonischer Ehe gelebt haben.

Die Hochzeit fand am 12. Mai 1661 im königlichen Schloß in Stockholm statt, bald danach reiste das frisch vermählte und ungleiche Paar nach Deutschland.

Vorher aber hatte Margarethe ihren anderen – ungebetenen oder zumindest jetzt überzähligen – Hochzeiter, den Fürsten von Dillenburg, nach Hause geschickt. Der ärgerte sich darüber so, daß er noch im gleichen Jahr eine Schmähschrift drucken ließ, natürlich anonym, »Die untrewe Margaretha Brahe/Grävin zu Wisingsburg«, in der der Fürst die Briefe, die er von Margarethe Brahe erhalten hatte, zu einem Eheversprechen hinaufstilisierte und sich zu der juristisch unhaltbaren Behauptung verstieg, ein Eheversprechen sei der Trauung gleichwertig, weshalb Friedrich von Homburg und die Gräfin Ehebrecher seien. Homburg wußte natürlich, wer die Schmähschrift herausgegeben hatte und antwortete in einer ebenfalls anonymen Schmähschrift mit dem Titel: »Der Beantwortete zwar ungenannte/aber überaus schandlose und Unverschämte Nassau Dillenburgischer Pasquillant.« Die beiden Pasquille geben sich gegeneinander an barokker Prallheit nichts nach. An den Landgrafen Wilhelm II. von Kassel schrieb Friedrich am 14. 9. 1661 bezüglich der Schrift des Fürsten von Dillenburg: »... eine ... Schmähschrift, dergleichen von niemanden als einem Sauhirten zu vermuten gewesen, ...« In seiner eigenen Schmähschrift nennt er seinen Kontrahenten einen »fuchsschwantzrigten Pasquillanten«. Der Tod, der den »fuchsschwantzrigten« Fürsten von Dillenburg ein Jahr später (am 12. Juli 1662) ereilte, beendete die Federfehde.

Junker in der Mark Brandenburg

Mit dem Geld, oder einem Teil des Geldes seiner Frau und einer Apanagenachzahlung, die er von seinem Darmstädter Vetter um diese Zeit erhielt, kaufte der Prinz von Homburg 1661 und 1662 in Norddeutschland nach und nach vier Güter: das Amt Weferlingen, das damals zu dem seit 1648 brandenburgischen Fürstentum Halberstadt gehörte, an der Aller gelegen, einige Kilometer nördlich Helmstedt; das Amt Hötensleben, einige Kilometer südlich von Helmstedt (beide Orte sind heute auf dem Gebiet der DDR nahe der Grenze), das Amt Winningen zwischen Aschersleben und Staßfurt und das Amt Neustadt an der Dosse in der Mark Brandenburg. Die Dosse ist ein kleiner Nebenfluß der Havel, Neustadt liegt fünfzig Kilometer nordwestlich vor Berlin, heute an der

Eisenbahnstrecke von Berlin nach Wittenberge etwa auf halbem Wege. Fehrbellin, mit dessen Namen der des Prinzen von Homburg in die Geschichte eingehen sollte, liegt etwa 20 km von Neustadt entfernt. Für die vier Güter bezahlte der Landgraf insgesamt 240 000 Reichstaler. Die Größe der Summe kann man ermessen, wenn man bedenkt, daß die Jahresapanage für die ganze homburgische Nebenlinie selbst nach der Aufbesserung 30 000 Reichstaler betrug.

Verkäufer aller vier Güter war der schon erwähnte schwedische Feldmarschall Hans Christoph von Königsmarck. Die Güter waren reiner Grundbesitz, den der Prinz als Privatmann, nicht als ein Landesherr erwarb. Neustadt an der Dosse war brandenburgisches Manneslehen, als märkischer Junker war Homburg kurbrandenburgischer Untertan.

Homburg lebte meist in Weferlingen, aber Neustadt an der Dosse scheint ihm besonders am Herzen gelegen zu haben. Er ließ den Ort vergrößern und errichtete 47 Bürgerhäuser, die an ebensoviel Siedlerfamilien vergeben wurden, Handwerker und Bauern, die auch Land erhielten. Da Neustadt bei seinem Erwerb durch den Prinzen 1662 nur aus sieben Häusern bestanden hatte, handelte es sich um eine gewaltige Vergrößerung. Später siedelten noch weitere 25 Familien in Neustadt, für die keine Äcker, nur noch Gärten zur Verfügung standen. 1664 wurde Neustadt auf Bitten des Landgrafen vom Kurfürsten zur Stadt erhoben.

Theodor Fontane widmet in seinen »Wanderungen durch die Mark Brandenburg« ein kleines Kapitel der Stadt Neustadt an der Dosse, erwähnt auch hier das Wirken und die historische Gestalt des Prinzen von Homburg.

Der Prinz scheint Freude an seinen Friedenswerken gefunden zu haben. Mit einem Aufwand von 24 000 Reichstalern ließ er den Lauf der Dosse regulieren, ließ einen Kanal anlegen und erzielte für den Fluß ein stärkeres Gefälle, was für die geplanten »Fabricken« benötigt wurde. Man fand nämlich Eisen, und der Prinz ließ eine Eisenhütte errichten, später eine Schmiede, da die Qualität des Metalles gut war. Eine Ziegelei, ein Sägewerk und eine Papiermühle folgten. Die hauptsächliche Errungenschaft aber waren eine Glashütte und eine Spiegelmanufaktur, die bald Gewinn abwarfen. Auf den durch die Dosseregulierung gewonnenen Wiesen, die vorher Sumpf und Morast gewesen waren, ließ der Prinz ein Gestüt und eine Meierei, also etwas wie ein Mustergut anlegen.

Es gab auch Ärger und Rückschläge: 1666 brannte Neustadt an der Dosse ab. Der Prinz ließ es wieder aufbauen. Dauernden Ärger aber verursachte der Streit mit der schwedischen Regierung.

Als Homburg mit seiner »jungen Frau« sich im Brandenburgischen ankaufte und nach Weferlingen übersiedelte, war er, auf dem Papier zumindest, noch königlich schwedischer Generalmajor. Am 6. Dezember 1661 wurde er, wie wohl schon zu erwarten war, entlassen. Das salbungsvolle, mit zahlreichen Floskeln von »freundvetterlich« und »Euer Liebden« umschnörkelte Dokument war unter anderem von Homburgs Schwager Peter Brahe unterzeichnet. Die ganze schwulstige Höflichkeit, die selbst in dieser höflichkeitsfreudigen Zeit auffällt, konnte natürlich nicht darüber hinwegtäuschen, daß Homburg hinausgeworfen wurde. Es wurde ihm zwar zugesichert, daß die noch ausstehende Pension nachgezahlt würde (was offenbar dann auch geschehen ist), »mit demselben aber zugleich solche Wartegelder aufgehoben haben wollten. Stockholm, 5. Dezember 1661«. Von der Pension auf Lebenszeit, die Karl Gustav dem Landgrafen ausgesetzt hatte, steht kein Wort in dem Dokument.

Der Landgraf kam in seinen Eingaben an die schwedische Regierung, die bald den Charakter eines Privatkrieges annahmen, auf diese Pension auch gar nicht mehr zu sprechen, sondern verlangte nur die Werbungskosten, die er vor nunmehr sechs Jahren vorgeschossen hatte. Der Landgraf verwies auf den Befehl des seinerzeitigen Königs, wonach er 10 Kompanien à 60 Mann anzuwerben hatte, und pro Mann 30 Reichstaler, insgesamt also 18 000 Reichstaler von der Kriegskasse beheben sollte. Dieses Geld, sagte der Landgraf, habe er vorgestreckt, aber nie erhalten, obwohl er die Soldaten angeworben und im Lager vor Danzig dem König zur Musterung vorgeführt habe. Der Landgraf verwies auf das hier schon zitierte Dokument, die »Kapitulation vom 6. 12. 1655«, aus dem dies alles klar hervorgeht. Aber auch die Verpflegungskosten habe er, sagte der Landgraf, vorgeschossen, obwohl für die ersten vier Monate diese von polnischen Krongütern in Pommern aufgebracht hätten werden sollen (»Der Krieg ernährt den Krieg«); seine diesbezügliche Forderung belaufe sich auf 14 000 Reichstaler, insgesamt 32 000 Reichstaler.

Zur Unterstützung seiner Ansprüche brachte Friedrich ein Attest seines alten Vorgesetzten, des Feldmarschalls Steenbok, bei, der die Angaben des Landgrafen voll bestätigte. Das Attest, in schwedischer Sprache abgefaßt, ist vom 20. Oktober 1666 datiert. Es half nichts, die schwedische Regierung blieb kühl und hart. Sie behauptete, die Forderung des Prinzen sei zum Teil beglichen, zum Teil überhöht. Friedrich befand sich in gewissen Beweisschwierigkeiten, denn die Regimentsabrechnung, in der – wie aus einem Schreiben des Prinzen an Steenbok vom August 1666 hervorgeht – die Vorschüsse quittiert waren, war bei jenem Schiffbruch, oder wie man die Tücke und Ironie des Objektes damals im September 1659 nennen soll, in dem »eisernen Kästgen« untergegangen und ruhte auf dem Grund des Kattegat. Aber wahrscheinlich hätte es auch nichts geholfen, wenn der Prinz dieses Dokument noch gehabt hätte, denn die schwedische Regierung setzte sich ja auch über die »Kapitulation von 1655« hinweg, die der Prinz damals anderswo aufbewahrt haben mußte (vielleicht in Homburg gelassen hatte) und die er vorweisen konnte. Die schwedische Regierung war fest entschlossen, nicht zu zahlen, und sie saß letzten Endes am längeren Hebel.

Wie alles, hat aber auch dieses Ding zwei Seiten. Der Graf de la Gardie, der als Vorsitzender der Vormundschaftsregierung über die Zahlung (oder hier: Nichtzahlung) entschied, war der Sohn einer Cousine der Landgräfin Margarethe Brahe, Friedrichs Frau. Daß de la Gardie die Forderung seines angeheirateten Onkels nicht erfüllte – wobei man ihm in anderem Fall nicht einmal Vetternwirtschaft vorwerfen hätte können, weil die Forderung ja berechtigt war –, stellt dem Minister eigentlich ein gutes Zeugnis aus. Aber, auch das ist natürlich möglich, vielleicht war es gerade die nahe Verwandtschaft, die eine wohlwollende Prüfung verhinderte. Vielleicht hat sich de la Gardie gedacht, Homburg hat genug schwedisches Geld erheiratet, und die schwedischen Staatsfinanzen könnten die 32 000 Reichstaler besser brauchen.

In die Zeit der trotz allem Streit mit der schwedischen Krone wohl eher stillen und friedlichen Jahre von 1661 bis 1670, die Homburg in Weferlingen und Neustadt an der Dosse verlebte, fallen einige familiäre Ereignisse, die der Vollständigkeit halber erwähnt werden müssen.

Am 11. Juni 1661 starb in Darmstadt Landgraf Georg II., Friedrichs Vetter; ihm folgte, als regierender Chef der Linie Hessen-Darmstadt, sein älterer Sohn Landgraf Ludwig VI. Der jüngere Sohn, Landgraf Georg, erhielt, wieder als Apanage ohne hoheitliche Befugnisse, Itter. Die Landgrafen-Brüder zu Homburg bestritten wieder einmal den Primogenitur-Grundsatz, es kam zum Prozeß vor dem Reichskammergericht. 1664 versöhnte man sich, 1668 wurde in einem Familienvertrag zwischen dem Landgrafen Ludwig VI. einerseits und den Landgrafen Wilhelm Christoph, Georg Christian und Friedrich von Homburg anderseits der Streit beigelegt. Die Angehörigen der Linie Homburg erkannten die landesfürstliche Hoheit Darmstadts über Homburg an, alle anhängigen Prozesse wurden niedergeschlagen.

Am 16. August 1667 starb Friedrichs Mutter, dreiundsechzig Jahre alt, die verwitwete Landgräfin Margarethe Elisabeth. (Sie war ein Jahr jünger als Friedrichs Frau.)

Schon 1663 war die Frau von Friedrichs ältestem Bruder Wilhelm Christoph, dem Landgrafen von Bingenheim, nachdem sie ihrem Mann elf Kinder geboren, bei der Geburt des zwölften Kindes gestorben. Da auch das zwölfte Kind starb und von den vorangegangenen elf nur drei am Leben geblieben waren – die Landgräfin Christine Wilhelmine, der Landgraf Leopold Georg und die Landgräfin Magdalena Sophie – und dies an Kindersegen zu wenig erschien, schaute sich Wilhelm Christoph nach einer neuen Braut um. Er fand sie in der um ein Jahr als er selber älteren Prinzessin Anna Elisabeth von Sachsen-Lauenburg, Tochter des Herzogs August. Er heiratete sie, ohne sie gesehen zu haben, auf Grund eines »allzu günstigen Bildnisses«. Die Prinzessin stellte sich als bucklig heraus, und zur körperlichen Liebe hatte ihr die Natur »zwar den Wunsch, nicht aber die Fähigkeit« mitgegeben. Wilhelm Christoph betrieb – vergeblich – die Scheidung und schob die arme Frau auf ein Landgut ab. Aus dem oben schon einmal erwähnten anonymen juristisch-genealogischen Gutachten von etwa 1742 geht hervor, daß Wilhelm Christoph zum Katholizismus konvertiert sei. Eine Bestätigung aus einer anderen Quelle scheint dafür nicht auf. Möglicherweise liegt eine Verwechslung mit seinem Bruder Georg Christian vor, der tatsächlich, wie schon erwähnt, »zufolge eines galanten Abenteuers« katholisch geworden war.

Dieser Landgraf Georg Christian heiratete 1666 Anna Katharina von Pogwisch, eine achtzehnjährige, aber nicht standesgemäße Dame. Die Ehe blieb kinderlos. (Wie schon gesagt, hatten die landgräflichen Hessen entweder überhaupt keine oder sehr viele Kinder.) Nach dem Tod der alten Landgräfin-Witwe, die immer noch in Homburg residiert und das Ländchen verwaltet hatte, verkaufte Wilhelm Christoph, wohl weil er nicht von Bingenheim nach Homburg übersiedeln wollte und vielleicht auch, weil er Geld brauchte, das Amt Homburg an seinen Bruder Georg Christian, der nun, nach Quittierung seiner Kriegsdienste, hier Residenz nahm und, nach Friedrich dem Älteren und der Landgräfin-Witwe Margarethe Elisabeth der dritte Regent des kleinen Fürstentums wurde. Er bezahlte dafür an seinen Bruder 120 000 Gulden (= 180 000 Reichstaler), eine sehr große Summe. Woher Georg Christian dieses Geld hatte, ist nicht klar, aus seinem Drittel der Apanage von 30 000 Reichstalern jährlich, die zudem immer sehr verzögerlich ausbezahlt wurde, sicher nicht, wohl auch nicht aus Ersparnissen aus seiner Kriegszeit; auch damals dürfte es so gewesen sein, daß junge Offiziere – und zudem solche mit galanten Abenteuern wie Georg Christian – nicht zur Sparsamkeit neigten. Rommel, der Verfasser der ausführlichsten Geschichte Hessens, nennt Georg Christian einen »ränkevollen, stets mit den Jesuiten in Verbindung stehenden Prinzen«. Rommel scheint zu vermuten, daß das Geld aus Mitteln der Jesuiten stammte, die vielleicht damit den katholischen Glauben in Homburg restituieren wollten. Von irgendwelcher diesbezüglicher Missionstätigkeit ist aber nichts bekannt, auch nicht von solchen Bemühungen Georg Christians. Wahrscheinlich konnte sich Rommel, wie alle protestantischen Geschichtsschreiber des 19. Jahrhunderts, einen Katholiken und namentlich einen zum Katholizismus konvertierten nicht anders als ränkevoll vorstellen.

Tatsächlich aber verfügte Georg Christian über noch weitere Geldmittel, denn noch im gleichen Jahr verpfändete ihm – um Schulden decken zu können – der Landgraf von Darmstadt für eine unbekannte Summe das Amt Braubach und das Kirchspiel Katzenelnbogen, dem Landgrafen Wilhelm Christoph das Schloß Philippseck bei Butzbach und das Amt Lißberg.

Friedrich, der durch seine Heirat reichste Mann seiner Familie, scheint sich um diese ganzen Transaktionen nicht viel gekümmert zu haben und mit allem einverstanden gewesen zu sein.

Am 15. Mai 1669, nach fast auf den Tag genau acht Jahren Ehe mit Friedrich, starb die Landgräfin, nachdem sie einige Monate krank gewesen war. Durch Testament, das am 18. August veröffentlicht wurde, vermachte sie ihr ganzes Vermögen – bis auf einigen Grundbesitz in Schweden – ihrem Mann. Das Stadthaus in Stockholm und die beiden Landgüter Duurma und Torven vermachte sie ihren schwedischen Verwandten. Friedrich war nun, als das Jahr 1670 kam, das eine entscheidende Wendung in das zuletzt so ruhige Leben des Prinzen bringen sollte, aus eigenem Vermögen ein sehr reicher Mann, wahrscheinlich einer der reichsten deutschen Fürsten, was das Privatvermögen betrifft.

Vorgeschichte des Krieges zwischen Deutschland und Frankreich

Die Weltgeschichte war während der stillen Jahre Friedrichs in Weferlingen nicht stehengeblieben. Die Szenerie des politischen Theaters hatte sich geändert. Das Zeitalter – die zweite Hälfte des 17. Jahrhunderts – hatte sich angeschickt, das zu werden, als was es heute im Blick auf die Geschichte erscheint: die Zeit Louis XIV., des Sonnenkönigs. Der Glanz und die Macht des Hofes von Versailles hatte über Europa zu strahlen begonnen – für die Nachbarn und auch für die, die weiter weg wohnten, nicht immer ein milder und friedlicher Schein.

1661 war Kardinal Mazarin gestorben. Nach seinem Tod erklärte der 23jährige König Ludwig XIV., nunmehr die obersten Regierungsgeschäfte allein zu übernehmen, er ernannte keinen Nachfolger für Mazarin. Mazarin, der wohl zwar persönlich korrupt und ein fragwürdiger Charakter gewesen war, hatte dennoch redlich im Interesse des Staates – von dem Ludwig gesagt hatte, daß er mit dem König identisch sei (den Spruch »l'état c'est moi« hatte Ludwig XIV. 1655 vor dem Pariser Parlament geäußert) – regiert. Er hinterließ eine geregelte Außenpolitik, geordnete Finanzen und ein mustergültiges stehendes Heer, das größte in Europa. Der junge Sonnenkönig konnte in seiner Politik aus dem Vollen schöpfen, ein beneidenswerter Anfang. Das Ziel der Politik war klar: Frankreich zur beherrschenden Vormacht Europas, also der ganzen damaligen Welt, zu machen.

Ohne Zweifel war Ludwig XIV., Louis le Grand, wie ihn die französische Geschichtsschreibung nennt, ein bedeutender Herrscher. Seine Bedeutung erwies sich nicht zuletzt in der Wahl seiner Mitarbeiter. Er hatte unleugbaren Sinn für Qualität, sei es – das nebenbei bemerkt – bei den Damen, sei es bei den Künstlern, die er förderte (den Dichter Molière, die Architekten von Versailles Hardouin-Mansart, die Musiker Lully und Couperin), und auch bei den Männern, denen er die Ressorts seiner Staatsgeschäfte anvertraute, ohne allerdings jemals einem auch nur annähernd so umfangreiche Vollmachten einzuräumen, wie sie Mazarin und vor ihm Richelieu gehabt hatte.

Finanzminister und Wirtschaftsminister (nach heutiger Terminologie) wurde der ebenso rücksichts- und skrupellose wie intelligente und tatkräftige Jean Baptiste Colbert, später Marquis de Seignelay, ein aus kleinen

Verhältnissen stammender Kaufmannssohn, 1619 in Reims geboren, der durch gezielte Maßnahmen die Steuereinhebung so effektiv machte, daß das französische Steueraufkommen das höchste in ganz Europa wurde, eine Maßnahme, die bei den Steuerzahlern natürlich unbeliebt war, so unbeliebt, daß das Begräbnis Colberts durch Militär vor den zornigen Ausschreitungen des Volkes geschützt werden mußte. (Auch zu Lebzeiten Colberts hatte es schon Andeutungen von Aufständen gegeben.) Er schaffte aber auch Industrien, war einer der Erfinder des Merkantilismus, einer der ersten Staatsmänner, die das Wirtschaftssystem eines Staates theoretisch durchdachte. Er schaffte Infrastrukturen (etwa den den Atlantik mit dem Mittelmeer verbindenden Kanal von Languedoc), betrieb den Aufbau der Marine, und zwar sowohl der Handels- als auch der Kriegsflotte. Sein Augenmerk galt auch der Gründung überseeischer Kolonien in Asien, Afrika und Amerika. Hätten nicht seine Nachfolger im 18. Jahrhundert den von ihm hier erzielten Vorsprung verscherzt, wäre nicht England, sondern Frankreich im 19. Jahrhundert die erste Kolonialmacht der Welt geworden.

Ein Mann anderer Herkunft war der Kriegsminister, François Michel Le Tellier, Marquis de Louvois. Dieser damals verhältnismäßig junge Mann, 1641 als Sohn des Staatssekretärs Le Tellier geboren, der unter der Regentschaft Mazarins schon Kriegsminister gewesen war, stammte aus den besten Kreisen. Sein Bruder war der Erzbischof von Reims. Louvois, unter diesem Namen ist er bekannt, war kein genialer Feldherr, sondern ein geschickter Militärverwalter. Auch er wird als persönlich zwielichtig, als zynisch und brutal geschildert, aber er war nüchtern und praktisch veranlagt und von ungeheurer Arbeitskraft. Er reorganisierte die Armee und brachte die tatsächliche Stärke der stehenden Truppe auf 300 000 Mann. Er schaffte ein Offizierskader und straffte die Disziplin. Er ließ sich auch – was für die Moral und damit für die Kampfkraft der Truppe von nicht zu unterschätzender Bedeutung war – die Versorgung alter und invalider Soldaten und ihrer Hinterbliebenen angelegen sein. Die großzügige Invalidenanstalt in Paris, deren sichtbares, aber nicht wichtigstes Merkmal der Invalidendom ist, war sein Werk. Ein französischer Soldat konnte sicher sein, daß, wenn er verwundet wurde oder gar fiel, seine Familie versorgt war. Das Gegenbeispiel ist unser Prinz von Homburg, der, nachdem er zum Krüppel geschossen worden war, von der schwedischen Regierung ohne Federlesens und auch ohne Pension auf die Straße gestellt worden war. Friedrich war ein Aristokrat, wäre auch durch seine Homburger Apanage versorgt gewesen, wenn er nicht eine reiche Frau geheiratet hätte. Der »gemeine Reuter« aber, der einen Fuß verloren hatte, war auf die Drehleier und den aufgehaltenen Hut angewiesen.

Außenminister des Sonnenkönigs war ein 1611 in Grenoble geborener, aus einer Kleinadelsfamilie der Dauphiné stammender Hugues de Lionne, Marquis de Berny. Er war ein zwar ausschweifender und skandalumwitterter Diplomat, aber weitgereist, unermüdlich tätig, ein Kenner der feinsten Verästelungen aller europäischen Machtverhältnisse und ein vorzüglicher Stilist diplomatischer Formulierungen. Er war der erste, den 1661 Ludwig XIV. in den Kreis seiner engsten Mitarbeiter berief.

Am 7. November 1659 hatte Frankreich, noch unter Mazarin, mit Spanien auf einer Insel im Grenzfluß Bidassona in der Nähe von Biarritz den sogenannten, oben schon erwähnten, Pyrenäenfrieden geschlossen, der zwar den Krieg zwischen den beiden Staaten, der seit 1635 herrschte, beendete, aber auch die letzte Ursache für die kriegerischen Auseinandersetzungen wurde, die Europa in den siebziger Jahren und um die Wende des 17. zum 18. Jahrhundert erschüttern sollten. Im Pyrenäenfrieden war die Heirat des französischen Königs Ludwig XIV. mit der ältesten Tochter des spanischen Königs Philipp IV., der Infantin Maria Theresia, beschlossen worden. Die Hochzeit erfolgte am 9. Juni 1660. Die Infantin erhielt eine Mitgift von 500 000 Goldtalern, auch das war im Pyrenäenfrieden ausgehandelt worden, und verzichtete für sich und ihre eventuellen Nachkommen auf alle spanischen Erbrechte. Dieser Verzicht sollte allerdings erst mit der vollständigen Bezahlung der Mitgift wirksam werden. Die Mitgift wurde nie ganz bezahlt, weshalb Ludwig XIV. – de jure für seinen 1661 geborenen Sohn, den Dauphin Louis, de facto für sich – nach dem Tod König Philipps IV. im Jahr 1665 Teile der spanischen Niederlande (Belgiens) als Erbe forderte. Das französische Heer fiel 1667 ohne Kriegserklärung in Belgien ein, worauf aber England, Holland und Schweden die »Trippelallianz« schlossen, um wieder einmal das europäische Gleichgewicht zu erhalten, und Frankreich mit Krieg bedrohten. Ludwig XIV. lenkte ein und schloß, ohne daß es zu einem regelrechten Krieg gekommen wäre, am 2. Mai 1668 den Frieden von Aachen, in dem er einige flandrische Städte, darunter eine so wichtige Stadt wie Lille, die bis dahin nicht zu Frankreich gehörte, erhielt, dafür aber das Franche-Comté, die alte »burgundische Freigrafschaft«, die staatsrechtlich ein Reichslehen war, an Spanien abtreten mußte. Dieser »Devolutionskrieg« genannte Feldzug war also für Ludwig XIV. kein voller Erfolg gewesen, aber das Ziel des Sonnenkönigs war ohnedies weiter gesteckt: auf die Erwerbung der ganzen spanischen Monarchie. »Devolutionskrieg« hieß der Feldzug, weil sich Ludwig XIV. – juristisch völlig unhaltbar – auf das in Brabant geltende »Devolutionsrecht« berief, wonach das Erbe der Kinder bei einer zweiten Ehe des Vaters auf die Kinder erster Ehe »devoliert« (übergeht), was nach Meinung Ludwigs für den Fall seiner Frau, das einzige Kind König Philipps IV. aus erster Ehe, zutraf.

Auch in Osteuropa hatte sich die Lage seit dem Frieden von Oliva etwas verschoben. Der Zar hatte seinerzeit, wie oben erwähnt, im polnisch-schwedischen Krieg »die polnische Sache als die gerechte« bezeichnet und war in die baltischen Besitzungen Schwedens eingefallen. Eine Zeitlang hatten die Russen sogar die Festungen Narwa und Dorpat besetzt, ihre Belagerung von Riga war aber vergeblich. Nach den Friedensschlüssen von Oliva und Kopenhagen, denen der Zar ja nicht beigetreten war, war Rußland der einzige Kriegsgegner Schwedens geblieben, und es gelang der schwedischen Vormundschaftsregierung, den Russen ohne großen eigenen Aufwand einige sehr empfindliche Schlappen beizubringen, worauf der Zar am 21. Juni 1661 den Frieden von Kardis schloß und alle Eroberungen an Schweden zurückgab. Nun kamen aber die ehemaligen Verbündeten Polen und Rußland über Kreuz. Es entwickelte sich ein jahrelanger Kleinkrieg, der zu einigen verheerenden Einfällen der Tataren in Polen führte und 1667 mit dem Frieden von Andrussow sehr zuungunsten Polens beendet wurde, das fast das ganze Gebiet jenseits des Dnjepr mit den Städten Smolensk, Tscharnjow und Kiew an den Zaren abtreten mußte. Rußland war es gelungen, sich 250 Kilometer nach Westen auszubreiten, eine imperialistische Tendenz, die damals begann und – vorerst – 1945 endete.

Zum ungünstigen Frieden von Andrussow (genau genommen war es ein Waffenstillstand, der 1667 im Dörfchen Andrussow geschlossen worden war und später, 1669, von Polen und Rußland als Friedensvertrag ratifiziert wurde) war der König von Polen durch innere Schwierigkeiten seiner Monarchie gezwungen worden. Grund für diese Schwierigkeiten waren wieder einmal dynastische Fragen.

König Johann II. Kasimir war fast sechzig Jahre alt, die Königin (Louise Maria Gonzaga) nicht viel jünger. Kinder hatte das Königspaar nicht, auch die Brüder des Königs waren alle kinderlos gestorben. Die einzige Schwester Johann Kasimirs, die mit dem Kurfürsten Philipp Wilhelm von der Pfalz verheiratet gewesen und schon 1651 gestorben war, war ebenfalls kinderlos geblieben. Der einzige Bruder, den Johann Kasimirs Vater gehabt hat, der 1618 verstorbene Herzog Johann von Ostgotland, hatte keine Nachkommen hinterlassen. Es war ein Fall des wirklich totalen Aussterbens einer Herrscherlinie. Johann Kasimir stand, genealogisch gesehen, allein auf weiter Flur. Aber abgesehen davon war Polen ja eine Wahlmonarchie, wenn auch in den letzten Jahrhunderten der Adel stets im Sinne der Primogenitur »gewählt« hatte, so daß die Krone praktisch erblich geworden war.

Nun aber, nachdem die Frage einer Nachfolge für den alternden König anstand, besann sich der Adel (der auf dem Reichstag repräsentiert wurde) auf sein Wahlrecht und schickte sich an, es nach dem Tod Johann II. Kasimirs wieder wirklich zu gebrauchen.

Die Königin hätte gern einen entfernten Verwandten von ihr, den Herzog Ludwig von Condé, als Nachfolger auf dem polnischen Königsthron gesehen. Condé, ein Prinz aus königlichem Geblüt, einer bourbonischen Seitenlinie entstammend, ein tapferer und ritterlicher Heerführer, war bei Ludwig XIV. in Ungnade gefallen, sogar eingesperrt worden. Spanien hatte im Pyrenäenfrieden die Freilassung des Herzogs und seine Rehabilitierung verlangt, wahrscheinlich in der Hoffnung, dadurch Unfrieden am französischen Hof zu stiften. Nicht zuletzt um den ehrgeizigen Condé mit Anstand loszuwerden, unterstützte Ludwig XIV. die Pläne der Königin von Polen, den Herzog zum Thronfolger zu machen. Aber der polnische Adel wollte nicht, und es kam zu einem regelrechten Bürgerkrieg zwischen dem Adel und dem Heer des Königs, der auf Seiten der Adeligen vom Kronfeldherrn Georg Lubomirski geführt wurde und mit der Niederlage der königlichen Truppen in der Schlacht von Montroy endete (1666). Im Jahr darauf starb die Königin, 1669 dankte Johann II. Kasimir ab und zog sich in ein Kloster zurück. Nun kam es wieder zum offenen Bürgerkrieg zwischen den Anhängern, die Condé in Polen immer noch hatte, und der Adelsvereinigung (»Konföderation«) von Golub, die einen aus ihrer Mitte, Michael Thomas Wiesnowiecki, zum König gewählt hatte. Der Kurfürst von Brandenburg, der die Vorgänge in dem seinem Land unmittelbar benachbarten Polen natürlich im

Auge behalten mußte, intervenierte beim König von Frankreich und erreichte, daß Frankreich die Unterstützung des Herzogs von Condé in Polen einstellte, worauf sich bald Wiesnowiecki – als König Michael I. – durchsetzte. Brandenburg hätte ungern eine französische Dynastie in seinem Rücken gehabt.

Auch der Kurfürst von Brandenburg – und nunmehr souveräner Herzog von Preußen – hatte die nach außen hin relativ friedliche Zeit nach dem Frieden von Oliva benutzt, um einen disziplinierten Beamtenapparat und die Kader für ein schlagkräftiges Heer aufzubauen, in weit bescheidenerem Maß als Frankreich, aber sein Land war ja auch viel kleiner. 1670 machte der Kurfürst dem in seinem Land lebenden Krautjunker Friedrich von Homburg das Angebot, als General in seine Armee einzutreten. Der Prinz von Homburg nahm sofort an. Er nahm auch ein anderes »Angebot« an: die Hand einer Nichte des Kurfürsten.

Schon 1662, als Homburg sich im Brandenburgischen niedergelassen hatte, äußerte der Kurfürst lebhafte Freude darüber und die Hoffnung, daß ihm der Landgraf dereinst »getreueste Dienste« leisten werde. Der Kurfürst unterstützte daher die Heiratspläne des Landgrafen, die den offenbar von ihm geschätzten ehemaligen schwedischen Generalmajor seinem Haus näher zu verbinden versprachen. Die Werbung galt der Prinzessin Louise Elisabeth von Kurland, die damals vierundzwanzig Jahre alt war.

Das Herzogtum Kurland hatte eine eigenartige Geschichte gehabt. Im Mittelalter hatte das Land dem Schwertritter-Orden gehört, einem geistlichen Ritterorden, ähnlich den Maltesern und dem Deutschen Ritterorden. So wie in der Reformationszeit nach dem Übertritt des Großmeisters, dem Markgrafen Albrecht von Brandenburg, zum lutherischen Glauben das bisherige Deutschordensland in ein weltliches Herzogtum und der Großmeister zum Herzog gemacht wurde, wurde auch das Schwert-Ordens-Land Kurland 1561 in eine weltliche Herrschaft (als polnisches Lehen) umgewandelt, und der letzte Großmeister Gotthard Ketteler wurde erblicher Herzog. So gelangte mehr oder weniger durch Zufall ein westfälischer Ritter auf den Thron eines baltischen Landes. (Der streitbare Bischof Ketteler, der Widerpart Bismarcks in dessen Kulturkampf gegen die katholische Kirche, gehörte einer anderen, in Westfalen verbliebenen Linie dieser Familie an.) Der vierte Herzog aus der Familie der kurländischen Ketteler war Herzog Jakob, der 1639 auf den Thron kam und 1645 Louise Charlotte, die älteste Schwester des Kurfürsten Friedrich Wilhelm von Brandenburg, heiratete. Im schwedisch-polnischen Krieg 1655-1660 versuchte Herzog Jakob die Neutralität zu bewahren, eine gefährliche Sache für ein kleines Land. Karl Gustav von Schweden sicherte zwar anfangs die Neutralität zu, brach sie aber 1658 und marschierte in Kurland ein. Der Herzog wurde gefangen genommen und nach Schweden abgeführt. Erst im Frieden von Oliva 1660 mußte sich Schweden bereiterklären, den Herzog wieder freizulassen und ihm sein Land zurückzugeben.

Die Werbung des Landgrafen um die älteste Tochter des Herzogs Jakob von Kurland wurde angenommen. Im Juni 1670 traf die Braut in Begleitung ihrer jüngeren Schwester Maria Amalie (die später einen entfernten Vetter Friedrichs, den Landgrafen Karl von Hessen-Kassel, heiratete) in Berlin ein. Am 23. Oktober 1670 wurde vom kurbrandenburgischen Hofprediger D. Bergius die Trauung vorgenommen. Hochzeitsgäste eines großen Festes, das der Kurfürst ausrichtete, waren außer den Eltern der Braut die jüngere Schwester des Kurfürsten, die verwitwete Landgräfin Hedwig Sophie von Hessen-Kassel, »ein rechter Spiegel der Frömmigkeit« und, wie aus dem, was von ihr überliefert ist, hervorgeht, eine sehr penetrante Anhängerin der reformierten Konfession (man erinnere sich, daß Hessen-Darmstadt betont lutherisch, Hessen-Kassel betont reformiert war, was zur zeitweiligen Feindschaft zwischen den beiden Linien führte), Wilhelm Christoph, der ältere Bruder des Bräutigams »mit seiner Frau«. Er scheint also zu dieser Gelegenheit die arme, halb verstoßene Landgräfin mitgenommen zu haben, die jüngere Schwester der Braut und zahlreiche andere, etwas weitschichtiger verwandte Fürstlichkeit. Auffallend ist, daß aus Darmstadt kein Vertreter erschienen war. Offenbar war trotz des Vergleiches von 1664 wieder einmal dicke Luft zwischen der Hauptlinie und der Nebenlinie von Hessen-Darmstadt, ein Zustand, der auch in künftigen Jahrzehnten noch öfters eintreten sollte.

Der Ehevertrag sicherte dem Landgrafen eine Mitgift von 20 000 Reichstalern zu, zahlbar unverzinst innerhalb eines Jahres nach der Hochzeit, außerdem einen Fonds von 60 000 Reichstalern, der angelegt werden sollte, sobald die polnischen oder schwedischen »oder anderen« Außenstände an den Herzog von Kurland eingegangen waren (eine recht unbestimmte Frist). Das Kapital sollte dem Landgrafen nicht zur Verfügung stehen, wohl aber die Zinsen auf Lebenszeit und auch der neuen Landgräfin. Dagegen verpflichtete sich der Landgraf, »den ersten Morgen nach dem ehelichen Beilager« die junge Frau mit einem »rühmlichen Kleinod« oder sonst einem Geschenk im Werte von 4000 Gulden »zu bemorgengaben«, außerdem sollten der Landgräfin jährlich 2000 Gulden »zum täglichen Handpfennig und Spielgelde« und für ihre Garderobe ausbezahlt werden, und dann wurde noch ausgemacht, daß ihr eine Hofmeisterin, drei adelige Jungfern, Kammer- und andere Mägde nach Bedarf, ein Junker, zwei Pagen und zwei Lakaien zur Bedienung zur Verfügung stehen müßten.

Ein eigener Absatz des Ehevertrages war konfessionellen Fragen gewidmet, denn die Braut war reformiert, der Bräutigam lutherisch. Landgraf Friedrich versprach der Landgräfin, sie in Ausübung ihrer Religion nicht zu behindern, auch das Recht, einen reformierten Hofprediger zu halten. Die Söhne aus der Ehe sollten wie der Vater lutherisch, die Töchter reformiert erzogen werden.

Der Absatz im Ehevertrag war zum Zeitpunkt der Trauung überflüssig geworden, denn der »rechte Spiegel der Frömmigkeit«, die Landgräfin von Kassel, hatte sich mächtig ins Zeug gelegt und den Landgrafen zur reformierten Konfession bekehrt.

Am 9. Dezember 1670 wurde dem Landgrafen das Patent als General der Kavallerie ausgefertigt. Der Landgraf war siebenunddreißig Jahre alt und ein halbes.

Die Niederlande als Zankapfel

Eine historische Erzählung wie die hier vorliegende allein auf das Leben des Mannes zu beschränken, dem sie an sich gewidmet ist, ist nicht möglich, ohne den Horizont der Biographie einzuengen, und zwar so weit, daß sie unverständlich wird. Eine historische Persönlichkeit kann nicht isoliert betrachtet werden. Die Biographie einer solchen Persönlichkeit muß auch mit den Augen des Beschriebenen geschrieben werden, denn der Blickwinkel der Persönlichkeit gehört auch zu seiner Biographie, namentlich, wenn er eine politische Figur war, ein Feldherr oder Staatsmann.

Vielleicht ist hier der Ort, um auf die Lebensbeschreibung des Prinzen von Homburg zu sprechen zu kommen, die, von Johann Jungfer verfaßt, im Jahr 1890 in Berlin erschienen ist. Diese Biographie, nicht viel mehr als hundert Seiten stark, was den eigentlichen Textteil anbetrifft, ist die einzige größere, wissenschaftlich stichhaltige Arbeit, die jemals über den Prinzen von Homburg erschienen ist. Es gibt Artikel in Lexika, auch ausführlichere in der »Allgemeinen Deutschen Biographie« und in der »Neuen Deutschen Biographie«, es gibt Arbeiten über Teilaspekte aus des Prinzen Leben, namentlich Untersuchungen über die Schlacht bei Fehrbellin, hier meist vom militärgeschichtlichen Standpunkt aus, aber das Buch Jungfers ist das jüngste und gediegenste Werk über Homburg. Wer Johann Jungfer war, war nicht zu ermitteln. In keinem Nachschlagewerk ist eine weitere Arbeit von ihm verzeichnet. Vielleicht ist der Name ein Pseudonym, das ein Historiker für seine erste, jungfräuliche

Arbeit gewählt hat. Aber der ganzen Anlage nach erscheint das Werk eher als überarbeitete, für die breitere Öffentlichkeit etwas aufbereitete Doktorarbeit oder Habilitationsschrift.

Daß ein historisches Werk, das 1890 in Berlin erschien und einer historischen Persönlichkeit mit so vaterländischem Flair wie dem Prinzen von Homburg gewidmet ist, nicht ohne wilhelminischen Patriotismus auskommt, ist klar. Über dieses geistes-modische Gatter hinauszuschauen, war damals nur ganz großen Geistern (manchmal) vergönnt, Johann Jungfer gehörte nicht dazu. Er versucht, aus dem Prinzen von Homburg einen deutschen Patrioten zu machen, was völliger Unsinn ist, weil es ein deutsches Vaterland, wie man es sich unter den hohenzollerischen Wilhelmen und dem Bismarck vorstellte, im 17. Jahrhundert noch nicht gegeben hat. Sicher hat Homburg dem Kurfürsten von Brandenburg – solange sein Dienstvertrag lief – treu gedient, aber nicht mehr und nicht weniger treu als vorher dem König von Schweden. Später, nach seinem Ausscheiden aus dem kurbrandenburgischen Dienst, wäre der Prinz gern in holländische Dienste getreten (davon wird an der entsprechenden Stelle noch die Rede sein), was wohl nur bedingt als patriotischer Zug eines Deutschen gewertet werden kann. Sicher hat der Prinz sein kleines Fürstentum in Deutschland redlich verwaltet, aber wenn er statt der Landgrafschaft Hessen-Homburg das Herzogtum Kurland geerbt hätte (wie es dann tatsächlich beinah bei seinen Nachkommen der Fall war), so hätte er dieses Land, das nicht deutsch ist, ebenso redlich regiert. Der Prinz von Homburg war ein tapferer Soldat, ein deutscher Landgraf und ein lauterer, aufrechter Mann; aber er war kein tapferer, aufrechter, lauterer Deutscher, zu dem ihn Jungfer gern stilisiert hätte.

Aber das ist nicht die entscheidende Schwäche von Jungfers Biographie. Die entscheidende Schwäche ist, daß er zwar den Lebensweg des Prinzen minutiös nachzeichnet bis in Einzelheiten, die in der vorliegenden Arbeit zum Teil sogar vernachlässigt sind, aber über die größeren politischen Zusammenhänge gar nichts sagt, oder nur einen Nebensatz. Als Arabeske mag es interessant sein, wieviel Korporale wegen Fahnenflucht im elsässischen Feldzug des Kurfürsten gehängt worden sind. *Warum* aber der Kurfürst im Elsaß einen Feldzug führte, sollte gesagt werden, denn der Prinz von Homburg wußte es ja auch.

Wenn man sich aber zum Ziel setzt, zumindest in groben Zügen die ganzen Umstände zu schildern, die die Zeitläufte bewegten, steht man vor der nahezu unüberwindlichen Schwierigkeit, das Ausufern der Erzählung einzudämmen. Kaum ein historischer Gesichtspunkt kann nur für sich betrachtet werden. Die menschliche Geschichte ist ein Meer, und ein kleiner Windstoß in Mexiko kann bewirken, daß eine Welle in Island etwas höher brandet und ein Boot umwirft. Man kann also nicht umhin, ab und zu weiter auszuholen und sozusagen bei Adam und Eva anzufangen. Es ist zu hoffen, daß es den Leser nicht ermüdet, da selbst die weiteste Spirale der Erzählung zuletzt wieder auf den eigentlichen Gegenstand der Biographie, den Prinzen von Homburg, zurückkommen wird.

Die Vorgänge vom Feldzug in das Elsaß bis zum Frieden von St. Germain-en-Laye sind nicht zu verstehen ohne einen Ausblick auf die Geschichte der Niederlande.

Das heutige Belgien und die heutigen Niederlande gehörten zur burgundischen Erbschaft, die Kaiser Maximilian mit Maria von Burgund, der Erbtochter des 1477 gefallenen letzten Herzogs von Burgund, erbte. Nach der Abdankung Kaiser Karls V., der sein Reich, in dem die Sonne nicht unterging, zwischen seinem Sohn, König Philipp II., und seinem jüngeren Bruder, Kaiser Ferdinand I., teilte, fügte die Niederlande dem Teil zu, der an Philipp fiel. Die Niederlande wurden spanisch und von einem spanischen Gouverneur, der in Brüssel residierte, regiert (1555). Da die Reformation – zum Teil sogar in der strengen, calvinistischen Ausprägung – namentlich im nördlichen Teil dieser spanischen niederländischen Provinzen Eingang gefunden hatte, der spanische Statthalter aber natürlich immer katholisch war und immer den mehr oder minder ausdrücklichen Auftrag hatte, das Land zu rekatholisieren, konnte die Sache nicht gutgehen.

Die Revolte und der Abfall der Niederlande ist eine verwickelte Geschichte, der Schiller die wohl immer noch spannendste und gültigste Form gegeben hat, ein wissenschaftliches und literarisches Kunstwerk von hohem Rang, das den großen Dramen Schillers um nichts nachsteht.

Der Grund, warum die Spanier so zäh um den Besitz der Niederlande kämpften, war nicht religiöser, sondern wirtschaftlicher Natur. Die Niederlande waren reich. Die Bevölkerungsdichte, die Infrastruktur, die blühende Kultur und Zivilisation des Landes machten es, obwohl es ein vergleichsweise kleines Land war, zu einem politischen Faktor ersten Ranges. Das wirtschaftliche, und damit politische und militärische Gewicht einer geographischen Einheit war damals nicht durch die Fläche, sondern durch die Städte, und zwar durch die großen Städte, bedingt. Wenn man die Landkarte Europas aus dem 16. und 17. Jahrhundert daraufhin betrachtet, so fällt sofort auf, daß sich in den Niederlanden die großen Städte häufen: Amsterdam, Den Haag, Utrecht, Antwerpen, Brüssel, Brügge, Gent, viele davon größer als Paris, London und Madrid, gar nicht zu reden von den damals größten deutschen Städten Nürnberg und Frankfurt. Und Paris, London und Madrid hatten Frankreich, England und Spanien nur je einmal, alle anderen Städte dieser Länder waren wesentlich kleiner.

Die Niederlande waren eine geballte Ladung an Wirtschaftskraft, die Niederlande waren eine Goldtruhe, ein Juwel.

Der König von Spanien vermochte nach den wechselhaften Kämpfen, die auch auf Seiten der rebellierenden Niederländer keineswegs einmütig und geschlossen geführt wurden, nur die Hälfte der Goldtruhe zu bewahren: den südlichen Teil, etwa das heutige Belgien, das – im Gegensatz zu den Vereinigten Niederlanden des Nordens – die »Spanischen Niederlande« genannt wurde.

Die staatsrechtliche Stellung der Niederlande war äußerst kompliziert. Sowohl der nördliche als auch der südliche Teil gehörten pro forma zum Deutschen Reich. Was den südlichen Teil betraf, war es klar: Die Grafschaften Artois, Hennegau und Flandern und das Herzogtum Brabant gehörten zu Spanien, das heißt, der spanische König war – als Lehensmann des Kaisers – der regierende Graf und Herzog. Der Norden bestand aus den Grafschaften Seeland, Holland und dem Herzogtum Geldern, aber es gab keinen Grafen und keinen Herzog. Eine Republik war das Land aber auch nicht. Es waren Grafschaften und ein Herzogtum, die die Stände – das waren: die Städte, der Adel, die Kaufmannschaften – in eigener Regie verwalteten. Das war ein staatsrechtlicher Schwebezustand, der den bald divergierenden Interessen (um nicht zu sagen kleinkarierten Eifersüchteleien) der verschiedenen Stände entgegenkam, und den sich die Niederlande dank ihrer militärischen und wirtschaftlichen Stärke leisten konnten, obwohl er eine einheitliche politische Linie nach außen und innen erheblich erschwerte.

Es wurden sieben Provinzen und ein Anhängsel (die Generalitätslande), das nicht Provinz war, gebildet, von denen die mächtigste Holland war. Ab und zu wählten die Provinzen einen Statthalter, immer einen Prinzen aus dem Hause Nassau-Oranien, dem ja auch einer der niederländischen Freiheitshelden, Wilhelm der Schweiger, angehört hatte. An wessen »Statt« dieser Statthalter die Provinzen in der Hand zu »halten« hatte, hätte wohl niemand zu sagen gewußt. Für das Volk? Für einen nicht existierenden Fürsten? Für den Kaiser? Niemand hätte das beantworten können, niemand hatte ein Interesse, an dieser heiklen Frage zu rühren. (Der Vorgang ist nicht einmalig in der Geschichte. Noch in unserem Jahrhundert regierte der »Reichsverweser« Horthy, der wohl dümmste faschistische Diktator Europas, das »Königreich« Ungarn für einen König, den es nicht gab.)

In den Vereinigten Niederlanden, »vereinigt« deshalb, weil sich das Staatswesen als Föderation der Provinzen sah, wurde eine bemerkenswerte Frühform der Gewaltenteilung praktiziert: der erwähnte Statthalter hatte nur die ausführende Gewalt inne, die – cum grano salis – gesetzgebende Gewalt hatten die Deputierten der Provinzen, die »Hochmögenden Herren«, die »Generalstaaten«, die seit 1584 in Den Haag ihren Sitz hatten, weshalb dieser Begriff »Generalstaaten« auf die Niederlande überging, etwa in dem Sinn, wie man vom »Weißen Haus« spricht und die Regierung der USA meint.

1648, im Westfälischen Frieden, wurden die Vereinigten Niederlande auch de jure aus dem Reichsverband entlassen (wie auch die Schweiz) und wurden endgültig ein selbständiges Land. Wie groß der Reichtum dieser neuen Feudal-Republik war, kann man ermessen, wenn man liest, daß die Handelsflotte damals 35000 Schiffe zählte und in den Kellern der Amsterdamer Banken 300 Millionen Gulden in Gold lagen, das waren 450 Millionen Reichstaler; des Prinzen von Homburg vier große Landgüter in Brandenburg hatten 240000 gekostet. Selbstverständlich brachte dieser Reichtum alle negativen Seiten mit sich, die dem vielen Geld in der Regel anhaften: Selbstgerechtigkeit, verfettete Seelen, Pfeffersackgesinnung und Bigotterie. Aber gerechterweise muß man sagen, daß die Freiheit, die nicht nur eine Freiheit des Handels, sondern auch eine Freiheit des Geistes war, positive Züge hatte. Es herrschte, mit Ausnahme vielleicht für Katholiken, die nicht gern gesehen wurden, absolute Religionsfreiheit. Flüchtlinge aus Gewissens- und Glaubensgründen fanden in Holland Asyl, selbst Juden, die sonst kaum irgendwo in Ruhe gelassen wurden. Diese Liberalität blieb nicht ohne Auswirkungen auf das Geistesleben. Die Universität Leyden wurde zum Bildungszentrum Europas. Fast alles, was im 17. und 18. Jahrhundert an Büchern mit freierem Inhalt und kritischen Gesichtspunkten gedruckt wurde, erschien in Holland. In der Kunstgeschichte ist das 17. Jahrhundert das holländische.

Das Rückgrat des holländischen Handels waren die Wasserwege, das Meer. Damit kamen die Niederlande in zwangsläufige Konkurrenz mit dem Staat, der sich auch anschickte, eine Seemacht zu werden, und außerdem benachbart war: England. Kurz nachdem 1650, nach dem Tod des Statthalters Wilhelm II. von Oranien, die Generalstaaten und die Generalversammlung aller Deputierten beschlossen hatten, die Statthalterstellen nicht mehr zu besetzen, weil es zu erheblichen Reibereien mit dem letzten Statthalter gekommen war, erließ das englische republikanische Parlament unter Cromwell die sogenannte »Navigationsakte«, ein Seerechtsgesetz, das besagte, daß Waren aus englischen Kolonien nur auf englischen Schiffen nach England, Schottland und Irland gebracht werden durften, Waren aus dem Kontinent nur entweder auf englischen Schiffen oder auf Schiffen des Landes, aus dem die Waren stammten. Da die Niederlande selber so gut wie nichts produzierten (außer Tulpen, aber von denen konnte man nicht leben) und im Grunde Spediteur und Zwischenhändler waren, war damit für Holland der Markt auf den britischen Inseln verloren. Selbstverständlich kam es zum Krieg (1652-1654), der auf dem Meer ausgefochten wurde, und bei dem die Holländer den kürzeren zogen. Vier Jahre nach dem Frieden von Oliva (1660) und nachdem das geschilderte holländische Engagement in der Ostsee beendet war, brach wieder ein Seekrieg aus, der diesmal unentschieden endete. Im Frieden von Breda 1667 mußten die Generalstaaten die Navigationsakte anerkennen, die aber in einigen Punkten zugunsten Hollands geändert wurde.

Zwar schloß – das inzwischen wieder Monarchie gewordene – England 1668 mit Holland und Schweden die oben erwähnte Trippelallianz zur Abwehr französischer Übergriffe auf die Niederlande, aber ganz überwunden war die alte Gegnerschaft der Seerivalen nicht. Hier hakte die Diplomatie Ludwigs XIV. ein. Sie verstand es, in einem Geheimabkommen König Karl II. von England und später auch Schweden aus der Trippelallianz herauszubrechen, mit England ein Offensivbündnis zu schließen. Teil dieser Politik war auch das Nachgeben gegenüber Brandenburg in der Frage der polnischen Thronfolge.

Der Krieg, den 1672 Ludwig XIV. gegen die Niederlande vom Zaun brach, war übrigens nicht von irgendeinem politischen Kalkül geleitet, sondern ein reiner Rachekrieg. Ludwig konnte die gutsituierten Pfeffersäcke nicht leiden, die ihm, der sie 1666 von ihrer liberalen Verblendung befreien wollte, so frechen Widerstand geleistet hatten.

Der Leiter der holländischen Politik, der Ratspensionär Jan de Witt, hatte eine etwas arrogante Denkmünze auf den Frieden von Aachen prägen lassen mit dem Vers aus Josua 10, 12: »Sonne, steh still zu Gibeon!« Das sollte heißen, daß Jan de Witt wie der alte Josua im Kampf gegen die Amoriter, die Sonne stillstehen habe lassen, gemeint war natürlich der Siegeslauf des Sonnenkönigs. Selbstverständlich hatte man nichts Eiligeres zu tun am französischen Hof, als mit Abscheu so eine Münze dem Sonnenkönig zu zeigen, den diese Münze in grenzenlose, nicht ganz verständliche Wut versetzte, wenn man seine sonstige, zwar unverfrorene, aber eher kühle Haltung in der Politik betrachtet. Wahrscheinlich empfand er es als Anmaßung, daß ausgerechnet ein bürgerlicher Ratsherr, der in Ludwigs Augen eine Mikrobe war, sich so über ihn erhaben fühlte. Nichts trifft die Arroganz tiefer als noch größere Arroganz. Das Ziel Ludwigs war, die Vereinigten Niederlande auszulöschen, das Land zu französischen Provinzen zu machen.

1672 überfiel das französische Heer (unter Umgehung der spanischen Niederlande) vom Niederrhein aus, wo Frankreich mit einigen Fürsten entsprechende Pakte über Durchmarschrechte geschlossen hatte, die Niederlande, gleichzeitig erklärte England den Seekrieg. Die Holländer sahen sich von allen verlassen und verteidigten sich verzweifelt. Aber die Franzosen nahmen vier von den sieben Provinzen weg und brachen 83 Festungen. Das innere Holland wurde nur durch die »Inundation«, das heißt die künstlich herbeigeführte Überschwemmung der Flüsse, gerettet, die zwar vorerst diesen Verteidigungsgürtel für das französische Heer unpassierbar machte, aber auf lange Sicht fast mehr Schaden anrichtete als die fremde Armee. Ein Friedensangebot der Generalstaaten, das für Frankreich äußerst günstig, für Holland demütigend und geradezu schimpflich gewesen wäre, lehnte Ludwig XIV. ab. Er wollte die bedingungslose Kapitulation. Das war ein Fehler.

Die Generalstaaten setzten den bisherigen eigentlichen Leiter der Staatsgeschäfte, den holländischen Ratspensionär (= hauptamtlicher und pensionierter, also besoldeter Ratsherr) Jan de Witt ab, den sie für die Niederlage verantwortlich machten. Er wurde sogar als Hochverräter hingerichtet. Man rief den Sohn des letzten Statthalters, den nur zweiundzwanzigjährigen Prinzen Wilhelm (III.) von Nassau-Oranien zurück und übertrug ihm die Statthalterschaft, später sogar als erbliche Würde. Die Generalstaaten taten damit nicht nur einen guten, sondern vielleicht den einzig rettenden Griff. Der junge Prinz war ebenso umsichtig wie tatkräftig, ein fähiger Staatsmann. Er schloß mit dem Kurfürsten von Brandenburg, der mit seiner Tante verheiratet gewesen war, ein Bündnis, das den Kurfürsten verpflichtete, gegen Zahlung von Subsidien mit einem Heer von 20 000 Mann den Holländern zu Hilfe zu kommen. Zu militärischen Aktionen Brandenburgs gegen Frankreich kam es nicht, aber immerhin hatte Frankreich in Holland nicht mehr so freie Hand, namentlich, als der Kaiser im Juli 1672 ein Bündnis mit Brandenburg und im September 1672 ein Bündnis mit den Vereinigten Niederlanden schloß. Wilhelm von Oranien hatte zumindest Zeit gewonnen.

Die Mobilisierung von 1672

Die Vorgänge – Feldzug kann man nicht sagen – von 1672 sind kein Ruhmesblatt für die brandenburgisch-preußische Geschichte und werden in den einschlägigen Darstellungen gern übergangen oder irgendwie zurechtgedrechselt, damit sie in das ungebrochen edle Bild des Großen Kurfürsten passen. Auch der Prinz von Homburg war, aus wieder anderen Gründen, höchst unzufrieden mit diesem »Feldzug«.

Im Mai mobilisierte der Kurfürst. Homburg erhielt am 2. Mai den Befehl, ein Regiment zu Pferd (6 Kompanien à 86 Reiter) anzuwerben. Homburg erledigte das. Der Regimentsstab dieses »Kavallerieregiments Landgraf von Homburg« wurde in Stendal errichtet, am 8. August war das Regiment rekrutiert und abmarschbereit, am 18. August traf es beim Sammelplatz der Armee bei Halberstadt ein, allerdings ohne Homburg, der nach Magdeburg in einer heiklen Mission geschickt wurde.

Das ehemalige geistliche Stift Magdeburg war im Dreißigjährigen Krieg in ein weltliches Herzogtum verwandelt worden, der letzte Fürst-Erzbischof, Prinz August von Sachsen, sollte als »Administrator« das Herzogtum auf Lebenszeit besitzen, danach sollte es erblich an Brandenburg fallen. Dieser Administrator, der viel länger lebte, als es Brandenburg erwartet hatte (er starb erst 1680), galt dem Kurfürsten als unsicherer Kantonist, und er befürchtete, daß er ihm durch Verhinderung des Durchzuges der Armee durch magdeburgisches Gebiet in den Rücken fallen könnte. Homburg hatte die Aufgabe, dies zu verhindern. Entweder hatte der Administrator überhaupt nicht vor, Schwierigkeiten zu machen, oder die Mission Homburgs war erfolgreich; der Administrator unternahm nichts.

Datiert vom 30. Mai 1672 ist eine – auch für Homburgs Regiment gültige – »Interims-Ordinantz« erhalten, die einen guten Einblick in Zusammensetzung, Versorgung und Führung eines Regiments gibt und deshalb auszugsweise wiedergegeben werden soll:

Regiment zu Roß:

	Tractament, worunter Servis, Hart- und Rauchfutter ordinarie mitbegriffen	
	Taler	Gr.(oschen)
Oberst	100	–
Oberstleutnant	45	–

Oberstwachtmeister	36	–
Regimentsquartiermeister, der zugleich Adjutant sein soll	24	–
Prediger	16	–
Auditor »so zugleich das Secretariat zu versehen«	16	–
Paucker	10	–
Wundarzt	9	–
Profoß	8	–
Scharffrichter	8	–
Steckenknecht	4	–
	Tractament für Offiziere (= bei den Kompanien, das Obige bezog sich auf den Regimentsstab)	
Rittmeister	60	–
Leutnant	29	–
Cornet	22	–
Der gemeine Reuter	5	–

Die ausgeworfene Besoldung war das monatliche Salair. Bei den Fußtruppen war es etwas geringer, so bekam ein Oberst der Infanterie nur 90 Taler, der Quartiermeister, der bei den Fußtruppen Wachtmeister-Leutnant hieß, statt 24 rund 18 Taler, der Feldscher, der bei den Fußtruppen den Wundarzt ersetzte, nur 7, der »Capitain« (= Rittmeister) statt 60 wie bei der Kavallerie 40 Taler, der Cornet, der bei der Infanterie »Fendrich« genannt wurde, 14 Taler, und der Schütze Arsch, der Vorderste im Gefecht und Letzte auf der Liste, »Der Gemeine« 2 Taler und 15 Groschen.

Es folgte eine Disziplinarordnung von 22 und ein Marsch-Edikt von 12 Punkten.

Als die Armee aus Halberstadt nach Westen abmarschierte mit dem Ziel, die Franzosen im niederrheinischen Herzogtum Kleve anzugreifen, das zu Brandenburg gehörte und von den Franzosen vor ihrem Überfall auf Holland besetzt worden war, war Homburg wieder nicht dabei. Er wurde vom Kurfürsten für die Dauer des Krieges als Vertreter des mit der Armee gehenden Fürsten von Anhalt zum »Statthalter der Mark« bestellt. Oberst von Homburgs Regiment wurde ein Graf von Hofkirch.

Homburg, der sich den ganzen Winter über in Berlin aufhalten mußte, war höchst unzufrieden. Seine Aufgabe war zwar sicher notwendig und ein Vertrauensbeweis, bestand aber nur in der Überwachung des Festungs-, Rekrutierungs- und Werbungsdienstes und war mit 50 oder 60 Talern monatlich dotiert, soviel wie ein Rittmeister bei der Armee erhielt. Aber Homburg hatte nichts versäumt. Lorbeeren waren auf diesem Feldzug nicht zu erwerben gewesen.

Der Kurfürst wechselte wieder einmal die Front wie schon damals im schwedisch-polnischen Krieg, allerdings noch etwas krasser: Im Frieden von Vossem am 16. Juni 1673 ließ sich der Kurfürst seine Hilfeleistung für die Niederlande von den Franzosen abkaufen, das heißt, die Holländer hatten an Brandenburg Subsidien bezahlt, damit der Kurfürst gegen die Franzosen marschierte, jetzt zahlten die Franzosen (etwas höhere) Subsidien, damit Brandenburg wieder heimmarschierte. Dazu verpflichtete sich Frankreich, die brandenburgischen Besitzungen am Niederrhein zu räumen. (Daß so ein Vorgang einem Mann wie Treitschke, dem offiziellen Hohenzollern-

Schmeichler des 19. Jahrhunderts, nicht ins Konzept paßte, ist klar.)

Es scheint übrigens, als ob Friedrich Wilhelm nicht wohl in seiner Haut gewesen wäre. Während der Verhandlungen zog er sich wochenlang vom Hof zurück und überließ alles seinen Räten, die – mit Ausnahme des redlichen Otto von Schwerin – mit offenen Händen die reichhaltigen Argumente der französischen Gesandten entgegennahmen; das tat übrigens auch die Kurfürstin.

Homburgs Regiment wurde in die Altmark zurückgeführt und, ohne daß man Homburg fragte, aufgelöst.

Das Regiment, das »Landgraf von Homburg« hieß, hatte in dem »Feldzug« von 1672/73 mindestens drei Offiziere verloren, darunter die ranghöchsten; allerdings schwerlich durch Umstände, die man als Heldentod bezeichnen konnte: ein Cornet, dessen Namen als »von Lüttitz« überliefert ist, stieß sich daran, daß ein Reitknecht eines anderen Offiziers vor ihm nicht den Hut zog. Er schrie: »Du Hund, warum nimmst du den Hut nicht ab, bin ich nicht dein Offizier?« Als der Reitknecht, der mit seinen Kameraden beim Marketender, wo mit einer Geige aufgespielt wurde, saß und Bier trank, seinen Hut immer noch nicht abnahm, stieß ihm der Cornet von Lüttitz den Degen in den Bauch, woran der Reitknecht andern Tags starb. Lüttitz wurde zwar verhaftet, er konnte aber entkommen und verschwand. Der Oberst des Regiments, Graf von Hofkirch, betrank sich bei einem Gelage und geriet in Streit mit dem Rittmeister von Fuchs, der auch betrunken war. Der Streit wurde fortgesetzt, nachdem beide das Gasthaus verlassen hatten, selbst als sie schon zu Pferde saßen. (Es gehörte zum Ehrenkodex des Offiziers, nie so betrunken zu sein, daß man nicht mehr reiten konnte.) Plötzlich zogen die beiden Streithähne ihre Pistolen und schossen. Was sonst nur in Filmklamotten vorkommt, passierte damals wirklich: beide trafen und fielen tot vom Pferd.

Da nicht der nächsthöhere Offizier, sondern der dritte, Obristwachtmeister von Volkmann, auf die Obristenstelle nachrückte, ist anzunehmen, daß auch der Oberstleutnant dem Regiment zu der Zeit irgendwie abhanden gekommen sein mußte.

Offenbar steigerten sich die disziplinarischen Schwierigkeiten, nachdem das Regiment in die Altmark (in die Umgebung von Stendal) zurückverlegt worden war, so sehr, daß es aufgelöst werden mußte. Da die Regimenter aller anderen Generäle nicht aufgelöst wurden, regte sich Homburg schrecklich auf, schrieb Briefe, deren Ton – in Anbetracht der damaligen überschwenglichen Höflichkeiten – schon an Beleidigungen grenzte, überlegte, ob er sich nicht zur Marine versetzen lassen sollte, und beinahe wäre es zum Bruch zwischen Homburg und dem Fürsten gekommen, ein Spannungszustand, der sich zwischen den beiden Herren noch öfters einstellen sollte. Amputationsschmerzen vergehen nie, und der Kurfürst von Brandenburg war schon ein älterer Herr, der stark unter Gicht litt.

Der Prinz von Homburg, eine Schlüter zugeschriebene Büste, gegossen von Jacobi. Sie stellt den Prinzen mit Allongeperücke dar und stammt schon aus der Zeit seiner Landgrafenschaft in Homburg. Sie ist das künstlerisch gewichtigste Porträt.

Friedrich I. oder der Ältere, Landgraf von Hessen-Homburg…

. . . Margarethe Elisabeth von Leiningen-Westerburg, die Eltern des Prinzen von Homburg.

Georg Christian, älterer Bruder des Prinzen von Homburg, eine schillernde Persönlichkeit, ein angeblich mit Jesuiten im Bunde stehender Landgraf. Merkwürdig ist die dem Zeitgeschmack völlig entgegenstehende Barttracht. Das dürfte der einzige deutsche Fürst dieser Zeit mit Vollbart gewesen sein.

◁ Friedrich von Homburg als ganz junger Mann, vermutlich vor dem schwedischen Dienst. Das sehr eigenartige, untypische Fürstenporträt ist fast in der Art eines holländischen Genrebildes gemalt.

Homburg vor der Höhe, des Prinzen von Homburg Residenzstadt. Kupferstich aus dem Jahr 1655, also vor dem Regierungsantritt des Prinzen und vor der Errichtung des neuen Schlosses.

Christian V., 1760-1799 König von Dänemark. Neben dem Kurfürsten von Brandenburg und dem König von Schweden Protagonist des ersten Nordischen Krieges.

Karl X. Gustav, von 1654-1660 König von Schweden. Dieser »Nordische Alexander«, der erste Wittelsbacher auf dem schwedischen Thron, verstand es in seiner kurzen Regierungszeit, Europa fast wieder in einen Dreißigjährigen Krieg zu stürzen.

Karl XII., von 1697-1718 König von Schweden, Enkel des »Nordischen Alexander«. Dieses wahrscheinlich ehrliche Porträt von hoher künstlerischer Qualität hängt heute im Schloß von Ansbach. Man fragt sich: hat der Dargestellte das Porträt in Empfang genommen, ohne den Porträtisten köpfen zu lassen?

Zeitgenössische Darstellung (1658) des Übergangs der

schwedischen Armee über den zugefrorenen Belt.

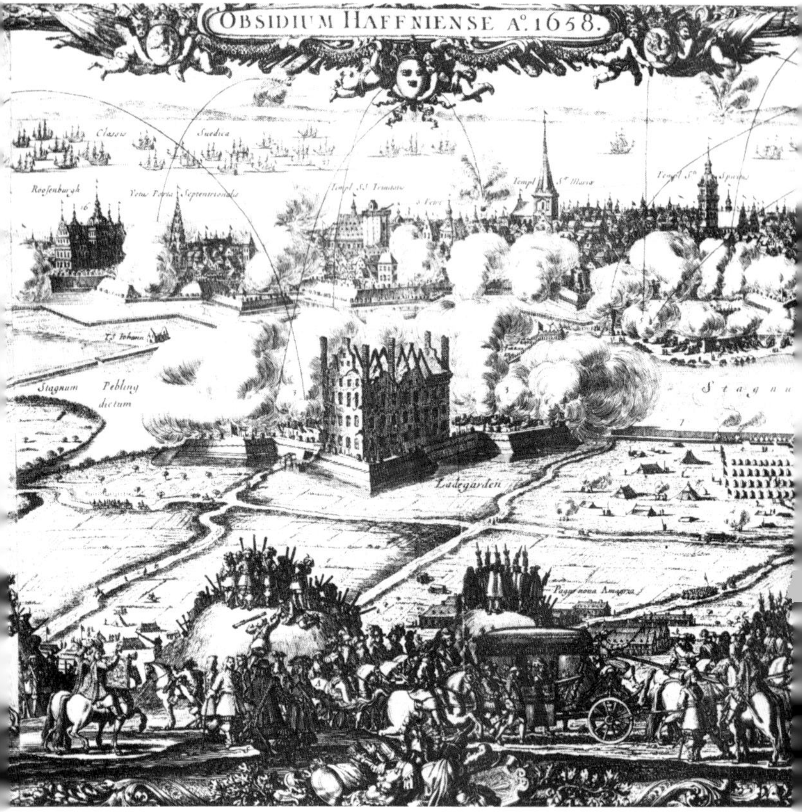

Belagerung von Kopenhagen durch schwedische Truppen im Januar 1659. Auf schwedischer Seite kämpfte der Prinz von

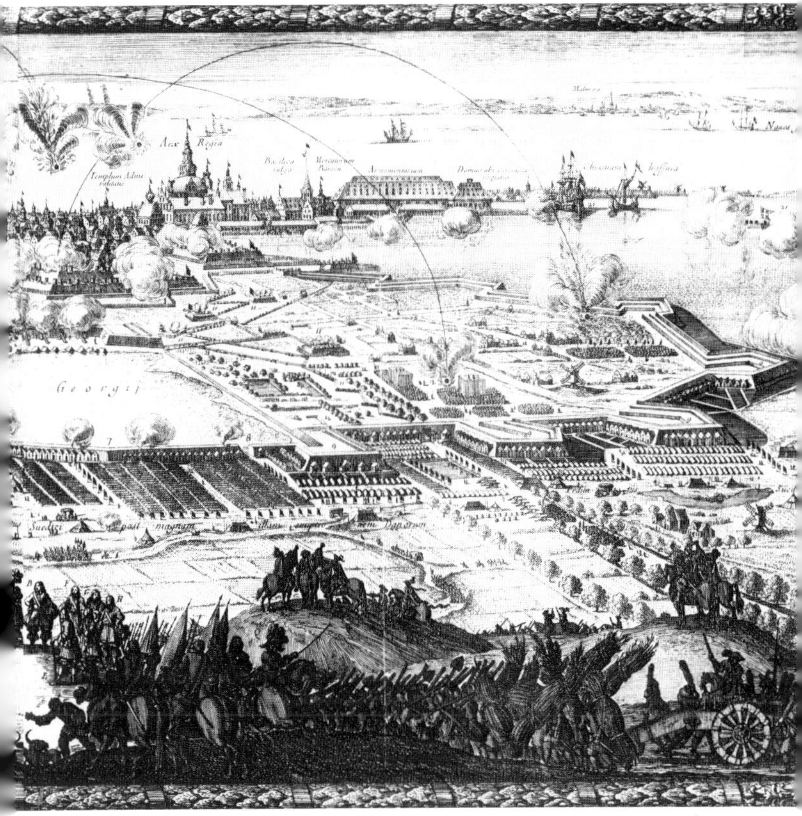

Homburg, der am 19. Januar bei einem Gefecht durch eine Kanonenkugel das rechte Bein verlor.

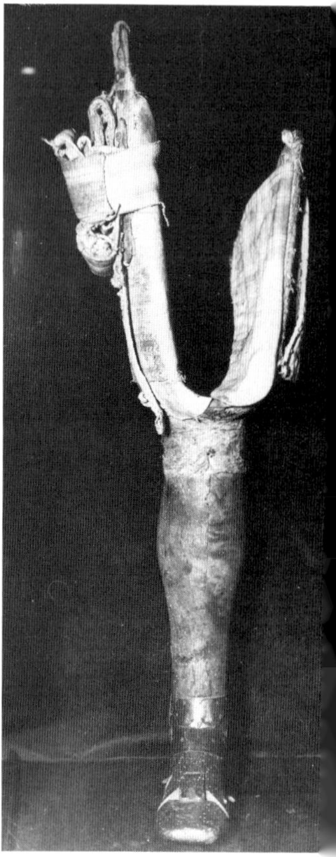

Der Prinz von Homburg als junger Offizier, mit Sicherheit Anfang der 50-er Jahre während der Zeit der schwedischen Dienste entstanden.

Das »silberne Bein« – einer der Schenkel, d. h. eine der Prothesen, die für den Prinzen von Homburg angefertigt wurden. △

Margarethe Gräfin Brahe (1603-1669), die erste und, auch wenn das Porträt aus ihrer jüngeren Zeit stammen dürfte, die am besten aussehende der Ehefrauen des Prinzen von Homburg – noch dazu Millionärin. ▷

»Die Schlacht bei Fehrbellin« – Gemälde von Carl Kretschmar aus dem Jahr 1802. Die Darstellung ist selbstverständlich nicht historisch, sondern idealisierend, und stellt bereits die Legende dar. Vor dem Großen Kurfürsten steht der zerknirschte Prinz von Homburg und wird väterlich ermahnt; zwischen den beiden im Hintergrund Derfflinger. Kleist hat diese Darstellung gekannt.

Georg von Derfflinger, brandenburgischer Generalfeldmarschall, der Kommandant der brandenburgischen Truppen bei der Schlacht von Fehrbellin, Homburgs Chef. Derfflinger stammte aus ganz kleinen Verhältnissen, er war der Sohn oberösterreichischer Emigranten.

Der Prinz von Homburg mit Allongeperücke und Harnisch zur Zeit seiner brandenburgischen Dienste. So hat der Prinz von Homburg um die Schlacht bei Fehrbellin ausgesehen.

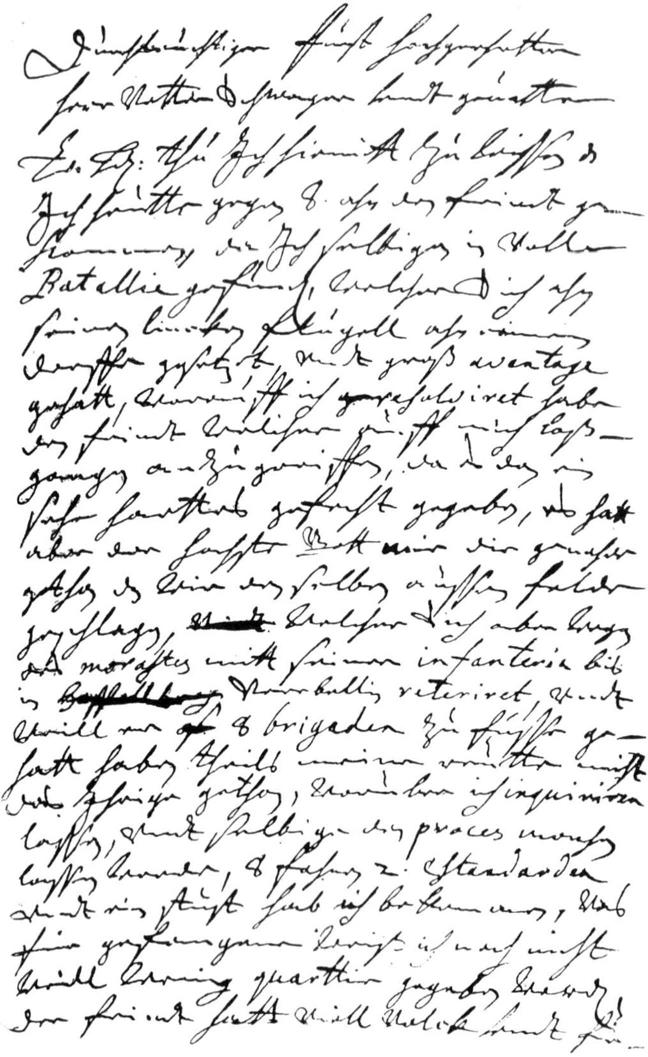

Die erste Seite des Briefes von Kurfürst Friedrich Wilhelm in eigener Handschrift an den Fürsten von Anhalt, geschrieben am Abend der Schlacht von Fehrbellin.

Friedrich Wilhelm von Brandenburg, der Große Kurfürst. ▷ Kupferstich aus dem Jahre 1684, also neun Jahre nach der Schlacht von Fehrbellin.

Louise Elisabeth von Kurland, die zweite Frau des Prinzen von Homburg, seine »Engels Dicke«.

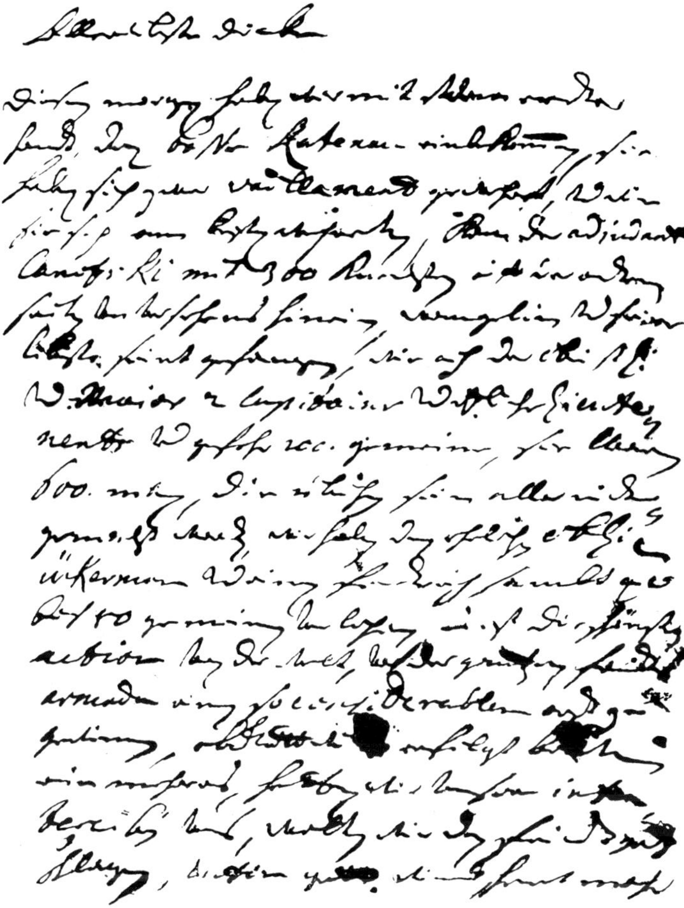

Handschrift des Prinzen von Homburg, die erste Seite des Briefes an seine Frau Louise Elisabeth, geschrieben unmittelbar nach der Schlacht von Fehrbellin.

Der Prinz von Homburg mit Allongeperücke, Ordensband des Elephantenordens und Kleinod des Hosenbandordens, also vermutlich in den 80-er Jahren des 17. Jahrhunderts entstanden.

Ein eigenartiges Familienbild, das den Landgrafen mit der zweiten und der dritten Frau darstellt. Die damals schon verstorbene zweite Frau, Louise Elisabeth von Kurland, die »Engels Dicke«, an seiner linken Seite, rechts von ihm der Erbprinz, im Vordergrund sitzend mit dem kleinsten Kind die dritte Frau, Sybille Sophie von Leiningen-Westerburg.

Friedrich III. Jakob, ältester Sohn und Nachfolger des Prinzen als Regent von Homburg. Dieser Landgraf hat sich so gut wie nie in Homburg aufgehalten. Er war hoher Offizier in holländischen Diensten. Zu seiner Zeit wurde das Land verpfändet.

Zeitgenössische Darstellung (1715) der Neugründungen des Prinzen von Homburg zur Ansiedlung der französischen Flüchtlinge.

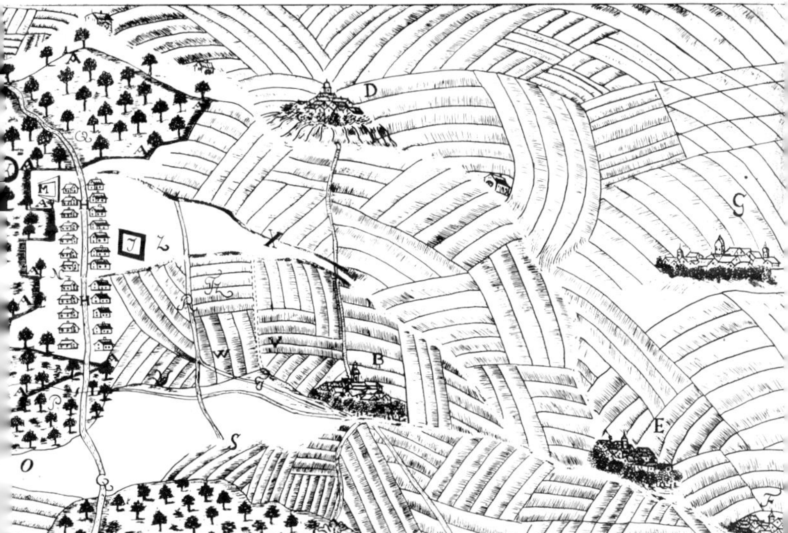

Ludwig Gruno, Erbprinz von Hessen-Homburg, starb nach einer nahezu exotischen Karriere als General in russischen Diensten.

Porträt aus späteren Jahren des Prinzen von Homburg, ebenfalls mit dem Band des Elephantenordens und dem Kleinod des Hosenbandordens. Aus der Haartracht mit Zopf ist zu schließen, daß das Bild in den letzten Lebensjahren des Prinzen entstanden sein dürfte.

Der Prinz von Homburg, Skulptur über dem Portal des Schlosses in Bad Homburg vor der Höhe.

Der Feldzug im Elsaß

Der Krieg in den Niederlanden geriet Ludwig XIV. auch nach dem Ausbrechen des Kurfürsten von Brandenburg im Frieden von Vossen nicht nach Wunsch. England schloß mit Holland einen Sonderfrieden, der alte, schon im Dreißigjährigen Krieg und im Türkenfeldzug bewährte Feldmarschall Montecuccoli drängte den französischen Oberbefehlshaber Turenne aus Westdeutschland zurück. Mit dem Generalstatthalter von Oranien zusammen nahm Montecuccoli Bonn, die Hauptstadt des mit Frankreich verbündeten Kurfürsten und Erzbischofs von Köln (eines bayrischen Prinzen), der dann gezwungen wurde, sein Bündnis mit Frankreich zu lösen. Nun drohte, da inzwischen auch die Koalition vom Haag zwischen dem Kaiser, dem König von Spanien und Holland abgeschlossen worden war, den französischen Truppen, die große Teile der Niederlande besetzt hielten, daß sie abgeschnitten wurden, und Ludwig mußte von dort die ganzen Regimenter abziehen, alles aufgeben, was er in seinem schönen Blitzkrieg von 1672 erobert hatte.

Durch Bündnisse mit rheinischen Fürsten, vor allem dem Kurfürsten von der Pfalz, Karl Ludwig, dem Sohn des unglücklichen »Winterkönigs« Friedrich von Böhmen, wollte Ludwig XIV. versuchen, eine Art Pufferzone von Satellitenstaaten zum Reich hin zu schaffen. Aber der Kurfürst von der Pfalz lehnte ab, worauf das französische Heer unter Turenne in Lothringen, in die Pfalz und das Gebiet des Kurfürstentums Trier einfiel. Am 16. Juni 1674 schlug Turenne den Herzog von Lothringen bei Sinzheim. Planmäßig verwüstete Turenne die Pfalz, hinterließ »verbrannte Erde«. Die Bevölkerung wurde von den Franzosen abgeschlachtet, alles, was nicht niet- und nagelfest war, mitgenommen. (Zur Beruhigung: Die Franzosen hausten damals in der Pfalz ungefähr so wie die Deutschen 1939 bis 1945 in Polen und Rußland.)

Das Vorgehen Turennes in der Pfalz, das selbst durch den Grundsatz, daß der Krieg den Krieg zu ernähren habe, nicht gedeckt wurde, brachte endlich den Reichstag auf den Plan, der Frankreich zum Reichsfeind und dem König den Reichskrieg erklärte. Reichskrieg bedeutete, auch noch im 17. Jahrhundert, daß alle Fürsten des Reiches verpflichtet waren, entweder Truppenkontingente zum Reichsheer zu entsenden oder an die Kriegskasse zu zahlen.

Mit einem Reichskrieg war es immer so eine Sache: die Fürsten sahen oft den Sinn nicht ein, schickten ihre schlechtesten Soldaten, und die zu spät. Auch herrschte stets Streit über das Oberkommando, und meistens eröffnete den Feldzug ein Etikettekrieg in den eigenen Reihen. Aber Friedrich Wilhelm von Brandenburg nahm offenbar den Aufruf des Kaisers zum Reichskrieg ernst, vielleicht weil ihm sein Umschwenken im Frieden von Vossen schon längst leid getan hatte. Der französische Gesandte in Berlin, Verjus, versuchte vergeblich, den Kurfürsten von der Beteiligung am Reichskrieg abzuhalten (welche Beteiligung Ludwig XIV. mit einigem Recht als neuerlichen Frontenwechsel Friedrich Wilhelms betrachtete), und das giftete den Diplomaten so, daß er am 20. Juli 1674 an Louvois, den Kriegsminister, einen Bericht absandte, in dem er das brandenburgische Heer als einen Sauhaufen bezeichnete, bei dem nicht einmal die Garde rechts und links unterscheiden könne; der

Feldmarschall sei ein ehemaliger Schneider und General von Homburg könne man allenfalls das Kommando über eine Kompanie zutrauen. Der Bericht war ein Bärendienst, denn er stimmte nicht. Der Seitenhieb auf den »Schneider« zielte auf Derfflinger.

Georg Derfflinger (oder Dörflinger) war 1606 in Oberösterreich geboren und Sohn evangelischer Bauern, die 1625 nach dem Bauernaufstand ihre Heimat verlassen mußten und nach Norden zogen. Derfflinger trat in schwedische Kriegsdienste und brachte es bis zum Generalmajor. Auch er heiratete eine reiche Erbin, eine märkische Junkerstochter von Schaplow. Nach dem Westfälischen Frieden ließ er sich in seinem ererbten Gut Gusow in der Mark Brandenburg nieder, ließ sich aber schon 1654 als Generalmajor, also gleichrangig, in den kurbrandenburgischen Dienst übernehmen. Er zeichnete sich 1656 bei der Schlacht von Warschau aus, wurde dafür zum Generalleutnant und 1657 zum Generalfeldzeugmeister und Wirklichem Geheimen Kriegsrat, 1670 zum Generalfeldmarschall befördert. Mit dem Hinweis auf den ehemaligen Schneider wollte sich der französische Gesandte also offenbar über die tatsächlich niedrige Herkunft des Feldmarschalls lustig machen.

Gleichzeitig mit der Ernennung Derfflingers zum Generalfeldmarschall, im selben Jahr, in dem Homburg als General in brandenburgische Dienste genommen wurde, ernannte Friedrich Wilhelm auch seinen Schwager, den Fürsten Johann Georg II. von Anhalt-Dessau zum Feldmarschall. Auch dieser Dessauer (Vater des später berühmter gewordenen Fürsten Leopold von Anhalt-Dessau, des »alten Dessauers«) kam aus schwedischen Diensten, auch er war wie Homburg Sproß einer Duodez-Familie, allerdings der regierende. Das Fürstentum Anhalt-Dessau war zum größeren Teil von brandenburgischem Gebiet umgeben.

Zwischen Derfflinger, dem Emporkömmling, und dem vornehmen Fürsten Anhalt-Dessau entstand sofort eine Rivalität, die so weit führte, daß Derfflinger sich weigerte, 1672 mit an den Niederrhein zu ziehen, als er erfuhr, daß Anhalt mit der Armee gehen sollte. Grollend blieb Derfflinger in Berlin zurück und dürfte sich gefreut haben, daß der »Feldzug« so kläglich endete.

Im Juli 1674 – nur zur Erinnerung, wie schnell die Zeit vergeht: kurz nach Homburgs 41. Geburtstag – wurden neue Werbungen für die brandenburgische Armee ausgeschrieben, die noch im Laufe des Sommers als Kontingent zur Reichsarmee stoßen sollte. Auch Homburgs Regiment wurde neu aufgestellt. Anfang August standen im Heerlager bei Magdeburg 20 000 Mann. Das Kommando hatte diesmal Derfflinger, der kurz vorher vom Kaiser in den Reichsfreiherrnstand erhoben worden war; der Fürst von Anhalt-Dessau blieb als Gouverneur der Mark Brandenburg zurück. Auch Homburg wurde zur Truppe kommandiert.

Am 13. August brach die Armee auf. Homburg kommandierte das Corps, das den rechten Flügel bildete und aus sechs Regimentern bestand: dem Leibregiment, dem Regiment »Kronprinz«, dem Regiment »Feldmarschall«, seinem eigenen Regiment »Homburg«, dem Regiment »Lüdicke« und den Generalfeldmarschall-Dragonern, insgesamt knapp 4000 Mann, also etwa ein Fünftel der Armee, außerdem einen Teil der Artillerie.

Ein Wort zu den Regimentern: ein Regiment war nicht nur eine militärische Einheit, es war auch eine kommerzielle Angelegenheit und wurde gehandelt wie ein Grundstück, ein Schiff, eine Aktie. Der Inhaber des Regiments trug einerseits ganz oder teilweise die Werbungs- und Rekrutierungskosten, das Risiko also, strich aber den Gewinn ein: die Beute. Das Regiment »gehörte« ihm. Der Oberst des Regiments war nur der kommandierende Offizier, der Direktor des Unternehmens also, nicht der Eigentümer. Welche Konflikte bei solcher Situation eintreten können, liegt auf der Hand. Ein schneidiges Regiment machte zwar vielleicht mehr Beute, schmolz aber auch schneller zusammen. Der Inhaber eines Regiments mußte nicht in erster Linie ein guter Soldat, sondern ein guter Kaufmann sein. Es war üblich, daß die Generäle jeweils auch ein eigenes Regiment besaßen, wie es ja auch bei Homburg der Fall war.

Homburg marschierte mit seinem Corps, getrennt von den anderen Teilen der Armee, von Magdeburg nach Südwesten bis Eisenach, dann über Salzungen, Fladungen und Mellrichstadt, das bereits auf fürstbischöflich würzburgischem Gebiet lag. In Mellrichstadt waren die anderen Teile der Armee inzwischen eingetroffen oder kamen danach. Die wieder vereinigte Armee marschierte dann nach Neckarsulm – auf württembergisches Gebiet –, wo sie am 17. September eintraf und bis zum 25. September blieb. Die Durchmarsch- und Quartierrechte waren bei diesem Marsch kein Problem, weil es sich ja um ein Kontingent des Reichsheeres handelte und die betroffenen Landesherren den Durchzug dulden mußten und nur bitten konnten, daß er so schnell wie möglich gemacht wurde, wie es etwa der Fürst-Abt von Fulda tat, dessen Gebiet die von Homburg befehligte Artillerie durchquerte. Homburg erfüllte die Bitte (und schädigte damit ein benachbartes Gebiet etwas mehr, aber was wollte er machen, fliegen konnte ein Heer noch nicht), und der Fürst-Abt bedankte sich brieflich im Namen seiner Untertanen, »bei denen es in Wahrheit auf den Bindriemen gehe«, was wohl soviel bedeutet, daß sie aus dem letzten Loch pfiffen. Der Fürst-Abt lud Homburg zu einem Abstecher nach Fulda ein. Dem kam er nach, und die beiden Herren tauschten Kriegserinnerungen aus. Der Fürst-Abt, zwei Jahre älter als Homburg, war ein geborener Markgraf von Baden-Durlach, ein Bruder jenes Markgrafen Karl Magnus, der damals beim Übergang über den vereisten Belt Homburgs Waffengefährte gewesen war. Auch der Fürst-Abt hatte in jungen Jahren in der schwedischen Armee gedient, ehe er – trotz seines nachgerade wie ein protestantisches Fanal klingenden Vornamens Gustav Adolf – katholisch und Benediktiner, 1671 Abt zu Fulda und 1672 sogar Kardinal geworden war. (Später wurde er auch noch Fürst-Abt von Kempten.) Eine Einladung, die Truppe zu besichtigen, mußte der Kardinal-Fürst-Abt Gustav Adolf, obwohl ihn das interessiert hätte, ablehnen, da er an einem Augenleiden laborierte.

Von Neckarsulm zog der Kurfürst mit seiner Armee direkt in Richtung Straßburg, wo am 3. Oktober die Artillerie und Infanterie, am 4. Oktober die Kavallerie über den Rhein setzte, am gleichen Tag, an dem ein Treffen der französischen Truppen unter Turenne und der kaiserlichen unter dem Herzog von Bournonville bei Erstein (bei dem Dorf Enzheim oder Ensheim), nicht weit südlich von Straßburg, so geendet hatte, daß beide Seiten es als Sieg reklamierten.

Nun, da das kaiserliche und das brandenburgische Heer vereinigt war, war es in zahlenmäßiger Übermacht gegen die Franzosen. Der Kurfürst drängte auf sofortigen Angriff, aber Bournonville zögerte. In den – spärlichen – Darstellungen dieser eher kläglichen Vorgänge im Herbst 1674 wird Bournonville der Eifersucht auf den Feldherrenruhm des Kurfürsten bezichtigt; so schreibt Jungfer, »daß Bournonville lieber einen sicheren Erfolg sich entgehen als die Brandenburger daran teilnehmen ließ«. Aber aus dem ganzen Verhalten Bournonvilles ist weniger auf Eifersucht zu schließen als darauf, daß er eine Flasche war, vielleicht sogar – solche Praktiken hatte die französische Geheimdiplomatie beim Überfall auf die Niederlande 1672 gegenüber Festungskommandanten angewendet – bestochen.

Bournonville zögerte immer wieder einen Angriff auf Turenne hinaus, tagelang. Zwar war der Kurfürst der ranghöchste Fürst im Lager, Bournonville aber war der kaiserliche Feldmarschall, und gegen dessen Willen war nichts zu machen. Homburg rekognoszierte in diesen Tagen mit anderen kaiserlichen und brandenburgischen Generälen das feindliche Lager und stellte fest, daß die Situation für die Reichstruppen günstig wäre. Dennoch zauderte Bournonville wieder, bis am 9. Oktober Turenne seine Stellungen und das ganze Elsaß räumte. Der Kurfürst wollte dem abziehenden Feind nachsetzen, aber auch das verhinderte Bournonville mit dem Argument, er kenne Turenne, das alles sei womöglich ein Hinterhalt.

In gewisser Weise hatte Bournonville damit recht, aber anders, als er es im Augenblick meinte. Turenne räumte tatsächlich das ganze Elsaß, was Bournonville als Erfolg ausgab: der Feind habe sich ohne Schlacht zurückgezogen.

Für die Reichstruppen blieb nun nichts anderes mehr übrig, als in die Winterquartiere zu gehen, so wie es Turenne – scheinbar – in Lothringen tat. Quartiere in einem Gebiet zu finden, das vom Feind monatelang ausgeplündert worden war, war nicht einfach. Homburg legte sein Corps nach Sennheim (heute Cernay) im Süden, nahe bei Mühlhausen, und nach Ruffach (Rouffach), etwa auf halbem Wege zwischen Mühlhausen und Kolmar. Der Kurfürst nahm in Kolmar Quartier, der Kurprinz, der den Vater begleitet hatte, in Straßburg. Dieser älteste Sohn des Kurfürsten, Karl Aemil oder Emil, 19 Jahre alt, war der Liebling des Vaters und wird als hervorragend begabt geschildert, der Anlagen und Geistesgaben für einen vorzüglichen und fähigen Regenten gezeigt habe. Am 7. Dezember starb der Prinz völlig unerwartet, ohne krank gewesen zu sein. Den Kurfürsten traf der Tod dieses Sohnes wie ein Hammerschlag; er vermutete, der Prinz sei vergiftet worden.

Homburg war indessen mit den sehr schwierigen Problemen der Truppenversorgung beschäftigt. Die einzige kriegerische Aktivität war die Blockade Neu-Breisachs. Diese von den Franzosen gehaltene Festung lag nun, da das Reichsheer das Elsaß von Straßburg bis Mühlhausen besetzt hatte, vom französischen Heer abgeschnitten.

Turenne aber lag keineswegs in Winterquartieren, sondern marschierte hinter den Vogesen, ohne daß die Befehlshaber des Reichsheeres dies merkten, nach Süden bis auf die Höhe von Mühlhausen, überquerte die Vogesen und stand plötzlich vor den unbefestigten Winterquartieren der Reichstruppen. Ein Winterfeldzug war damals nicht nur unüblich, sondern gegen alle Spielregeln der Strategie, die zu verletzen man Turenne für nicht fähig gehalten hatte. Die Überrumpelung war vollkommen. Bei Mühlhausen lagerten meist kaiserliche Truppen, die am 19. Dezember in einem verlustreichen Gefecht verdrängt wurden und nach Norden flohen. Homburg wurde angewiesen, mit 5000 Mann vor Neu-Breisach zu ziehen, um das Blockade-Corps zu verstärken; inzwischen konnte der Kurfürst die Trümmer des kaiserlichen Heeres bei Kolmar auffangen und neu rekrutieren. Am 23. Dezember wurde Homburg angewiesen, mit dem Blockade-Corps zur Hauptarmee zurückzukehren, was Homburg nicht sofort tat, denn er hoffte ein feindliches Corps zu schlagen, das in der Erwartung nach Neu-Breisach rücken würde, nur die sehr schwache Blockadetruppe, nicht aber 5000 Mann Kavallerie anzutreffen. Aber der Feind kam nicht, statt dessen eine zweite Aufforderung vom Kurfürsten, schleunigst wieder zur Hauptarmee zu stoßen, welchen Befehl Homburg dann auch befolgte. Am 26. Dezember 1674, am zweiten Weihnachtsfeiertag, stellte sich das Reichsheer bei Türkheim, einige Kilometer westlich von Kolmar, zur Schlacht. Turenne siegte, allerdings unter so hohen Verlusten (höhere, als die kaiserlichen und die Brandenburger), daß das Reichsheer in einigermaßen geordneter Bewegung sich zurückziehen konnte. Noch in der Nacht vom 26. auf 27. Dezember drängte Bournonville darauf, hinter den Rhein zurückzugehen. Das geschah am 27. Dezember. Der Prinz von Homburg hatte dabei die undankbare Aufgabe, mit seinem Reitercorps die Nachhut zu bilden und den Rückzug zu decken.

Im Laufe des 17. Dezember griff Turenne, nachdem er seine Wunden geleckt, das abziehende Heer an, wurde aber von Homburg zurückgeschlagen, und zwar so entscheidend, daß Turenne auf weitere Verfolgung verzichtete.

Kleist läßt im ersten Akt (5. Auftritt) den Kurfürsten zu Homburg in der entscheidenden Szene der Exposition sagen, in jener Szene, in der die Befehle für die kommende Schlacht ausgegeben werden, die so großartig immer wieder von der Sache mit Nataliens Handschuh durchkreuzt wird:

»Kurfürst (indem er Hut und Handschuh nimmt):
Herr Prinz von Homburg, dir empfehl' ich Ruhe!
Du hast am Ufer, weißt du, mir des Rheins
Zwei Siege jüngst verscherzt; ...«

und im fünften Akt (9. Auftritt) sagt der Kurfürst zum Feldmarschall Derfflinger (der bei Kleist Dörfling heißt) und dem Obristen Kottwitz, das Todesurteil für den Prinzen von Homburg in der Hand:

»Ja, urteilt selbst, ihr Herrn! Der Prinz von Homburg
Hat im verfloßnen Jahr, durch Trotz und Leichtsinn,
Um zwei der schönsten Siege mich gebracht; ...«

Nicht Homburg, sondern der unfähige (oder bestochene) Bournonville hatte den Kurfürsten um den Sieg am Rhein gebracht, Homburg hatte die zurückweichende Armee durch seine tapfere Nachhut vor dem restlosen Untergang gerettet. Aber vielleicht ist der oben geschilderte Vorfall bei Neu-Breisach, das Zögern des Prinzen, der historische Kern für die oben zitierte literarische Verarbeitung.

Gewaltmarsch in die Mark

In den ersten Januartagen des Jahres 1675 zog die brandenburgische Armee in die endgültigen Winterquartiere in der Gegend von Schweinfurt. Die Stimmung nicht nur in der Armee, sondern auch unter den Offizieren muß miserabel gewesen sein. Immer klarer wurde die Gewißheit, daß der ganze Feldzug eine Pleite war, und zwar auch eine finanzielle. Das ganze schöne Geld, das man für die Rüstung ausgegeben hatte, war zum Fenster hinausgeworfen. Der Kurfürst wurde wieder von Gichtanfällen geplagt, der Prinz von Homburg lag ihm wegen irgendwelcher Steuerangelegenheiten des Amtes Weferlingen in den Ohren, eine Sache, die den Kurfürsten in dieser Situation überhaupt nicht interessierte, weshalb es wieder einmal zu Reibereien zwischen Homburg und dem Kurfürsten kam. Homburg argwöhnte – vielleicht quälte auch ihn bei dem feuchten Wetter sein Beinstumpf –, daß er beim Kurfürsten in Ungnade gefallen sei, daß gegen ihn intrigiert wurde. Im Februar 1675 kam es beinahe zu einem Duell zwischen Homburg und einem Herrn G. E. (Wir wissen nicht, wer das war, Jungfer glaubt, daß es der Oberststallmeister = Grand Ecuyer von Pöllnitz war.) Homburg vermutete in G. E. einen der Intriganten. Der Kurfürst hat die Vorstellungen des Prinzen vielleicht etwas zu unwillig abgetan, worauf Homburg wieder kurz davor war, seinen Abschied zu nehmen.

Der Kurfürst wurde nicht nur von der Gicht geplagt und der offensichtlich tiefen Trauer um seinen Sohn, sondern auch von allerneuesten, höchst alarmierenden Nachrichten: die Schweden waren aus Pommern zu Anfang des neuen Jahres in die Mark Brandenburg eingedrungen. Wie sich viel später herausstellen sollte, war das ein diplomatischer Winkelzug des Königs von Frankreich, der ein Geheimbündnis mit Schweden abgeschlossen hatte und durch diese Störung veranlassen wollte – was ihm dann auch gelang –, daß der Kurfürst sein Kontingent von der Reichsarmee abzog.

Am 3. Januar war der schwedische General Waldemar Wrangel (der Bruder des Feldmarschalls, der zwar den Oberbefehl hatte, aber krank war und die tatsächliche Leitung des Feldzuges seinem Bruder überließ) aus Schwedisch-Pommern nach Südosten auf brandenburgisches Gebiet vorgestoßen, wo er Stargard (östlich von Stettin) und Landsberg an der Warthe (östlich von Küstrin) besetzte. Die Schweden legten Befestigungen an, trieben Sondersteuern ein, mit denen sie Truppen warben. Die Schweden behaupteten, das alles sei keine Feindseligkeit, diene nur der Vertiefung und Befestigung des freundschaftlichen schwedisch-brandenburgischen Verhältnisses und geschehe außerdem mit Wissen und Billigung des Kurfürsten. Das sogenannte »Instrumentum Pacis«, das heißt der Westfälische Friede von 1648, gab sowohl Schweden als auch Frankreich als Garantiemächten die Möglichkeit, in Angelegenheiten des Reiches einzugreifen.

Einige Fürsten des Reiches, voran der Kurfürst von Bayern, Ferdinand Maria, neigten dazu, die Haltung der Schweden zu billigen. Der Grund ist klar: wenn die Aktion der Schweden keine Feindseligkeit war, war der brandenburgische Kurfürst nicht berechtigt, seine Truppen von der Reichsarmee abzuziehen.

Friedrich Wilhelm entfaltete im Frühjahr 1675 von seinem Hauptquartier in Schweinfurt aus eine lebhafte diplomatische Aktivität. Die Räte von Ledebuhr und von Leuthe wurden an verschiedene deutsche Fürstenhöfe geschickt, um dort die wahren Ausmaße des schwedischen Einfalls in Brandenburg darzustellen. Der Kaiser und der Reichstag zu Regensburg sollten bewogen werden, so wie Frankreich nun auch Schweden zum Reichsfeind zu erklären. Hier konnte der erste diplomatische Erfolg verbucht werden: der Kaiser Leopold sah die bedrängte Lage des Kurfürsten ein, versprach, die »Avocatoria« zu erlassen, das heißt die Erklärung der Schweden zum Reichsfeind, womit der Kurfürst berechtigt war, sein Kontingent vom Reichsheer abzuziehen. Darüber hinaus versprach der Kaiser, daß ein Corps unter dem General Graf Koob, das zur Zeit an der schlesischen Grenze aufgestellt wurde, Brandenburg zu Hilfe kommen würde.

Der Herzog von Holstein und der Geheime Rat von dem Knesebeck reisten als Gesandte des Kurfürsten nach Dänemark, um den König, es war Christian V., der 1670 seinem Vater, dem alten Schwedenfeind Friedrich III., auf dem Thron gefolgt war, zu einem Bündnis zu bewegen. Christian V. sagte Jein: sobald die anderen Fürsten, vor allem aber Holland, sich entscheiden würden, gegen Schweden zu marschieren, würde auch er sich anschließen.

Nach England schickte der Kurfürst den Geheimen Rat von Schwerin (den Sohn des damals einzig unbestechlich gebliebenen Schwerin), um zu erreichen, daß sich dieses Land wenigstens neutral verhielt, keine Schiffe an Schweden lieferte und die – bereits im geheimen laufenden – schwedischen Werbungen in England unterband. Offenbar war die Kenntnis von diesen geheimen Werbungen ein brandenburgischer Trumpf. Der König von England ließ diese Behauptung nachprüfen, fand sie bestätigt und unterband die Werbung. Verärgert über Schweden sagte er wohlwollende Neutralität zu.

Zu der wichtigsten ausländischen Macht, die für eine Unterstützung in Frage kam, reiste Friedrich Wilhelm – nach einer vorbereitenden Gesandtschaft durch den Geheimen Rat Blaspiel – in eigener Person: nach Den Haag, und zwar Ende März oder Anfang April. Die Zerwürfnisse zwischen dem Kurfürsten und Homburg scheinen um diese Zeit wieder beseitigt gewesen zu sein, denn Homburg begleitete den Kurfürsten in die Niederlande. Kurz vor Kleve ereilte den Kurfürsten ein derart schwerer Gichtanfall, daß er kaum noch in die Stadt gebracht werden konnte und dort für einige Wochen bleiben mußte, um die Krankheit auszukurieren. Erst am 7. Mai langten der Kurfürst und Homburg in Den Haag an (über Rotterdam und Delft), und es wurde, weil die Zeit drängte, sogleich zu den Beratungen mit den Generalstaaten, dem Erbstatthalter, den Gesandten des Kaisers (dem Marquis de Grana) und anderen deutschen Fürsten geschritten.

Aus Brandenburg waren inzwischen neue, noch schlimmere Nachrichten eingetroffen: die Schweden hatten sich westwärts gewandt, die Oder überschritten und waren in die Uckermark, den Landstrich unmittelbar nördlich von Berlin, eingefallen. Der Fürst von Anhalt, der außer geringfügigen Festungsbesatzungen keine Truppen zur Verfügung hatte, konnte den Schweden das Vordringen nicht verwehren. Die Schweden hausten wie die Hunnen bzw. Wandalen in Rom oder die SS in Galizien: das Vieh wurde den Leuten weggenommen, und die Vorräte an Getreide, soweit sie nicht fortgeschafft werden konnten, wurden mutwillig vernichtet. Ein beliebtes Spiel der schwedischen Soldaten war, den männlichen Einwohnern die Fußsohlen zu versengen und den Frauen die Brüste abzuschneiden. Die Toten wurden ausgegraben, um die ihnen mitgegebenen Schmuckstücke wegnehmen zu können, dafür wurden gelegentlich die Leute aus den Dörfern aus Jux lebendig begraben. Die Kirchen wurden ausgeraubt, alles, was Gold oder Silber war, mitgenommen. Selbst dem schwedischen General Wrangel waren Bedenken darüber gekommen, wie sich seine Soldaten in Brandenburg aufführten. Er gab – wahrscheinlich vergeblich – Ordre, daß dem Treiben Einhalt zu gebieten sei, und fügte hinzu, daß er, solange er Soldat sei, so etwas unter Christenmenschen noch nicht erlebt habe.

Während sich der Kurfürst noch in dem Haag befand, wandten sich die Schweden gegen Süden und Westen und marschierten auf die Havel und auf die Elbe zu.

Der Kurfürst drängte zur Eile: holländische Truppen sollten in das schwedische Stiftsbremen einfallen, die holländische und die dänische Flotte sollten in die Ostsee segeln und dort den schwedischen Nachschub abschneiden, an den »moskowitischen Zar« sollte eine Gesandtschaft geschickt werden mit der Aufforderung, in die schwedischen Provinzen Livland, Ingermanland und Karelien einzufallen. Da Turenne im Elsaß offenbar von seinem verlustreichen Sieg bei Türkheim immer noch so geschwächt war, daß er vorerst nichts unternahm, erschien es als ausreichend, wenn ein kleineres braunschweigisches Kontingent anstatt des brandenburgischen in das Reichsheer einrückte. Am 5. Juni 1675 sollte der Feldzug gegen die Schweden beginnen. Die Vorschläge des Kurfürsten wurden angenommen, der Kurfürst reiste wieder aus Den Haag ab, am 18. Mai war er wieder im Lager bei Schweinfurt.

Die versprochene Hilfe von außen begann sich nur schwerfällig in Bewegung zu setzen. Der Kurfürst erkannte, daß er vorerst auf sich allein gestellt wäre. Welches Gefühl den Kurfürsten dabei bewegte, kann ein Blick auf die damalige Landkarte zeigen: gegen Schweden, das viel größer war als heute, war Brandenburg-Preußen nicht gerade ein Zwerg, aber ohne sichtbare Chancen, wenn es allein antrat. Die Größenverhältnisse waren etwa so, als ob heute Belgien einen Krieg gegen Frankreich führen wollte.

Vor dem Abmarsch hielt der Kurfürst einen Buß-, Fast- und Bettag. Das war sicher keine frömmelnde Pose. Der Tod seines Sohnes hatte den Kurfürsten verändert, aus vielen Dokumenten und Handlungsweisen aus dieser und der folgenden Zeit geht ein deutlicher Zug des alternden Fürsten (er war im Februar 55 Jahre alt geworden) zur Weltflucht und Resignation hervor. Die trüben Gedanken herrschten von diesen Jahren an vor. Das Verhältnis zum Prinzen Friedrich, der jetzt Kurprinz, also Thronfolger war, war nicht gut, verschlechterte sich mit den Jahren bis fast zur offenen Feindschaft; noch schlechter war des Kurfürsten zweite Ehe. Die Kurfürstin, geborene Prinzessin Dorothea von Holstein, die schon bei den französischen Bestechungsaffären ins Zwielicht gekommen war, hatte nichts im Sinn, als ihren Kindern auf Kosten der Kinder aus des Kurfürsten erster Ehe gehörige Anteile aus dem Erbe zukommen zu lassen. Der Kurfürst, auch zunehmend nicht nur von der Gicht, sondern auch von Lähmungen geplagt, scheint ein einsamer Mann geworden zu sein. Im Augenblick seines höchsten Triumphes, nach dem Sieg bei Fehrbellin, ließ er beim Dankgottesdienst nicht ein hochgemutes und jubelndes Zitat aus der Bibel der Predigt voranstellen, sondern die schöne, aber resignierende Zeile aus dem 118. Psalm: »Es ist gut auf den Herrn zu vertrauen, und sich nicht verlassen auf Menschen.« Mindestens von hier an ist es angebracht, diesem zwiespältigen und als Bundesgenossen unzuverlässigen Fürsten den Respekt vor seinem menschlichen Leid nicht zu versagen.

Ende Mai brach man aus Schweinfurt auf in Richtung Norden. Homburg führte ein Corps aus fünf Regimentern (sein eigenes Regiment, die Regimenter »Anhalt«, »Croy«, »Bruckdorf« und die Derfflinger-Dragoner), die den linken Flügel der Heersäule bildeten.

Auch – oder schon wieder – während dieses Marsches gab es Zwistigkeiten zwischen Homburg und dem Kurfürsten. Briefe wurden gewechselt, aus denen hervorgeht, daß es sich um Abgaben handelt, die von der Brauerei in Weferlingen, die dem Landgrafen gehörte, erbracht werden mußten, und die Friedrich verringert wissen wollte. Mit unglaublicher Hartnäckigkeit bombardierte Friedrich den Kurfürsten mit Darstellungen und Eingaben, drohte immer wieder damit, seinen Abschied zu nehmen. Wenn der Kurfürst diese merkwürdige Aktivität seines Generals in den Tagen, in denen sich die grauenvollen Nachrichten aus Berlin häuften, als etwas deplaciert empfunden hat, so wird man nicht anders können, als ihm darin beizupflichten. Der Oberhofmarschall von Canitz schrieb im Auftrag des Kurfürsten beschwichtigende Briefe, und endlich, als man am 11. Juni Magdeburg erreichte, ließ sich Homburg herbei, die Ordnung dieser ihm offenbar so ungeheuer wichtigen Angelegenheit Brauerei-Akzisen bis nach dem Feldzug zu verschieben. An den Adressen und Absendeorten dieses Briefwechsels kann man die Marschroute der Armee ablesen:

Am 30. Mai war das Hauptquartier in »Ilmenow« (das ist Goethes Ilmenau bei Weimar), am 4. Juni in Siebingen und am 6. Juni in Heldrungen (zwischen Halle und Erfurt). Hier vereinigte sich Homburgs Corps wieder mit der Hauptarmee. Auch Homburgs Bruder, der Landgraf Georg Christian, war an diesem Tag im Hauptquartier, nicht in militärischer Funktion, sondern nur als Besucher. Am 11. Juni (einem Freitag) war die Armee an ihrem vorläufigen Ziel: Magdeburg. Wenn man nachrechnet, daß die gleiche Armee im Herbst zuvor für die umgekehrte Strecke Magdeburg–Straßburg eineinhalb Monate gebraucht hatte, jetzt für die Strecke Schweinfurt–Magdeburg (also für etwas mehr als die Hälfte) nicht einmal vierzehn Tage, so muß man die Bezeichnung Gewaltmarsch als durchaus gerechtfertigt betrachten; auch ist klar, daß die Schweden mit dem Auftauchen der brandenburgischen Armee so schnell nicht gerechnet hatten.

Die Schweden waren in den Tagen zuvor aus der Ukkermark an die Havel marschiert und hatten dort die drei wichtigsten Punkte besetzt: Havelberg, Rathenow und Brandenburg. Sie waren dabei so nahe an Berlin vorbeimarschiert, daß die Heersäule von der Festung Spandau aus mit Kanonen beschossen werden konnte, was aber wenig Effekt machte. (Homburgs Gut Neustadt an der Dosse lag jetzt hinter dieser schwedischen Linie. Es wird kaum so gewesen sein, daß die Schweden ausgerechnet dieses Gut geschont haben werden. Die Landgräfin, die im März nach fünfjähriger Ehe ihr viertes Kind zur Welt gebracht hatte, das fünfte war unterwegs, war noch in relativer Sicherheit in Weferlingen.)

Durch dieses Manöver der Schweden war der Kurfürst von Berlin abgeschnitten.

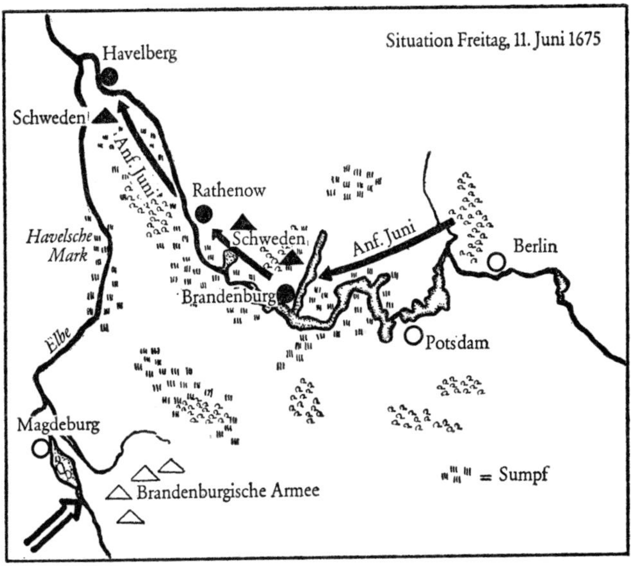

Die Schweden wußten am 11. Juni noch nicht, daß der Kurfürst schon in Magdeburg war. Der Kurfürst plante deshalb einen raschen Schlag, um die Überraschung auszunützen.

Am 12. Juni – Samstag – abends um 9 Uhr begann der Abmarsch aus Magdeburg. Nach und nach passierte die ganze Kavallerie die Elbbrücke, dann die Dragoner (das waren nicht zur eigentlichen Kavallerie zählende schwere Reiter), 10 dreipfündige Kanonen (das waren mittlere Kaliber) und 1000 Mann Infanterie (»Musketiere«) auf 146 großen Wagen, von denen jeder auch einen Kahn mit Ruder dabei hatte. Das Gebiet zwischen Berlin und Magdeburg ist auch heute noch zum Teil sumpfig, weder die Elbe noch die Havel waren damals reguliert. Der Kurfürst nahm, wie man sieht, seine am schnellsten beweglichen

Truppen mit, fast nur Kavallerie, die leichteren Kanonen, und versorgte sich mit der Möglichkeit, Wasserhindernisse zu überwinden.

Der Feldmarschall Derfflinger, die Generäle Homburg, Lüdicke, Götz und Pöllnitz und der Kurfürst selber bildeten die Spitze des Stabes, der als letzte Gruppe die Stadt Magdeburg verließ.

Der Nachtmarsch war beschwerlich. In der Nacht vom 12. auf 13. fiel ein Platzregen, der in einen Landregen überging und das ohnedies morastige Gebiet fast unpassierbar machte. Die Wege weichten auf. Am 13. Juni wurde drei Meilen (= ca. 23 km) vor Rathenow ein Lager aufgeschlagen. Das brandenburgische Heer war also über Burg und Genthien marschiert. Der Kurfürst mußte irgendwie über die Havel, wollte er den Feind treffen. Der gesamte Lauf der Havel zwischen Havelberg und Rathenow, Rathenow und Brandenburg, und wieder von Brandenburg bis Potsdam und Berlin war damals nicht zu überqueren, Brücken gab es nicht, weil die Ufer versumpft waren, zum Teil weitete sich der Lauf zu Seen aus. Der Kurfürst beschloß also, sich Rathenows zu bemächtigen und damit dieser Brücke über die Havel. Noch immer wußten die Schweden nicht, daß die brandenburgische Armee so nahe war.

Nachdem man einen Tag gewartet hatte – entweder um Rast zu machen oder um abzuwarten, ob nicht der Regen aufhöre (was er nicht tat) oder weil Sonntag war –, marschierte das Heer in der Nacht vom 14. auf 15. Juni weiter und kam im Morgengrauen vor Rathenow an.

Der Kurfürst ließ 600 Mann Infanterie unter dem Kommando von Oberstleutnant Canne und Generaladjutant Canowsky in den Booten über die Havel setzen (außer Sichtweite der Stadt, versteht sich), um die Festung von der anderen Seite her anzugreifen. Gleichzeitig rückte das Regiment Derfflinger-Dragoner vor die Tore der diesseitigen Stadtseite. Der Plan des Kurfürsten war klar: während die Derfflinger-Dragoner einen Scheinangriff führten, sollte das Corps unter Canne die Stadt von der anderen Seite überrumpeln. Auch etwas anderes war dem Kurfürsten klar: mit dem Angriff auf Rathenow, mochte er erfolgreich sein oder nicht, würden die Schweden wissen, daß der Kurfürst mit seiner Armee da war. Also mußte alles daran gesetzt werden, Rathenow zu überrumpeln.

Es ging einfacher als gedacht, denn die schwedischen Torwachen hielten die Derfflinger-Dragoner für versprengte Schweden, die sich zu weit vorgewagt hatten. Auf die entsprechende Frage der Wache sagten die Brandenburger: »Ja«, worauf die Schweden das Tor öffneten. Die Dragoner drangen ein, und nun erkannten die Schweden, was los war. Sie schlugen Alarm, aber die Brandenburger überrumpelten sofort die ganze Stadthälfte diesseits der Havel. Den Schweden gelang es aber, die große Havelbrücke zu beschädigen. Inzwischen jedoch waren Cannes Leute von der anderen Seite nach einem abgeschlagenen Angriff in einem zweiten Sturm in die Stadt eingedrungen. Die Havelbrücke wurde notdürftig repariert, so daß die Reiter drüber konnten. Der schwedische Widerstand brach zusammen. »Das (schwedische) Regiment, das darin (in Rathenow) in Besatzung lag, 6 Kompanien, welche grüne Fähnlein und ein Paer Pauken führte, wußte nicht, wohin es sich kehren sollte, wehrte sich etwas aus den Häusern, und auf den Gassen, wurde aber außer wenigen, die gefangen genommen, niedergemacht.« (Theatrum Europaeum) Ein Trauerepitaph für etwa 500 tote Soldaten, bestehend aus einem anonymen Nebensatz. So ist der Krieg. Das ist Geschichte.

(Die Brandenburger verloren zwei Offiziere und circa 45 Mann.)

Von Rathenow und Nauen

Die Hauptmacht der Schweden stand in den Tagen vor dem 15. Juni bei Brandenburg. Just am 15. Juni brach General Wrangel aus Brandenburg auf, um über Rathenow nach Havelberg zu marschieren und von dort – vermutlich – über die Elbe zu gehen und in die Altmark einzubrechen.

Während der Kurfürst im eroberten Rathenow einen Dankgottesdienst abhalten ließ, erfuhr Wrangel die Nachricht. Er drehte sofort ab und wandte sich bei Pritzerbe nach Norden in Richtung Nauen, um so der Brandenburgischen Armee auszuweichen und seine Armee hinter die Linie Neu-Ruppin – Havelberg zu führen, wo sie sich mit der anderen schwedischen Hauptarmee vereinigen könnte. Diese andere Hauptarmee stand noch bei Havelberg unter Befehl des Feldmarschalls Wrangel (des Bruders des Generals), wurde durch Eilkuriere informiert und setzte sich langsam nach Westen in Marsch. Die beiden vereinigten schwedischen Armeen wären – da eine allein schon weit stärker als das ganze brandenburgische Aufgebot war – eine für den Kurfürsten erdrückende Übermacht gewesen, gegen die er auch bei klügster Strategie und kühnstem Mut der Truppe nicht einen Funken von reeller Chance gehabt hätte.

Hier die Situation am Dienstag, 15. Juni:

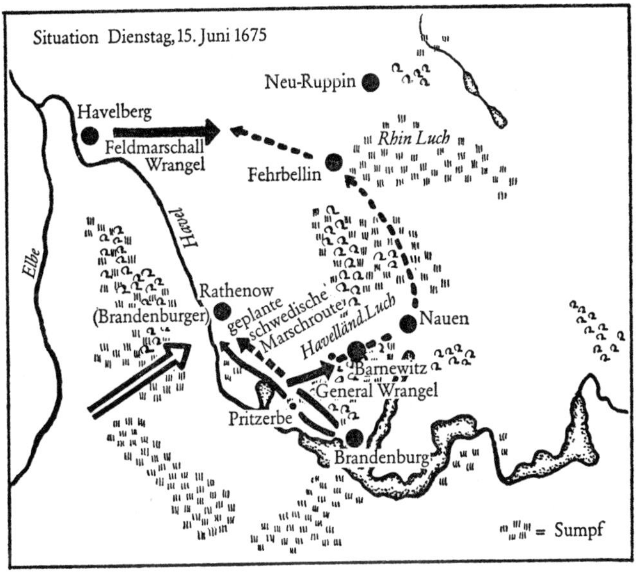

Die einzige Chance des Kurfürsten war, die beiden schwedischen Armeen nacheinander zu schlagen, die des Generals Wrangel sofort, um dann soviel Zeit zu gewinnen, das Gros der Infanterie und die großen Kanonen aus Magdeburg heranzuführen. Der Kurfürst mußte also den General Wrangel abfangen, bevor er den einzigen passierbaren Durchschlupf zwischen Havelländischem Luch und den Rhin-Luch, den »Paß bei Fehrbellin«, erreichte.

Unmittelbar nach Beendigung des Dankgottesdienstes am 16. Juni in Rathenow kamen einige Späher zurück und brachten die Nachricht, daß sich General Wrangel in

Pritzerbe in Richtung Nauen gewandt habe. Der Kurfürst beschloß, dem Feind nachzusetzen, und setzte seine Armee trotz des immer noch oder wieder strömenden Regens auch in Richtung Nauen in Marsch. Er mußte dabei das Havelländische Luch südlich umgehen; er schickte deshalb, um den Vorsprung, den die Schweden hatten, auszugleichen, einige Trupps voraus, einen, der die Brücke bei Fehrbellin über den Rhin zerstörte, und einen größeren unter Oberstleutnant Hennings, genannt Treffenfeld, Generaladjutant Canowsky und einem Rittmeister mit dem schön fontaneschen Namen Zabeltitz durch Wälder und Morast (einige geländekundige Jäger führten) nach Barnewitz, um den Schweden den Weg abzuschneiden. Tatsächlich traf der Henningsche Trupp bei Barnewitz auf die völlig überraschte schwedische Avantgarde und lieferte ihr ein Gefecht. Obwohl die Schweden so große Verluste aufzuweisen hatten, daß noch am Tag danach der ganze Weg von Barnewitz nach Nauen mit Leichen, zerstörten Wagen und weggeworfenen Kürassen bedeckt war, konnte der kleine Trupp die schwedische Armee natürlich nicht aufhalten.

Es regnete immer noch. Die brandenburgischen Soldaten waren völlig erschöpft, als sie gegen Abend des 16. Juni vor Barnewitz ankamen, wo wenige Stunden vorher die Schweden durchgezogen waren. Der Kurfürst gab Befehl, zu kampieren. Die Pferde wurden nicht einmal abgesattelt, die Soldaten schliefen auf bloßer Erde, der Kurfürst in seiner Kalesche. Was das für den gichtanfälligen alten Herrn bedeutete, kann man sich ausmalen. Der einzige Trost bei dem miserablen Wetter war, daß die Schweden genauso eingeregnet wurden.

Am Donnerstag früh – 17. Juni – nahm der Kurfürst

die Verfolgung wieder auf. Der Abstand verkürzte sich, wahrscheinlich infolge der leichteren Beweglichkeit der brandenburgischen Armee, eine Folge der fehlenden Infanterie und der kleineren Kanonen. Noch im Laufe des 17. Juni holte die Vorhut der Brandenburger (geführt von Generalmajor von Lüdicke oder, wie das Theatrum Europaeum schreibt: Lütke) die Nachhut der Schweden in Nauen ein. Die Nachhut der Schweden besetzte einen schmalen Damm, auf dem jenseits der Stadt die Straße nach Fehrbellin und weiter nach Neu-Ruppin verlief, und verteidigte diesen Damm so heftig, daß ihn die Brandenburger erst gegen Abend erobern konnten, als das Gros der schwedischen Streitmacht schon in Sicherheit war.

An eine Verfolgung in der Nacht bei dem immer noch strömenden Regen war nicht zu denken. Die Armee machte für die Nacht in Nauen Quartier.

Der Tag von Fehrbellin

Der Tag, der zumindest bis 1918 in Preußen als »der Tag von Fehrbellin« gefeiert wurde, brach an: der 18. Juni 1675, ein Freitag. (Wenn wir heute zurückrechnen nach dem gregorianischen Kalender, der damals in den protestantischen Ländern als papistische Errungenschaft noch nicht galt, so kommen wir allerdings auf den 28. Juni; in der Folge, wie auch bisher, wird in dieser Darstellung die Datierung nach dem »alten Stil«, dem julianischen Kalender, beibehalten, nach dem auch die Quellen zählen.)

Der Tag begann wenig strahlend, denn der Regen hatte mitnichten aufgehört. Die brandenburgische Sonne, die rückschauend über diesen Tag strahlte, war hinter dik-ken Wolken verborgen, die Massen um Massen Wasser herabschütteten. Nebel zog über das Moor.

Bei Tagesanbruch ritt der Prinz von Homburg los. Er hatte für diesen Tag das Kommando der Avantgarde übernommen, weil er hier jeden Weg und jeden Steg kannte: sein Gut Neustadt an der Dosse lag ja in unmittelbarer Nähe.

Von Nauen nach Fehrbellin führte damals nur eine einzige Straße auf einem etwas höher gelegenen Terrain, das trockener war und das südliche Havelländische Luch vom nördlichen Rhin-Luch trennte. Im Dorf Börnicke, etwa 10 Kilometer nördlich von Nauen, gabelte sich die Straße, links führte sie nach Fehrbellin, rechts nach Kremmen, wo sie sich wieder gabelte, einerseits ostwärts Rich-

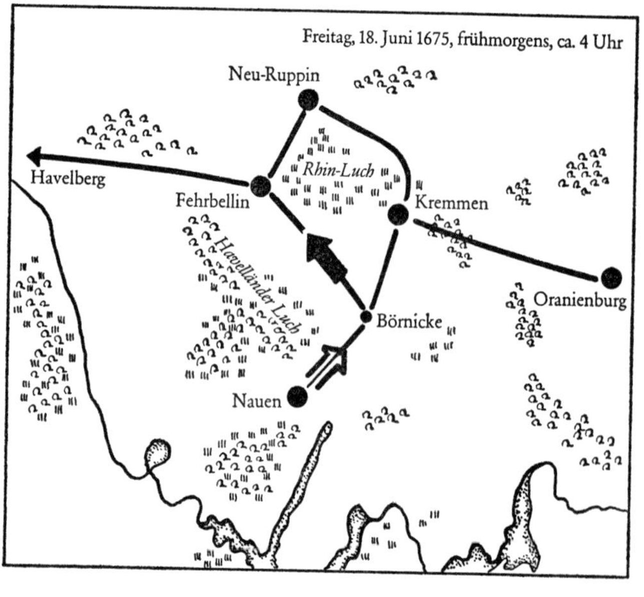

tung Oranienburg, anderseits nordwestlich Richtung Neu-Ruppin. Diese Straße lag bereits nördlich des Rhin-Luchs (siehe Karte auf S. 154).

Das zum Teil ganz schmale, trockene Gebiet zwischen dem Havelländischen Luch und dem Rhin-Luch weitete sich erst bei Linum zum »Ländchen Bellin« aus, einem Oval, in dem nacheinander die Orte Linum, Hakenberg, Tarnow und Fehrbellin lagen. Das Ländchen Bellin, eine Insel im unwegsamen, durch die nasse Witterung der vergangenen Tage völlig unpassierbar gewordenen Sumpf, war ein wenig hügelig, die Hügel – Sandhügel – waren entweder kahl oder mit schütterem Fichtengehölz bedeckt.

Das Avantgarde-Corps des Prinzen bestand zunächst aus 1500 Reitern, mit denen er in aller Früh des 18. Juni durch den Nebel aus Nauen in Richtung Fehrbellin jagte. Um sechs Uhr früh bereits hatte das natürlich der ganzen schwedischen Armee gegenüber wesentlich schnellere Homburgische Corps die Schweden bei dem Ort Linum am Eingang des »Ländchens Bellin« eingeholt. An dieser Stelle zog sich ein breiter, beiderseits mit Wällen versehener Graben quer durch das trockene Land, die »Landwehr« (siehe Karte auf Seite 156). Diesen Graben besetzte General Wrangel, als er die brandenburgischen Reiter herankommen sah, die er übrigens, getäuscht durch den Nebel, für viel zahlreicher hielt als sie wirklich waren.

Die schwedische Armee zählte – was Homburg wußte – 10 500 bis 12 000 Mann; sie hatte bis dahin bei den bisherigen Scharmützeln 600 Mann an Toten und ebensoviele an Gefangenen verloren.

Homburg griff die Schweden sofort an und sandte einen Adjutanten zurück zum Kurfürsten mit der Nach-

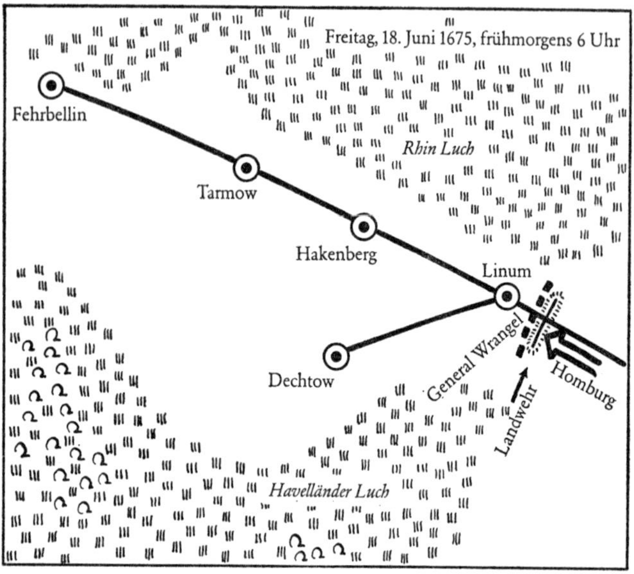

richt, daß er den Feind zum Stehen gebracht habe und dringend Verstärkung benötigte. Der Angriff Homburgs auf die Schweden, und zwar auf die ganze, in Schlachtordnung und sogar in äußerst günstiger Stellung an einem durch einen Quergraben gesicherten Engpaß stehende schwedische Armee, war offenbar etwas außerhalb des Kampfauftrages gestanden, den Homburg hatte. Daß Homburg den Kampfbeginn absichtlich provozierte, geht aus dem Brief hervor, den Homburg am nächsten Tag an seine Frau schrieb: »...; da ich denn des Morgens gegen 6 Uhr des Feindes ganzer Armee ansichtig wurde, der ich dann so nahe ging, daß er sich mußte in ein Scharmützel einlassen, ...« (Vielleicht liegt hier ein anderer historischer Kern der Homburg-Fehrbellin-Legende von der Attacke wider Befehl.)

Auf die Nachricht davon, daß die Schlacht überraschenderweise schon begonnen hatte, hielt der Kurfürst einen eiligen Kriegsrat, in dem Feldmarschall Derfflinger sich dafür aussprach, das begonnene Scharmützel nicht fortzusetzen, sondern zurückzumarschieren und in einem gewaltigen Marsch über Börnicke, Kremmen und Neu-Ruppin dem Feind bei Fehrbellin in den Rücken zu fallen. Dieser Plan erscheint, wenn man die Entfernungen bedenkt (vgl. die Karte auf Seite 154), etwas abwegig. Die Strecke ist länger als die, welche die Armee an den beiden vorangegangenen Tagen von Barnewitz über Nauen bis jetzt zurückgelegt hatte. Es wäre wohl mehr als fraglich gewesen, ob Homburg mit seinem kleinen Corps das schwedische Heer so lange aufhalten hätte können. Außerdem wäre das Corps, immerhin knapp ein Viertel des ganzen Heeres, mit Sicherheit verloren gewesen.

Der Kurfürst verwarf Derfflingers Plan, schickte zunächst weitere 500 Dragoner (Teil der Elitetruppe) und die Nachricht, daß die ganze Streitmacht komme.

Als mit der nicht unbeträchtlichen Verstärkung der Landgraf dies erfuhr, gab es für ihn kein Halten mehr. Auch das schreibt er am nächsten Tag an seine Frau: »Sobalten ich des Kurfürsten Ankunft versichert war, war mir bang, ich möchte wieder andere ordre bekommen, und fing ein hartes Treffen mit meinen Vortruppen an, ...« Das heißt: noch bevor die Haupttruppe eintraf, ließ Homburg den »Landwehr«-Graben durch den Obersten Grafen Promnitz stürmen, was auch gelang, worauf General Wrangel – immer noch in der Meinung, die ganze brandenburgische Armee ströme nun durch diese Bresche – seine günstige Stellung in Linum räumte. Er zog sich, immer noch in völlig geordneten Reihen, bis hinter das

Dorf Linum zurück, wo ihn Homburg (noch ohne Verstärkung bis auf die 500 Dragoner) erneut so heftig angriff, daß er auch diese Stellung wieder räumte und bis zum Dorf Hakenberg zurückwich. Hier nahm er zum dritten Mal Aufstellung und beging seinen entscheidenden Fehler:

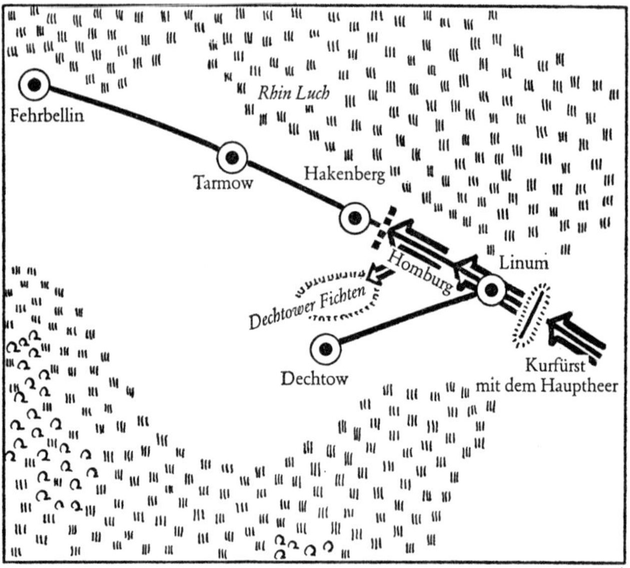

Seine linke Flanke war zwar durch das Rhin-Luch gedeckt, seine rechte Flanke, die sich an einen bewaldeten Sandhügel, die »Dechtower Fichten« anlehnte, war aber ungedeckt, weil er versäumte, die Anhöhe besetzen zu lassen. (Die Flanken – Kavallerie – kommandierten die Generäle von Witzleben und Hassel, das Zentrum bildete, gemäß den damaligen Regeln der Strategie, die Infanterie.)

Homburg erkannte trotz des immer noch ziehenden Nebels, wohl auf Grund seiner genauen Terrainkenntnis, diesen Fehler. Er teilte sein Corps, griff mit der einen Hälfte weiterhin die Schweden an und ließ die andere Hälfte, unbemerkt von den Schweden, die »Dechtower Fichten« besetzen. Als die Schweden das bemerkten, war es zu spät, denn inzwischen war der Kurfürst mit der ganzen Armee herangekommen, ließ unter Derfflingers Führung die Besatzung der »Dechtower Fichten« verstärken und auf einem Hügel – der danach »der Kurfürstenhügel« genannt wurde – seine vergleichsweise bescheidene Artillerie (10 Kanonen gegenüber 38, über die die Schweden verfügten) aufstellen, die dadurch ein vorzügliches Schußfeld quer über die ganzen Linien des Feindes hatte.

Es war acht Uhr, und jetzt hörte endlich der Regen auf und die Sonne brach durch, die Sonne, die heute die Sonne Brandenburgs war.

General Wrangel sah sofort, daß er einen Fehler gemacht hatte, und ließ gegen die Regimenter auf dem Hügel zu seiner rechten Flanke stürmen, und zwar mit so einer Wucht, daß die brandenburgische Kavallerie zu wanken begann, nur noch die schweren Reiter (die abgesessen waren) standhielten. Im letzten Augenblick fiel Homburg mit nicht mehr als einigen Schwadronen dem angreifenden Feind in die Flanke und brachte den Angriff zum Stehen. Aber Schweden und Brandenburger führten ihre Reserven hierher, und so wurde dieser Teil des Schlachtfeldes, der Abhang der »Dechtower Fichten«, zum eigentlichen Brennpunkt des Kampfes, der bald sehr heftig wurde und in ein Handgemenge überging. Homburg, sogar der alte Feldmarschall Derfflinger und selbst der Kurfürst wurden in die Handgreiflichkeiten verwikkelt. Stallmeister Froben fiel hier. Die »rührendste Begebenheit«, die Kleist den Grafen Sparren im zweiten Akt erzählen läßt, ist unhistorisch: daß Froben den Kurfürsten gedrängt habe, seinen auffallenden Schimmel gegen Frobens unauffälligeres Pferd zu tauschen, und kurz nach dem Tausch einer Kugel zum Opfer gefallen sei, die dem Kurfürsten gegolten habe. Der aufopfernde Pferde- oder Kleiderwechsel ist ein alter Legenden-Topos, der auch hier nachträglich dazuerfunden wurde. Wahr ist, daß Emanuel von Froben, ein Sproß einer alten und angesehenen Buchdruckerfamilie, beim Kurfürsten als Stallmeister Dienst tat und in unmittelbarer Nähe seines Herrn fiel. Der Kurfürst hielt das Andenken des jungen Mannes in hohen Ehren.

Den Feldmarschall Derfflinger rettete Homburg durch eigenes Eingreifen. Er schrieb darüber in dem schon zitierten Brief an seine Frau: »... ich bin etzlichemal ganz umringet gewesen, Gott hat mir doch allemal wieder draus geholfen, und wären alle unsere Stücke (= Kanonen) und der Feldmarschall selbsten verloren gewesen, wenn ich nicht en personne sekundieret hätte, darüber denn der redliche Mörner blieb.« Oberst von Mörner wurde durch einen Säbelhieb vom schwedischen Oberst Grafen Wachtmeister getötet, der sofort danach von einem Brandenburger niedergestreckt wurde. Graf Wachtmeister war ein entfernter Verwandter von Homburgs erster Frau; Homburg scheint ihn auch gekannt zu haben, denn er vermerkt seinen Tod namentlich in dem Brief vom nächsten Tag.

Zwei Stunden dauerte der Kampf um die »Dechtower Fichten«, dann war der rechte Flügel der Schweden vernichtet, die schwedische Front rollte zurück, um 10 Uhr gab Wrangel die Schlacht verloren und ließ zum Rückzug blasen. Im Schutze seines linken Flügels, der noch standhielt, konnte Wrangel relativ geordnet zurückgehen, eine Verfolgungsattacke Homburgs wurde von den Schweden sogar zurückgeworfen. Die brandenburgischen Soldaten gehorchten ihren Offizieren nur mehr zäh (»lâchement«, schreibt Dietrich von Buch), so daß der Kurfürst von einer weiteren Verfolgung absah. Die brandenburgische Armee setzte sich auf dem Schlachtfeld hin und aß zu Mittag. »... nachdem alles vorbei gewesen, haben wir auf der Walstatt, da mehr als tausend Toten umb uns lagen, gessen und uns brav lustig gemacht«, schreibt Homburg.

Inzwischen konnten die geschlagenen Schweden – ohne Mahlzeit – Fehrbellin unbehelligt erreichen, die zerstörte Brücke soweit reparieren, daß sie passierbar war, und in Richtung Neu-Ruppin entkommen. Bei der Zahl der Toten irrte sich Homburg: Es waren etwa 2000 gefallene Schweden. Die Offiziere wurden – am 19. Juni – auf Homburgs Veranlassung begraben. Für die gefallenen gemeinen Reuter blieb die schlichte Verwesung vorbehalten.

Die Tage nach Fehrbellin und der Abschied des Prinzen

Der Tag von Fehrbellin war vorbei. Dem Kurfürsten wurden acht eroberte Fähnlein und zwei Standarten präsentiert. Außerdem waren drei sechspfündige und zwei dreipfündige Kanonen mit viel Munition, über 500 Bagagewagen und mehrere tausend Stück Vieh den Siegern in die Hände gefallen. Dennoch war der Kurfürst ungehalten, denn den Schweden war es nicht nur gelungen, nach Neu-Ruppin durchzuschlüpfen, sondern auch die reparierte Fehrbelliner Brücke hinter sich wieder zu zerstören. Besonders aufgeregt war der Kurfürst über den zurückgeschlagenen Reiterangriff Homburgs nach dem Beginn des schwedischen Rückzuges. Der Kurfürst hatte sehr wohl gesehen, daß dieser Mißerfolg auf die lasche Ausführung von Befehlen zurückzuführen war, und er schrieb vom Hauptquartier Linum aus noch am gleichen Tag an den Fürsten von Anhalt: »Meine Reuter haben teils nicht das Ihrige gethan, worüber ich inquirieren lasse und selbigen den Prozeß machen lassen werde.«

Zu so einem Prozeß kam es nicht. Wahrscheinlich sah der Kurfürst, nachdem sein Zorn verraucht war, daß den Männern, die erst vier Tage lang durchnäßt worden waren, dann sechs Stunden lang mehr als tapfer gekämpft hatten und nun hungrig und müde waren, nichts vorwerfen durfte, wenn sie zwar nicht gerade den Befehl verweigert, aber quasi nur Dienst nach Vorschrift gemacht hatten. Aber Homburg bezog die üble kurfürstliche Laune als Tadel auf sich und war wieder einmal gekränkt. Vielleicht liegt in dieser Drohung mit einem kriegsgerichtlichen Prozeß, der freilich nicht Homburg, sondern seinen Reitern gegolten hätte, ein weiterer historischer Kern für die spätere Legende.

Auch Homburg beklagt in seinem schon mehrfach zitierten Brief vom 19. Juni, daß, wenn man nur die Infanterie bei sich gehabt hätte, von der schwedischen Armee kein einziger Mann übriggeblieben wäre. Weiter berichtet er aber auch, daß, obwohl die brandenburgische Armee sie nicht verfolgte, bei den Schweden Panik ausgebrochen sei und daß sie – merkwürdig nach einem zunächst so geordneten Rückzug – in wilde Flucht verfielen. Damit stimmen andere Berichte überein, nach denen die Schweden nach der Schlacht von Fehrbellin die Hälfte ihrer Armee verloren, meistens durch Fahnenflucht. Dabei konnten sich bei Neu-Ruppin die beiden schwedischen Armeen vereinigen, was aber offenbar nur den Effekt hatte, daß die geschlagene Armee des Generals Wrangel die frischen Truppen des Feldmarschalls Wrangel mit in ihre Flucht riß.

Am Abend des 18. Juni schickte von Fehrbellin aus General Wrangel den Obersten Dalwig als Parlamentär zu Homburg »und begehrte Pässe vor ihre Weiber nachher Pommern«. Die Damen der schwedischen Generalität waren also bei dem Spectaculum dabeigewesen und hatten jetzt genug gesehen. Selbstverständlich wurden die Pässe ausgestellt.

Am Sonntag, den 20. Juni, war die Brücke bei Fehrbellin wiederhergestellt. Die brandenburgischen Truppen nahmen nach einem Tag Ruhe die Verfolgung wieder auf und holten die Schweden bei Wittstock an der Dosse erneut ein (am 21. Juni). Es kam wieder zu einem Gefecht, in dem Homburg versuchte, mit der Kavallerie durch die Dosse zu gehen und dem Feind in den Rücken zu fallen, was aber mißlang, denn die Schweden entkamen vorher und flohen über die mecklenburgische Grenze bis in die Stadt Wismar, die (seit 1648) eine schwedische Exklave war.

Drei Tage danach, am Donnerstag, verkaufte der Prinz von Homburg sein Regiment um 5000 Reichstaler an den Herzog Heinrich von Sachsen-Gotha. Der Kaufvertrag liegt heute noch im Hessischen Staatsarchiv in Darmstadt. Am Freitagabend, eine Woche nach der Schlacht von Fehrbellin, nahm Homburg Urlaub und reiste ab, und zwar nicht nach Weferlingen, sondern nach Langenschwalbach, wo er eine Sauerbrunnenkur machte. Der braunschweigische Gesandte am Hof des Kurfürsten berichtete nach Hause: »... es scheint aber, daß Ihro Durchlaucht (= Homburg) keine Beliebunge habe, zu dieser Armee wiederzukommen.«

War der Prinz von Homburg Brandenburgs Retter? War die Schlacht von Fehrbellin der Anfang von Preußens Gloria, die bis 1918 oder, wenn man so will, sogar bis 1945 dauerte?

Sicher ist der entscheidende Anteil und das Verdienst des historischen Prinzen von Homburg am brandenburgischen Sieg bei Fehrbellin. Sicher ist auch, daß diese Schlacht, zusammen mit dem weiteren erfolgreichen Feldzug in Pommern und Mecklenburg, trotz des letzten Endes unvorteilhaften Friedens von St. Germain-en-Laye 1679, der Ausgangspunkt für Brandenburg-Preußens Aufstieg im 18. und 19. Jahrhundert war. Sicher gibt es kein austauschbares, aber ebenso sicher gibt es kein nicht wegzudenkendes Ereignis in der Geschichte, denn mit der Geschichte ist es wie mit einem Gewehrschuß durch ein Kornfeld. Der einzelne Halm vermag die Kugel nicht wesentlich abzulenken, aber die vielen Halme nacheinander beeinflussen die Bahn der Kugel so, daß sie dort herauskommt – wenn überhaupt –, wo niemand sie erwartet hätte. Jedes Ereignis, selbst so ein einschneidendes wie die Schlacht bei Fehrbellin, ist nur ein Halm im geschichtlichen Kornfeld. Aber immerhin: die Schweden sind nie mehr nach Brandenburg zurückgekommen, und ein Menschenalter später wurde im Zweiten Nordischen Krieg Karls XII. (dem Enkel Karls X. Gustav) und des Zaren Peter des Großen das Rückgrat der schwedischen Vorherrschaft an der Ostsee und überhaupt in Nordeuropa gebrochen. Das schwedische Zeitalter im Mittelpunkt der Historie war vorbei.

Die Feldzüge in Mecklenburg und Pommern

Das Bild des historischen Prinzen von Homburg ist blaß und fast schattenhaft. Es befremdet vielleicht, daß die Gestalt dieses Fürsten nicht greifbar und farbig aus diesem Buch heraustritt. So ein Bild zu zeichnen ist nicht möglich, wenn man auf Vermutungen verzichten will und darauf – was in ganz ernsten historischen Werken weit weniger selten ist, als man meint –, zu schreiben, wie es höchstwahrscheinlich gewesen sein wird oder wie es nicht anders gewesen sein kann. Wer als Richter Zeugenaussagen zu werten hat, weiß, wie fragwürdig sie sind. Die historischen Quellen sind oft nicht besser, und dadurch, daß diese Zeugenaussagen lange zurückliegen, wird die Sache nicht einfacher, schon weil uns oft die von den Quellen ungeschilderten Begleitumstände nicht geläufig sind. Alles kann immer auch anders gewesen sein. Das wäre die Maxime einer redlichen Geschichtsdarstellung, die aber alle Historiographie letztlich ad absurdum führte.

Das Menschen-Bild eines Künstlers, eines Menschen also, der einen Teil seines Wesens in Äußerungen legt, ist leichter plastisch zu machen als das eines Feldherrn und Fürsten, dessen Spuren seine längst verwehten Taten sind. Freilich hat Homburg Briefe hinterlassen: sie zeigen eine gutmütige, barocke Ausdrucksweise, die heute bizarr und manchmal derb klingt. Eine eigentlich persönliche Handschrift, ein unverwechselbarer Zug eignet den Briefen nicht. Aus den Berichten von dritter Seite, die das Verhalten des Prinzen bei der Belagerung von Kopenhagen und bei der Schlacht von Fehrbellin schildern, geht hervor, daß Homburg ohne jeden Zweifel ein Mann von persönlichem Mut und einer Tapferkeit gewesen sein muß, die schon an Tollkühnheit grenzte. Bei den oben dargestellten Vorgängen von Fehrbellin muß man sich immer vor Augen halten: der Prinz war kein kühner Jüngling mehr, er war 42 Jahre alt und durch seine Prothese beim Reiten erheblich behindert.

Es gibt zeitgenössische Bilder von Homburg: ein Gemälde zeigt ihn als jungen Mann in Soldatentracht. Er hat ein eher schmales Gesicht mit langer Nase und kleinem Mund, umrahmt von schönen dunklen Locken, die vielleicht sogar seine eigenen waren. Ein bißchen jugendlich-arrogant ist das Gesicht. Das nächste Bild: ein Stich, Homburg in mittlerem Alter, auch hier im Küraß, aber mit langer, wallender Perücke. Man muß mehrmals hinsehen, um zu bemerken, daß das der gleiche Mann ist wie auf dem ersten Bild. Das Gesicht ist voller, fleischiger, hat ein Doppelkinn. Von Arroganz ist in dem Bild nichts zu spüren, es hat eher einen leicht falstaffischen Ausdruck, was vielleicht an dem gezierten Mundwinkelbärtchen liegt. Das dritte Bild, auch ein Stich, zeigt den regierenden Herrn von Homburg, einen alten Mann. Der Küraß ist hier nur noch Dekor, überwuchert von Samt und Taft, von Stickerei und Orden. Das Gesicht ist wieder glattrasiert, aber immer noch voll. Geblieben sind die dunklen, fast geraden Augenbrauen. Keine wallende Perücke mehr, die Mode hatte sich geändert: eine kleine gepuderte Zopf-Perücke mit je zwei Rollen an den Schläfen, fast schon friderizianisch. Das erste Bild dürfte um 1655 entstanden sein, das zweite Bild um die Zeit der Schlacht bei Fehrbellin, das dritte gegen Ende des Jahrhunderts. Zwischen der ersten und zweiten Darstellung einerseits und der dritten anderseits ist der Bruch eines Zeitalters unverkennbar: dort »Dreißigjähriger Krieg«, hier »Rokoko«. Die Lebensspanne des Prinzen umfaßt diesen Bruch, der vielleicht auch damals spürbar war, natürlich nicht so, wie wir ihn heute sehen. Vielleicht ist es so, als ob wir drei Photographien eines 1853 geborenen Mannes miteinander verglichen: eine aus dem Jahr 1873, eine aus der Jahrhundertwende und eine von 1925. Auch dieser Mann hätte einen Zeitbruch miterlebt.

Ob der Ordensname und die Devise Homburgs, die er im »Palmenorden« erhielt: »der Klebrichte« – »hält an sich« auf Wortkargheit oder auf Sparsamkeit deuten, ist schwer zu entscheiden. Die Penetranz, mit der Homburg den Kurfürsten in den Tagen vor Fehrbellin wegen der in dieser Situation absolut untergeordneten Angelegenheit der Besteuerung der Brauerei von Weferlingen löcherte, läßt eher darauf schließen, daß der Prinz geizig war. Ein weiteres Indiz in dieser Richtung: als sich der Kurfürst anschickte, mit Schweden und Frankreich 1679 den Frieden von St. Germain-en-Laye zu schließen, erinnerte sich Homburg seiner zwanzig Jahre zurückliegenden Forderung gegen die schwedische Regierung und bat den Kurfürsten allen Ernstes, den Punkt der Bezahlung dieser Forderung in die Friedensverhandlungen mit einzubeziehen.

Aber, wie gesagt, es kann auch alles anders zu erklären sein.

In der Nebenlinie Hessen-Homburg hatten sich, seit Friedrich 1670 in brandenburgische Dienste getreten war, Veränderungen ergeben, die überraschende Aussichten boten.

Friedrichs ältester Bruder, der Chef der Nebenlinie, Landgraf Wilhelm Christoph, der in Bingenheim residierte, hatte, wie oben geschildert, 1665 die unbesehene Herzogin Anna Elisabeth von Sachsen-Lauenburg geheiratet und alsbald wieder abgeschoben. 1670 und 1671 hatte er eine Affäre mit einem Fräulein von Lützau oder Lützow aus Mecklenburg, die der Landgraf als Konkubine hielt und schwängerte. Der Darmstädter Landgraf als Landesherr, Inhaber der bischöflichen Gewalt und Vetter, nahm Anstoß daran und verfügte, daß ihr der Prozeß wegen Ehebruchs gemacht wurde. Zu dem Zwecke wurde sie aus Schloß Philippseck, wo der Landgraf sie versteckt hielt, nach Biedenkopf entführt und dann »weggeschafft«, also ausgewiesen. Der Vorgang ist nicht ohne weiteres erklärlich: daß ein Barockfürst eine Konkubine hatte und diese schwängerte, war kein aufsehenerregender Tatbestand. Entweder war der Landgraf von Darmstadt, Ludwig VI., ein besonders sittenstrenger Herr, oder Wilhelm Christoph zu Bingenheim trieb die Sache mit seinem Fräulein von Lützow allzu bunt und wild, oder es steckte etwas ganz anderes dahinter, das vielleicht damit zusammenhängt, daß Wilhelm Christoph das Amt Homburg um 1670 für 69 000 Reichstaler verkaufte; ein merkwürdiger Vorgang, wenn man bedenkt, daß er es das Jahr zuvor für 120 000 Reichstaler gekauft hatte. 1673 jedenfalls nahm der Landgraf von Darmstadt das Amt von dem Käufer – wer dieser Käufer war, geht aus den Quellen nicht hervor – wieder zum Pfand.

Wilhelm Christoph hatte aus erster Ehe drei Kinder, die das Kindesalter überlebten (aus zweiter Ehe hatte er naheliegenderweise keine Kinder): zwei Töchter und einen Sohn. Die ältere Tochter Christine Wilhelmine hatte 1671 den Herzog Friedrich von Mecklenburg-Grabow geheiratet, die jüngere war 1675 noch unverheiratet.

Stammtafel der Nebenlinie Hessen-Homburg
mit Stand vom Jahr 1675

Friedrich I., gest. 1638
⚭ mit Margarethe Elisabeth Gräfin von Leiningen-Westerburg
gest. 1667

Wilhelm Christoph
geb. 1625
⚭ (in 2. Ehe)
Anna Elisabeth
von Sachsen-Lauenburg

Georg Christian
geb. 1626
⚭ Anna Katharina
von Pogwisch

Friedrich
geb. 1633
⚭ (in 2. Ehe)
Luise Elisabeth
von Kurland

Kinder von Wilhelm Christoph:

Christine Wilhelmine
geb. 1653
⚭ Herzog Friedrich
von Mecklenburg-
Grabow

Leopold
Georg
geb. 1654

Magdalena
Sophie
geb. 1660

Kinder von Friedrich:

Charlotte
geb. 1672

Friedrich Jakob
geb. 1673

Karl Christian
geb. 1674

Hedwig Louise
geb. 1675

Der Sohn, Landgraf Leopold Georg, war am 26. Februar 1675, einundzwanzig Jahre alt, unverheiratet gestorben. Da der katholische Landgraf Georg Christian, Friedrichs anderer Bruder, überhaupt keine Kinder hatte, eröffneten sich für Friedrich die Aussichten auf eine Sukzession im Fürstentum Homburg.

Es war klar, daß nach diesem genealogischen Stand der Dinge Friedrich oder zumindest sein Sohn Friedrich Jakob einmal die Nachfolge in dem Fürstentum Homburg antreten sollte, das allerdings jetzt verpfändet war, im Grunde genommen gar nicht mehr existierte, und um dessen staatsrechtliche Stellung Streit herrschte.

Friedrich scheint sich damals in den Sommermonaten 1675, als er sich in der Nähe Homburgs in Bad Langenschwalbach (und vielleicht auch in Homburg selber) aufgehalten hat, Gedanken über die Zukunft seiner Deszendenz und des kleinen Ländchens gemacht zu haben, wie die späteren Dinge zeigen sollten.

Indessen wurden zwischen dem Landgrafen von Homburg und dem Kurfürsten oder dem Hof und Generalstab Briefe gewechselt. Der Kurfürst war äußerst ungehalten darüber, daß Homburg die Armee verlassen hatte. Der Ober-Marschall von Canitz und die Schwester des Kurfürsten, die oben schon erwähnte Landgräfin von Hessen-Kassel, schalteten sich vermittelnd ein, und im Lauf des Herbstes wurde der Bruch geglättet. Friedrich bekam die Zusicherung, daß er weder unter dem Kommando des Herzogs von Holstein noch unter dem des Fürsten von Anhalt-Dessau zu kämpfen habe, und außerdem gab der Kurfürst bei der Besteuerung der Brauerei von Weferlingen nach. Am 8. November 1675 war Homburg wieder in Berlin, am 15. November im Hauptquartier in Treptow an der Tollense.

Der schwedisch-brandenburgische Krieg hatte sich nach Mecklenburg und Pommern verlagert. Das versprochene kaiserliche Corps unter General Graf Coob (oder Koob) war eingetroffen, auch der König von Dänemark war nun offen auf die Seite Brandenburgs getreten. Eine holländisch-dänische Flotte operierte zusammen mit den brandenburgischen Schiffen erfolgreich in der Ostsee. Dem Kurfürsten und seinen Verbündeten gelang es, das ganze schwedische Vorpommern zu nehmen, mit Ausnahme der Insel Rügen und der Festungen Stralsund, Greifswald und Stettin und des abgesondert in Mecklenburg liegenden, sehr stark befestigten Wismar. Die Festung Wolgast war noch vor Ankunft Homburgs bei der Armee (am 10. November) gefallen.

Homburg – der kein Regiment mehr besaß, weil er es ja verkauft hatte, aber selbstverständlich nach wie vor General der Kavallerie war – wurde vom Kurfürsten mit 1400 Mann dem Oberbefehl des Königs Christian V. von Dänemark unterstellt, der persönlich die Belagerung von Wismar leitete und gegen den Homburg offenbar nichts einzuwenden hatte.

Wismar war der westlichste, wichtigste und größte, auch der am stärksten befestigte schwedische Hafen auf der deutschen Seite der Ostsee. Die Schweden wollten diese Festung unter allen Umständen halten.

Nach der Schlacht bei Fehrbellin war der alte und kranke Feldmarschall Graf Wrangel durch Graf Königsmarck abgelöst worden, der anstelle Wrangels zum Feldmarschall ernannt und zum Oberbefehlshaber der schwedischen Streitkräfte in Deutschland bestellt wurde. Otto Wilhelm Graf Königsmarck, der Sohn des alten Feldmarschalls Königsmarck, von dem Homburg seine Güter in der Mark Brandenburg gekauft hatte, war ein relativ junger Mann: damals 36 Jahre alt. Königsmarck wollte mit 3000 Mann aus Pommern der dänischen Belagerungsarmee in den Rücken fallen und Wismar entsetzen. König Christian erfuhr das, schickte daher einen Teil der Belagerungsarmee – vier Regimenter und einige Geschütze unter General Graf Arnstorf – Homburg entgegen mit dem Befehl, das schwedische Entsatzheer abzufangen. Am 3. Dezember vereinigten sich die beiden Corps und marschierten den Schweden entgegen. Feldmarschall Graf Königsmarck ließ es nicht zur Schlacht kommen, sondern zog sich zurück. Königsmarck habe erfahren, sagte ein gefangener schwedischer Wachtmeister aus, daß Homburg bei der Armee sei, da ziehe er den Rückzug vor. Ohne dem sicher berechtigten Ruhm des Landgrafen von Homburg zu nahe zu treten, darf vermutet werden, daß bei den Erwägungen Königsmarcks auch die beiderseitigen Truppenstärken eine Rolle gespielt haben dürften: Königsmarck verfügte über 3000 Mann, Graf Arnstorf und Homburg über 1400 Brandenburger und vier Regimenter (also circa 2500) Dänen, insgesamt 4000.

Königsmarck zog sich bis hinter die Recknitz zurück, die damals die Grenze zwischen Mecklenburg und Schwedisch-Pommern bildete. Die letzte schwedische Festung im Landesinnern, Malchin, ließ Königsmarck räumen. An der Einmündung der Recknitz in den »Saaler Bodden« genannten Meerarm der Ostsee liegt eine Doppelstadt: diesseits (westlich) Ribnitz, jenseits der Recknitz Damgarten. Ribnitz war eine schwedische Festung, bei Damgarten stellte Königsmarck sein Corps auf, eine sehr ungünstige Stellung, denn er mußte untätig zusehen, wie Homburg sich anschickte, die Festung Ribnitz zu berennen. Bevor aber der eigentliche Sturm der Brandenburger einsetzte (13. Dezember), kapitulierte die schwedische Besatzung. Von den 300 Mann, die gefangen wurden, traten 60 sofort in brandenburgische Dienste. Am Tag danach fiel auch Wismar, denn den Dänen war es gelungen, das stärkste schwedische Kriegsschiff, das den Hafen deckte, die »Falke«, und eine wichtige Schanze, die »Walfischschanze« zu nehmen, worauf die Schweden die Übergabe der Festung unter Zusicherung freien Abzuges der Garnison anboten. König Christian nahm an, die Schweden marschierten ehrenhaft und mit Fahnen und Trompeten aus der Stadt und zogen sich nach Stralsund zurück. Die schwedische Festung Wismar war gefallen.

Damit war der Feldzug, der mit der Eroberung Rathenows am 15. Juni begonnen, für dieses Jahr beendet, denn es fiel Winterwetter ein und eine Krankheit grassierte unter den Soldaten, die zeitweilig bis zu 50 Prozent Ausfälle verursachte, so daß an eine Fortsetzung des Krieges nicht zu denken war. Homburg suchte mit seinen Truppen Winterquartiere in der Nähe von Parchim. Vorher wurden noch die Befestigungen von Malchin geschleift, damit die Schweden die Stadt nicht wieder besetzen konnten. Die Dänen marschierten wieder in ihre Heimat zurück. Am Tag seiner Abreise aus dem eben eroberten Wismar (am 19. Dezember) dankte König Christian V. Homburg in einem Brief ausdrücklich für die gute Zusammenarbeit mit Graf Arnstorf.

Der Kurfürst von Brandenburg selber verbrachte den Winter krank in Berlin. Wahrscheinlich war es wieder die Gicht.

Belagerung von Stettin

Die weiteren kriegerischen Aktionen des brandenburgisch-schwedischen Krieges – der laut Beschluß des Reichstages von Regensburg seit dem Sommer 1675 offiziell ein »Reichskrieg« war – sollen hier, um ermüdenden Wiederholungen im Grunde immer der gleichen Tatbestände vorzubeugen, nur kursorisch geschildert werden. Das Jahr 1676 war für den Kurfürsten ein erfolgreiches Jahr. Zwar hatte Königsmarck schon im Januar und dann wieder im Mai die brandenburgische Festung Wolgast angegriffen, wurde aber – auch Homburg war beteiligt – zurückgewiesen. Entscheidend aber waren zwei Seesiege der Holländer und Dänen im Juni und Juli, wobei beim zweiten die schwedische Flotte vernichtend geschlagen wurde. Damit waren der schwedischen Armee in Pommern die Nachschubwege abgeschnitten. Als erste schwedische Festung fiel am 17. August Anklam. Bei dieser Belagerung waren sowohl die Kurfürstin als auch Homburgs Frau, die Landgräfin Louise Elisabeth, als Gäste anwesend. Die Landgräfin hatte im März ihr fünftes Kind – den Landgrafen Philipp – zur Welt gebracht und war, wenn man den genealogischen Tabellen glauben darf, ausnahmsweise nicht schwanger.

Der Winter 1676/77 war für Homburg deswegen unangenehm, weil er mit seinen Truppen weit nach Süden, im Sächsischen und Thüringischen, Quartier nehmen sollte. Der Grund war der, daß die eigentlichen Kriegsgebiete ausgesogen waren und nichts mehr hergaben. Es entwickelte sich ein heftiger Streit einerseits zwischen den verschiedenen Truppenteilen, die sich die günstigen Quartiere streitig machten, und anderseits zwischen den Truppen und jeweiligen Landesfürsten, die die Einquartierungen natürlich nicht gern sahen. Auch in diesem Winter hatte der Kurfürst wieder seinen Gichtanfall, wieder auf einer Reise. (Er wollte nach Wesel in seine niederrheinische Provinz.) Diesmal wurde er am 30. Januar 1677 in Hamm von der Krankheit befallen und mehrere Wochen festgehalten.

Im Frühjahr 1677 versuchten die Schweden mit einer neuen Flotte die dänisch-holländisch-brandenburgische Seeblockade zu durchbrechen, wurden aber wieder in zwei Seegefechten zurückgeschlagen.

Das Ziel dieses Jahres für den Kurfürsten war die Eroberung Stettins, der schwedischen Hauptstadt und -festung in Pommern. Stettin war sehr stark befestigt und von 4000 Mann verteidigt. Die damals geltende Umrechnung besagte, daß ein Mann in einer Festung für zehn außerhalb zu gelten habe, wonach also die 4000 Schweden in Stettin als ein Heer von quasi 40 000 Soldaten zählte. Die Belagerung war wohl vorbereitet. Der Kurfürst hatte den ganzen Winter über »Stücke gießen«, also Kanonen anfertigen lassen, so daß er im Frühjahr mit 135 Geschützen vor Stettin rücken konnte. Günstig war natürlich, daß die Schweden immer noch keinen Nachschub aus dem Mutterland hatten, ungünstig war, daß die kaiserlichen Hilfstruppen abgezogen wurden, weil sich in Ungarn die Türken regten. (1683 kam die zweite Belagerung Wiens.)

Die Belagerung von Stettin war ein europäisches Ereignis, das verfolgt wurde wie heute die Fußballweltmeisterschaft, und fast so brutal. Im Lauf des Kampfes fielen von den 4000 schwedischen Soldaten 3700 und außerdem 2500 Stettiner Bürger.

Der Kurfürst, der in seiner Jugend während des Dreißigjährigen Krieges ein Vierteljahr bei dem damals noch lebenden letzten Herzog von Pommern verbracht hatte, wollte die Stadt schonen. Er verhandelte deshalb lange mit dem Rat der Stadt und wollte ihn bewegen, über die Köpfe der schwedischen Besatzung hinweg zu kapitulieren, wobei der Stadt allerhand Freiheiten zugesichert wurden. Aber der Rat lehnte ab.

Der erste schwere Sturm erfolgte am 25. Juli, weitere Stürme am 4., 5. und 6. August, noch ehe die ganze brandenburgische Artillerie eingetroffen und in Stellung gebracht war. Nach dem Sturm vom 6. August waren alle Schiffe im Hafen von Stettin gesunken, viele Häuser abgedeckt, ein Teil der Stadt, unter anderem die Marienkirche, in Brand. Der schwedische Kommandant, Oberst von der Noth, war gefallen.

Wieder schickte der Kurfürst seinen Generaladjutanten nebst einem Trompeter als Parlamentäre in die Stadt, erstens um zu sagen, daß die Marienkirche nicht absichtlich beschossen worden war, und zweitens um den schwedischen Gouverneur, Generalleutnant von Wulffen, einzuladen – selbstverständlich unter Zusicherung freien Geleites –, die brandenburgische Artillerie zu besichtigen und sich davon zu überzeugen, daß noch nicht einmal die Hälfte im Einsatz war. Wulffen lehnte ab.

In der darauffolgenden Nacht griff das Feuer auf zwei andere Kirchen, die Jakobs- und die Peterskirche, über, was den frommen Kurfürsten wiederum betrübte.

Am 28. August waren alle brandenburgischen Geschütze aufgefahren, aber die Schweden verteidigten sich heftiger als zuvor, machten sogar einige Ausfälle, bei denen sie den Brandenburgern spürbare Verluste zufügten. Aber insgesamt wurde die Lage der Stadt aussichtslos, namentlich, als es dem Kurfürsten im Oktober gelang, ein schwedisches Entsatzheer, das Königsmarck auf Rügen zusammengezogen hatte, abzudrängen. Im November ließ der Kurfürst die Wälle nach und nach mit Minen untergraben und sprengen. Bei einer dieser Aktionen wäre um ein Haar der Prinz von Homburg mit in die Luft geflogen. (Am 13. November gab der Prinz dem kaiserlichen und dem polnischen Gesandten, die der Belagerung als Zuschauer beiwohnten, ein Souper.)

Anfang Dezember versuchten die Schweden die letzten Gegenangriffe gegen den zum Teil schon über die Schanzen eingedrungenen Feind, allerdings vergeblich. Am 12. Dezember stellte der Kurfürst alles für den letzten Sturm bereit. Da schickte Generalleutnant von Wulffen einen Parlamentär, und zwar an den Kommandanten der vordersten Linie, den Generalmajor Endten, der ein alter Freund von ihm war.

Es begann nun ein nicht anders als neckisch zu nennender Austausch von gezierten Höflichkeiten, der einem angesichts der blutigen Situation als recht unangemessen erscheint: der Gouverneur von Wulffen ließ seinen auf der anderen Seite kämpfenden Freund Endten wissen, daß er um den Besuch eines kurfürstlichen Bevollmächtigten bitte, »daß er – Wulffen – alsdann die Jungfer, die sich so lange bewahret und verteidigt, in die Arme des Durchläuchtigsten Anwerbers liefern wolle«. Mit der »Jungfer« war natürlich die Stadt Stettin gemeint.

Endten antwortete, daß der Antrag der Jungfer »zwar etwas spät geschehe«, aber er wolle sein Bestes versuchen, und »der Kurfürst als ein generöser Werber hätte niemahlen raisonable Konditiones versagt«. Tatsächlich erklärte sich der Kurfürst bereit, zu verhandeln, weigerte sich allerdings, einen Parlamentär in die zerschossene Stadt zu schicken, »weilen es wider die Kriegsmaxime liefe«, und verlangte, daß Wulffen eine Kommission herausschicke. Das geschah auch am 14. Dezember. Es kamen zwei Kommissionen: von schwedischer Heeres-Seite ein Generalmajor Planting, ein Oberst Necktritz und ein Rat Albinus, von seiten der Stadtverwaltung der Bürgermeister mit dem schönen Namen Schwellengrebel, der Syndicus Corswand, der Kämmerer Freyberg und ein Stadt-Secretarius Hildebrand.

Der Verhandlungsspielraum für die Schweden und den Stettiner Rat war angesichts der militärischen Lage natürlich sehr klein, und das »Theatrum Europaeum« wundert sich über die Gutmütigkeit des Kurfürsten, der eigentlich alles zugestand, worum die Schweden baten. Der zusammengeschmolzenen schwedischen Garnison wurde gestattet, bis 22. Dezember in der Stadt zu bleiben und sich dann nach Hinterpommern zurückzuziehen, von wo aus sie per Schiff nach Livland übergeführt werden sollte. Dafür wurden den Brandenburgern zwei Schlüsselpositionen im Verteidigungsring eingeräumt.

Die Bürger löschten die Brände, räumten die Trümmer von den Gassen und deckten die Häuser notdürftig, denn inzwischen war ja der Winter da. Pünktlich am 22. Dezember zog der klägliche Rest der schwedischen Besatzung ab, am 27. Dezember zog der Kurfürst in die Stadt ein, nahm die so lange spröd gewesene Jungfer in seine gnädigen Arme. Eine Menge Gäste aus den benachbarten Fürstenhöfen war bei dem triumphalen Einzug anwesend, der Prinz von Homburg nicht, denn der hatte bereits am 24. Dezember Ordre erhalten, sich mit einem Teil der Truppen (die genaue Zahl ist nicht bekannt, es waren aber mindestens 6 Regimenter) nach Ostpreußen zu verfügen, wo ein schwedischer Einfall zu befürchten war.

Der Friede von St. Germain-en-Laye

Das letzte Jahr des Prinzen von Homburg in militärischen Diensten begann für ihn mit einem eher geruhsamen Marsch aus Pommern nach Ostpreußen. Der Kurfürst hatte angeordnet, daß das Corps – dessen alleinigen Oberbefehl Homburg hatte – nur zwei Meilen (drei Kilometer) pro Tag marschieren und jeden dritten Tag eine Ruhepause einlegen sollte. So kam Homburg erst Mitte Februar in Ostpreußen an, wo er in Insterburg sein Hauptquartier aufschlug, die Truppen in Tilsit, Ragnitz und Goldap stationierte.

Für den Kurfürsten und seine Verbündeten begann das Jahr mit einem Ereignis, das die Freude über die Einnahme Stettins trübte. Ein Teil der Insel Rügen war nach wie vor von den Schweden besetzt. Der schwedische Oberbefehlshaber, Graf Königsmarck, kratzte alles an

Soldaten zusammen, was er finden konnte, alle Geflohenen und Versprengten, nahm auch die Festungsbesatzungen mit und fiel mit dieser improvisierten Armee am 8. Januar 1678 über die Dänen her, die unter dem Kommando des Generalmajors Rumor auf der Insel gelandet waren. Bei Beginn der Schlacht traf eine dreipfündige Stückkugel den General und tötete ihn. Die höheren Offiziere stritten sich darum, wem nun das Kommando zustünde; bevor aber dieser Etikettestreit beendet war, waren die Dänen über den Haufen geworfen und flohen. (Am gleichen 8. Januar brachte die Landgräfin von Homburg ihr sechstes Kind, die Prinzessin Wilhelmine Maria, zur Welt.)

Eine andere Nachricht war für den Kurfürsten alarmierend, daß die Generalstaaten über einen Sonderfrieden mit Schweden verhandelten, weil Ludwig XIV. schon wieder einen Einfall in die Niederlande plante, und man somit im Haag den Rücken frei haben wollte, um sich nach Süden zu verteidigen.

Der Kurfürst begann wieder seine diplomatischen Aktivitäten, beorderte nach Den Haag einen Gesandten, der die Generalstaaten vom Abschluß eines Sonderfriedens abhalten und den Vorschlag unterbreiten sollte, daß man zunächst gemeinsam die Schweden überwältigen sollte, wo doch der Sieg schon in greifbarer Nähe stand, wonach der Kurfürst sich verpflichten würde, mit seiner Armee den Holländern gegen die Franzosen zu Hilfe zu eilen. Die diplomatische Mission war vergeblich. Die Holländer verhandelten weiter über den Sonderfrieden, der am 12. August 1678 zu dem für sie äußerst günstigen Frieden von Nimwegen führte, der ihnen den Status quo sicherte und auch die Feindseligkeiten mit Frankreich beendete.

Günstiger liefen die Verhandlungen mit Dänemark. Der Kurfürst erhielt die Zusicherung weiterer Unterstützung, vor allem zur See.

Die Befürchtung, eines schwedischen Einfalles in Ostpreußen gewärtig sein zu müssen, stellte sich im Lauf des Frühjahrs 1678 als unbegründet heraus. Polen – wo ein neuer Thronwechsel stattgefunden hatte; nach dem Tod König Michaels war 1674 der ritterliche Johann Sobieski (als polnischer König Johann III.) zum König gewählt worden – hielt sich trotz schwedischer Angebote neutral; eine litauische Armee unter dem Kronfeldherrn Pac verwehrte den Durchzug durch Litauen. Homburg benutzte die Gelegenheit des ruhigen Dienstes, den er in Ostpreußen schob, um mit seiner Frau, die ihn besuchen kam, zum Schwiegervater, Herzog Jakob von Kurland, zu reisen. (Die Schwiegermutter, die Herzogin, war vor zwei Jahren verstorben.) Danach kehrte er nicht ins Hauptquartier zurück, sondern blieb in Königsberg, wo es vermutlich unterhaltsamer war als in der Provinzgarnison Insterburg.

Es gibt einen Brief vom 20. Mai »st.nov.« (= neuen Stils, also 10. Mai alten Kalenders) von einem Offizier eines der Homburg unterstellten Regimenter, der hier erwähnt werden soll, weil er erstens den kläglichen Zustand des Corps nach einem knappen halben Jahr Etappendienstes widerspiegelt, und zweitens, weil der betreffende Offizier Herr von Kleist war, allerdings natürlich nicht Heinrich, sondern ein Vorfahre des Dichters: Georg von Kleist.

Herr von Kleist beklagt sich über Reibereien mit dem »Lehndorff'schen« Regiment, das in der Nachbarschaft stationiert war, über polnische Überläufer, die nichts taugten, weil sie bald wieder davonliefen (vermutlich gleich nach Abkassieren des Werbegeldes) und über die schleppenden Zahlungseingänge: »Allein von allen Companien kommen Klagen ein, das es mit der Bezahlung sehr langsahm zugehe, ...« Das Postkriptum des Briefes ist besonders aufschlußreich: »Unser gewehsener Obristerl. hat abgedanckt undt ist nach hause gezogen, wirdt zweifelsohn Ew. Durchl. Seine Entlaßung alß Abgang vom Regiment kundt getan, Undt Untertehnigen Abscheidt von Deroselben genomen haben. Der Obristwachtm. hat auch quitiret, Undt ist biß dato noch kein ander Commandant bestellet, lieget alles biß ferner Ordre ergehet auff mich.« Wahrscheinlich ist hier – unter Berücksichtigung der damaligen Briefsitten, und daß man sich scheute, unangenehme Dinge direkt zu sagen – zu vermuten, daß es grad umgekehrt war: der Oberstleutnant und der Oberstwachtmeister, die beiden höchsten Offiziere des Regiments (der Oberst war ja oft nur eine Ehrenfunktion) waren bei Nacht und Nebel verschwunden, und der Subaltern-Offizier von Kleist wußte nicht, was er tun sollte.

Bald aber kam andere Ordre. Der Kurfürst hatte beschlossen, im Sommer 1678 die Schweden aus Pommern restlos zu vertreiben, das heißt: Rügen zu säubern und die Festungen Stralsund und Greifswald anzugreifen. Da, wie oben erwähnt, zumindest derzeit kein schwedischer Einfall in Ostpreußen zu erwarten war, befahl er Homburg, mit seinem Corps aus Ostpreußen auf den pommerschen Kriegsschauplatz zurückzukehren. Der Befehl war datiert: 3. Juni 1678. Zwei Regimenter von Homburgs Corps brachen im Juli auf, der Rest unter Homburgs Führung am 12. August. Ende August kam Homburg mit seinen Truppen im kurfürstlichen Lager vor

Stralsund an, wurde aber nicht für die sorgfältig vorbereitete (und dann glänzend und erfolgreich geführte) Landung auf Rügen verwendet, sondern erhielt den Befehl, mit einigen Truppen vor der Festung Stralsund zu bleiben, um der Besatzung kleine Nadelstiche zuzufügen, das heißt, sie militärisch zu beschäftigen, bis nach der erhofften Säuberung Rügens die Belagerung Stralsunds beginnen sollte.

Am 14. September geriet Homburg, der sich – so schildert es von Buch – »zu scharf auf den Feind geworfen«, in eine schwedische Zange, wurde vom Gros seiner Truppen abgeschnitten und verlor 260 Soldaten und mehrere Offiziere, die von den Schweden gefangengenommen wurden. Am 15. September wurde Homburg zum Kurfürsten zum Rapport bestellt und erhielt einen gehörigen Anpfiff wegen seiner Unvorsichtigkeit. Vielleicht ist auch dies einer der historischen Kerne der späteren Prinz von Homburg-Legende.

Ein weiteres Zerwürfnis ereignete sich am 28. September. Dem Feldmarschall Derfflinger wurde hinterbracht, daß der Prinz nicht vorschriftsmäßig fouragiere (das heißt: mit zuwenig Nachdruck den Bauern Eier, Schmalz und Kälber wegnehme). Wieder wurde Homburg zum Rapport gerufen, der Anschnauz kam diesmal – in Gegenwart des Kurfürsten – von Derfflinger. Von Buch, ein Augenzeuge, spricht von einem »scharfen Wortwechsel mit dem Feldmarschall Derfflinger«. An diesem Tag aber konnte sich Homburg verteidigen. Er bot seine Offiziere als Zeugen dafür an, daß er die Bauern sehr wohl gehörig schröpfe. Er bot seinen sofortigen Abschied an. Aber der Kurfürst lenkte ein. Am 30. September schrieb er Homburg einen Brief, in dem er sich – soweit das einem Landesherrn und Kurfürsten des Reiches möglich war, ohne einen Zacken aus der Krone zu verlieren – entschuldigte: »Daß nun ein und ander Wort etwas véhément dabei gefallen, solches hat die dabei vorgekommene contestation (Gicht?) verursachet ...«, schrieb der Kurfürst und lud den Landgrafen zur Tafel. Homburg kam, man speiste und war – jedenfalls nach außen hin – versöhnt. Am Tag darauf, am 2. Oktober, gelang Homburg ein Handstreich gegen ein schwedisches Detachement, bei dem er einige schwedische Offiziere gefangennehmen und so die Scharte vom 14. September etwas auswetzen konnte.

Wenig später, am 15. Oktober, kapitulierte Stralsund nach nur sechzehnstündiger Belagerung. Es war eben dieses Stralsund, das genau 50 Jahre vorher, 1628, Wallenstein, »ein Schrecken der Völker«, wie das Theatrum Europaeum schreibt, »mit hunderttausend Mann, und wann sie (= die Festung) auch mit Ketten am Himmel geschlossen, aber umsonst, zu bezwingen sich unterstanden.« Am 6. November endlich ergab sich das in der vorangegangenen Nacht sturmreif und in Brand geschossene Greifswald. Nachdem Königsmarck mit dem Rest seiner Truppen der freie Rückzug gestattet worden war, waren somit die Schweden mit Schimpf und Schande aus Pommern verjagt – für ein Jahr.

Königsmarck wurde nach dem Frieden von St. Germain-en-Laye, in dem der Kurfürst zähneknirschend fast das ganze eroberte Pommern den Schweden wieder herausgeben mußte, schwedischer Gouverneur von Pommern, fühlte sich aber vom Undank der schwedischen Regierung verfolgt, quittierte 1686 den Dienst und trat in den Dienst der Republik Venedig, eroberte als Feldherr der Serenissima Navarino, Nauplia und Athen, starb aber schon 1688 in Modon (Methoni) in Messenien an der Pest.

Nachdem sich die brandenburgischen Truppen in die Winterquartiere begeben hatten, nahm Homburg seinen endgültigen Abschied von der Armee des Kurfürsten, nachdem er acht Jahre gedient, davon fünf Jahre im Krieg. Ob die vielleicht nie ganz ausgeräumten Zerwürfnisse des letzten Herbstes bei diesem Entschluß des Prinzen eine Rolle spielten), kann natürlich heute nicht mehr geklärt werden. Der Krieg war noch nicht zu Ende, und daß die Angelegenheiten der Familie, denen Homburg sich jetzt zuwandte, keines Aufschubes mehr bedurft hätten, darf bezweifelt werden.

Regent in Homburg

Am 1. August 1677 war Friedrichs katholischer Bruder Georg Christian gestorben. (Im Hessischen Staatsarchiv befindet sich ein Kupferstich mit der Darstellung des äußerst prunkvollen Begräbnisses. Der Trauerzug setzte sich von Frankfurt aus in Bewegung bis ins – katholische – Mainz, wo Georg Christian gemäß seiner testamentarischen Verfügung beerdigt wurde. Auch der Prinz von Homburg hatte, trotz seiner militärischen Verpflichtungen, sich die Zeit genommen, dem Begräbnis beizuwohnen.) Da des ältesten Bruders Wilhelm Christophs einziger Sohn Leopold Georg kinderlos gestorben war und er ohnedies seit dreißig Jahren in Bingenheim residierte, trat er 1679 seine Rechte und Anwartschaften auf das Amt Homburg an Friedrich ab.

Das Amt Homburg war 1671 von Georg Christian verkauft und 1673 von Landgraf Ludwig VI. von Darmstadt zum Pfand genommen worden. Auch Landgraf Ludwig VI. war inzwischen – am 24. April 1678 – gestorben. Sein zwanzigjähriger Sohn und Nachfolger Ludwig VII. starb wenige Monate nach seinem Vater, am 31. August 1678, worauf die Landgrafschaft an seinen minderjährigen Bruder Ernst Ludwig fiel, für den bis 1688 die Mutter, Landgräfin Elisabeth Dorothea, eine geborene Herzogin von Sachsen-Gotha, die Vormundschaftsregierung führte.

Nach offenbar schwierigen und langwierigen Verhandlungen löste Landgraf Friedrich 1680 das Amt Homburg durch einen Vertrag mit seiner Cousine Landgräfin-Regentin wieder ein und nahm noch im gleichen Jahr in Homburg Residenz. Auch die Familie des Landgrafen – seit 23. November 1679 um das siebte Kind, die Prinzessin Eleonore Margarete vermehrt – übersiedelte aus Weferlingen nach Homburg.

Am 14. Mai 1680 legte der Landgraf den Grundstein zum neuen Schloß in Homburg, nachdem, um Platz für den Bau zu schaffen, ein Teil der Altstadt und die alte gotische Kirche niedergerissen worden waren. Der Bau des Schlosses zog sich lang hin, erst 1704 wurde es vollendet.

Am 29. Juni 1680 – neuen Kalenderstils, der sich immehr mehr durchzusetzen begann –, also 19. Juni alten Stils, fünf Jahre und einen Tag nach der Schlacht von Fehrbellin, erhielt Landgraf Friedrich vom dänischen König in Ansehung seiner Verdienste den »Elephantenorden«. (Vom Kurfürsten von Brandenburg erhielt Homburg keinen Orden.) Der Elephantenorden galt als sehr alt und war hochangesehen, weil seine Mitgliederzahl auf 30 beschränkt war. Wie beim Goldenen Vlies und beim Hosenbandorden durfte die Auszeichnung nur an Personen von Stand verliehen werden. Der Elephantenorden war auch nicht umsonst: im Hessischen Staatsarchiv in Darmstadt liegt die Quittung über 286 Reichstaler, die dem königlich dänischen Überbringer des Ordens ausbezahlt wurden. (Zum Vergleich: Jahresgehalt eines brandenburgischen Kavallerie-Obristen: circa 1000 Reichstaler.)

Auf dem oben schon erwähnten dritten Portrait des Landgrafen, das ihn als älteren Mann darstellt, trägt er das »blau gewässerte« Ordensband des Elephanten von der linken Schulter zur rechten Hüfte, und außerdem das Abzeichen des Hosenbandordens.

Was außer dem Neubau eines Schlosses von Friedrich in Homburg auch bereits 1680, also quasi sofort, in Angriff genommen wurde, war die Renovierung der Saline.

In neuerer Zeit hat man im Brunnenbezirk von Bad Homburg vor der Höhe zahlreiche Geräte und Scherben aus römischer Zeit gefunden, auch Fundamente römischer Villen. Daraus wird vermutet, daß die Römer – in solchen Dingen gewandt – die Mineralquellen von Homburg bereits zu Heilzwecken nutzten. Es gibt aber sogar archäologische Nachweise für die Nutzung der Salzquellen aus vorrömischer Zeit. Das alles ging in der Völkerwanderungszeit unter und geriet mehr oder weniger in Vergessenheit. Im Mittelalter dürfte die Saline zur Salzgewinnung genutzt worden sein, allerdings nur im bescheidenen Umfang und für den lokalen Bedarf. »Einer der wesentlichen Nachteile des Homburger Salzwassers gegenüber den konkurrierenden echten Solquellen blieb dabei neben der geringen Schüttung auch der verhältnismäßig geringe Salzgehalt, der hinter fast allen bekannten Salzwässern des Gebiets zurückblieb.« (Gerald P. R. Martin, »Kleine Erdgeschichte der Taunuslandschaft«) Dennoch versuchte Friedrich, diese Salz- und damit Geldquelle nutzbar zu machen, und zwar mit Hilfe eines Mannes, der schon seit mindestens 1674 in den Diensten des Prinzen stand: Paul Andrich. Dieser Paul Andrich, wahrscheinlich um 1640 geboren, stammte vielleicht aus einem der »Niederen« oder »Unteren Ämter«, wie in Homburgs Familie die Güter Weferlingen und Neustadt, der landgräfliche Privatbesitz im Brandenburgischen, genannt wurde, war landgräflicher Baurat und Hofbaumeister und offenbar ein begabter Architekt und Mechaniker. Er war der Architekt so gut wie aller Neubauten, die Friedrich in Homburg aufführen ließ, außerdem der Konstrukteur zweier künstlicher »Schenkel«, also der mit silbernen Scharnieren versehenen Prothesen, denen der Landgraf seinen historischen Spitznamen verdankt. Andrich scheint darüber hinaus über zwanzig Jahre lang das enge Vertrauen des Landgrafen selbst in heiklen Dingen genossen zu haben, so war er – noch zu Zeiten von Homburgs brandenburgischen Diensten 1674-1676 – beteiligt an einem etwas rätselhaften und offenbar äußerst dubiosen Unternehmen Homburgs, einem »Stahlwerk« im Harz, das 1676 in Konkurs ging.

Baurat Andrich hat die »Saline auf der Salzsode« wieder hergestellt, die Saline soweit baulich und technisch ausgestattet (genaue Einzelheiten für Interessenten dieses geologisch-historischen Gegenstandes finden sich bei H. Jacobi, »Zur Geschichte der Homburger Mineralquellen«), daß sie kommerziell rentabel arbeiten konnte. Den erhofften Gewinn allerdings scheint die Quelle nie abgeworfen zu haben, denn noch zu Lebzeiten Friedrichs, nach dem Weggang Andrichs von Homburg (1695), verfielen die Salinenbauten. 1697 nahm Friedrich ein Darlehen von 9000 Gulden von einem kurpfälzischen Regierungsrat und Kammerdirektor Johann Heinrich Violath und einem Herrn Ferdinand Emanuel von Cuon aus Heidelberg auf und verpfändete dafür die Saline. Die Zinsen für das Darlehen wurden in Salz bezahlt. Den eigentlichen Vertrieb des Salzes besorgte ein »Salzfaktor«. Ein Vertrag mit einem solchen Salzfaktor aus der Zeit Friedrichs ist noch vorhanden: mit dem »Juden Zocher«, d. i. Zacharias Seligmann, vom 15. 2. 1702. Seligmann war angewiesen, das Salz im Herbst oder zur Schlachtzeit zu verkaufen, weil es da höhere Preise erzielte.

Es ist auf den ersten Blick nicht ganz klar, warum das Salz in früheren Zeiten so eine große Rolle spielte, daß Kriege um die Salzquellen geführt wurden (die Stadt München etwa verdankt ihre Gründung dem Streit um die Führung einer Salzstraße), daß Salz Reichtum bedeutet, daß Salzvorkommen auffallend häufig Städten und Landstrichen den Namen geben. Nicht das Gewürz Salz im Salzstreuer gab diesem Mineral diese Bedeutung, sondern der Umstand, daß das Salz bis in allerneueste Zeit praktisch das einzige Konservierungsmittel war, das den Menschen zur Verfügung stand. Man muß dabei bedenken, daß die Bodenrentabilität sehr schwach war (bis in die beginnende Neuzeit betrug das Verhältnis von Aussaat und Ernte 1:3 oder höchstens 1:4, heute mindestens 1:20), daß der Warenaustausch zwischen Bedarfs- und Angebotsgebieten sehr begrenzt und eigentlich effektiv nur auf kürzere Entfernungen war. Europa lebte praktisch bis zur Mitte des 19. Jahrhunderts immer am Rande einer Hungerkatastrophe – die auch oft genug eintrat –, und mußte jeden März froh sein, daß es wieder einen Winter überlebt hatte; und das Überleben ging im Wesentlichen mit Hilfe der damals möglichen Konservierungsmethoden des Selchens, Pökelns und Einsalzens, also des künstlichen Feuchtigkeitsentzuges, wozu immer Salz benötigt wurde. Daraus erklärt sich die nicht zu überschätzende Bedeutung dieses Minerals.

Nach dem Tod Friedrichs verfiel die Salzproduktion in Homburg noch weiter, sein Sohn und Nachfolger stellte die Natural-Zinszahlung an die Herren Violath und von Cuon ein mit der juristisch natürlich sehr fragwürdigen Begründung, daß der Ertrag nicht mehr hoch genug sei. Es kam zu einem Prozeß. 1740 wurden die Gradiergeräte nach Bad Nauheim verkauft, die Salzgewinnung war zu Ende. Die heutige Bedeutung des Heilbades Bad Homburg geht erst auf die Wiederentdeckung der Salzquellen zu Anfang des 19. Jahrhunderts zurück und die erfolgreichen Bemühungen, die um 1830 begannen, einen Badebetrieb ins Leben zu rufen.

Friedrich ließ – alles von Andrich – ein Backhaus, eine Brauerei, eine Brennerei und ein »Manufakturhaus an der Haingasse« errichten; das besondere Interesse des Fürsten galt aber einer Einrichtung mit merkwürdigem Charakter: der Glashütte.

Schon in Neustadt an der Dosse hatte Friedrich, wie oben mitgeteilt, in seinen stillen Junker-Jahren zwischen 1660 und 1670 eine Glashütte und eine Spiegelfabrik gegründet. Die Glasmacherei im weiteren Sinn, also auch die Anfertigung »künstlicher Edelsteine«, überhaupt die Chemie, die damals von der Alchemie noch nicht zu trennen war, und die damals weitverbreitete Hoffnung, Gold zu erzeugen, interessierte Friedrich aufs höchste. In der Korrespondenz zwischen dem Fürsten und Andrich und in den Kameralabrechnungen finden sich viele Hinweise auf die Experimente fürs Goldmachen. Friedrich hatte nicht nur ein eigenes Laboratorium und eine richtiggehende Werkstatt, wo er höchstselbst Glas, Spiegel und bunte Steine, aber auch Münzen herstellte, sondern sogar ein Reise-Laboratorium. In seinem Testamentsinventar vom 20. März 1708 sind viele Geräte zum Glasschneiden und Glasschleifen aus seinem persönlichen Besitz aufgeführt. (Eine genaue, sehr fundierte und interessante Darstellung aller dieser Ereignisse und Zusammenhänge gibt Heinrich Jacobi, »Die Glashütten des Landgrafen Friedrich II. von Hessen-Homburg«.)

Die Bestallung des (aus Böhmen stammenden?) »Glas-Hütten-Meisters« Johann Heinrich Wenzel erfolgte am 26. Juli 1681 durch den Landgrafen Wilhelm Christoph in Bingenheim, der dieses Dokument entweder als nomineller Mitregent des Amtes Homburg oder als Vertreter des vielleicht abwesenden Friedrich unterzeichnet hat. Aus der Bestallung geht hervor, daß 1681 der Glashüttenbetrieb bereits lief, und daß es auch einen Glashütten-Direktor gab, dem Wenzel unterstellt wurde. (Der Direktor war wohl, wie wir heute sagen würden, der kaufmännische Chef, während der Glashüttenmeister der technische Leiter war.) Dieser Direktor – wie übrigens auch viele Arbeiter – war Italiener und eine mehr als schillernde Figur. Auch für ihn gibt es eine Bestallung zum Glashütten-Direktor, merkwürdigerweise aus dem Jahr 1683, obwohl aus der oben genannten Urkunde, Wenzel betreffend, hervorgeht, daß er 1681 schon Direktor war. Vielleicht handelte es sich bei der Bestallung von 1683 um eine Verlängerung des Vertrages oder um eine Erneuerung nach einer zeitlichen Unterbrechung.

Der zwielichtige Hütten-Direktor hieß Giacomo Bernardino Scapitta, nannte sich oder wurde genannt Guagnini, was hie und da Guanini oder Quarini geschrieben wurde.

Woher dieser Scapitta-Guagnini stammte, ist nicht bekannt, aus Venedig oder Murano, woran zu denken wäre, nicht. Ein nicht-zeitgenössischer Bericht eines Herrn Gjödwig (von 1754) über die schwedische Glasmanufaktur behauptet, Scapitta sei ein Mönch gewesen, der im Auftrag des Bischofs von Casale im katholischen Sinn unter Protestanten heimlich missioniert habe. Tatsächlich scheint Scapitta in den sechziger Jahren in Amsterdam in der Glashütte des Nikolas Stra gearbeitet zu haben und als Seelsorger für die italienischen Glasarbeiter tätig gewesen zu sein. Später ging er nach Danzig und von hier aus 1675 nach Stockholm, wo er im staatlichen Auftrag Probeschmelzungen vornahm, eine Gesellschaft zum Betrieb einer Glashütte gründete und am 24. Januar 1676 ein entsprechendes königliches Patent erhielt. (Er behauptete in Schweden, ein italienischer Adeliger zu sein, und nannte sich Marchese Guagnini.) 1678 verließ er fluchtartig Stockholm unter Hinterlassung einer Lücke von 5000 Reichstalern in der Gesellschaftskasse. Er ging nach England, dann wieder nach Deutschland, wo er sich in Kassel niederließ und hier eine kleine Manufaktur für Kristallglasarbeiten nach venezianischer Art gründete. Von hier verpflichtete ihn Landgraf Friedrich 1680, vielleicht schon 1679. Mindestens bis 1684 ist er – ausweislich der Abrechnungen – in homburgischen Diensten geblieben, hat sogar im landgräflichen Schloß gewohnt. Was danach aus Scapitta-Guagnini geworden ist, ist nicht bekannt.

Wie die Saline, fand auch die Glasmanufaktur in Homburg bald ein Ende. 1686 – als den offenbar etwas sprunghaften Landgrafen ein anderer Plan beschäftigte, von dem noch zu reden sein wird – wurde die Homburger Glashütte abgerissen, das Unternehmen nach Neustadt an der Dosse verlegt, wo der Betrieb – wohl als Erweiterung der dort bereits bestehenden Spiegelmanufaktur – im Sommer 1689 wieder aufgenommen wurde.

Querelen

Am 27. August 1681, einen Monat nachdem er das erwähnte Patent für den Glashüttenmeister Wenzel ausgestellt, starb Landgraf Wilhelm Christoph, der Landgraf von Bingenheim, der letzte überlebende Bruder Friedrichs. Nun war Friedrich Chef der Linie Hessen-Homburg und alleiniger regierender Landgraf, nannte sich nun, nachdem sein Vater Friedrich I. gewesen war, in der Reihe der regierenden Landgrafen zu Homburg Friedrich II. Die römische Zahl machte ihm 1681 niemand streitig, wohl aber das Amt Bingenheim, das die Landgräfin-Regentin von Darmstadt als erledigte persönliche Apanage Wilhelm Christophs einzuziehen gewillt war. Friedrich machte aber Erbansprüche geltend, die zwar verständlich waren – sie hätten sein Fürstentum ums Doppelte vergrößert –, aber juristisch unhaltbar, denn Bingenheim war ausdrücklich und eindeutig 1648 nur als Äquivalent von Rentenzahlungen als nicht-vererbliches Pfand ohne Landeshoheit an Wilhelm Christoph seitens Hessen-Darmstadt abgetreten worden. Trotz dieser juristisch aussichtslosen Situation wollte Friedrich unter allen Umständen Bingenheim halten, er marschierte sogar mit seiner »Armee«, die wahrscheinlich aus der Homburger Schloßwache, den Kammerdienern und ein paar Jägern bestand, nach Bingenheim und wollte das Amt mit Gewalt nehmen. Aber die Bingenheimer Beamten hatten schon den Diensteid auf den Landgrafen von Darmstadt geleistet, ehe Friedrich eintraf. Außerdem mischten sich der Kurfürst von Brandenburg und die Landgräfin von Kassel ein. Friedrich mußte wieder abmarschieren und war gezwungen, in einem Vertrag vom 21. November 1681 auf Bingenheim zu verzichten. Der Verzicht wurde ihm allerdings versüßt durch eine einmalige Abfindungszahlung von 40 000 Reichstalern, die Darmstadt leistete, und durch eine Erhöhung der Apanage, die Homburg ja immer noch von Darmstadt bezog.

Eine genealogische Zwischenbemerkung: am 6. Januar 1681 hatte die Landgräfin ihr achtes Kind zur Welt gebracht, die Prinzessin Elisabeth Franziska. Am 18. April 1682 folgte das neunte Kind: Johanna Ernestine, und am 2. August 1683 das zehnte, Landgraf Ferdinand, das aber schon drei Tage später wieder starb.

Nicht nur der Streit um Bingenheim brachte Querelen mit der Darmstädter Linie mit sich. Oben ist schon von der Entfremdung der beiden Hauptlinien Darmstadt und Kassel gesprochen worden, die unter anderem darauf zurückzuführen war, daß die Darmstädter Landgrafen evangelisch, die Kasselaner reformiert waren. Zudem waren die Darmstädter Landgrafen immer kaisertreu gewesen, eine Politik, die der junge Landgraf Ernst Ludwig ganz entschieden fortsetzen sollte, Hessen-Kassel eher kaiserfeindlich. Schon durch seinen Übertritt zur reformierten Konfession war Friedrich Hessen-Kassel sozusagen nähergerückt. Außerdem war die Landgräfin-Mutter des regierenden Landgrafen von Kassel eine Tante (Schwester der Mutter) der Homburger Landgräfin, der regierende Landgraf Karl hatte 1673 ihre Schwester geheiratet. Demgegenüber war der nun regierende Landgraf in Darmstadt der Enkel eines Vetters von Friedrich, also relativ schon weitschichtig verwandt.

Ein entscheidender Streitpunkt war das Münzrecht. Eigenes Geld zu prägen war eine der wichtigsten und geheiligtesten Prärogativen eines Landesherrn, fast der Ausdruck der Landeshoheit neben Gerichtsbann und Militärgewalt. Der Streit zwischen Homburg und Darmstadt war im Grunde sehr einfach: im Dokument von 1622, in dem der Landgraf zu Darmstadt Friedrich I. das Amt Homburg überließ, ist von der Münzhoheit nicht die Rede. Darmstadt argumentiert nun, daß damit klar sei: man habe das Münzrecht nicht ausdrücklich auf Homburg übertragen, also stehe es den Landgrafen von Homburg nicht zu. Friedrich II. erwiderte: da Darmstadt damals sich das Münzrecht nicht ausdrücklich vorbehalten habe, stehe das Münzrecht Homburg zu. Friedrich ließ also Münzen prägen. Bekannt sind Gold-Dukaten, ein Silbergulden (2/3 Taler) und »2-Albus-Stücks« (= Silbergroschen), alles heute numismatische Raritäten. Einmal reiste der homburgische Münzmeister Andreas Dittmar durch darmstädtisches Gebiet und wurde wegen Falschmünzerei festgenommen. Es entwickelte sich darauf ein Prozeß beim Reichshofrat in Wien, aber der Prozeß schwelte, auch nach dem Tod des Landgrafen 1708, noch weiter.

Alle diese Querelen, auch daß die von Friedrich gegründeten Unternehmungen nicht so recht prosperierten, wie oben dargestellt wurde, hat bei dem ohnedies in seinen Entschlüssen ein wenig sprunghaften Prinzen die rechte Freude an seinem Fürstentum zumindest in den ersten Jahren nicht aufkommen lassen. Bald scheint er sich mit Gedanken getragen zu haben, wieder Kriegsdienste zu nehmen. An die Rückkehr in brandenburgische Dienste scheint er nicht gedacht zu haben, obwohl er sich noch 1683 in der erwähnten Bestallungsurkunde für den Glashüttenmeister Wenzel ausdrücklich neben seiner übrigen Titulatur als brandenburgischer General-Major der Kavallerie bezeichnete. 1684 aber wurde eine Stelle vakant, für die sich Homburg interessierte: die des Generalissimus der Streitkräfte der Vereinigten Niederlande. Diese wohldotierte Stellung eines Oberbefehlshabers wäre dem nun 51jährigen Homburg auch besser angemessen gewesen als ein brandenburgischer Generalsrang. Homburg schickte einen Bevollmächtigten, einen Herrn von Edelstein, nach Den Haag, der die Bewerbung bei den Generalstaaten vorbrachte. Herr von Edelstein blieb von August bis Dezember 1684 im Haag. Aus den Briefen, die er von dort an den Landgrafen schrieb, geht nicht hervor, warum diese Bewerbung ohne Erfolg blieb.

Ebenfalls im Dezember 1684, am 27., kam Homburgs elftes Kind zur Welt, Landgraf Karl Ferdinand.

Die oben angedeuteten Pläne Landgraf Friedrichs, die ihn nach dem Scheitern seiner wirtschaftlichen Unternehmungen beschäftigten, galten der »Peuplisierung« seines Landes und hängen mit der allgemeinen politischen Entwicklung zusammen, die seit 1678, seit Homburg sozusagen die welthistorische Bühne verlassen hatte, vor sich gegangen waren.

Im November 1678 waren die Schweden, wie der Kurfürst schon für 1676 befürchtet hatte, tatsächlich in Ostpreußen eingefallen, unter Bruch der polnischen Neutralität, was allerdings Polen nicht zu einem Eingreifen auf brandenburgischer Seite veranlaßte. Der Kurfürst eilte, wieder einmal in einem Gewaltmarsch, aus Pommern mit seinem Heer nach Ostpreußen, versuchte in einem Winterfeldzug, der eher eine Jagd war, die Schweden zu einer Schlacht zu zwingen. Es gelang nicht, denn die Schweden kehrten sofort um, als sie erfuhren, daß der Kurfürst herangerückt war. (Steckte ihnen der Schreck von Fehrbellin noch in den Gliedern?) Der Kurfürst verfolgte die Schweden durch die klirrende Kälte dieses besonders strengen Winters, der beiden Parteien schwer zu schaffen machte. Einmal verlud der Kurfürst seine ganze Armee auf Schlitten, um über das zugefrorene Kurische Haff zu jagen. Der Rückzug der Schweden artete bald in ungeordnete Flucht aus. Sie ließen nach und nach alle Kanonen und Bagage, auch den Proviant zurück. Von den ursprünglich 16 000 Mann der schwedischen Armee kamen 13 000 im Lauf dieser Flucht durch Kälte und durch die Gefechte, die ihnen die Verfolger lieferten, um. Die 3000 retteten sich in die Festung Riga. Die Brandenburger verfolgten sie bis auf 8 Meilen vor die Festung, dann machten sie – auch sie erschöpft und halb erfroren – kehrt.

So hatte Kurfürst Friedrich Wilhelm von Brandenburg Ende dieses Januar 1679 einen vollkommenen militärischen Sieg über die schwedische Armee erfochten, und es sollte eine fast ebenso vollkommene politische Niederlage folgen; der Friede von St. Germain-en-Laye vom 19. Juni 1679.

Nachdem die Niederlande mit Frankreich und Schweden einen günstigen Sonderfrieden geschlossen hatten, auch der Kaiser mit der wachsenden Türkengefahr äußerst interessiert daran sein mußte, den Krieg im Westen zu beenden und, ebenso wie Spanien, Frieden mit Frankreich geschlossen hatte, der Frankreich unter anderem die Franche-Comté, die bis dahin zum Reich gehörende Freigrafschaft Burgund zubrachte (den großen Landstrich zwischen Saône und der Schweizer Grenze mit der Stadt Bisantz, die seitdem Besançon heißt), mußte sich auch Brandenburg zu einem Frieden bequemen. Der Kurfürst mußte alle Eroberungen in Pommern mit Ausnahme des schmalen Landstriches herausgeben, den die Schweden östlich der Oder und der Odermündung besessen hatten (Kammin gehörte dazu). Daß der Kurfürst, der militärische Sieger und politische Verlierer, eine Denkmünze auf diesen Frieden schlagen ließ mit der grämlichen Inschrift (einem Vergil-Vers): »Exoriare aliquis nostris ex ossibus ultor« (Aus unseren Gebeinen wird einst ein Rächer entstehen), ist verständlich; nicht ganz verständlich ist, daß Friedrich Wilhelm gegen die Zusicherung einer beachtlichen jährlichen Subsidienzahlung, die er bis 1685 entgegennahm, gleichzeitig ein Geheimbündnis mit dem

König von Frankreich schloß und damit eine einheitliche Reichsfront gegen Frankreich verhinderte, an der der Kaiser nach dem Sieg über die Türken 1683 wieder interessiert gewesen wäre.

Der eigentliche Gewinner aus den verschiedenen Friedensverträgen von Nimwegen und dem Vertrag von St. Germain-en-Laye war Ludwig XIV. Er stand in diesen Jahren auf dem Höhepunkt seiner Macht. Man kann mehrere Beispiele aus der Geschichte aufzählen – Napoleon, Hitler –, bei denen der Zeitpunkt, an dem sie auf dem Scheitel ihrer Macht standen, gleichzeitig der Zeitpunkt war, an dem sich ihr Sinn (sofern sie ihn gehabt haben) für die politische Realität zu trüben begann. Ein Vorgang dieser Art ist auch bei Ludwig XIV. zu beobachten. Seine Außenpolitik nahm imperiale, seine Innenpolitik totalitäre Züge an. Ihm schwebte eine Art Cäsaropapismus vor, eine Wiedererrichtung des alten römischen Kaiserreiches unter französischer Führung, verbunden mit einer Rekatholisierung Europas. Der erste (und letzte) Schritt zu dieser Rekatholisierung war das Edikt von Fontainebleau vom 22. Oktober 1685. Dieses Edikt hob ein anderes Edikt auf, das von Nantes vom Jahr 1598. Im 16. Jahrhundert war nach dem Aussterben der königlichen Linie Valois vom älteren capotingischen Mannesstamm nur noch die Nebenlinie Bourbon übrig, deren Mitglieder durch Heirat Könige von Navarra und außerdem protestantisch geworden waren. Heinrich von Bourbon, König von Navarra, der kein tiefverwurzelter Protestant gewesen zu sein scheint (aber ein Kavalier, der letzte französische Ritter), entschied für sich, daß »Paris eine Messe wert« sei, wurde katholisch, denn König von Frankreich konnte immer nur ein Katholik werden. Heinrich IV., wie er dann hieß, wurde aber auch kein glühender Katholik. Er sicherte in dem Edikt von Nantes seinen ehemaligen hugenottischen Glaubensbrüdern Religionsfreiheit zu. Das Edikt wurde von seinem Sohn, König Ludwig XIII., ebenso respektiert wie von den Kardinälen Richelieu und Mazarin. Erst Ludwig XIV. widerrief dieses Edikt, und zwar mit der eigenartigen Begründung, daß es einer Religionsfreiheit für Protestanten in Frankreich nicht bedürfe, weil es in Frankreich keine Protestanten gäbe. (Auch solche dialektische Bauchaufschwünge sind nicht ohne Beispiel in der Geschichte. Mussolini, zum Beispiel, begründete seine Italienisierungspolitik in Südtirol damit, daß es keine deutschstämmigen Südtiroler gäbe.) Die französischen Protestanten – Hugenotten, die Herkunft dieser Bezeichnung ist nicht ganz geklärt –, die es also nicht gab, flohen zu Tausenden. Wurden sie eingefangen, mußten sie als Ruderer auf die königlichen Galeeren, die also zum Teil von Sklaven, die nicht existierten, gerudert wurden.

Diese Vertreibung der Protestanten war in doppelter Hinsicht eine kurzsichtige Entscheidung Ludwigs. Erstens brachte es die protestantischen europäischen Fürsten ernstlich gegen Frankreich auf – so kündigte deswegen der Kurfürst von Brandenburg sein Bündnis –, und zweitens war die Vertreibung ein spürbarer Aderlaß für die französische Wirtschaft, denn die Hugenotten waren – entsprechend ihrer reformiert-calvinistischen Weltanschauung, ihrem puritanischen Fleiß – fast durchwegs qualifizierte Handwerker. Die Zahl der Vertriebenen ist, weil die Auswanderung ja illegal war, nie genau festgestellt worden. Die Angaben (die auf Rückschlüsse und Berechnungen, nicht auf Quellen fußen) schwanken zwischen 40 000 und 200 000, wobei sich diese Zahl nur auf diejenigen bezieht, die nach Deutschland auswanderten. Andere gingen in die Niederlande, nach England, in die Schweiz, nach Dänemark, viele nach Amerika.

Die deutschen protestantischen Fürsten nahmen die hugenottischen Auswanderer mit offenen Armen auf. Das war nicht nur reine Menschlichkeit. Der Bevölkerungsverlust in Deutschland durch den Dreißigjährigen Krieg war horrend gewesen. In der Pfalz, in Teilen Württembergs und Bayerns, in Thüringen, Mecklenburg und Schlesien waren mehr als 66 Prozent der Bevölkerung umgekommen, die übrigen süd- und mitteldeutschen Staaten hatten zwischen 33 und 66 Prozent verloren, lediglich in Nordwestdeutschland und in den großen Städten belief sich die Zahl der Verluste zwischen 15 und 33 Prozent. Ganze Landstriche waren menschenleer und verödet. Wenig Volk bedeutete aber für den Fürsten: wenig Steuern und wenig Soldaten. In Oberstaden, zum Beispiel, das zur Landgrafschaft Hessen-Homburg gehörte, gab es vor dem Dreißigjährigen Krieg 72 Haus- und Grundbesitzer, 1645 wurden nur noch 16 gezählt.

Drei Einwanderungsschübe sind für die Landgrafschaft Homburg zu verzeichnen, drei gezielte und geplante Maßnahmen, an denen Friedrich II. lebhaften und persönlichen Anteil nahm. Der erste Schub erfolgte bereits 1685 und 1686. Die Einwanderer dieser Jahre wurden in der Stadt Homburg selber angesiedelt, und zwar in der eigens dafür erbauten Neu- oder Louisenstadt (benannt nach der Landgräfin). Am 27. Juli 1686 war der Landgraf der Taufpate des ersten auf homburgischem Boden geborenen Kindes der französischen Gemeinde. Nach den Privilegien für die Louisenstadt (von 1685, erneuert 1698) genossen die Flüchtlinge völlige Religionsfreiheit, ob sie nun Reformierte oder Lutheraner waren. Übrigens galt die Religionsfreiheit auch für Katholiken, beschränkt allerdings auf das Dorf Kotorf vor den Toren Homburgs. (Dort wohnten die italienischen Glasarbeiter.) Auch den Juden war Glaubensfreiheit zugesichert.

Ein Jahr später gründete der Landgraf Friedrichsdorf und siedelte dort 36 Familien Hugenotten und Waldenser an. Die Waldenser waren südfranzösische Protestanten (aus einer vorlutherischen reformatorischen Bewegung herstammend), die zunächst über die Seealpen und Piemont auf das Gebiet des Herzogs Victor Amadeus II. von Savoyen geflohen waren, der aber bald in die Politik des mit ihm nahe verschwägerten Ludwig XIV. einschwenken mußte und auch die Protestanten vertrieb. Die 36 Familien entstammten also einer zweiten Flüchtlingswelle, ebenso die 30 Familien von Waldensern, für die Friedrich 1699 das seit über hundert Jahren verödet liegende Dorf Dornholzhausen wiederaufbauen ließ.

Über die Waldensersiedlung Dornholzhausen gibt es eine ausführliche Arbeit von Brigitte Duvenbeck (in den Mitteilungen des Vereins für Geschichte und Landeskunde zu Bad Homburg vor der Höhe, 1974), die die Hintergründe der Siedlung, ihre Anlage und ihre Entwicklung schildert. Die 30 Familien – ursprünglich 40, 10 wanderten weiter, weil ihnen das zugedachte Land nicht groß genug erschien – stammten aus dem französisch-italienischen Grenzgebiet westlich von Turin und Pinerolo. Es waren fast alles Handwerker, und zwar Strumpfwirker und Wollkämmer. Die Textilmanufaktur nahm in Dornholzhausen einen gewissen Aufschwung, der jedoch im Lauf des 18. Jahrhunderts zu erlahmen begann. Im 19. Jahrhundert waren die Dornholzhauser Waldenser – immer noch eine geschlossene Gemeinde, die an den alten Rechten und Gebräuchen festhielt – durchweg Bauern. 1701 ließ Landgraf Friedrich II. eine Kirche für die Waldenser bauen, die jedoch 1725 durch die heute bestehende etwas größere Kirche ersetzt wurde.

Die Raubkriege Ludwigs XIV.

Am 27. Dezember 1684 hatte die Landgräfin ihr elftes Kind zur Welt gebracht, den Landgrafen Karl Ferdinand, der schon 1688 wieder starb. Am 23. März 1690 gebar sie ihr zwölftes und letztes Kind, den Landgrafen Kasimir Wilhelm, am 16. Dezember dieses Jahres starb sie, etwas mehr als 44 Jahre alt. Nicht ganz ein Jahr später, am 15. November 1691, heiratete Landgraf Friedrich das dritte Mal: die Gräfin Sybille von Leiningen-Westerburg. Sie war 35 Jahre alt und eine sehr entfernte Cousine von Landgraf Friedrichs Mutter. (Des Landgrafen Großvater mütterlicherseits, der Graf Christoph von Leiningen, war ein Vetter vom Urgroßvater der neuen Landgräfin gewesen.) Sophie Sybille hatte 1678 einen Grafen von Leiningen aus einer ganz anderen Linie geheiratet, der 1687 gestorben war. Sie brachte zu den zehn Kindern des Landgrafen, die noch am Leben waren, zwei Kinder aus ihrer ersten Ehe mit: einen zwölfjährigen Karl Ludwig und einen sechsjährigen Emich Leopold. Außerdem schenkte sie dem Landgrafen noch weitere drei Kinder (Friedrichs dreizehntes bis fünfzehntes), davon allein zwei im Jahre 1693, ohne daß es Zwillinge gewesen wären: am 10. Januar 1693 den Landgrafen Ludwig Georg und am 16. Dezember die Landgräfin Friederike Sophie, die allerdings im April des folgenden Jahres wieder starb. Auch der Landgraf Leopold, das jüngste Kind, am 10. April 1695 geboren, lebte nur zwei Monate lang.

Sophie Sybilles Schwester, die Gräfin Esther Juliane von Leiningen-Westerburg, war mit Ludwig, Freiherrn von Sinclair, verheiratet, dem Vorfahren des Isaak von Sinclair, der im Leben von Homburgs Urenkel, dem Landgrafen Friedrich V., und im Leben Hölderlins eine bedeutende Rolle spielen sollte.

Während Friedrich noch selber – für sein Alter fleißig, kann man nicht anders sagen – zeugte, heiratete bereits seine älteste Tochter 1694 einen Witwer, der wohl auch nicht abgrundtief getrauert haben kann: den Herzog Johann Ernst III. von Sachsen-Weimar. Dessen erste Frau war am 14. September gestorben, am 4. November heiratete er Homburgs Tochter Charlotte Dorothea Sophie. Johann Ernst III. ist der Urgroßvater von Goethes Großherzog Karl August, die Nachkommenschaft stammte allerdings aus Johann Ernsts erster Ehe.

Im gleichen Jahr 1694 tauschte Friedrich von Homburg seine Domäne Neustadt an der Dosse gegen das Gut Öbisfelde im Magdeburgischen. Der Tauschpartner war Kurfürst Friedrich III. von Brandenburg (der spätere König Friedrich I. von Preußen), der zweite, ungeliebte Prinz, der dem Großen Kurfürsten 1688 in der Regierung gefolgt war. Da Neustadt an der Dosse mehr als doppelt soviel wert war als Öbisfelde (Neustadt wurde auf 140 000 Reichstaler, Öbisfelde nur auf 60 000 Reichstaler geschätzt), übernahm der Kurfürst 54 000 Reichstaler Schulden, die auf Neustadt lasteten. Die Bauten des Landgrafen in Homburg, das zwar schöne, aber wahrscheinlich etwas über die Verhältnisse gehende Schloß, die Hugenotten- und Waldensersiedlungen hatten viel Geld verschlungen, die wirtschaftlichen Unternehmungen hatten, wie wir gesehen haben, keinen oder nicht den Ertrag gebracht, den der Landgraf sich erhofft hatte. Friedrichs Baumeister und vergeblicher Goldmacher, der Baurat Paul Andrich, verließ 1695 seine Stellung in Homburg und wechselte in den Dienst zu Herzog Friedrich von Mecklenburg-Grabow (dem Mann von Friedrichs ältester Nichte, Tochter des 1681 verstorbenen Landgrafen Wilhelm Christoph).

Noch zu Lebzeiten der Mutter, 1688, war Friedrichs ältester Sohn, der Erbprinz Friedrich Jakob, im Alter von 15 Jahren in holländische Militärdienste getreten (nach anderer Quelle bereits 1687), nachdem er am brandenburgischen Hof in Berlin mit den Kindern des Kurfürsten, soweit sie gleichaltrig waren, erzogen worden war. Der junge Prinz, dieser neue Homburg, nicht weniger militärisch gesinnt als sein Vater, kam in eine unruhige Zeit. Die wetterwendischen Ereignisse dieser Zeit warfen so ihren Schatten in das – im übrigen auch nicht ganz stille, wie noch zu berichten sein wird – Fürstentum Homburg.

Wilhelm III. von Oranien, den die Generalstaaten in dem Jahr der höchsten Gefahr, 1672, zum Statthalter berufen hatten, und der es durch politisches und militärisches Geschick verstanden hatte, den Besitzstand der Niederlande voll zu wahren, heiratete 1677 die älteste Tochter des Königs Jakob II. von England. Diese Prinzessin, die Maria Stuart hieß wie ihre berühmte unglückliche Urgroßmutter, war Wilhelms Cousine, denn noch eine andere

Mary Stuart, König Jakobs II. Schwester, war Wilhelms Mutter gewesen.

Es wurde oben schon daran erinnert, daß nach der Absetzung und Hinrichtung König Karls I. durch das Regime Cromwells das Haus Stuart aus England vertrieben worden war, worauf es für über zehn Jahre keinen König von England mehr gab. Erst 1660 war es dem ältesten, gleichnamigen Sohn des hingerichteten Karl I. gelungen, von Schottland aus England und Krone und Thron zurückzuerobern. Er wurde als Karl II. gekrönt und regierte bis 1685. Er hatte zwar zahllose illegitime Kinder, aber keine legitimen von seiner Königin, der Infantin Katharina von Portugal, weshalb ihm nach seinem Tod sein Bruder, der bisherige Herzog von York, als König Jakob II. nachfolgte. Jakob II. – im gleichen Jahr geboren wie der Prinz von Homburg, also 1633 – war ein zwielichtiger Kavalier wie alle Stuarts. Er war als Kind von Cromwell gefangengehalten worden, konnte 1648 entfliehen (mit Hilfe royalistischer Sympathisanten, von denen es unter Cromwell viele gab), ging nach Holland, dann nach Frankreich und führte von seinem neunzehnten Lebensjahr an ein abenteuerliches Condottiereleben. Er diente unter Turenne im französischen Heer, kämpfte dann als Anführer einer Art Fremdenlegion aus geflohenen Schotten und Iren in spanischen Diensten. 1660, nach der Restauration der Stuarts, kehrte er nach England zurück, wurde Oberbefehlshaber der Flotte und erfocht einige glänzende Siege in den Kriegen gegen die Holländer. 1660 hatte er eine protestantische englische Adelige, Anna Hyde, die Tochter des späteren Lordkanzlers Edward Earl of Clarendon, geheiratet, von der er zwei – protestantische – Töchter hatte, die Prinzessinnen Mary und Anne Stuart. Wahrscheinlich heimlich schon zu Lebzeiten, offen aber nach dem Tod seiner Frau 1671, trat Jakob zum Katholizismus über. Damit kam er in Konflikt mit den »Test-Acts«, die Karl II. 1673 zu erlassen gezwungen war. Die »Test-Acts« besagten, daß jeder englische Beamte oder Inhaber eines öffentlichen Amtes einen Eid des Inhalts leisten mußte, daß er nicht an die Transsubstantiation, also an die Verwandlung von Brot und Wein in den wirklichen Leib und das wirkliche Blut Jesu, glaube. Dieser Eid war für einen gläubigen Katholiken nicht möglich, das heißt, daß damit alle Katholiken von Staatsämtern in England ausgeschlossen waren, auch der Oberbefehlshaber der Flotte. (Eine inquisitorische Unduldsamkeit, die man im umgekehrten Falle einem katholischen Staat schwer angekreidet hätte. Bei einem protestantischen Staat ist, scheint es, nichts dagegen einzuwenden. Auch die Geschichtsschreibung, vielleicht gerade sie, ist durchzogen von zähen Schlieren von Vorurteilen.) Der Herzog von York mußte als Oberbefehlshaber der Flotte zurücktreten und, nachdem er ein zweites Mal geheiratet hatte – diesmal eine Katholikin, die Prinzessin Maria Beatrice d'Este, Tochter des Herzogs von Modena –, sogar das Land verlassen. Er ging nach Brüssel, kehrte aber 1680 zwar nicht nach England, aber nach Schottland, die Heimat der Stuart-Dynastie, zurück. Erst im März 1682 ging der Herzog von York wieder nach London und wurde – entgegen den Bestimmungen der Test-Acts – in den Staatsrat aufgenommen. Man schrieb es seinem Einfluß zu, daß König Karl II. auf dem Sterbebett bekannte, ein Katholik zu sein.

Die Regierungsmaßnahmen König Jakobs II. waren,

aus welcher Sicht man sie immer sehen will, sicher töricht. Er ernannte viele Katholiken zu Beamten und Offizieren, bevorzugte überhaupt die Katholiken, setzte 1687 eine allgemeine Toleranzakte durch, die die Katholiken emanzipierte. Wenn Jakob II. damit den sicher ungerecht behandelten und teilweise sogar verfolgten Katholiken helfen wollte, so hatte er einen völlig falschen Weg gewählt. Dadurch, daß er diese Freiheiten gegen die bestehenden Gesetze und gegen das Parlament, gestützt auf Prärogativen der Krone, durchboxte, machte er der katholischen Minderheit in der Bevölkerung und nicht zuletzt sich selber und sogar der Krone nur noch mehr Feinde. Die Beschränkungen, die sich im 18. und 19. Jahrhundert die Königsgewalt in England in zunehmendem Maße gefallen lassen mußte, sind nicht zuletzt auf die Reaktion gegen die prokatholischen Maßnahmen Jakobs II. zurückzuführen.

Da Jakob II. als mögliche Nachfolgerinnen nur die zwei Töchter aus erster Ehe hatte, die protestantischen Prinzessinnen Maria und Anna, von denen die ältere seit 1677 mit dem erzprotestantischen Wilhelm von Oranien, die andere seit 1683 mit einem ebenfalls protestantischen Prinzen von Dänemark verheiratet war, rechnete man in England damit, daß nach dem katholischen Jakob II. wieder eine protestantische Regentin käme, die alle prokatholischen Verfügungen widerrufen würde. Als aber die neue Königin am 20. Juni 1688 einen Sohn zur Welt brachte – Jakob Eduard Franz Stuart –, der katholisch getauft wurde, änderte sich dieser Aspekt. Nun sahen beide Parteien des Parlaments, die Whigs und die Tories, die protestantische Zukunft der englischen Regierung gefährdet und beschlossen, obwohl sie sich sonst heftig befehdeten, gemeinsam mit dem nächsten protestantischen Anwärter auf den Thron, Wilhelm von Oranien, in Verbindung zu treten. Der Staatsstreich wurde wohlvorbereitet. Schon im November 1688 landete Oranien in Torbay, das ganz Land – mit Ausnahme der katholischen Minderheit – schwenkte zu Oranien über, das Heer lief zu ihm über. (Die Behauptung der englischen Historiographie, daß es seit der Landung Wilhelms des Eroberers mit seinen Normannen 1066 keine erfolgreiche Invasion der britischen Inseln mehr gegeben habe, ist damit nicht ganz richtig.) Jakob II. floh nach Frankreich und wurde 1689 vom Parlament des Thrones für verlustig erklärt. Gleichzeitig wurden Wilhelm von Oranien und Maria Stuart zu gleichberechtigten Königen (Wilhelm III. und Maria II.) erhoben und, da ihre Ehe schon über 15 Jahre lang kinderlos und zu erwarten war, daß sie es auch bleiben würde, die Prinzessin Anna Stuart zur Thronfolgerin.

Ludwig XIV. sah diese Entwicklung mit größter Besorgnis; erstens aus katholischer Sicht, denn der König war unter dem Einfluß seiner Maitresse Maintenon (die er 1685 nach dem Tod der Königin sogar heimlich geheiratet hatte) nicht nur fromm, sondern bigott geworden; zweitens aus politischen Gründen: eine so enge Allianz, ja quasi Personalunion der Frankreich immer feindlich gewesenen Mächte Holland und England, die bis jetzt untereinander meistens rivalisiert hatten, war eine nicht zu unterschätzende Gefahr.

Ludwig XIV. erklärte also, daß er nach wie vor und einzig und allein Jakob II. als König von England, Schottland und Irland anerkenne, und unterstützte eine zunächst sehr erfolgreiche Invasion unter Jakobs persönlicher Führung 1690 in Irland. Die Iren, die sich eine Befreiung vom englischen Joch erhofften, gingen geschlossen ins Lager Jakobs über. Aber Wilhelm von Oranien landete ebenfalls in Irland und besiegte die irische Armee am 11. Juli 1690 am Boyne-Fluß. Das ist heute noch ein schwarzer Tag im irischen Kalender, und die folgende Protestantisierungspolitik des Oraniers kostet in Irland bis heute Blut und Tränen.

Mit 45 000 Mann setzte dann Wilhelm III. auf das Festland über, in seiner Armee stand als ganz junger Offizier der älteste Sohn des Prinzen von Homburg, Landgraf Friedrich Jakob, der 1687 oder 1688 als Rittmeister in das Regiment Holland-Württemberg eingetreten war und die ganzen Feldzüge von 1690 bis 1693 mitmachte, ohne übrigens die geringste Verwundung davonzutragen, obwohl er sich im Gefecht genausowenig zurückgehalten haben soll wie seinerzeit sein Vater. Am 23. August 1692 war Friedrich Jakob bei Steenkerke dabei; hier schlug der Marschall von Luxembourg die holländisch-englische Armee, auch am 29. Juli 1693 bei Neerwinden (hier schon als Oberst des Groningschen Kavallerieregiments), welcher Tag ebenfalls mit einem Sieg des Herzogs von Luxembourg über den Oranier endete. Der Prinz von Oranien und König von England konnte im Landkrieg keine Erfolge erzielen, aber auch die Erfolge des Herzogs von Luxembourg waren keine entscheidenden und vernichtenden Schläge für die holländisch-englische Armee. In diese Feldzüge gehörte auch die französische Eroberung der Festung Namur (1692), die zwar nicht kriegsgeschichtlich bemerkenswert ist, aber deswegen, weil mit der Schilderung der Vorfälle bei dieser Belagerung die Memoiren des Herzogs von Saint-

Simon beginnen, sicher eines der bemerkenswertesten Memoirenwerke der neueren Zeit. Saint-Simon war als ganz junger Musquetier-Offizier dabei und schildert den Aufbruch des Hofes von Versailles ins Heerlager, eine theatralische Heerschau, und dann den unglaublichen Regen, der am Medardustag (am 8. Juni) einsetzte – und das ganze Feldlager in einen Morast verwandelte, so daß man drei Tage brauchte, um eine Kanone von einer Batterie durch den Brei zu einer anderen zu schieben. Die Versorgung der Belagerungsarmee war am Zusammenbrechen, da kapitulierte – zu früh, denn die Belagerung hätte kurz danach abgebrochen werden müssen – die Garnison der Festung. Die Schilderung des Herzogs von Saint-Simon ist ein besonders schönes Beispiel dafür, daß im Krieg immer schon weniger die Fragen des Heldenmutes als die der Meteorologie die entscheidende Rolle gespielt haben.

Den Niederlagen des Oraniers auf dem Festland steht ein glänzender Sieg der Engländer zur See am 29. Mai 1692 bei La Hougue (an der Spitze der Halbinsel Contentin, in der Nähe von Cherbourg) gegenüber, in der die englische Flotte unter Lord Russell die französische unter Admiral Tourville so vernichtend schlug, daß sich die französische Flotte viele Jahre lang nicht mehr davon erholte. Diese Seeschlacht vernichtete nicht nur die Seemacht Frankreichs, sondern auch den französischen Seehandel. Ein erheblicher Teil der Aufbauarbeit Colberts war damit zerstört. Auf längere Sicht führte dieser Seesieg zu einer wirtschaftlichen und finanziellen Schwächung Frankreichs, so daß sich Ludwig XIV. nach weiteren fünf Kriegsjahren, die zermürbende Feldzüge, aber keine Entscheidung gebracht hatten, zum Frieden von

Rijswiek vom November 1697 bereitfinden mußte, in dem er alle Eroberungen seit 1679 (mit Ausnahme von Straßburg) herausgab und König Wilhelm III. von England und die protestantische Erbfolge dort anerkannte. In dem sich von 1693 an bis 1697 zäh hinziehenden, für beide Seiten erschöpfenden Krieg verlor der Landgraf von Homburg seinen zweitältesten Sohn, den einundzwanzigjährigen Landgrafen Karl Christian, der als holländischer Offizier am 26. April 1695 bei der Wiedereroberung der Festung Namur durch Wilhelm von Oranien fiel.

Die Blockade von 1699

Einen, gemessen an den vorangegangenen europäischen Ereignissen (und an denen, die bald folgen sollten) eher operettenhaften Duodezkrieg, der nichtsdestoweniger für die Landgrafschaft Homburg lebensbedrohend war, hatte der alte Landgraf von Homburg noch in den letzten Lebensjahren zu erdulden: die Blockade von Homburg durch Darmstädter Truppen im Jahr 1699. Selbstverständlich drehte es sich bei dieser Auseinandersetzung wiederum um nichts anderes als um die alten gegensätzlichen Ansichten zwischen Darmstadt und Homburg. Friedrich betrachtete sich als Reichsfürst und Landesherr, für Ernst Ludwig von Darmstadt war Homburg nur eine zivilrechtliche Apanage ohne fürstliche Gewalt. 1699 artete diese Auseinandersetzung, mit der beide Parteien durch Gutachten, Eingaben und Klagen die Universitäten, den Reichshofrat und das Kammergericht beschäftigt hatten, in Handgreiflichkeit aus. Grund war das Geld.

Überall in den biographischen Notizen über den historischen Prinzen von Homburg heißt es, er habe durch Hebung des Gewerbefleißes und durch Ansiedlung französischer Refugiés den Wohlstand seines Ländchens gehoben und die Finanzen in Ordnung gebracht. Bei näherer Nachprüfung hält diese durchwegs verbreitete Meinung nicht stand. Wahr ist, daß Friedrich versucht hat, den wirtschaftlichen Zustand seines bescheidenen Fürstentums zu verbessern. Es ist ihm aber nicht gelungen. An der einen oder anderen Stelle ist hier bereits auf das Mißlingen dieser Versuche hingewiesen worden. Die Einrichtungen zur Salzgewinnung verfielen bereits in den neunziger Jahren wieder, die Erträge waren unrentabel. Die Glasmanufaktur verlegte Friedrich bald nach der Gründung aus Homburg in sein »Niederes Amt« Neustadt an der Dosse, wo die Fabrik zwar zuletzt 26 000 Reichstaler Gewinn brachte, aber zur Deckung von Schulden gegen ein weniger einträgliches Gut mitsamt ganz Neustadt vertauscht werden mußte. Die Ansiedlung der Refugiés belebte das Handwerk nicht, da die mitgebrachten Fertigkeiten bei ihnen ausstarben und aus den Handwerkern Bauern wurden. In der ersten Zeit mußte ihnen in äußerst kostspieliger Weise – durch den kompletten Bau zweier Ortschaften – noch dazu unter die Arme gegriffen werden. Die Sache brachte keinen Gewinn. Die Suche nach Bodenschätzen – der Landgraf ließ nach Eisen, Silber, Blei, Kupfer und Kohle graben – brachte keine förderungswürdigen Funde zutage. Daß die alchemistischen Versuche des Landgrafen und seines Baurates, Gold herzustellen, fehlschlugen, versteht sich von selbst. Der Landgraf mußte in den achtziger Jahren seine Juwelen für 6000 Reichstaler versetzen (vermutlich bei einem Frankfurter Bankier) und vermochte es in den letzten zwanzig Jahren seiner Regierung nicht, diese vergleichsweise bescheidene Summe zu erübrigen, um die Juwelen auszulösen. Der Landgraf hatte es offenbar verstanden, die reiche Erbschaft der Gräfin Brahe total zu verwirtschaften und die finanziell gesunden und unbelasteten Güter im Magdeburgischen und in der Mark mit in die Verschuldung zu ziehen. Schuld daran dürfte der Aufwand gewesen sein, den der Landgraf in seinem dafür zu kleinen und wirtschaftlich schwachen Fürstentum trieb: ein Spital, in dem auch fast alle anderen deutschen Fürsten krank lagen, die es dem Sonnenkönig gleichtun wollten und ihre Länder in die Pleiten trieben, um ihre Klein-Versailles bauen zu können.

Es ist die Frage, ob wir diesen Männern ihre oft bedenkenlose und manchmal gewissenlose Finanzpolitik heute noch nachtragen sollen, ob wir angesichts Schleißheims oder Nymphenburgs, Schwetzingens und Ludwigsburgs oder eben des Schlosses Friedrichsburg in Homburg an die Ausbeutung und den Ruin des Volkes denken sollen, den diese architektonischen Kleinodien gekostet haben. Es ist schwer zu entscheiden: hätte der Fürst, statt seine Friedrichsburg zu bauen, jedem seiner Untertanen täglich eine Wurst kaufen sollen? Sicher wäre mancher froh darum gewesen, vielleicht hätten einige länger gelebt – aber wo wäre die Wurst heute? Wo wäre der heute, der damals nicht oder etwas später verhungert wäre? Er wäre auch tot. Aber diese zynische und vielleicht inhumane Überlegung ist es gar nicht, die uns dabei bewegen soll. Eine andere Überlegung trifft den entscheidenden Punkt: jeder zusätzliche Wurst hätte die Leute ermuntert, sich noch schneller zu vermehren. Und wir wissen heute längst, daß die Übervölkerung der Erde das Ende nicht nur der Zivilisation, sondern der Menschheit sein wird. Das läßt sich nicht aufhalten, denn die Katastrophe ist bereits eingetreten. Die Bombe ist schon explodiert, nur der Knall ist noch unterwegs zu uns. Im Grunde genommen müssen wir den Kriegen und Hungersnöten, den vier apokalyptischen Reitern, die die ganzen Jahrhunderte der Menschheitsgeschichte kein Jahr geruht haben, den grausamen Türken, den Hexenverbrennungen und der Pestilenz im nachhinein dankbar sein, denn ohne sie wäre es schon hundert Jahre früher soweit gewesen ...

Die finanzielle Lage der Landgrafschaft Hessen-Homburg war also alles andere als rosig. Der Landgraf war praktisch abhängig von den Apanagezahlungen seines Darmstädter Vetters, mit dem er verfeindet war. Sicher ein unbefriedigender Zustand. Ein besonderer Zankapfel war, wie schon gesagt, das Münzrecht, außerdem beanspruchte Darmstadt zum Beispiel den Weinzoll – eine Einnahme, auf die aber Friedrich natürlich nicht verzichten wollte – und das Recht, von homburgischen Untertanen eine Militärsteuer zu erheben und, auch in Friedenszeiten, freien Durchzug durch homburgisches Gebiet. Diese beiden Rechte wurden den Darmstädtern von Homburg heftig bestritten, und im November 1699 beorderte der Landgraf von Hessen-Darmstadt ein Detachement Soldaten unter dem Kommando eines Majors von Dachroden nach Homburg, das den Befehl hatte, zehn Tage lang Stadt und Schloß Homburg von aller

Versorgung abzuschneiden, um so dem Landgrafen von Homburg zu zeigen, wer am längeren Hebel sitzt. Wenn dem Landgrafen in Homburg, so hoffte der Landgraf von Darmstadt, nach Verzehr der zweitägigen Vorräte acht Tage lang der Magen knurrt, werde er wohl bereit sein, im Rechtsstandpunkt einzulenken.

Wir sind durch ein zeitgenössisches Dokument, nämlich die »Verantwortung« (= Rechtfertigung) des kommandierenden Offiziers, des darmstädtischen Majors von Dachroden, über den Verlauf dieser kuriosen Unternehmung unterrichtet.

Danach rückte dieser Major am 11. November 1699, versehen mit einer genauen landgräflich-darmstädtischen Marschordre, mit 200 Mann bis Ober-Roßbach, wo er für die Nacht kampierte. Am 12. November in der Früh schickte Dachroden einen Offizier, den Leutnant Both, mit zwei Briefen des Landgrafen von Darmstadt nach Homburg voraus, rückte selber bis in den Wald »bey dem Frantzösischen Dorff« (wohl Domholzhausen), wo Both wieder zur Truppe kam. Er brachte die Briefe ungeöffnet zurück und berichtete, daß in Homburg die Tore verschlossen wären – Landgraf Friedrich hatte also schon Wind von der Sache bekommen – und daß man ihm gesagt habe, wenn Herr Major von Dachroden des Landgrafen von Homburg Durchlaucht etwas zu sagen wünschte, dann solle er gefälligst selber kommen.

Nach einigem – wie sich herausstellte: berechtigten – Zögern beschloß Dachroden, selber nach Homburg zu gehen. Offenbar schwante ihm schon nichts Gutes, denn er übergab das Kommando und die schriftliche Marschordre dem rangnächsten Offizier. Dann ritt er nach Homburg. Er wurde tatsächlich eingelassen und gelangte bis vor den Landgrafen. Er gab ihm die zwei Briefe des darmstädtischen Vetters, die Friedrich in seiner Gegenwart aufmachte und las, nanach aber sagte: das, was der Darmstädter hier schreibe, sei »wider die Recessus und Vergleiche« und er, Friedrich, lehne es ab, einzulenken. Nun wiederholte Dachroden die Argumente seines Landesherrn mündlich, redete und redete offenbar, schmeichelte und drohte, aber die Antwort Friedrichs war sehr lakonisch: Dachroden sei verhaftet. Dachroden redete weiter, versuchte Friedrich zu überzeugen, daß er damit den Zorn seines Darmstädter Vetters auf sich laden würde, aber Friedrich zeigte sich völlig ungerührt und blieb dabei: Dachroden müsse in den Arrest. Immerhin wurde ihm wenigstens gestattet, seinen »Knecht« (also wohl den Leibburschen, der ihn begleitet hatte) zur Truppe zurückzuschicken und den Hauptmann von Düring – das war der nächsthöchste Offizier – von der Verhaftung zu unterrichten.

Nachdem der »Knecht« Dachrodens zur Truppe zurückgekehrt war und das ausgerichtet hatte, was ihm aufgetragen war, gab Düring den Befehl zum Aufbruch, und die »Armee« rückte gegen Homburg vor. Inzwischen ließ der Landgraf die Bürger von Homburg bewaffnen, die Tore und Ausgänge besetzen und die Kanonen auf den Wällen auffahren. Als die Darmstädter Soldaten vor der Stadt auftauchten, tat der Landgraf etwas, was er nicht tun hätte dürfen: er ging mit »zwey Schildwachten mit Gewehr und brennenden Lunten« zu Dachrodens Arrestzelle und sagte dem Major, daß ihm alles das zugefügt werden solle, was die Darmstädter Soldaten der Stadt Homburg und ihren Bürgern zufügen würden. Das heißt, Friedrich eröffnete dem Major, daß er ihn als Geisel betrachte. Der Major packte daraufhin den Landgrafen bei seiner Ehre »als großer General«: er hoffe, sagte er, daß Seine Durchlaucht wisse, daß es gegen jedes Kriegsreglement wäre, einen quasi kriegsgefangenen Offizier als Geisel zu behandeln. Das wirkte. Um sieben Uhr ließ Friedrich den Major laufen, der schleunigst zu seiner Truppe zurückkehrte.

Dachroden ließ nun alle Zufahrten und Zugänge in die Stadt blockieren. Aktive Belagerungsmaßnahmen vorzunehmen hatte er keinen Auftrag, dazu wäre seine Streitmacht wohl auch zu schwach gewesen.

Diese »Blockade« der Stadt Homburg hatte ein gerichtliches Nachspiel. Der Prozeß schwebte neun Jahre später, beim Tod des Landgrafen 1708, immer noch vor dem Reichshofrat in Wien, und Friedrich wies in seinem Testament seine Söhne ausdrücklich an, diesen Prozeß ja nachdrücklich weiterzuführen. Offenbar beschwerte sich Homburg in Wien darüber, daß die darmstädtische Streitmacht sein Land verwüstet hätte. Die Rechtfertigung Dachrodens war offenbar dafür gedacht, als Gegendarstellung beim Reichshofrat vorgelegt zu werden, denn der Major legte großen Wert auf die Feststellung, daß keine Plünderung oder Brandschatzung vorgekommen sei. Lediglich Lebensmittel seien requiriert worden, und zwar, nachdem sich am zweiten Tag der Blockade die Bauern der anliegenden Dörfer geweigert hätten, Brot und Bier für die Soldaten zu liefern, da der Landgraf von Homburg solches »bey hoher Straff verbotten« hätte. Es sei allerdings wenig zu finden gewesen, obwohl die Darmstädter »Cammern, Kornhauffen, Kasten, Heckerling« und andere Verstecke durchsucht hätten, denn die meisten und wertvollsten Vorräte hätten die Leute vorher schon nach Homburg hinein in Sicherheit gebracht. In einem Fall, schreibt Dachroden, sei es zu einer Unregelmäßigkeit gekommen: in Obersteden habe ein Soldat einer Bäuerin »ein klein leinen Schnupftüchlein« weggenommen, das dem Soldaten aber abgenommen und von Dachroden persönlich der Bäuerin zurückgegeben worden sei. Der Soldat sei vorschriftsmäßig geprügelt worden.

Der Landgraf von Homburg betrieb zwei »Meyereien«, also quasi Staatsgüter, eine direkt bei der Stadt, aber außerhalb der Mauern, eine weiter weg. Friedrich beschwerte sich später, daß in diesen Meiereien die Darmstädter Soldaten barbarisch gehaust hätten. Dachroden schreibt, daß lediglich in der einen, weiter draußen liegenden Meierei die Scheunentore mit Gewalt geöffnet worden seien, um Lebensmittel zu requirieren, nachdem der Verwalter sich geweigert habe, die Tore freiwillig zu öffnen. Die andere Meierei habe Dachroden besetzen müssen – mit 30 Mann –, weil durch sie einer der Zugänge zur Stadt führte. Im übrigen wisse er »im geringsten von keinen hostilitäten«, gegen Exzesse seiner Soldaten hätte er, wenn solche vorgekommen wären, sofort »behörige remedur« getan.

Aussage steht gegen Aussage. Wir können die Zeugen nicht mehr hören und wissen also nicht, ob die Klagen des Landgrafen oder ob der biedermännische Bericht des Majors von Dachroden mit dem linnenen Schnupftüchlein der Bäuerin von Obersteden stimmt. Ohne dem Angedenken des längst seligen Majors von Dachroden zu nahe treten zu wollen: ob sich Soldaten der damaligen Zeit, von denen wir genug wenig schmeichelhafte Berichte haben, wirklich so wie die reinsten Engel benommen haben, ist schon ein wenig zweifelhaft. Und die

Sache mit dem Schnupftuch ist verdächtig: die Technik, ein kleines, harmloses Unrecht zuzugeben, um die übrige makellose Rechtfertigung in desto glaubhafterem Licht erscheinen zu lassen, ist mehr als einmal angewendet worden. Aber es soll niemandem im nachhinein Unrecht nachgesagt werden. Wer weiß, wie es wirklich war?

Nach zehn Tagen zog das darmstädtische »Blockadeheer« wieder ab. Die ganze, so gesehen eher dumme Aktion hatte keine Folgen, außer daß ein neuer Prozeß zwischen Darmstadt und Homburg anhängig und die Kluft zwischen den feindlichen Vettern wieder einmal größer wurde.

Acht Jahre danach, 1707, im letzten Lebensjahr des Landgrafen Friedrich, kam es zu einem kaiserlichen Schiedsspruch, der im Wesentlichen zugunsten Darmstadts ausfiel. Vierzig Jahre später, 1747, als in Darmstadt längst des Landgrafen Ernst Ludwigs Sohn Ludwig VIII. regierte, in Homburg Friedrichs Enkel Friedrich IV., marschierten nochmals darmstädtische Truppen nach Homburg und besetzten das Land. Wieder kam es zu einem Prozeß vor dem Reichshofrat in Wien, der 1768 durch einen Vergleich endlich und endgültig alle Streitigkeiten zwischen Darmstadt und Homburg bereinigte. Homburg erhielt nun auch de jure die volle Münz- und Steuerhoheit, auch die volle Militärgewalt, außerdem wurde das jährliche Deputat von 20 000 Gulden bestätigt, das Homburg von Darmstadt zustand. Darmstadt wurde lediglich die Vertretung der Landgrafschaft Homburg auf dem Reichstag und die Erhebung der Reichssteuern vorbehalten. Nach fast 150 Jahren hatten die Landgrafen von Hessen-Homburg die Anerkennung ihrer Selbständigkeit, das heißt Reichsunmittelbarkeit, durchgesetzt.

Der zweite Nordische Krieg

Nach dem Frieden von Rijswiek 1697 hatte Europa nicht mehr als drei Jahre Ruhe. Der (zweite) Nordische Krieg und der Spanische Erbfolgekrieg führten zu neuen politischen Konstellationen und verwandelten fast ganz Europa wieder einmal in einen – oder besser gesagt: in zwei getrennte, sich nicht überschneidende – Kriegsschauplätze. Das Ende keines der beiden Kriege, deren Ereignisse die Machtverhältnisse grundlegend ändern sollten, sollte Friedrich von Homburg erleben. Am Nordischen Krieg – in den die Staaten verwickelt waren, denen Homburg in seiner Jugend gedient und in denen er gekämpft hatte: Schweden, Polen, Dänemark – scheint Homburg lebhaften Anteil genommen zu haben. Die beiden Protagonisten dieses Krieges waren der junge Peter Alexejewitsch Romanow, 1672 geboren, seit 1689 Zar von Rußland, den die Russen mit gutem Grund Peter den Großen nennen, und der zehn Jahre jüngere Karl XII., König von Schweden, der das kriegerische Temperament seines Großvaters Karl X., des »Nordischen Alexander«, Homburgs ersten Dienstherrn, geerbt hatte.

Friedrich IV., der König von Dänemark, König August II. von Polen (das ist: der Kurfürst Friedrich August der Starke von Sachsen, der 1697 zum König von Polen gewählt worden war) und der Zar von Rußland schlossen nach der Thronbesteigung des ihrer Meinung nach unerfahrenen und schwächlichen Karl XII. eine Allianz gegen Schweden. Dänemark wollte die 1660 verlorenen, seitdem südschwedischen Provinzen zurückhaben, Polen wollte Livland und Estland erobern, und der Zar wollte einen

Zugang zur Ostsee. Die Polen und Sachsen fielen 1700 in Livland ein, die Russen in Ingermanland, der König von Dänemark in Schleswig, dem Herzogtum von Karls Schwager. Aber die drei Fürsten hatten sich in den Qualitäten des achtzehnjährigen Karl gründlich getäuscht. Karl XII. überfiel Dänemark und schlug das dänische Heer so aufs Haupt, daß der König die Allianz verlassen und schon im August 1700 den Sonderfrieden von Travendal schließen mußte, der für den König von Dänemark insofern günstig war, als daß er mit dem Status quo und einem blauen Auge davonkam. Nun wandte sich Karl XII. gegen die Russen, landete in Estland und schlug am 20. November 1700 bei Narwa mit nur 8000 Schweden ein russisches Heer von 40 000 Mann. Ein neuer Stern für die Heldenverehrung war damit am nordischen Himmel aufgegangen. Aber statt daß Karl XII. nun den Zaren zu einem Sonderfrieden gezwungen hätte, wandte er sich gegen Sachsen-Polen, rückte im Frühjahr 1701 in Livland ein und drang bis Mitau vor. Alle kurländischen Städte ergaben sich.

August der Starke glaubte den Krieg verloren und ergriff eine Maßnahme, die nicht ganz in den militärischen Bereich fällt, eher ins Gebiet der historischen Hintertreppe gehört und hier erzählt werden soll, weil die oben schon einmal erwähnte schöne Gräfin Aurora von Königsmarck die wichtigste Rolle dabei spielte. Aurora von Königsmarck, die ja eine Schwedin war, war eine der Maitressen Augusts. Als August durch vertrauliche Nachrichten erfuhr, daß der König von Schweden an einem bestimmten Tag zu einer gewissen Stunde einen Spazierritt in den Wald unternehmen würde, schickte August die Königsmarck auf Schleichwegen durch die feindlichen Linien. In einem Hohlweg – also noch eine hohle Gasse, durch die einer kommen mußte – stellte sich Aurora dem König und Jüngling entgegen, nicht zu einem Duell, jedenfalls zu keinem mit kriegerischen Waffen. Die Gräfin Königsmarck zog sich blitzschnell splitternackt aus in der sicheren Erwartung, daß bei dem, was nun folgen sollte, der König seine Begleiter fortschicken würde, so daß er mühelos gefangengenommen und entführt werden könnte. August der Starke hatte dabei offenbar das Maß von den eigenen Schuhen genommen. Karl XII. war, wie auch aus späteren Umständen zu schließen, für weibliche Reize unempfänglich. Er zog vor der Gräfin den Hut, wendete sein Pferd und ließ die entblößte Waldnymphe wütend zurück.

Im Mai 1702 rückte Karl XII. in Warschau ein, schlug ein Heer Augusts des Starken im Juli, nahm im gleichen Monat Krakau. Er erklärte August für abgesetzt und ließ einen ihm gefügigen polnischen Grafen – Stanislaus Leszinski – zum König von Polen wählen.

Mit unverständlicher Erbitterung verfolgte Karl förmlich August den Starken, der sich nach Sachsen zurückgezogen hatte und längst klein beigegeben hätte. Karl fiel in Schlesien ein und von da aus nach Sachsen, wodurch er einen Reichskrieg gegen sich riskierte, während sich inzwischen Zar Peter von der Niederlage bei Narwa erholt hatte, ungehindert in Ingermanland einfiel und auf diesem Gebiet, das rechtens zu Schweden gehörte, 1703 seine neue Hauptstadt – St. Petersburg – gründete.

1706 schloß Karl XII. mit August dem Starken den Frieden von Altranstädt, der Karl gar nichts brachte, außer daß August auf die polnische Krone zugunsten von Karls Kreatur Leszinski verzichtete, allerdings auch auf das Bündnis mit Rußland. Außerdem gestattete August dem schwedischen Heer, in Sachsen Winterlager zu nehmen. Karl selber schlug sein Hauptquartier in Leipzig auf und hielt einen glänzenden Hof. Zahlreiche Fürsten kamen, um dem neuen Helden des Nordens ihre Aufwartung zu machen, im Januar 1707 auch der Landgraf Friedrich von Homburg. Es war Homburgs letzte Reise. Er erlebte den schwedischen König auf der Höhe seiner Macht.

Im Sommer 1707 fiel Karl XII. in Rußland ein. Aber Zar Peter wandte – wie später seine Nachfolger gegenüber Napoleon und Hitler – die Taktik an, den Gegner ins Land zu lassen, mit kleinen Nadelstichen zu traktieren, es der Weite des Landes, den Nachschubschwierigkeiten und dem russischen Winter als dem treuesten Verbündeten überlassend, den Rest zu erledigen. Es kam, wie der Zar erwartet hatte. Das schwedische Heer (ursprünglich 45 000 Mann) schmolz zusammen, verhungerte und erfror, wurde demoralisiert. Als es nur noch aus einem Haufen elender Soldaten bestand, griffen die Russen endlich an und vernichteten die Schweden bei Poltawa im Juli 1709. Karl XII. floh mit 500 Mann in die Türkei, wurde vom Sultan gefangengenommen, entkam nach unerhörten Abenteuern und schlug sich verkleidet nach Schweden durch; führte neue Kriege gegen Dänemark, gegen Polen wieder, auf ein Neues gegen Rußland und fiel 1718 in einem Laufgraben vor der norwegischen Festung Frederikskald, die er im Zuge der geplanten Eroberung Norwegens belagerte. Auch dieser Karl überließ, wie sein gleichnamiger Großvater, einer Frau – seiner Schwester Ulrike Eleonore, die ihm als Königin folgte – das Land in einem desolaten Krieg und mit der Aufgabe, Frieden zu schließen. Diese Friedensschlüsse von 1720 und 1721 kosteten Schweden alle Provinzen jenseits der Ostsee, die

Provinz Vorpommern an Brandenburg-Preußen. So war dem längst toten Großen Kurfürsten für die Schmach von 1679 doch noch ein Rächer erwachsen, allerdings nicht aus seinen Gebeinen, wie er auf seiner Medaille prägen hatte lassen, sondern aus der Halsstarrigkeit des schwedischen Königs und der geschickten Strategie des russischen Zaren, der aus dieser nordischen Auseinandersetzung als eigentlicher Sieger hervorging.

Auch der Spanische Erbfolgekrieg, an dem Homburgs Familie sozusagen persönlichen Anteil nahm, war im Jahr 1700 ausgebrochen. Die dynastischen Hintergründe darzulegen, würde hier zu weit führen. Es war so, daß sich nach dem Tod des letzten spanischen Habsburgers, König Karl II., am Allerheiligentag 1700 zwei Parteien mit verschiedenen rechtlichen Argumenten um die Thronfolge stritten: Österreich und Frankreich. Der Kaiser Leopold beanspruchte das spanische Erbe für seinen jüngeren Sohn Erzherzog Karl, Ludwig XIV. für seinen zweitgeborenen Enkel, den Herzog Philipp von Anjou. Nach kurzem diplomatischen Vorgeplänkel wurden schon 1701 die erbrechtlichen Argumente gegen militärische ausgetauscht.

Die erste Phase des Krieges (bis 1710) war eine Kette von Niederlagen für Frankreich, die fast zum Zusammenbruch führten. Frankreich hatte zwar noch im Winter 1700/1701 Spanien besetzt, im Februar wurde in Madrid der Herzog von Anjou als Philipp V. zum König ausgerufen, aber im übrigen war Ludwig XIV. isoliert. An Verbündeten hatte er nur die Kurfürsten von Bayern und Köln und den Herzog von Savoyen, während er durch einen in dieser Situation völlig unverständlichen Schritt die sogenannte Tripelallianz gegen sich herausforderte.

Am 16. September 1701 war im französischen Exil König Jakob II. Stuart gestorben. Ludwig XIV. erklärte – entgegen dem Friedensvertrag von Rijswiek –, daß er nur dessen Sohn aus zweiter Ehe, den katholischen Prinzen Jakob Eduard Franz (Jakob III.) als König von England anerkenne. Das brachte Wilhelm von Oranien natürlich gegen Frankreich auf, und England und die Niederlande schlossen im Herbst 1701 die oben genannte Tripelallianz, der später auch das Reich und Portugal beitraten. Der entscheidende Nachteil Ludwigs XIV. war aber, daß er den beiden genialen Feldherren der Allianz, dem Prinzen Eugen und dem Herzog von Marlborough, kein auch nur annähernd gleichwertiges militärisches Talent entgegensetzen konnte. Erst in der zweiten Phase des Krieges, nach 1710, mauserte sich der Herzog von Vendôme zu einem einigermaßen reputierlichen Heerführer.

Der Krieg wurde, weil zum spanischen Erbe nicht nur das eigentliche Spanien, sondern auch halb Italien (Süditalien – also die Königreiche Neapel und Sizilien – und das Herzogtum Mailand) und die Spanischen Niederlande, also das heutige Belgien und die ausgedehnten spanischen Kolonien in Mittel- und Südamerika gehörten, an vielen verschiedenen Schauplätzen geführt, zum Teil in Übersee.

Es hagelte Siege für die Allianz: am 9. Juli 1701 besiegte Prinz Eugen den unfähigen französischen Marschall Catinat bei Carpi, am 1. September des gleichen Jahres und noch einmal am 1. Februar 1702 bei Chiari bzw. bei Cremona den nicht minder unfähigen Catinat-Nachfolger Marschall Villeroi, den er sogar bei Cremona gefangennahm. Am 13. August 1704 besiegten Eugen und Marlborough gemeinsam bei Höchstädt (die Engländer nennen die Schlacht die von Blindheim oder Blenheim) ein großes französisches Heer unter Tallard, nahmen wieder den französischen Marschall gefangen. Am 23. Mai 1706 erfocht Marlborough bei Ramillies in Belgien, am 7. September des gleichen Jahres Prinz Eugen bei Turin einen Sieg über die Franzosen. Den Engländern gelang es 1703, die spanische Flotte zu vernichten (eine französische Flotte gab es seit der Seeschlacht bei la Hougue nicht mehr) und 1704 Gibraltar zu besetzen. Frankreich war fast am Ende, und als 1708 ein mit letzter Anstrengung und unter Aufbietung aller Reserven zusammengekratztes Heer am 11. Juli bei Oudenarde von Prinz Eugen und Marlborough geschlagen wurde, wäre Ludwig XIV. bereit gewesen, klein beizugeben.

Es wurde oben gesagt, daß die Familie Homburgs persönlichen Anteil an diesem Krieg nahm. Damit war gemeint, daß zwei Söhne Homburgs im Kriegsdienst standen, beide als holländische Offiziere. Der dritte Sohn des Landgrafen, der 1676 geborene Landgraf Philipp, fiel am 15. November 1703 im Gefecht von Speierbad in der Pfalz, das mit einem der seltenen Siege Frankreichs endete, in der großen Serie von Niederlagen der Franzosen aber weiter ohne Folgen blieb.

Friedrich Jakob, Homburgs ältester Sohn, hatte 1700 geheiratet, und zwar – wohl in einer der eher seltenen Phasen versöhnlicher Stimmung zwischen den Linien Homburg und Darmstadt – die jüngste Schwester des in Darmstadt regierenden Landgrafen Ernst Ludwig, die vierundzwanzigjährige Landgräfin Elisabeth Dorothea. (Auch Friedrich Jakob sollte zu der kinderreichen Gattung hessischer Prinzen zählen: neun, vier Töchter und fünf Söhne, von denen aber alle bis auf zwei im Kindesalter wieder starben.) Friedrich Jakob, der bei Ausbruch des Krieges holländischer Oberst war, wurde 1701 Brigadegeneral, 1704 Generalmajor, war bei Höchstädt dabei und wurde dann noch im gleichen Jahr zum Generalleutnant befördert. Da er dabei aber immer noch Inhaber des Kavallerieregiments der Provinz Groningen blieb, übernahm diese Provinz 1705, als einer der Söhne Friedrich Jakobs geboren wurde, die Patenschaft für den kleinen Landgrafen, der deswegen den etwas eigenwilligen Vornamen Gruno zu seinen drei anderen Vornamen (Ludwig Johann Wilhelm) erhielt. Von diesem Prinzen, der das eine der überlebenden Kinder Friedrich Jakobs war, und seinem nächstborenen (1706) Bruder, Johann Karl Wilhelm Ernst Ludwig, wird in anderem Zusammenhang noch die Rede sein.

1702 heiratete eine jüngere Tochter Homburgs – die älteste war seit 1694 schon verheiratet – den Fürsten Adolf von Nassau-Siegen, einen entfernten Verwandten des Königs Wilhelm III. von England.

Vielleicht ist hier, bevor auf die Figur des Prinzen von Homburg als Legende eingegangen wird, der Ort, ein genealogisches Resumée aus Friedrichs Leben zu ziehen. 1707, im letzten Jahr dieses Lebens, lebten acht Kinder Homburgs, sieben aus der ersten, eins aus der zweiten Ehe, fünf Töchter, drei Söhne, drei davon verheiratet. Die eben genannte Landgräfin und nunmehr verheiratete Fürstin von Nassau-Siegen, Elisabeth Franziska, starb noch Ende dieses Jahres 1707, am 12. November, wenige Wochen vor dem Vater.

Sieben Enkel waren am Leben, der Prinz Johann Ernst von Sachsen-Weimar, Sohn von Homburgs ältester Tochter, die beiden Söhne Gruno und Johann Karl von Homburgs Erbprinz, und vier Kinder der jüngeren Tochter, drei Prinzessinnen und ein Prinz von Nassau-Siegen.

Die Legende

Kleists Prinz von Homburg hat mit dem historischen Landgrafen nicht nur wenig, sondern fast nichts gemeinsam. Auch Schillers Maria Stuart oder Jungfrau von Orléans oder Goethes Egmont sind keine Figuren der historischen Realität, aber die Fälle liegen verschieden. Schiller und Goethe haben Gestalten aus der Geschichte gewählt, deren Charakter und Geschick dem poetischen Vorwurf entsprach, der ihnen vorschwebte, vielleicht sogar die poetische Kraft erst beflügelte. Schiller, der als Historiker sehr wohl gewußt hat, daß Maria Stuart ihrer feindlichen Cousine Elisabeth im Leben nie begegnet ist oder daß die Jungfrau von Orléans nicht auf dem Schlachtfeld gefallen, sondern auf dem Scheiterhaufen verbrannt worden ist, hat historische Gestalten durch Retuschen auf den Kern dramatischer Aussage reduziert, auf den es ihm ankam. Selbst in der am ehesten sozusagen realistischen historischen Tragödie Schillers, in der Wallenstein-Trilogie, hat Schiller mit einzelnen Fakten frei geschaltet und hat damit nicht nur einen besseren und überschaubareren dramatischen Ablauf erzielt, sondern auch eine im klassischen Sinn höhere Wahrheit. Das Leben ist ja nur ganz selten in der Lage, eine dramatische Situation konsequent zu gestalten (eine epische auch nicht, nebenbei).

Kleist war kein Historiker. Wieweit er gewußt hat, daß die von ihm verwendeten Vorlagen historisch nicht getreu waren, ist schwer zu sagen. Es ist zu vermuten, daß Kleist die »Quellen«, die er verwendete, für echt hielt. Diese Quellen gaben nicht die historische Wirklichkeit wieder, sondern eine Legende, die sich in den gut hundert

Jahren seit der Schlacht von Fehrbellin gebildet haben mußte. Im Lauf der in diesem Buch vorgelegten historischen Erzählung wurde auf verschiedene Punkte hingewiesen, die vielleicht die Kerne dieser Legende waren. Der Entstehung der Legende nachzugehen, ist natürlich schwer. 1741 soll, 101 Jahr alt, noch ein Augenzeuge der Schlacht bei Fehrbellin gelebt haben, ein Major Götze, der seine Erinnerungen berichtet habe. Dieser Bericht ist nirgends nachweisbar außer in einem »Officier-Lesebuch historisch-militärischen Inhalts«, das 1793 in Berlin erschienen ist und das Kleist gekannt hat. Major Götze kolportiert bereits die Geschichte vom Angriff Homburgs gegen den Befehl, von seiner Verhaftung und Begnadigung. 1751 erfuhr die Legende ihre erste nachweisliche schriftliche Fixierung, und zwar von äußerst prominenter Hand: in den »Mémoires pour servir à l'histoire de la Maison de Brandenbourg«, die König Friedrich II. von Preußen selber schrieb, und in denen er über die Schlacht bei Fehrbellin folgendes berichtet:

»Die brandenburgische Armee bestand aus fünftausendsechshundert Pferden; sie hatte keinerlei Infanterie und führte ungefähr zwölf Kanonen mit sich. Die Schweden zählten zehn Regimenter an Infanterie und achthundert Dragoner in ihrem Lager. Trotz der ungleichen Zahl und des Unterschieds der Waffen schwankte der Kurfürst keinen Augenblick dem Feind eine Schlacht zu liefern

Am 18. Juni rückte er gegen die Schweden vor. Er vertraute sechzehnhundert Pferde seiner Vorhut dem Prinzen von Homburg an mit dem Befehl, sich in nichts einzulassen und nur den Feind zu erkunden. Dieser Prinz reitet ab; und, einen Wald durchquert, sieht er die schwedischen Truppen zwischen den Dörfern Hackenberg und Tornow gelagert, einen Sumpf hinter ihrem Rücken, die Brücke von Fehrbellin rechts von ihnen und eine gemähte Wiese vor ihnen; er greift die Feldwachen an, verfolgt sie und wirft sie bis zum Kern ihrer Truppen zurück; die Truppen verlassen zur gleichen Zeit ihr Lager und nehmen Schlachtordnung ein. Der Prinz von Homburg, voll von flammendem Mut, hingerissen von seinem Feuer, wird in einen Kampf verwickelt, der einen unheilvollen Ausgang gehabt hätte, wenn nicht der Kurfürst, benachrichtigt in welcher Gefahr er sich befand, zu Hilfe herbeigeeilt wäre.

Friedrich Wilhelm, dessen Scharfblick bewundernswürdig, und dessen Beweglichkeit erstaunlich war, faßte im Augenblick seinen Entschluß; er benutzte eine Anhöhe, um hier seine Geschütze aufzustellen, und ließ einige Salven auf die Feinde abfeuern. Die schwedische Infanterie fing dadurch zu wanken an; und als er sah, daß sie zu fliehen begannen, warf er sich mit seiner ganzen Reiterei auf die rechte Flanke des Feindes, sprengte und erledigte ihn. Die schwedischen Regimenter der Garde und von Ostgotland wurden restlos in Stücke gehauen, das Fallen des rechten Flügels zog das des linken nach sich; die Schweden warfen sich in den Sumpf, wo sie von den Bauern getötet wurden, und diejenigen, die sich retten konnten, flohen nach Fehrbellin, wo sie die Brücke hinter sich zerstörten. . . . (Hier folgt die ebenfalls unhistorische Froben-Episode.)

Der Fürst, der keinerlei Infanterie hatte, konnte sich weder der Brücke von Fehrbellin bemächtigen, noch den Feind auf seiner Flucht verfolgen; er begnügte sich damit, sein Lager auf dem Schlachtfeld aufzurichten, wo er soviel

Ruhm errungen hatte. Er verzieh dem Prinzen von Homburg, der mit soviel Leichtsinn das Glück des ganzen Staates aufs Spiel gesetzt hatte, mit den Worten: ›Wenn ich Sie nach den Regeln des Kriegsrechtes richten sollte, würden Sie mit dem Verlust Ihres Lebens belohnt; aber Gott möge verhüten, daß ich einen so glücklichen Tag damit befleckte, das Blut eines Fürsten zu vergießen, der das hauptsächliche Werkzeug meines Sieges gewesen ist!‹

Die Schweden verloren an diesem so berühmten wie entscheidenden Tag zwei Standarten, acht Fahnen, acht Kanonen, dreitausend Mann und eine große Zahl von Offizieren.«

Ob Friedrich diese Passage, die in kaum einem Punkt, dem entspricht, was wirklich bei Fehrbellin vorgefallen ist, aus dem noch unveröffentlichten, aber ihm vielleicht bekannten Bericht des Majors Götze übernommen oder aus einer parallelen Quelle hatte, ist nicht auszumachen. Ganz stichhaltig dürfte sie dem König aber nicht erschienen sein, denn bei einer Überarbeitung des Werkes strich er sie. Als nach des Königs Tod, 1789, die erste Gesamtausgabe der Werke Friedrichs von Preußen erschien, und darin in Band I die »Mémoires ...«, wurde die gestrichene Passage wieder in den Text aufgenommen. In dieser Form dürfte Kleist das Werk des Königs gekannt haben.

Sicher gekannt hat Kleist aber ein Buch, das schon eher als ein Machwerk zu bezeichnen ist, nämlich das vaterländische Elaborat eines Herrn K. H. Krause, des Feldpredigers des kg. preußischen Infanterieregiments von Strackwitz, das 1803 erschienen ist: »Mein Vaterland unter den Hohenzollerischen Regenten. Ein Lesebuch für Freunde der Geschichte ...« Was sich in des Königs Bericht noch vergleichsweise schlicht liest, ist in Krauses Schilderung rührselig-patriotisch aufgeblasen:

»Der Kurfürst gab dem in Magdeburg zurückgebliebnen Fußvolk Befehl, zu ihm zu stoßen, brach aber, ohne es abzuwarten, mit seiner ganzen Reiterei auf, um die Vereinigung zweier schwedischen Heere zu verhindern, deren eines zu Havelberg, das andere zu Brandenburg stand. Das gelang ihm aber nicht, und bei'm Dorfe Hakkelberg, eine Stunde von Fehrbellin, standen um zehn Regimenter Infanterie, 800 Reiter und eine sehr gute Artillerie 5600 brandenburgischen Reitern gegen über.

Der Kriegsrath, den der Kurfürst zusammenkommen ließ, rieth um so mehr, das Fußvolk erst abzuwarten, da die Reiterei durch schnelle und beschwerliche Märsche ermüdet wäre, und der Feind, dessen linker Flügel durch einen Morast und dessen Rücken durch den Rhinfluß gedeckt sei, eine zu vortheilhafte Stellung habe. Der Kurfürst bestand aber auf einer Schlacht, weil der Feind auf der Flucht und in Furcht sei, und weil demselben sein erfahrner General Wrangel fehle. Die Tapferkeit seiner Truppen und das Glück krönte seinen Rath. Der 18te Junius war es, an dem die Brandenburger ihren Kriegsruhm auf's neue erhöhten. Der Prinz von Hessenhomburg wurde mit Tages Anbruch vorausgeschickt, den Feind zu beobachten und aufzuhalten, jedoch, ohne ihn anzugreifen. Er stieß auf die schwedischen Vorposten; aus jugendlicher Hitze und aus Begierde, sich auszuzeichnen, griff er sie an, und trieb sie siegreich vor sich her bis zur Hauptarmee. Aber jetzt rückte diese aus, und der Kurfürst wurde zum Treffen genöthigt, ehe er es wünschte. Zum Glück hatte er schon vorher auf einem Sandhügel eine Batterie errichtet, von der er ununterbrochen und mit dem besten Erfolge auf den Feind los feuerte. Jetzt stellte er sich an die Spitze seines linken Fügels, und drängte die feindliche Reiterei an das Fußvolk zurück. Ein schrecklicher Kugelregen empfing die brandenburgischen Reiter; aber das Beispiel ihres großen Anführers gab ihnen Muth. Der Kurfürst setzte sich selbst den größten Gefahren aus, und blieb auch da, als sein treuer Stallmeister *Froben,* der ihn nicht aus den Augen verließ, an seiner Seite durch eine Kugel zerschmettert wurde, ein Muster des Muthes für seine tapfern Soldaten. Er schlug den linken Flügel des Feindes in die Flucht, der rechte folgte bald darauf, und der Sieg war entschieden. Mit einem schwachen und abgematteten Corps Reiter eine zahlreiche und Sieg gewohnte Infanterie, deren Tapferkeit Deutschland, Dänemark und Polen furchtbar geworden war, anzugreifen und in die Flucht zu schlagen, das mußte den Kriegsruhm des Kurfürsten und seiner Soldaten auf's festeste begründen. Aber auch den Ruhm der gerechten Anerkennung fremder Verdienste erwarb sich Friedrich Wilhelm auf Fehrbellins Feldern. Er ließ auf dem Schlachtfeld sein Lager aufschlagen, lobte und belohnte öffentlich die Tapferkeit seiner braven Soldaten, ernannte den Oberstlieutenant Hennings, der sich vorzüglich ausgezeichnet hatte, auf der Stelle zum Obersten, erhob ihn in den Adelstand und nannte ihn *Hennings von Treffenfeld.* Der Prinz Friedrich von Hessenhomburg stand, im Bewußtsein seines Dienstfehlers, in einiger Entfernung, und wagte es nicht, seinen Blick zu dem streng gerechten Fürsten aufzuschlagen. Der Kurfürst winkte ihm liebreich, heranzutreten. ›Wollte ich‹ redete er ihn an, ›nach der Strenge der Kriegsgesetze mit Ihnen verfahren, so hätten Sie den Tod verdient.

Aber Gott bewahre mich, daß ich meine Hände mit dem Blute eines Mannes beflecke, der ein vorzügliches Werkzeug meines Sieges war.‹ Mit diesen Worten und einer väterlichen Ermahnung, künftig vorsichtiger zu sein, umarmte er ihn und versicherte ihn seiner ganzen Achtung und Freundschaft.«

Der Vergleich der Erzählung Krauses mit der Friedrichs legt den Schluß nahe, Krause habe von Friedrich im wesentlichen abgeschrieben und keine andere Legendenüberlieferung benutzt. (Man vergleiche etwa die Äußerung jeweils am Ende des Berichts, die dem Kurfürsten wörtlich in den Mund gelegt ist.)

Vielleicht war als sozusagen optischer Anlaß für Kleist ein anderes Machwerk maßgebend, ein Bild, eher ein Schinken eines preußischen Historienmalers namens Johann Karl Heinrich Kretzschmar, das 1800 in Berlin ausgestellt wurde, nachdem der Maler den Preis der Preußischen Akademie der schönen Künste gewonnen hatte. Das Bild heißt: »Der große Kurfürst und Prinz Friedrich von Homburg nach der Schlacht von Fehrbellin« und zeigt einen väterlich drohenden und gleichzeitig vergebenden Kurfürsten und einen jugendlich-zerknirschten Homburg, umgeben von Offizieren und Soldaten, einen etwas unzufriedenen, strengen Herrn (Derfflinger?) im Hintergrund die Szene beobachtend. (Den optischen Anlaß für Kleists »Prinzen von Homburg« in Anspruch zu nehmen, erscheint nicht abwegig. Auch die Idee zum »Zerbrochenen Krug« kam Kleist beim Anblick eines holländischen Genrebildes.)

Daß Kleist so minderwertige »Quellen« benutzt hat, schmälert selbstverständlich den Rang seines Dramas in keiner Weise. Hatten Schiller und Goethe mit Wallenstein oder Egmont historische Gestalten und Vorgänge gewählt, die dem entgegenkamen, was ihr Anliegen in dem jeweiligen Drama war, so ging Kleist den umgekehrten Weg: Er kleidete ein Problem – das Problem des Gehorsams, des Unterschiedes zwischen dem blinden und dem sehenden Gehorsam, auch das Problem der Todesangst, alles Dinge, die Kleist persönlich bewegten – in ein Kostüm, in einen legendenhaften, von ihm möglicherweise für historisch gehaltenen Vorgang. Der Unterschied zwischen diesen Methoden, der objektiven und der subjektiven, bezeichnet den Unterschied zwischen einem klassischen und einem romantischen Dramatiker. Goethe und Schiller projizierten einen fernen Vorgang in die eigene Zeit, Kleist projizierte eigene Lebensvorgänge in ein fernes Ereignis. Kleist kam es auch nicht darauf an, die historischen Figuren – ob im idealistischen oder im realistischen Sinn – dramatisch zu zeichnen. Kleist stellte Personen seiner Umwelt in den Figuren des historischen Dramas dar. Das Verhältnis des Kurfürsten zum Prinzen in Kleists Drama – Katharina Mommsen hat das sehr schlüssig dargestellt – könnte die zwiespältige und schillernde Beziehung Goethes zu Kleist widerspiegeln, Derfflinger (Dörfling bei Kleist) ist wohl ein Porträt Blüchers, in der Figur Homburgs sind sicher autobiographische Züge des Dichters selber eingeflossen.

Der Kern des Kleistschen Dramas, der erfolgreich geführte Angriff gegen den Befehl, ist außerdem ein Topos. Bei Livius (Römische Geschichte, Buch VIII, Kapitel 17) ist erzählt, wie der Sohn des Konsuls Titus Manlius, ausgesandt mit einer Schwadron Reiter – auch da war es also schon ein Reitergeneral –, statt nach Befehl nur zu rekognoszieren, sich Hals über Kopf in eine Schlacht verwikkeln ließ, die er zwar gewann, aber dennoch vom Vater entsprechend dem strengen Gesetz verurteilt und noch auf dem Schlachtfeld hingerichtet wurde. Auch ein Vorfall aus neuerer Zeit ist bekannt: 1556 schickte sich der Marschall von Brissac an, die Festung Bignale bei Turin zu berennen. Er schickte seinen Neffen, den Bastard von Boissy, mit einer Kavallerie-Einheit aus, um die Festung zu umgehen und erst anzugreifen, wenn ein bestimmtes Trompetensignal ertöne. Boissy aber entdeckte eine Bresche in der Befestigung, griff an und zwang so den Marschall, den Sturm vorzeitig zu eröffnen, was aber zum Sieg führte. Auch Boissy wurde nach Kriegsrecht getadelt und eingesperrt, dann aber begnadigt. (Der Vorfall ist in Boyrius »Nouvelle Collections des Mémoires«, die 1607 erschien, geschildert.)

Da es Kleist bei der Gestaltung seines Dramas nicht auf die Schilderung historischer Realität ankam, ist es für den Wert von Kleists »Prinzen von Homburg« ohne Bedeutung, wieweit der Dichter die Legende für Wahrheit genommen hat. Bezeichnend für das preußische Zeitalter des sentimentalen Patriotismus ist, daß nicht die wirklichen Vorgänge um die Schlacht bei Fehrbellin im geschichtlichen Bewußtsein blieben, sondern die Legende, und zwar ohne Zutun Kleists, denn die Wirkungsgeschichte seines Dramas setzt später ein: in den zwanziger und dreißiger Jahren des 19. Jahrhunderts, als man nach der Uraufführung des für verschollen gehaltenen Stückes 1821 den Rang dieses Kunstwerkes zu schätzen begann. Dabei gab es um die Jahrhundertwende mindestens zwei Arbeiten, die den historischen Sachverhalt richtigzustellen versuchten: das Werk »Histoire généalogique et chronologique de la Sérénissime maison de Hesse-Hombourg« des schon erwähnten Adrien François de Verdy du Vernois, das 1791 in Berlin erschienen war, und eine Arbeit, die der aus einer Welschschweizer Familie stammende Berliner Historiker und seit 1797 offizielle Hof-Historiograph Jean Pierre Erman am 26. Januar 1804 der Preußischen Akademie der Wissenschaften vorlegte: »Frédérick II. à la jambe d'argent, Landgrave de Hesse-Hombourg«.

Das Werk Verdy du Vernois, die – wenn man von dem schlichten Bericht des Kammerdieners Bocksen absieht – erste Biographie des Landgrafen mit dem silbernen Bein, enthält zwei Fakten, die hier der Vollständigkeit halber aufgeführt werden sollen. Beide Nachrichten betreffen das Jahr 1679. Verdy behauptet, in diesem Jahr sei Homburg Statthalter von Magdeburg geworden, und am 29. Juni 1679 habe Homburg als Gesandter des Kurfürsten nach Verhandlungen mit dem Herzog von Gramont und mit Lionne den Vertrag von St. Germain-en-Laye abgeschlossen. Der Herzog von Gramont war aber schon 1678 gestorben, Lionne 1671, es ist aktenkundig, daß die Verhandlungen auf französischer Seite der Marquis de Pomponne und auf brandenburgischer Seite der im diplomatischen Dienst des Kurfürsten schon seit Jahren bewährte Geheimrat Franz von Meinders führte, der schon 1673 bei den Friedensverhandlungen zu Vossom mit der gleichen Mission betraut war.

Auch der Statthalter von Magdeburg – das im übrigen nicht 1679, sondern erst 1689 nach dem Tod des letzten Administrators an Brandenburg fiel – ist Homburg urkundlich nicht nachgewiesen. Außer bei Verdy steht diese Nachricht nur in dem hier ebenfalls schon erwähnten anonymen Bericht von etwa 1742 aus dem ehemaligen homburgischen Hausarchiv: »... Er bekam darauf (= nach der Schlacht von Fehrbellin) das Gouvernement zu Magdeburg, so Er etliche Jahre bekleidete.« Da sich Homburg aber in den Jahren nach 1679 und besonders nach 1681, wie dargestellt wurde, intensiv um die Regierung seines nun ererbten Fürstentums kümmerte, ist es schwer vorstellbar, daß er gleichzeitig Gouverneur von Magdeburg gewesen sein soll. Da Friedrich in verschiedenen Urkunden, zum Teil noch Jahre nach seinem Ausscheiden aus dem aktiven Dienst, seiner vollen Titulatur die eines brandenburgischen Reitergenerals hinzufügte, hätte er sicher die ranghöhere Charge »Gouverneur von Magdeburg« nicht weggelassen.

Homburg nach dem Tod des Prinzen

Am 24. Januar 1708 starb Landgraf Friedrich II. in Homburg. Im Hessischen Staatsarchiv werden einige Dokumente über die Funeralien aufbewahrt – darunter eine Predigt über den Lieblingspsalm (Psalm 91) des Landgrafen: »Denn er hat seinen Engeln befohlen über dir, daß sie dich behüten auf allen deinen Wegen, daß sie dich auf den Händen tragen, und du deinen Fuß nicht an einen Stein stößest.« – und eine »Aria« für Alt, Baß, zwei Oboen, Fagott und Basso continuo auf den Text: »Laßet thausend Thränen rinnen / unser Landesfürst ist todt / Ach, was sollen wir beginnen / bey so allgemeiner Noth? / Das in Leid versetzte Heßen / Kann den Friedrich nicht vergessen« nebst neun weiteren, ähnlichen Strophen. (Die Albernheit des Textes übersteigt das damals übliche

Maß – man vergleiche Bachsche Kantatentexte – nicht.) Da diese anonyme »Aria« das einzige Musikstück ist, das mit dem historischen Prinzen von Homburg im Zusammenhang steht, ist es im Anhang dieses Buches abgedruckt. Wer der Komponist dieser »Aria« war, ist nicht festzustellen. Einen hessen-homburgischen Hofkomponisten oder Hofkapellmeister hat es – ausweislich der Kamerallisten – nicht gegeben. Die Darmstädter Hofkapelle war seit den neunziger Jahren so gut wie aufgelöst, erst 1709 begann mit der Berufung Christoph Graupners durch den musikfreundlichen Landgrafen Ernst Ludwig eine neue Blütezeit der Musikpflege in Darmstadt. Vielleicht kommt der seit 1701 in Kassel – dem Homburg ohnedies verwandtschaftlich näherstehenden und freundlicher gesinnten Hof – wirkende Ruggiero Fedeli als Autor in Frage, der zahlreiche solche Gelegenheitskompositionen verfaßt hat, die stilistisch mit der Homburger Trauer-Arie vergleichbar sind.

Mit dem Tod Landgraf Friedrichs II. war für das kleine Fürstentum Homburg die Zeit des bescheidenen Glanzes zu Ende, die ihm die Hofhaltung dieses Prinzen beschert hatte, der immerhin eine militärische Persönlichkeit von europäischer Prominenz gewesen war. Es folgte als regierender Landgraf Friedrichs ältester Sohn, Friedrich Jakob, der sich nun Friedrich III. Jakob nannte, aber schon deswegen so gut wie nicht regierte, weil er als General der holländischen Armee im Krieg stand, auch nach dem Friedensschluß von Utrecht 1713 in holländischen Diensten blieb, 1738 Gouverneur von Tournay, 1741 Gouverneur der Festung Breda (einer der wichtigsten Festungen der Vereinigten Niederlande) und 1742 General der Kavallerie wurde. Die Landgräfin-Witwe scheint zu ihrem Sohn aus erster

Ehe, dem Grafen Emich Leopold von Leiningen, gezogen zu sein, der 1709 die Grafschaft Dachsburg erbte, denn dort besuchte sie einige Jahre später ihr Stiefsohn Landgraf Wilhelm Kasimir, der jüngste Sohn des Prinzen von Homburg aus dessen zweiter Ehe. Auch dieser Landgraf Wilhelm Kasimir nahm Kriegsdienste, wurde 1708 Offizier, focht 1709 bei Malplaquet, wo ihm zwei Pferde unter dem Leib weggeschossen wurden, diente dann als Oberstleutnant unter Prinz Eugen und Marlborough, quittierte aber vor Kriegsende 1710 den Dienst und kehrte nach Homburg zurück.

Im gleichen Jahr, und zwar am 30. Juni, also wenig mehr als zwei Jahre nach dem Tod des alten Landgrafen, verpachteten die Erben die Landgrafschaft, und zwar komplett mit Stadt, Dörfern, Wäldern, Teichen, Kirchen, Rathaus, Akten, bis zum letzten Silberlöffel herunter, unter Vorbehalt lediglich des Schlosses und des Schloßgartens und – da Landgraf Wilhelm Kasimir ein begeisterter Jäger war – des Jagdrechts. Sogar die Gerichtsbarkeit war verpachtet worden. Die Verpachtung eines kompletten Fürstentums mit allen, zum Teil sogar hoheitlichen Rechten an einen reichen Bürgerlichen (der erste Pächter war der Drost Johann Christian Herold aus Öbisfelde), so als ob es sich um einen Kramladen gehandelt hätte, mutet heute kurios an, entspricht aber der Staatsauffassung auch noch des 18. Jahrhunderts. Im Grunde genommen ist das die Macchiavellische Ansicht vom Staat, die erst um die Mitte des 18. Jahrhunderts ganz langsam anfing, überwunden zu werden. »Il Principe« von Macchiavelli geht vom Staat als Einnahmequelle der Fürsten aus. Macchiavelli war kein Verfechter der Diktatur, der Unterdrückung oder dergleichen, er dachte nur den Gedanken vom Kommerzialstaat, vom Staat als Geschäft, konsequent zu Ende, und der ganze »Principe« ist absolut unideologisch, faßt lediglich Vorschläge zusammen, wie man den Staat rationeller und effektiver bewirtschaften kann und wie man den besten Gewinn erzielt. Die Bevölkerung behandelt Macchiavelli so wie ein Gutsherr in der Gewinnkalkulation sein Vieh. Ein Fürstentum konnte also florieren oder nicht, konnte guten oder wenig Gewinn abwerfen, man konnte ein schlechtes Fürstentum künstlich und scheinbar in die Höhe bringen und dann einen anderen damit beim Verkauf übers Ohr hauen. Wenn man gar keine Lust mehr hatte, verkaufte oder verpachtete man es.

Fürstlicher Herr blieb natürlich auch im Fall der Verpachtung der Landgraf (»Landgrafschaft Homburg, Inhaber: J. C. Herold«, quasi), aber das mangelnde Interesse des Landgrafen blieb nicht ohne Auswirkungen. Der »regierende« Landgraf war weit weg in Holland, besuchte Homburg nie. Seine Söhne traten, sobald sie groß genug waren, in russische Kriegsdienste. Die alte Landgräfin-Witwe zog weg zu Verwandten, der Bruder, Wilhelm Kasimir, interessierte sich für nichts außer der Jagd (sein »Jagdtagebuch« ist erhalten, ein Dokument seiner unglaublichen Dummheit), die er zwar zeitweise in den Wäldern um Homburg betrieb, häufig aber in den »Niederen Ämtern«, also auf den Gütern in der Mark, Weferlingen und Öbisfelde. Die Einnahmen aus dem Fürstentum flossen dem reichen Herrn Herold zu, der dafür 12 000 Reichstaler Pacht pro Jahr zahlte und natürlich in erster Linie versuchte, das hereinzuwirtschaften. Die Beamten in Homburg waren praktisch darmstädtische Beamte. Das Fürstentum Hessen-Homburg hatte Mitte des Jahres 1710 faktisch aufgehört zu bestehen.

Der erste Pächter Homburgs, der nun schon einige Male genannte Herr Herold, war der Drost (etwa: Dorfbürgermeister) von Öbisfelde, einem der Güter der Landgrafen, also quasi ein Hintersasse der Hessen-Homburger; eine sicher rechtlich und soziologisch eigenwillige Situation. Bereits 1713 zedierte der Drost Herold seine Forderung gegenüber den Landgrafen, Pacht und Pfand durch Vertrag vom 9. März 1713 an zwei Kaufleute aus Frankfurt, die Herren Christian Ludwig Krause und Matthias Salefski, die Homburg bis 1716 »betrieben«. Am 1. Juli 1718 wurde, nachdem sich offenbar einige Zeit kein Pächter gefunden hatte, ein neuer Pachtvertrag (für neun Jahre, später vermutlich verlängert) geschlossen, und zwar wieder mit drei Herren aus Frankfurt: Joachim Hoppe, Johann Rothenhuber und Georg Melber, der eigentlich nicht aus Frankfurt, sondern aus Nürnberg stammte und in Frankfurt in das Gasthaus »Zur Reichskrone« eingeheiratet hatte. Georg Melbers Sohn Georg Adolf Melber, der die »Reichskrone« und auch den Drittelpachtanteil an Homburg erbte, heiratete ein Fräulein Textor. Ihr Bruder, der Ratsherr Johann Wolfgang Textor, war Goethes Großvater.

Zu der Pachtsumme von 12 000 Reichstalern für das Amt Homburg kam die jährliche Apanage aus Darmstadt in Höhe von 30 000 Reichstalern, und zwischen 10 000 und 20 000 Reichstaler, die die »Niederen Ämter« jährlich abwarfen. Von der Gesamtsumme von 50 000 bis 60 000 Reichstalern ging die Schuldentilgung ab, denn ab und zu, wenn es gar nicht mehr anders zu machen war, zahlten deutsche Duodezfürsten ihre Schulden zurück. Außerdem war es nie im voraus sicher, ob und wann die Zahlung aus Darmstadt eintreffen würde. Was dann übrig blieb, mußte geteilt werden, und es waren nicht wenige, die einen Anspruch auf den Anteil hatten: die Witwe, drei Brüder und eine unverheiratete Schwester (das war das Fräulein Landgräfin Eleonore Margarethe, die 1763 im Alter von 84 Jahren als Dekanin des adeligen reformierten Damenstifts zu Herford starb). Verhältnismäßig gut stellte sich unter diesen Verhältnissen der älteste Bruder, Landgraf Friedrich III. Jakob, der als holländischer General ein stattliches Einkommen bezog. Der jüngste Bruder, Landgraf Ludwig Georg, der 1710 geheiratet hatte – die Gräfin Christine von Limpurg-Sontheim –, scheint bescheidener gelebt zu haben und besser mit dem Geld ausgekommen zu sein als der mittlere Bruder, der Nimrod Wilhelm Kasimir. Dieser Landgraf, abgedankter Offizier und ohne Nebeneinkünfte, versuchte in Homburg etwas wie einen Hof zu halten, wozu das Geld hinten und vorn nicht reichte. Er geriet in die Fänge zweier zwielichtiger Gestalten, die in den Jahren bis zum Tod Wilhelm Kasimirs (1726) in Homburg ihr Unwesen trieben. Der eine war Franzose, der andere Schwede. Der Franzose hieß (oder nannte sich) Claude Antoine de La Vallée, stammte angeblich aus burgundischem Adel, war im Spanischen Erbfolgekrieg Soldat gewesen, war aber spätestens seit 1708 in Homburg, wo er, als leidenschaftlicher Jäger, als Hunde- und Pferdeliebhaber den Landgrafen Wilhelm Kasimir in seinen Passionen (und wohl auch im Geldausgeben) unterstützte. Der Landgraf betrieb erfolgreich die Aufnahme La Vallées in den deutschen Reichsadel. Daß La Vallée katholisch war, störte den reformierten Landgrafen nicht, denn La Vallée habe in Wirklichkeit eigentlich gar nichts geglaubt. La Vallée stellte die Verbindung her mit dem schwedischen »Kapitän« – also vermutlich auch abgedanktem Offizier – Johann Christian Creuz von Würth (oder Würtz), der auf der »Oede«, einem Gut des einheimischen Barons Justinian von Holzhausen, Gold zu machen versuchte. Auch wurde nach Gold gegraben: bei dem Dorf Obersteden war lange Jahrzehnte danach immer noch ein 120 Meter langer Stollen zu sehen. Er hatte nichts zutage gebracht. 1724 hob der Landgraf den Sprößling des Herrn Creuz von Würth aus der Taufe, der deswegen die Vornamen Carl Friedrich Casimir erhielt. (Von ihm wird noch die Rede sein.)

Eine andere Form des Gelderwerbs praktizierten die Brüder Homburg, als ihre Schwester Hedwig Louise 1718 im nicht mehr ganz taufrischen Alter von 43 Jahren den um zwei Jahre jüngeren, nicht standesgemäßen Generalmajor und hessen-kasselanischen Kammerjunker Adam Friedrich von Schlieben heiratete. Da die nicht-standesgemäße Heirat ohne Einwilligung des ältesten Bruders und Chefs des Hauses erfolgt war, wurde über Hedwig Louise der Vermögensarrest verhängt, das heißt, ihr wurde weder die ihr zustehende Mitgift ausbezahlt, noch ihr Anteil an der Pachtsumme für Homburg, den Einkünften von den »Niederen Ämtern« und der Darmstädter Apanage. (Und so erhöhten sich die Anteile der anderen Geschwister spürbar.) Auch dies führte zu einem langwierigen Prozeß.

Am 9. Oktober 1726 starb Landgraf Wilhelm Kasimir, sechsunddreißig Jahre alt. Er hinterließ zwei Kinder, den zwei Jahre alten Landgrafen Friedrich und die Landgräfin Ulrike Sophie, die knapp ein halbes Jahr vor dem Tod ihres Vaters geboren worden war.

Die Landgrafen von Homburg im 18. und 19. Jahrhundert

Der Spanische Erbfolgekrieg, der im Jahr 1710 mit einem Sieg der Allianz über Frankreich zu Ende zu gehen schien, nahm durch einige außermilitärische Ereignisse eine überraschende Wendung. 1705 war Kaiser Leopold I. gestorben. Der Kaiser hatte zwei Söhne gehabt, die nach dem Willen des Vaters das habsburgische Reich (zu dem Spanien gezählt wurde) teilen sollten, wie es schon einmal, nach dem Tod Kaiser Maximilians I., 1519 geschehen war: der älteste Sohn, Kaiser Joseph I., sollte die Kaiserkrone, die österreichischen Erblande, Ungarn und Böhmen erhalten, der jüngere, Erzherzog Karl – als König Carlos III. – König von Spanien werden. Als 1711 überraschend der knapp dreiunddreißig Jahre alte Kaiser Joseph I. starb und keinen Sohn hinterließ, wäre nun das ganze Erbe an den jüngeren Bruder (Kaiser Karl VI.) gefallen. Ein solches neues Reich, in dem wieder die Sonne nicht unterging, wollten die Seemächte England und Holland aber nicht. Das europäische Gleichgewicht wäre wieder einmal in Gefahr gewesen. England scherte deshalb schon 1711 aus dem Krieg aus, die Holländer folgten, und am 11. April 1713 wurde zwischen Frankreich, Spanien, England und den Vereinigten Niederlanden der Frieden von Utrecht geschlossen, den Kaiser Karl VI. nicht anerkannte. England verdankt diesem Friedensschluß den Besitz Gibraltars und Kanadas. Im übrigen wurde die bourbonische Erbfolge in Spanien anerkannt, allerdings mit der Maßgabe, daß die beiden Königreiche Frankreich und Spanien nie in Personalunion oder sonstwie vereinigt werden dürften. Die Holländer erhielten das für sie wichtige Recht – der Schreck über den Überfall von 1672 stak ihnen noch in den Gliedern –, die sogenannten Barrièrefestungen besetzt zu halten: die Festungen Namur, Menin, Furnes, Warneton, Ypern und Tournay (deren Kommandant Friedrich Jakob von Homburg wurde). Die Barrièrefestungen waren also ein weit vorgeschobener Sperrgürtel in fremdem Land, der für alle Zukunft einen Überraschungsangriff der Franzosen auf die Niederlande unmöglich machte.

Der Kaiser führte noch zwei Jahre lang den Krieg auf eigene Faust weiter, mußte aber dann 1715 im Vertrag von Rastatt den Frieden von Utrecht anerkennen, das heißt, auf die spanische Krone verzichten, wofür er aber die Spanischen Niederlande erhielt – die bis zum Ende des Jahrhunderts bei Habsburg blieben und nun »Österreichische Niederlande« hießen –, das Herzogtum Mailand, das Königreich Neapel, die Insel Sardinien und das Herzogtum Mantua. Neapel und Sardinien gingen im Lauf der nächsten zwanzig Jahre wieder verloren, Mailand und Mantua aber blieben bis über die Mitte des neunzehnten Jahrhunderts bei Österreich.

Der holländische Gouverneur von Tournay und später von Breda, der Landgraf Friedrich III. Jakob von Homburg, starb am 8. Juni 1746. Er hatte, wie schon erwähnt, geringes Interesse an seinem ererbten Fürstentum im Taunus und ließ sich dort so gut wie nie blicken. Immerhin stiftete er 1721 aber für die Stadt Homburg ein Waisenhaus und förderte Ausgrabungen nach römischen Altertümern. Damals entdeckte man, daß es schon zu römischer Zeit in Homburg einen Badebetrieb gegeben hatte.

Ein eigenartiges, nahezu exotisches Schicksal hatten die beiden Söhne des Landgrafen Friedrich Jakob. Als

Peter der Große, der Zar von Rußland, Holland bereiste (der historische Kern der Legende von »Zar und Zimmermann«), lernte er Friedrich Jakob kennen und bot ihm an, als General in seine Dienste zu treten. Aber Friedrich Jakob wollte die holländischen Dienste nicht verlassen und lehnte ab. Um nicht unhöflich zu erscheinen, versprach Homburg, seine beiden Söhne, sobald sie groß genug wären, in russische Dienste zu geben, was auch geschah. 1723 gingen die beiden Prinzen Ludwig Gruno und Johann Karl nach Rußland und wurden zu Offizieren ernannt. Gruno war 18, Johann Karl 17 Jahre alt. Johann Karl starb schon – als Oberst – 1728, Gruno aber machte eine glänzende militärische Karriere. Bereits 1726 wurde er Kommandant des Preobraschenskischen Garderegiments, später des Narvischen Regiments, kämpfte im Russisch-Persischen Krieg 1732 und wurde im Jahr 1734 Statthalter der neu eroberten Provinzen am Kaspischen Meer. Im Jahr darauf wurde er zum »General en chef« der in der Ukraine stehenden russischen Truppen befördert, seit 1737 im Rang eines Generalfelszeugmeisters. 1738 heiratete er die Prinzessin Anastasia Trubetzkoj, mit der er einige Monate – nach sechzehn Jahren – das heimatliche Homburg besuchte, aber eben nur für einige Monate; danach kehrte er nach St. Petersburg zurück, wo er 1742 Generalfeldmarschall wurde, aber schon 1745, vierzig Jahre alt, starb. Er hinterließ keine Kinder. (Er wird in dem schon mehrfach zitierten anonymen Bericht von 1742 als »gelehrter Herr« und »ein großer Kenner und Liebhaber der Muse« geschildert.)

In diese Jahre fiel auch die vergebliche Anstrengung des Landgrafen von Homburg um die kurländische Erbschaft. Die Mutter Friedrich Jakobs war ja eine Prinzessin von Kurland gewesen, die Tochter des Herzogs Jakob Ketteler, der 1682 starb, worauf ihm sein älterer Sohn, der Herzog Friedrich Kasimir, Homburgs Schwager, folgte. Friedrich Kasimir starb 1698. Den Thron erbte sein einziger Sohn, Herzog Friedrich Wilhelm, und, nach dessen Tod 1711, weil er kinderlos war, sein Onkel, Herzog Ferdinand, der jüngste Sohn Herzog Jakobs. Da auch Herzog Ferdinand von Kurland kinderlos und schon ein alter Herr war, begann bereits zu seinen Lebzeiten ein heftiges Schieben um die Thronfolge in Kurland. Zunächst wurde der französische Marschall Moritz von Sachsen – der Sohn der Aurora Königsmarck – als Herzog vorgesehen, später aber wieder fallengelassen. Trotz der günstigen Verbindungen des Hauses Homburg und der Verdienste des Prinzen Gruno als russischer General wurde ihm ein Günstling der Zarin Anna, die inzwischen in Rußland den Thron bestiegen hatte, vorgezogen: der Graf Johann Ernst von Biron, der dann tatsächlich 1737, nach dem Tod Herzog Ferdinands, Herzog von Kurland wurde. Biron, der eigentlich Bühren hieß, war ein kurländischer Gutsbesitzer, ein Abenteurer und Gewaltmensch, eine der schillerndsten Figuren des an Intrigen reichen Rußlands des 18. Jahrhunderts. Auch Prinz Gruno war in einige der schwer durchschaubaren Machtkämpfe Birons verwickelt.

Am 8. Juni 1746 starb der holländische General und Landgraf von Homburg, Friedrich Jakob. Da er seine Söhne überlebt und keine Enkel hatte, fiel Homburg an seinen Neffen, Wilhelm Kasimirs Sohn. Aus seiner zweiten, 1728 geschlossenen Ehe hatte Friedrich Jakob keine Kinder.

Friedrich II., gest. 1708
reg. Landgraf von Hessen-Homburg 1681–1708
2. Ehe: Herzogin Louise Elisabeth von Kurland, gest. 1690
3. Ehe: Gräfin Sophie Sibylle von Leiningen, gest. 1724

- 2. Ehe
  Friedrich III. Jakob
  reg. Landgraf von Hessen-Homburg 1708–1746
  gest. 1746
  1. Ehe: Elisabeth Dorothea von Hessen-Darmstadt
  gest. 1721
  2. Ehe: Christiane Charlotte von Nassau-Ottweiler, geb. 1685
  - Ludwig Gruno
    russischer General
    gest. 1745
    ⚭ Prinzessin Anastasia Trubetzkoj
    geb. 1705
  - Johann Karl
    russischer Oberst
    gest. 1728
- Hedwig Louise
  geb. 1675
  ⚭ Graf Adam Friedrich von Schlieben
  geb. 1677
- Wilhelmine Marie
  geb. 1678
  ⚭ Graf Anton von Oldenburg
  gest. 1738
- Eleonore Margarethe
  geb. 1679
  Stiftsdame in Herford
- Kasimir Wilhelm
  gest. 1726
  ⚭ Christine Charlotte von Solms-Braunfels
  geb. 1690
  - Friedrich IV. Ludwig
    geb. 1724
    reg. Landgraf v. Hessen-Homburg
    1746 ⚭ Ulrike Louise von Solms-Braunfels
    geb. 1731
  - Ulrike Sophie
    geb. 1726
- 3. Ehe
  Ludwig Georg
  gest. 1728
  ⚭ Gräfin Christine von Leinpurg-Sontheim
  geb. 1683
  - Sophie
    geb. 1714
    ⚭ 1727 Fürst Karl Philipp von Hohenlohe-Bartenstein
    geb. 1706

Die Gelegenheit dieses Regierungswechsels benutzte der Landgraf von Hessen-Darmstadt, Ludwig VIII., um wieder einmal die darmstädtischen Ansprüche auf Homburg geltend zu machen. Als Landgraf Friedrich IV., der vorher in französischen, dann in preußischen Kriegsdiensten gestanden war und die Feldzüge der beiden ersten Schlesischen Kriege mitgemacht hatte, in Homburg die Regierung übernehmen wollte, erhob Ludwig VIII. von Darmstadt Einwendungen. Diese Einwendungen waren dem Grunde nach wohl gerechtfertigt, der Form nach aber eher abwegig. Der Landgraf von Darmstadt argumentierte, daß durch die lange Abwesenheit des bisherigen Regenten und die langjährige Verpfändung und Verpachtung des Amtes die Verwaltung und die Finanzen Homburgs in Unordnung geraten seien und daß ein weiteres Wursteln nicht mehr zu verantworten sei. Sicher hatte der Darmstädter Landgraf in diesem Punkt recht, nur war seine alles andere als altruistische Absicht allzu deutlich: er wollte das Amt Homburg wieder in die Landgrafschaft Hessen-Darmstadt eingliedern. Er forderte deshalb die Vormundschaft für den neuen Landgrafen Friedrich IV. Das war natürlich angesichts der Tatsache, daß Friedrich IV. zweiundzwanzig Jahre alt, erwachsen und verheiratet war, eine absurde Forderung. Im Frühjahr 1747 rückten wieder, wie 1699, darmstädtische Truppen in Homburg ein. Es folgten ein Prozeß, Beschwerden beim Kaiser und beim Reichshofrat. Die Verhandlungen schwebten noch, als Landgraf Friedrich IV. am 7. Februar 1751, nur siebenundzwanzig Jahre alt, starb. Er hinterließ einen Sohn, Friedrich Ludwig, der eben drei Jahre alt geworden war.

Nun konnte Ludwig VIII. von Darmstadt auch mit

formalem Grund die Vormundschaft beanspruchen, da er der nächste Agnat, also Verwandter im Mannesstamm, war. Die Darmstädter Verwaltung stieß in Homburg auf Widerstand, wo sich trotz der Vernachlässigung und Verpfändung des Ländchens ein gewisses eigenständiges Bewußtsein, ein Gefühl der Zugehörigkeit zur Familie Hessen-Homburg herausgebildet zu haben scheint. Die Homburger waren mit der Darmstädter »Besetzung« unzufrieden, allen voran ein Mann, der oben schon einmal erwähnt wurde: der Freiherr Friedrich Karl Kasimir von Creuz, jener 1724 geborene Sohn des schwedischen Kapitäns, Abenteurers und Alchemisten, dessen Pate der Großvater des nun – dem Namen nach – regierenden Landgrafen Friedrich V., der Landgraf Wilhelm Kasimir, gewesen war. Baron von Creuz war der hessen-homburgische Minister und muß ein aufrechter Mann gewesen sein. Er wurde 1755 beim Reichshofrat in Wien vorstellig und vertrat energisch die Sache des kleinen homburgischen Prinzen. Dem Darmstädter Landgrafen war er so lästig, daß er diesen Creuz 1755 einsperren und erst Ende 1756 wieder frei ließ. Creuz ließ aber nicht locker. Er erreichte, daß 1766 der nun achtzehnjährige Landgraf Friedrich V. Ludwig für volljährig erklärt und die darmstädtische Vormundschaft aufgehoben wurde. 1768 wurde dann endlich der endgültige Vergleich zwischen Darmstadt und Homburg ausgehandelt, von dem oben schon berichtet wurde. Die Versöhnung zwischen den beiden Linien Darmstadt und Hessen wurde durch die Heirat des Landgrafen Friedrich V. mit der ältesten Tochter des Darmstädter Erbprinzen (der noch im gleichen Jahr nach dem Tod des für Homburg so schikanösen Ludwig VIII. als Ludwig IX. an die Regierung kam) besiegelt.

Da Friedrich V. in Homburg blieb, durch den Wegfall der Reibereien mit Darmstadt, durch relativ friedliche Zeit in Deutschland nach dem Ende des Siebenjährigen Krieges und auch durch eine vernünftige Verwaltung dieses aufgeklärten und klugen Fürsten – dem die erhaltenen Urkunden und Berichte das beste Zeugnis ausstellen –, ging es mit der Landgrafschaft Homburg nun endlich und langsam wirklich aufwärts (obwohl auch Landgraf Friedrich V. noch hie und da nach Amsterdam reisen mußte, um dort bei Bankiers Kredit aufzunehmen). Auch genealogisch schien der sozusagen fast verdorrte Zweig Hessen-Homburg neue Triebe anzusetzen. Friedrich V. gehörte wie sein Urgroßvater Friedrich II. zur kinderreichen Spezies der Hessen-Fürsten. Fünfzehn waren es wieder, wie damals, acht Söhne und sieben Töchter. Von den fünfzehn Kindern starben vier im Kindesalter, der jüngste Sohn, Landgraf Leopold, fiel 1813 in den Befreiungskriegen, die anderen Söhne folgten einander in der Regierung, und zwar eines um mehr als das Doppelte vergrößerten Landes. 1806 wurde Hessen-Homburg bei Errichtung des Rheinbunds zugunsten Hessen-Darmstadts mediatisiert, das heißt, das Amt Homburg wurde dem, seit diesem Jahr nicht mehr Landgrafschaft, sondern Großherzogtum, Hessen-Darmstadt einverleibt. Der Wiener Kongreß von 1815 machte diese Mediatisierung rückgängig und entschädigte den Landgrafen mit dem Fürstentum Meisenheim, einem Landstrich westlich des Rheins, an der Nahe, südlich von Idar-Oberstein und Kreuznach, zwischen dem – seit 1815 oldenburgischen – Fürstentum Birkenfeld und der zu Bayern gehörenden Pfalz gelegen. Am 7. Juli 1817 trat der Landgraf von Hessen-Homburg dem Deutschen Bund bei.

Landgraf Friedrich V., ein liebenswürdiger Fürst, von dem ganz am Ende dieses Buches noch kurz in anderem Zusammenhang die Rede sein wird, starb am 20. Januar 1820 und hinterließ die Regierung seinem ältesten Sohn Friedrich VI. Joseph, der zwar mit einer englischen Prinzessin verheiratet war (Prinzessin Elisabeth, Tochter König Georgs III.), die sicher ranghöchste Heirat eines Homburger Landgrafen, aber keine Kinder hatte. Er starb am 2. April 1829, ihm folgte sein ältester Bruder, Landgraf Ludwig Friedrich Wilhelm, der, 1770 geboren, in Genf studiert hatte, 1788 in preußische Militärdienste getreten war. Er nahm an allen Feldzügen Preußens mit und gegen Napoleon teil, zum Schluß als General der Infanterie. In der Völkerschlacht bei Leipzig wurde er schwer verwundet. Nach dem Wiener Kongreß wurde Landgraf Ludwig Gouverneur der Bundesfestung Luxemburg. Unter Landgraf Ludwig trat zunächst Meisenheim (1829), dann Homburg selber (1835) dem preußisch-hessischen Zollverein bei. Auch Landgraf Ludwig war kinderlos, 1804 hatte er eine Prinzessin von Nassau-Usingen geheiratet, welche Ehe aber ohne weitere Folgen schon 1805 wieder geschieden wurde. (Die Prinzessin heiratete kurz darauf den württembergischen General und späteren Grafen Friedrich Wilhelm von Bismarck, einen entfernten Vetter des Reichskanzlers.)

Auf Landgraf Ludwig folgte nach dessen Tod am 19. Januar 1839 der nächste Bruder, Landgraf Philipp August Friedrich, der auch Militär war, zuletzt k. u. k. Generalfeldzeugmeister. Philipp war nur zur linken Hand verheiratet, und zwar mit einem Fräulein Antonie Rosalie Pototschnik, die zwar anstandshalber zur »Gräfin von Naumburg« erhoben wurde, deren Nachkommen aber, selbst wenn sie welche gehabt hätte, nicht erbberechtigt gewesen wären. Unter Landgraf Philipp und seinen Nachfolgern spielt sich in Homburg im Kleinen das ab, was ganz Deutschland in den Jahren 1848 erschütterte: ein Verfassungskampf, allerdings in kleinstaatlich milder Form. Ende 1844 erging eine Petition der Homburger Bürger an den Landgrafen, auf die hin er am 4. Februar 1845 versprach, dem Land eine ständische Verfassung zu geben. Daraufhin gaben die Bürger eine Zeitlang Ruhe, und der Landgraf starb am 15. Dezember 1846, ohne daß er sein Versprechen einzulösen gebraucht hatte. Es waren nach seinem Tod immer noch Brüder übrig, so daß nun der nächste drankam: Gustav August Friedrich, der auch in österreichischen Militärdiensten stand und k. u. k. Feldmarschalleutnant war. Gustav war verheiratet seit 1818 mit der Prinzessin Louise von Anhalt-Dessau und hatte – als einziger Sohn des Landgrafen Friedrich V. – sogar drei Kinder, zwei Töchter, von denen die ältere, Karoline, den Fürsten Heinrich XX. von Reuß zu Greiz geheiratet hatte (sie war die Großmutter jener Prinzessin Hermine von Reuß, die der letzte Deutsche Kaiser im Exil heiratete), und Elisabeth, die unverheiratet blieb, und einen Erbprinzen, der selbstverständlich nicht anders als Friedrich hieß.

Landgraf Gustav beeilte sich, nachdem überall in Deutschland und Österreich die Märzunruhen des Jahres 1848 ausgebrochen waren, das Versprechen seines Bruders zu erfüllen, und verfügte mit Patent vom 10. März die Einberufung eines verfassungsgebenden Landtages. Am 28. Juli 1848 fanden die Wahlen zu diesem Landtag statt, aber der Landtag konnte zu dem vorgesehenen Termin nicht zusammentreten, da der Landgraf am 8. September 1848 starb. (Der Erbprinz Friedrich war schon vorher im Januar des Jahres, erst achtzehn Jahre alt, plötzlich gestorben.)

Nun war nur noch ein Bruder übrig, Landgraf Ferdinand Heinrich Friedrich, der nun, im Alter von 65 Jahren, die Nachfolge in Homburg antrat. Ferdinand war, wie zwei seiner Brüder und Vorgänger, österreichischer Offizier gewesen, zuletzt Feldzeugmeister. Da Ferdinand nie geheiratet hatte, war, in Anbetracht seines vorgerückten Alters, wahrscheinlich, daß dieser Landgraf der letzte der Homburger Linie sein würde. Was man angesichts der acht strammen Söhne des alten Landgrafen Friedrich V. nicht für möglich gehalten hätte, war eingetreten: das ganze landgräfliche Haus starb binnen einer Generation aus.

Wenn aber nun schon der Landgraf Ferdinand keinerlei Anstalten gemacht hatte, die Linie des Helden von Fehrbellin fortzupflanzen, so wurde er doch wenigstens sehr alt (und sehr reaktionär). Er, der mit 65 Jahren die Regierung angetreten hatte, regierte noch 18 Jahre. Im ersten Jahr seiner Regentschaft trat, am 12. April 1849, die gewählte verfassungsgebende Landesversammlung zusammen. Sie beriet im Lauf des Jahres die Verfassung und einige andere Gesetze, so daß am 10. Dezember 1849 das Hessen-Homburgische Staatsgrundgesetz verabschiedet und am 3. Januar 1850 veröffentlicht werden konnte.

Das war alles sehr gut, bewahrte in dem kleinen Land die Ruhe, aber ein anderes Ereignis des Jahres 1849 drohte Hessen-Homburg den Lebensnerv abzuschneiden. Noch zu Lebzeiten des Landgrafen Friedrich V. hatte man damit begonnen, was vergeblich schon der Prinz von Homburg im 17. Jahrhundert versucht hatte, die

Salzquellen effektiv auszunützen, und zwar mit Erfolg. Homburg – nun Bad Homburg vor der Höhe – wurde eines der elegantesten und beliebtesten deutschen Kurbäder. Souveräne, selbst aus fernsten Weltreichen (so hielt sich zum Beispiel der König von Siam mit Vorliebe in Homburg auf), besuchten das Bad und gebrauchten die Kuren, Größen des Geistes- und des Geldadels und überhaupt alles, was chic sein und dabei sein wollte. Ein nicht unwesentlicher Teil des Badebetriebes war das Spielcasino. Und ausgerechnet dieses Spielcasino sollte 1849 geschlossen werden, denn am 20. Januar 1849 hatte die Reichsversammlung in der Paulskirche in Frankfurt – man wundert sich, daß die nichts Besseres zu tun hatte – ein Gesetz verkündet, wonach in Deutschland alle Spielbanken geschlossen werden mußten. Der Spielbank von Bad Homburg wurde eine Frist bis 1. Mai gesetzt. Der Landgraf Ferdinand betrachtete dieses Gesetz als einen Hohn und dachte nicht daran, sich ihm zu beugen. Er erhob formell Einspruch gegen das Gesetz, was zur Folge hatte, daß wahrhaft blitzschnell, nämlich noch ehe eine Woche nach dem 1. Mai vergangen war, am 7. Mai ein österreichisches Exekutionskommando in Bad Homburg auftauchte, unter den Augen des zähneknirschenden Landgrafen – der noch dazu ehemaliger k. u. k. Feldzeugmeister war – das Casino besetzte, Kunden und Croupiers hinauswarf und das Lokal schloß.

Landgraf Ferdinand verhielt sich sehr klug, das heißt, er tat gar nichts. Die österreichischen Soldaten saßen ein paar Tage in Homburg, dann marschierten sie wieder ab. Der Landgraf ließ dann ganz einfach das Casino wieder aufmachen. Man hielt den Atem an, was passieren würde. Es passierte nichts.

So langsam sich die homburgischen Landgrafen den Forderungen des murrenden und aufmuckenden Bürgertums nach einer Verfassung gebeugt hatten, so schnell machten sie von dem schon 1849 einsetzenden reaktionären Umschwung Gebrauch. Schon Anfang 1851 widerrief der Landgraf alle konstitutionellen Zugeständnisse, die er und seine Vorgänger 1848 und 1849 gemacht hatten; am 20. April 1852 wurde die Verfassung förmlich aufgehoben. Der Landgraf war wieder ein absolut regierender Fürst, und dabei blieb er bis zum 24. März 1866, an welchem Tag dieser letzte Landgraf aus der Nachkommenschaft des Prinzen von Homburg starb.

Gemäß den Familienverträgen fielen Hessen-Homburg und Meisenheim an das Großherzogtum Hessen-Darmstadt, das sich des Besitzes nicht lang freuen konnte. Hessen-Darmstadt nahm auf Seiten Österreichs am österreichisch-preußischen Krieg von 1866 teil und fiel damit, wie immer, wenn Hessen seine traditionelle Habsburgertreue durch die Tat bewies, fürchterlich herein. Das darmstädtische Heer wurde zweimal von den Preußen geschlagen. Ganz Hessen wurde besetzt. Nur der nahen Verwandtschaft des Großherzogs mit den Monarchen Englands und Rußlands verdankte es Hessen-Darmstadt, daß es ihm Ende 1866 nicht erging wie Hessen-Kassel (Kurhessen), das Bismarck dem preußischen Königreich en bloc einverleibte. Im Friedensvertrag vom 3. September 1866 mußte Hessen-Darmstadt zwar 3 Millionen Gulden Kriegskosten bezahlen, blieb aber bestehen. Einige Gebietsteile mußten allerdings abgetreten werden, darunter die ehemalige Landgrafschaft Hessen-Homburg und das Fürstentum Meisenheim.

Bad Homburg vor der Höhe wurde preußische Provinzstadt. Vielleicht ist es etwas überspitzt, aber der Gedanke drängt sich doch auf: der preußische Moloch, dem der Prinz von Homburg auf dem Schlachtfeld von Fehrbellin ans Licht der Welt geholfen, war größer und größer geworden und unersättlicher, je mehr er fraß, und hatte jetzt so nebenbei auch das kleine Erbe seines Geburtshelfers verschlungen.

Landgraf Friedrich V. von Homburg

Es wäre, ist oben gesagt, ganz am Ende des Buches noch einmal in anderem Zusammenhang auf den liebenswürdigen Landgrafen Friedrich V. zurückzukommen. Zwei äußere Daten der großen deutschen Literatur kreuzen sich merkwürdig mit seinem Lebensweg.

Dieser Fürst, 1748 geboren – ein Jahr vor Goethe, Bach lebte noch, mitten in der galanten Zeit –, lebte bis 1820, das heißt, er erlebte nicht nur die Französische Revolution, den Umsturz aller Werte, den Fall der Kronen und der Köpfe, die sie trugen, er erlebte die verheerende Walze der Napoleonischen Kriege, das Ende des alten Reiches, aber auch die Neuordnung und die Beruhigung nach dem Wiener Kongreß. Als er starb, schrieb der junge Mendelssohn in Berlin seine ersten Symphonien. Auch dieser Fürst war ein Mensch, dem es gegeben war – vielleicht ein zweifelhaftes Glück –, mit seiner Lebensspanne uns heute, rückblickend, unvereinbar scheinende Zeitläufte zu überspannen.

Das Hessische Staatsarchiv in Darmstadt bewahrt unter anderem den Nachlaß dieses Landgrafen Friedrich V.

auf, darunter eigenhändig in kleine rote Saffianbände geschriebene Gedichte in deutscher und französischer Sprache. Der Landgraf stand aber auch in Verbindung mit Lavater und Klopstock, mit Naturforschern und Theologen, denn alles geistige Leben interessierte ihn.

Seine jüngste Tochter Amalie Maria Anna war seit 1804 mit dem Prinzen Wilhelm von Preußen verheiratet, dem jüngsten Bruder König Friedrich Wilhelms III. (Ihre Tochter Marie heiratete 1842 den Kronprinzen von Bayern, den späteren König Maximilian II. Ihr ältester Sohn war König Ludwig II., der also ein Ur-ur-ur-ur-Enkel des Prinzen von Homburg war.) Kleist widmete der Prinzessin Wilhelm – die Hohenzollern titulierten nach englischer Manier ihre Damen nach den Vornamen der Männer – seinen »Prinzen von Homburg« mit folgendem Vermerk:

Ihrer königlichen Hoheit
der Prinzessin
Amalie Marie Anne
Gemahlin des Prinzen Wilhelm von Preußen
Bruders Sr Majestät des Königs
gebohrne Prinzessin von Hessen-Homburg

dem ein Gedicht folgt, das, im Gegensatz zum Drama, Kleist nicht unsterblich gemacht hätte:

Gen Himmel schauend greift, im Volksgedränge,
Der Barde fromm in seine Saiten ein.
Jetzt trösten, jetzt verletzen seine Klänge,
Und solcher Antwort kann er sich nicht freun.
Doch Eine denkt er in dem Kreis der Menge,
Der die Gefühle seiner Brust sich weihn:
Sie hält den Preis in Händen, der ihm falle,
Und krönt ihn die, so krönen sie ihn Alle.

(Die Widmung und der Vermerk, daß die Widmungsträgerin eine geborene Prinzessin von Hessen-Homburg sei, also eine Nachkommin der dramatisch behandelten Gestalt, sind Punkte, die eher dafür sprechen, daß Kleist die von ihm benutzten Quellen als historisch getreu betrachtete.)

Marie von Kleist, die angeheiratete Cousine des Dichters, die zum engeren Gesellschaftskreis der Königin Luise, der Schwägerin der Prinzessin Wilhelm, gehörte, übersandte am 3. September 1811 (das Drama entstand in den Jahren 1809 und 1810), zwei Monate vor dem Selbstmord Kleists, den »Prinzen von Homburg« der Prinzessin Wilhelm mit einem sehr gewundenen und zu vorsichtiger Lektüre ratenden Brief. Offenbar war zu erwarten, daß in Kreisen des Hofes das Thema des Stückes als heikel empfunden werden würde. Das übersandte Manuskript war eine kalligraphische Kopie, die Kleist von einem berufsmäßigen Schönschreiber eigens für diesen Zweck anfertigen ließ. Das Urmanuskript ist verschollen.

Kleist erlebte keine Aufführung, keine Buchveröffentlichung des »Prinzen von Homburg«, nicht einmal eine Reaktion seitens der Widmungsträgerin. Marie von Kleist hatte recht: das Manuskript verschwand (ungelesen?) in den Papieren der Prinzessin Wilhelm und wäre um ein Haar verlorengegangen, wenn nicht zehn Jahre später Ludwig Tieck, der wußte, daß Kleist dieses Drama geschrieben hatte, der Prinzessin das Manuskript herausgelockt und zunächst veröffentlichen und dann – am 3. Oktober 1821 in Wien, ein Ruhmesblatt des Burgtheaters – hätte uraufführen lassen.

Mehr Sinn für literarische Qualitäten als die Prinzessin Amalie Maria Anna hatte ihr Vater, Landgraf Friedrich V., »Friedrich der Einsiedler«, wie er gelegentlich unterschrieb. (Für einen Vater einer Familie von 15 Kindern wohl eher eine Wunschvorstellung als Realität.) Nicht nur der Landgraf, auch seine Frau, die Landgräfin Caroline, und eine seiner Töchter, die 1776 geborene Prinzessin Auguste, interessierten sich für Literatur, die Prinzessin bis zur Verstiegenheit. (Es war die Zeit der, mit allem Respekt gesagt, weiblichen literarischen Feuerengel, von denen nur die Damen Schlegel, Arnim, Varnhagen genannt seien.) Der Erzieher Friedrichs des Einsiedlers war ein Herr Alexander Adam von Sinclair gewesen, dem das Verdienst zukommt, die geistigen Gaben und Interessen des jungen Landgrafen geweckt zu haben. Auf den Vorwurf, er mache den Prinzen zu gelehrt, antwortete Sinclair in einem Brief, der in der ausführlichen Biographie des Landgrafen Friedrich V. von Karl Schwartz abgedruckt ist:

»Ist er denn dazu berufen, daß er ein Jäger oder einer von den hochgeborenen Müßiggängern, von denen es in Deutschland wimmelt, werden solle? Soll er einst seine Zeit in Spielen, Jagen und Spazierengehen einteilen oder werden es einmal seine Pflichten erfordern, die Berichte und Gutachten seiner Räte zu lesen und darüber die Entscheidung zu geben.«

Angesichts der Jagdtollheit des landgräflichen Großvaters Wilhelm Kasimir, der tatsächlich einer der hochgeborenen Jäger und Müßiggänger war, ist hier schon ein Geisteswandel sichtbar.

Der Sohn jenes Alexander Adam von Sinclair, Isaak von Sinclair, wurde Minister des Landgrafen von Hessen-Homburg. Er schlug dem Landgrafen im Sommer 1804 vor, einen jungen Dichter nach Homburg zu berufen, mit dem er befreundet sei, der seit zwei Jahren nach dem Scheitern beruflicher und dichterischer Pläne in bedenklicher geistiger Verfassung lebe, und dem vielleicht geholfen werden könne, wenn man ihm eine leichte, ordentlich bezahlte, ihm gemäße Anstellung gebe. Der Landgraf willigte ein. Der junge Dichter sollte die Sinecure-Stellung eines Hofbibliothekars bekommen, für das Gehalt – im Staatsetat war keine Hofbibliothekarsstelle vorgesehen – kam Sinclair selber auf. Der junge Dichter war Friedrich Hölderlin.

Die Erwartungen, die Sinclair in den Aufenthalt Hölderlins in Homburg setzte, erfüllten sich nicht. Hölderlins Zustand verschlechterte sich. Im September 1806 veranlaßte Sinclair, daß Hölderlin in eine Nervenheilanstalt verbracht wurde, in die Autenriethische Klinik in Tübingen. Homburg war die letzte Station im Leben des Dichters, bevor er für die restlichen siebenunddreißig Jahre seines Lebens im Turm am Neckar, gepflegt von der Familie eines Schreinermeisters, verschwand. In Homburg entstanden einige seiner großen, letzten Hymnen und Hymnenfragmente. Die Hymne »Patmos« – »Nah ist / Und schwer zu fassen der Gott. / Wo aber Gefahr ist, wächst / Das Rettende auch...« – ist dem Landgrafen von Homburg gewidmet. Die Reinschrift des Gedichts in klaren, großen Zügen von Hölderlins Hand liegt beim Nachlaß des Landgrafen im Hessischen Staatsarchiv in Darmstadt. Von des Landgrafen eigener Hand findet sich am Rand der letzten Seite der Handschrift der Vermerk: »Hymne von Hölderlin.«

So sind die Namen Kleist und Hölderlin mit dem der

Landgrafen von Homburg verbunden; wahrhaftig nicht die schlechtesten Namen der deutschen Literatur.

Die Prinzessin Auguste verliebte sich in Hölderlin. Es war wohl nicht anders möglich, als daß sich die Dame – kein junges Mädchen mehr, sie war immerhin knapp dreißig Jahre alt – von schwärmerisch-literarischem Naturell in einen hochbegabten, vom Wahnsinn schon umdüsterten Dichter, der unvermutet in ihrer provinziellen Umgebung auftauchte, verlieben mußte. Sie gestand Hölderlin ihre unstandesgemäße Leidenschaft nie, äußerte aber später, er sei für sie »die Erweckung zu einem höheren Sein« gewesen. Auguste heiratete viele Jahre später (1818) den Erbgroßherzog Friedrich Ludwig von Mecklenburg-Schwerin, wurde aber schon ein Jahr nach der Hochzeit Witwe. Kinder hatte sie nicht. Sie starb, fünfundneunzig Jahre alt, am 1. April 1871. Mit ihrem Tod und dem Tod ihrer Nichte Caroline, verheiratete Prinzessin Reuß (Tochter des vorletzten Landgrafen Gustav), am 18. Januar 1872, erlosch die Nebenlinie Homburg des Hauses Hessen, die direkte Nachkommenschaft des Prinzen von Homburg.

Nachwort

Ich halte Kleist für einen der größten Dichter deutscher Sprache. Man kritisiert Kleist nicht, wenn man nach der Lektüre seines »Prinzen von Homburg« oder nachdem man ihn im Theater gesehen hat, fragt, wie das damals bei Fehrbellin und mit dem historischen Landgrafen von Homburg wirklich war. Die Wirklichkeit, hier: die historische Realität ist nicht besser und ist nicht schlechter als die Poesie, sie ist anders. Ich habe die Arbeit an dieser Biographie des historischen Prinzen von Homburg auch, und ich hoffe, das wird dem Leser an der einen oder anderen Stelle deutlich, als einen Ausdruck der Verehrung für das Genie Kleists gedacht.

Den Ehrgeiz, eine Biographie zu schreiben, teile ich mit manchen Schriftstellern, deren Gesellschaft ich mich nicht zu schämen brauche. Ich bin mir im klaren darüber, daß man, wenn man diesem Buch die Ehre der Aufmerksamkeit schenken sollte, ihm Mißtrauen entgegenbringen wird, allenfalls vorsichtige Neugier. Man wird vielleicht nach dem suchen, was man – zum Teil zu Recht, zum Teil aber nicht – in meinen bisherigen Büchern gefunden hat oder geglaubt hat zu finden: Skurrilität und Aberwitz. Ich versichere, daß von dem nichts in diesem Buch ist. Ich habe eine Biographie geschrieben, und ich habe mich an die mir greifbaren Fakten gehalten und nichts dazuerfunden. Wenn etwas in diesem Buch nicht wahr sein sollte, so bin ich falschen Quellen aufgesessen, habe eine Quelle falsch gelesen oder verstanden oder habe – was mir sicher der eine oder andere Fachhistoriker oder Heimatforscher vorwerfen wird – eine Quelle, die etwas anderes sagt als ich, übersehen. Dabei nun bitte ich zu bedenken, daß es nicht mein Ehrgeiz war, eine historische Archivarbeit vorzulegen oder neue, sensationelle Fakten über den historischen Prinzen von Homburg auszugraben. Meine Absicht war, anstelle einer Erzählung aus eigener Erfindung eine Erzählung nach historischem Stoff, eine historische Erzählung zu schreiben.

Dabei habe ich festgestellt, daß gar nicht so viel Unterschied besteht zwischen der Arbeit nach eigenem oder vorgegebenem Stoff. Beide neigen dazu, auszuufern, und es ist hier wie dort die eigentliche und, fast möchte ich sagen, einzige Aufgabe der gestaltenden Hand, die Grenze zu finden, wo man das Gewebe der Zeit und des Schicksals, das sich nach allen Seiten ins Unendliche fortsetzt, heraustrennen kann, ohne es zu beschädigen.

Ich habe gesagt, daß ich mich mit dem Ehrgeiz, eine Biographie zu schreiben, nicht in schlechter Gesellschaft befinde. Ich denke dabei selbstverständlich in erster Linie an Stefan Zweig. Aber auch in den letzten Jahren sind von verschiedenen namhaften Schriftstellern Biographien erschienen. Davon erlaube ich mir, mich etwas abzusetzen, mit allem Respekt, denn alle diese Biographien sind Künstlerbiographien. Von vornherein stand für mich fest, daß der Gegenstand meiner Biographie kein Künstler sein darf, denn das verleitet erstens zu Spekulationen und Deuteleien und ist zweitens überflüssig, denn ich habe immer wieder festgestellt, daß die Werke der Künstler, ihre Briefe und eine schlichte Zeittafel genügen. Das Köchelverzeichnis und die Briefausgabe mit Anmerkungen sind die beste Biographie Mozarts. Es gibt freilich auch Ausnahmen, namentlich, wenn es sich nicht um Literaten handelt, sondern um Musiker oder bildende Künstler, denen die Biographien gewidmet sind. Vor Literatur über Literatur aber habe ich immer eine Scheu gehabt; ich lese sie ungern, wenn es irgend geht, gar nicht, und sie meinerseits noch weiter anzureichern, käme mir nicht in den Sinn.

Ich habe den historischen Prinzen von Homburg zum Gegenstand meiner Biographie gewählt, weil ich durch Kleists Drama angeregt worden bin, über diese Figur nachzudenken, weil seit der etwas biederen und flachen Arbeit von Johann Jungfer aus dem Jahr 1890 keine Biographie über den historischen Homburg geschrieben wurde, und weil mir die Zeit, in der Homburg gelebt hat, die zweite Hälfte des 17. Jahrhunderts, interessant und auch etwas in unserer Geschichtsschreibung vernachlässigt erscheint. Ich habe – auch an mir selber – festgestellt, daß man diese Zeit als das Zeitalter Ludwigs XIV. betrachtet und außer Acht läßt, was sonst in Europa in jenen Jahren alles passiert ist.

Ich kehre, am Ende, nochmals zu Heinrich von Kleist zurück. Ich hätte natürlich gerne dieses Buch mit einem passenden Vers aus dem »Prinzen von Homburg« geschlossen. Ich habe keinen gefunden. Kleists Drama, das zwar im formalen Sinn streng klassisch ist, ist dem Inhalt nach so sehr von romantischen Vorstellungen geprägt, daß kein Raum für Sentenzen ist. Die Gestalten Kleists reden erstens nur das Notwendige und nie das allgemein, sondern immer nur das subjektiv Gültige. Mir wurde bei der Arbeit an dieser Biographie klar, daß das Wort, Kleist sei der Klassiker unter den Romantikern oder der Romantiker unter den Klassikern, wahr ist. Das war wohl auch Kleists Verhängnis, denn er wurde weder von den Klassikern noch von den Romantikern recht ernst genommen, weil ihn jeder zu den andern gehörig zählte.

Wer eine Synthese versucht, eine Synthese zwischen hergebrachter Form und neuem Inhalt, zwischen verschiedenen Formen des Theaters, zwischen Geschichtsschreibung und Erzählung (um unbescheidenerweise auch das Problem dieses Buches hier anzuführen), wer sich nicht eindeutig einer Schule oder Richtung anschließt, ist immer schon Gefahr gelaufen, verkannt zu werden. Kleist ist sich dessen bewußt gewesen:

»Das Leben nennt der Derwisch eine Reise,
Und eine kurze. Freilich! Von zwei Spannen
Diesseits der Erde nach zwei Spannen drunter.
Ich will auf halbem Weg mich niederlassen.«

»Prinz von Homburg«, IV, 3

Anhang

Zeittafel

1633 30. März: Landgraf Friedrich von Hessen-Homburg wird in Homburg geboren

1634 Sowohl kaiserliche als auch schwedische Truppen machen Homburg unsicher. Der Landgraf flieht mit seiner Familie in die Festung Gießen

1635 Der Landgraf kehrt aus Gießen nach Homburg zurück

1636 Zweimalige Einquartierung kaiserlicher Truppen in Homburg

1638 Friedrichs Vater, Landgraf Friedrich I., stirbt. »Chef« der Familie wird Friedrichs ältester Bruder Wilhelm Christoph

5. September: Ludwig, später König Ludwig XIV. von Frankreich, wird geboren

1640 Friedrich Wilhelm wird – zwanzig Jahre alt – Kurfürst von Brandenburg

1643 Ludwig XIV. wird – unter Vormundschaft – König von Frankreich

Hessen-Darmstadt verpfändet das Amt Bingenheim an Friedrichs ältesten Bruder

1648 Westfälischer Friede. Ende des 30-jährigen Krieges

1649 Die Landgräfin-Witwe bestellt für Friedrich Herrn von Langeln zum Hofmeister

1654 Nach dem Thronverzicht Königin Christines wird der Wittelsbacher Pfalzgraf Karl Gustav als König Karl X. König von Schweden

Friedrich tritt als Oberst in schwedische Dienste

1655 König Karl X. von Schweden fällt in Polen ein; Beginn des bis 1660 dauernden schwedisch-polnisch-dänisch-brandenburgischen Krieges (sogenannter Erster Nordischer Krieg)

1656 Karl X. von Schweden erobert Warschau

1658 Januar und Februar: Karl X. setzt mit seiner Armee überraschend über den gefrorenen Belt und erobert Dänemark

26. Februar: Frieden von Roskilde zwischen Schweden und Dänemark, der für Schweden bedeutende territoriale Vorteile bringt

1659 29. Januar: Friedrich verliert bei der Belagerung von Kopenhagen das rechte Bein durch eine Kanonenkugel

1660 Karl X. von Schweden stirbt. Seine Witwe als Vormund des minderjährigen Karl XI. muß den Frieden von Oliva schließen, bei dem Schweden glimpflich davonkommt

»Pyrenäenfriede« zwischen Spanien und Frankreich (Kardinal Mazarin)

1661 Friedrich heiratet am 12. Mai in Stockholm Margarethe Gräfin Brahe; quittiert den schwedischen Dienst

Ludwig XIV. von Frankreich übernimmt nach Kardinal Mazarins Tod selbständig die Regierung

1667 Die Landgräfin-Witwe Margarethe Elisabeth, Friedrichs Mutter, stirbt

Beginn des sogenannten »Devolutionskrieges« Ludwigs XIV. gegen die Niederlande

1668 Ludwig XIV. erobert die Franche Comté

2. Mai: Frieden von Aachen zwischen Frankreich und der Tripelallianz

Ausgleich zwischen Hessen-Darmstadt und Hessen-Homburg, Niederschlagung aller anhängigen Prozesse

1669 Friedrichs Frau, Landgräfin Margarethe, geb. Gräfin Brahe, stirbt

Friedrichs jüngerer Bruder, Georg Christian, kauft dem älteren Bruder das Amt Homburg ab

1670 23. Oktober: Friedrich heiratet in Berlin die Prinzessin Louise Elisabeth von Kurland. Friedrich konvertiert zur reformierten Konfession

Er wird kurbrandenburgischer General der Kavallerie

1672 Ludwig XIV. fällt zum zweiten Mal in den Niederlanden ein. Wilhelm III. von Oranien rettet den Kern der Niederlande durch Öffnung der Dämme und Überschwemmung des Landes

Erfolgloser Feldzug des Kurfürsten Friedrich Wilhelm von Brandenburg als Verbündeter der Niederlande an den Niederrhein

Friedrichs erstes Kind, Landgräfin Charlotte, wird geboren

Karl XI. von Schweden schließt ein Bündnis mit Frankreich, das gegen Brandenburg gerichtet ist

1673 Friedrichs zweites Kind, Landgraf Friedrich Jakob, wird geboren

Hessen-Darmstadt erhält das Amt Homburg zum Pfand

1674 Friedrichs drittes Kind, Landgraf Karl Christian, wird geboren

Der Reichstag erklärt den Reichskrieg gegen Frankreich. Im brandenburgischen Kontingent befindet sich auch Friedrich von Homburg als General der

Kavallerie. Der Feldzug endet mit der Niederlage der Reichstruppen in der Schlacht bei Kolmar
Baurat Paul Andrich tritt in Friedrichs Dienste

1675 Friedrichs viertes Kind, Landgräfin Hedwig Louise, wird geboren
Schwedische Truppen fallen aus Pommern in die Mark Brandenburg ein
18. Juni: Schlacht bei Fehrbellin

1676 Friedrichs fünftes Kind, Landgraf Philipp, wird geboren
Feldzug des Kurfürsten von Brandenburg in Mecklenburg und Pommern

1677 Friedrichs Bruder, Landgraf Georg Christian, stirbt
Neuer brandenburgischer Feldzug in Pommern

1678 Friedrichs sechstes Kind, Landgräfin Wilhelmine Marie, wird geboren
Weitere Feldzüge in Pommern. Der Kurfürst von Brandenburg erobert fast alle schwedischen Besitzungen in Pommern
Friedrich quittiert den brandenburgischen Dienst und kehrt nach Homburg zurück
Winter 78/79: Winterfeldzug in Ostpreußen

1679 Friedrichs siebtes Kind, Landgräfin Eleonore Margarethe, wird geboren
Friedensschluß von St. Germain-en-Laye zwischen Schweden und Brandenburg. Brandenburg muß fast alle Eroberungen des vorangegangenen Krieges herausgeben

1680 Abbruch eines alten Stadtviertels und der alten gotischen Kirche in Homburg und Baubeginn des Schlosses »Friedrichsburg« (Architekt Paul Andrich)
Wiederherstellung der Saline

Friedrich löst mit Genehmigung seines älteren Bruders das Amt Homburg wieder ein, nimmt hier als Landgraf und Landesherr Residenz

1681 Friedrichs ältester Bruder, Wilhelm Christoph, der »Landgraf von Bingenheim«, stirbt

Friedrich II. wird Chef der Familie und nun auch de jure regierender Landgraf. Vergeblicher Versuch Friedrichs, Bingenheim der Landgrafschaft einzuverleiben

Friedrichs achtes Kind, Landgräfin Elisabeth Franziska, wird geboren

30. September: Ludwig XIV. überfällt – mitten im Frieden – Straßburg

1682 Friedrichs neuntes Kind, Landgräfin Johanna Ernestina, wird geboren

1683 Friedrichs zehntes Kind, Landgraf Ferdinand, wird geboren und stirbt nach drei Tagen

1684 Friedrichs elftes Kind, Landgraf Karl Ferdinand, wird geboren

Friedrich bewirbt sich erfolglos um die Generalissimus-Stelle der Niederländischen Armee

1685 Ludwig XIV. widerruft das Edikt von Nantes. Zahlreiche Hugenotten und Waldenser verlassen daraufhin Frankreich. Friedrich von Homburg nimmt französische Flüchtlinge auf, errichtet die »Louisenstadt«, später Friedrichsdorf und Dornholzhausen

1687 Friedrichs ältester Sohn, Landgraf Friedrich Jakob, tritt vierzehnjährig, als Rittmeister in holländische Kriegsdienste

1688 Friedrichs fünfter Sohn, der vier Jahre alte Landgraf Karl Ferdinand, stirbt

Wilhelm III. von Oranien, Statthalter der Niederlande, wird auch König von England
Koalition England – Niederlande – Deutsches Reich gegen Frankreich
Französische Truppen fallen in die Pfalz ein

1690 16. Dezember: Friedrichs zweite Frau, Landgräfin Louise Elisabeth, geborene Herzogin von Kurland, stirbt wenige Monate nach der Geburt des zwölften Kindes: Landgraf Kasimir Wilhelm

1691 15. November: Friedrich heiratet zum dritten Mal: Gräfin Sophie Sibylle von Leiningen-Westerburg

1692 Die englisch-niederländische Flotte besiegt die französische Flotte bei La Hougue
Friedrichs ältester Sohn, Landgraf Friedrich Jakob, wird niederländischer Oberst

1693 Friedrichs dreizehntes Kind, Landgraf Ludwig Georg, wird geboren, im gleichen Jahr, elf Monate danach, das vierzehnte Kind, Landgräfin Friederike Sophie

1694 Friedrichs älteste Tochter, Landgräfin Charlotte, heiratet den Herzog Johann Ernst III. von Sachsen-Weimar. Die jüngste, im Vorjahr geborene Tochter Friederike Sophie, stirbt

1695 Friedrichs fünfzehntes Kind, Landgraf Leopold, wird geboren und stirbt nach zwei Monaten
Friedrichs zweiter Sohn, Landgraf Karl Christian, fällt, einundzwanzig Jahre alt, als holländischer Offizier bei der Eroberung der Festung Namur
Baurat Andrich verläßt den homburgischen Dienst
Die Saline beginnt wieder zu verfallen

1697 Nach dem Tod Karls XI. folgt Karl XII. auf dem schwedischen Thron

Frieden von Rijswijk zwischen Frankreich, England, den Niederlanden und dem Deutschen Reich: Das Elsaß mit Straßburg bleibt bei Frankreich
Die Saline in Homburg wird verpfändet
1698 Friedrichs sechste Tochter, Landgräfin Johanna Ernestine, stirbt, sechzehn Jahre alt
1699 »Blockade« Homburgs durch darmstädtische Truppen
1700 Friedrichs ältester Sohn, Landgraf Friedrich Jakob, heiratet die Landgräfin Dorothea von Hessen-Darmstadt
März: Beginn des zweiten Nordischen Krieges, in den Dänemark und Polen, vor allem aber Schweden und Rußland verstrickt sind
König Karl II. von Spanien, der letzte spanische Habsburger, stirbt. Ausbruch des Spanischen Erbfolgekrieges
1701 Karl XII. erobert Livland
Landgraf Friedrich Jakob wird niederländischer Brigadegeneral
1702 Friedrichs fünfte Tochter, Landgräfin Elisabeth Franziska, heiratet den Fürsten Adolf von Nassau-Siegen
Karl XII. erobert Warschau. August der Starke, Kurfürst von Sachsen und König von Polen, wird bei Klissow geschlagen
1703 Friedrichs dritter Sohn, Landgraf Philipp, fällt in der Schlacht bei Speierbad
Zar Peter der Große fällt in schwedisches Gebiet ein und gründet dort seine neue Hauptstadt: St. Petersburg
1704 Landgraf Friedrich Jakob nimmt als Generalmajor

an den siegreichen Schlachten der Alliierten über die Franzosen bei Schellenberg und Höchstätt teil, wird zum Generalleutnant befördert

1705 Friedrichs Enkel, Landgraf Ludwig Gruno, Sohn Friedrich Jakobs, wird geboren

1706 Friedrichs Enkel, Landgraf Johann Karl, Sohn Friedrich Jakobs, wird geboren

Frieden von Altranstädt zwischen Sachsen-Polen und Schweden: August der Starke verzichtet auf die Krone Polens

1707 Friedrichs fünfte Tochter, Landgräfin Elisabeth Franziska, verheiratete Fürstin von Nassau-Siegen, stirbt

Karl XII. beginnt den Feldzug gegen Rußland, der mit der Niederlage Schwedens enden sollte

Neuer Ausgleich zwischen Darmstadt und Homburg

1708 24. Januar: Friedrich II. Landgraf von Hessen-Homburg stirbt in Homburg und wird dort begraben

Briefe

Oberhofmarschall von Canitz an den Prinzen von Homburg

Rüsselsheim, 2. Dezember 1672

»Gnädiger Herr,

Ew. Durchlaucht gnädigstes Schreiben und scharfe Erinnerung meiner *parole* habe den Moment empfangen. Ich bekenne, daß ich *tort* habe; wann aber Ew. Durchlaucht examinieren, daß Sie mir befohlen, bloß zu schreiben, wann etwas Notables vorgehet, so muß ich bekennen, daß mich dünket recht zu haben, daß ich nichts geschrieben, denn ich hätte anders schreiben müssen, was der Feder verboten und avec un mot unsre eigene Schande. Zudem wissen Ew. Durchlaucht, daß ich bloß die Sorge hatte, Fleisch, Bier, Brot und Wein zu schaffen, und bin nicht capable, in die vornehmen *consilia* zu penetrieren. So viel aber am Tage scheinet, das ich Ew. Durchlaucht berichten muß, daß wir dato noch nichts gethan und nun au point, in des lieben Kurfürsten Lande zu marschieren und zu Bielefeld das Hauptquartier zu nehmen, die Armeen, so wie ich sehe, ziemlich ruinieret sind und da umb Bielefeld zu delogieren; wie weit das meinem gnädigsten Herrn ersprießlich, lasse ich die urteilen, so es besser als ich armer Küchenknecht verstehen und verantworten. Ich darf vor Ew. Durchlaucht mein Herze nicht ausschütten, aber Ew. Durchl. glauben, daß ich treuer Diener bin, denn ich weiß Sie treu meinem lieben Herrn; und viel unser müssen mit Schmerzen sehen, was wir wohl besser wünschten. Ew. Durchl. werden sich meiner Zeitung wenig erfreuen; doch ist alles wahr. Ew. Durchl. mißgönne ich nicht, daß Sie sich mit der Varietät der Berlinischen Weiberchen so bracheligen ergötzen; es ist noch eine gute Varietät dar, Ew. Durchl. fangen nur von der Frau Oberstallmeisterin an, weil mein Weib noch nicht alldar, und nach dem können Sie wählen. Wir denken hier weder an die Venus noch andere Lust, und ob Trompeten- und Stückenklang uns Hoffnung machen könnten, so ist *ma foi toute espérance perdue*; ich habe auch meinen Degen und Pistolen *in nomine sanctae Catharinae* veräußern lassen. Ew. Durchl. seind glücklich, daß Sie von uns sein, wobei schließe. Ersterbe Ew. Durchl. unterthänigster Knecht

v. Canitz.«

Oberhofmarschall von Canitz an den Prinzen von Homburg

Frühjahr 1673 (undatiert)

»Monseigneur,

J'assure Votre Altesse que je suis le plus humble serviteur de Votre Altesse. Je crois que nous serons après-demain à Hornburg, le jeudi à Halberstadt. Tout va mal pour notre maître; nous prenons la fuite sans avoir raison; l'ennemi nous suit, Votre Altesse verra la guerre dans peu de temps au milieu du pays de mon maître. So muß es gehen, *car on veut la ruine de mon maître; personne n'y songe hormis quelques-uns,* denen weh thut, dies bevorstehende Unglücke zu sehen. Ich verschiebe alles, bis Ew. Durchl. ich sehe. Ich werde Ew. Durchl. sagen, daß Ihm die Haare werden gen Berge stehen, denn ich weiß Ew. Durchl. treu Gemüte gegen meinen Herrn; *adieu* Ew. Durchl.

treuer Canitz.«

Geheimer Rat von Kohlhans und Geheimer Rat und Hofmeister von Geismar an den Prinzen von Homburg

»Was Ew. Fürstl. Durchlaucht in drei Briefen, deren letzter unter dem 18. Mai, zu befehlen gnädigst geruhen wollen, haben bei deren verschienen[1] Sonnabend Zugleicherhaltung unterthänigst ersehen. Nun haben wir zwar dieser Orten alle-

[1] vergangenen

sambt gehofft, es würden Ew. Durchl. Dero bei der Abreise festgestellte Resolution, sich diesem geldfressenden verdrießlichen Kriege zu entziehen und Dero andere so hohe, wichtige Angelegenheiten in vollen Stand zu setzen, gnädigst persequiert haben; so scheint es doch, daß Dero angeborne Tapferkeit und unsterbliche gloire suchende Begierde die vor Augen gestellten Nutzbarkeiten überwiegen und die angehende Campagne wieder anzutreten inspirieret. Wie aber, gnädigster Fürst und Herr, E. D. Mr. Geismar und mir die hohe Gnade erwiesen und uns den Charakter Dero Rats unwürdig aufzutragen beliebet, so leben wir der unterthänigen Zuversicht und bitten darum gehorsamst, E. D. werden nicht ungnädig empfinden, wann unseren E. D. und Dero fürstlichem Hause abgestatteten schweren Pflichten nach wir mit wenigem nochmal gehorsamst zu remonstrieren uns erkühnen, was Gefahr durch diesen Zug E. D. sich unterwerfen, was vor großen Schaden Dieselbe Ihro und Dero fürstl. Posterität unfehlbar zuziehen, und was vor geringen Nutzen Sie hingegen davon zu erwarten haben.

Belangend das Erste wollen wir nur stillschweigend übergehen das große Elend und kläglichen Zustand, wenn E. D. durch etwan einen unglücklichen Schuß Arm oder Bein verlieren sollten, und allein E. D. gnädigst zu erwägen bitten, wie Dero Leibeskonstitution durch vielfältig schon erlittene Unglücksfälle und schwere Travaillen äußerst geschwächt, und sonderlich die in der letzten harten Krankheit entzogene Kräfte noch nicht allerdings ersetzt, sondern nach treumögenden Zuraten Herrn Dr. Gehlfuses einer ferneren und zwar Dero status angenehmen Sauerbrunnenkur, wofern E. D. sich nicht einer ehisten Wiederbefallung versehen wollten, höchst bedürftig. Sollten nun E. D. durch Krankheit oder andere im Krieg unzählig besorgliche Zufälle hingerissen werden, würden fürwahr Dero Frau Gemahlin und allerliebste Kinder in solchen miserablen *état* gesetzet sein, daß vor selbige wir keine Hülfsmittel, sich wieder herauszureißen, absehen können. Angehend den unfehlbar erfolgenden großen Schaden, ist selbiger mehr als sonnenklar vor Augen, denn solang E. D. in itzigen wirklichen Kriegsdiensten beharren, sind Dero Ämter allen feindlichen Invasionen und Totalverderb unterworfen und mehr als andere ...[2] Sollte nun selbiges erfolgen, durch was Mittel in der Welt würde solches können redressieret, und E. D. und Dero hohen Angehörigen auch nur die höchste Notdurft zum Unterhalt angeschafft werden? Zu geschweigen, daß auch dadurch alle andere vorhabende Interessen auf einmal gestocket und verdorben würden; dahingegen, wann E. D. vor sich leben, den Respekt eines Reichsfürsten ungezweifelt zu genießen, von allen Parteien Schutz und salvaguardie sich zu erfreuen und alles das Ihrige auch mitten unter den Kriegsflammen in ruhigen Stand zu behalten und alle dessins ungehindert fortzusetzen Versicherung hätten. Sollte auch E. D. die monatliche Gage, wie leicht durch die böse Zeiten, sonderlich wenn die kurfürstliche Armee in Dero hiesige eigene Lande kommen sollte, erfolgen könnte, nicht richtig gezahlet werden, mit was überaus großen Schaden würden Dieselbe die Campagne überleben! Ja wir sehen nicht, woher die Mittel, E. D. zu konservieren, kommen sollen, sondern steht vielmehr zu besorgen, daß die Not selbst E. D. wohl zu höchst unrechter Zeit und mit Harzardierung eines gar großen Teils Dero hohen Ruhms das Feld zu quittieren zwingen würde.

Zudem betrachten E. D., wie und woher möglich, E. D. Frau Gemahlin und fürstliche Kind in Brunswig oder anderen fremden Orten zu unterhalten; denn außerdem, daß E. D. der itzige schlechte und kummerliche Zustand Dero Ämter bekannt und bei Dero jüngsten Anwesenheit weitläufig vorgestellet worden, daher von selbigen nicht auf vier Wochen lang die nötige Lebensmittel angeschafft werden können, ist zu besorgen, daß bei Annäherung des Feindes man die Ämter und Haushaltung gar verlassen, und jeder, wohin er bestens kann, sich zu retirieren gezwungen wird. Von wem sollte sodann Ihr Liebden des Geringsten sich zu bedienen haben, da zumal Dieselbe, wie wir vernehmen, mit keinen Barschaften versehen, auch an solchen Orten öfters im Notfall vor Geld nichts zu erlangen steht?

Nächst diesem ist nicht aus *considération* zu setzen, wieviel E. D. in den kurlandischen Interesse verabsäumen müs-

[2] unleserlich

sen, da doch sonderlich *summum in mora periculum* dabei versieret; maßen da entweder des Herzogs oder Dero Gemahlin Fürstl. Durchl. vor völlig erlangter Richtigkeit verfallen[3] sollte, E. D. noch Dero fürstl. Posterität sich nicht das Allergeringste, wie Deroselben schon genugsam wissend, würden daher zu getrösten haben, da gleichwohl selbiges von solcher *importance*, und dadurch E. D. alle eingerissenen Übel völlig remedieren und sich in rechten guten Stand hinwieder setzen könnten. Nicht weniger ist das tempo wegen der Succession Dero Herren Brüder zu observieren höchst nötig, da mutmaßlich itzo von Darmstadt durch ein Geringes mehr als künftig durch ein Großes zu erhalten steht. Was aber die fuldische Mark vor eine Schmalzgrube[4], wie höchst nötig zur Erhaltung E. D. Familie Reputation Homburg müsse wieder reluiert werden, wie bequem und herrlich daselbsten die résidence zu halten, und wie unverantwortlich es sei, E. D. und Dero hohe Posterität sogar aus Dero angebornen Fürstentum Hessen zu entfremden, ist E. D. bereits bekannt und mehrmalen unterthänigst vorgestellet worden.

Dieses alles nun, gnädigster Herr, wird durch Dero Abwesenheit versäumet, wollt' Gott, nicht gar verloren, da hingegen, damit wir aufs Dritte kommen, der verhoffende Nutzen nach endlich ausgestandenen ungewissen Feldzügen über die Maßen geringe scheint. Wir wollen nicht gedenken, daß E. D. bisher noch nicht in den allergeringsten Dero Desiderien gewillfahret worden; wegen der im ersten vergeblich angesagten Feldzuge und hernach zu Berlin aufgewendeten großen Kosten nicht die geringste Satisfaktion geschehen[5]; daß Dero Traktement an sich so gering, daß Sie davon unmöglich subsistieren können; daß Deroselben sonst in anderen Dingen allerhand Verdruß und Widerwärtigkeit zugefüget und unge-

[3] sterben

[4] Die Erbstreitigkeiten zwischen den Linien Darmstadt und Homburg bestanden auch unter Friedrichs späterer Regierung fort. Er beanspruchte das Amt Bingenheim in der fuldischen Mark und versuchte sich darin mit Gewalt festzusetzen, trat es aber auf Veranlassung des Großen Kurfürsten gegen eine Geldentschädigung ab.

[5] In den Jahren 1672 und 1673

achtet alles Remonstrierens nicht geändert wird – sondern nur das setzen, daß, wenngleich alles zum gewünschten Ende in diesem Kriege ausschlagen sollte, E. D. doch vor alles nichts als etwa ein Gouvernement oder *survivance* darauf zu gewarten haben würden. Zum ersten ist noch keine wirkliche *apparence*, weil alles besetzt, das andere aber ist *dubieux*; und dürfte vielleicht durch E. D. Wohlgönner das Traktement aus allerhand scheinbaren Ursachen auch leichtlich knapp genug zugeschnitten werden.

Aus diesem allen nun werden E. D. selbst hochvernünftig urteilen, daß Deroselben viel vorsorglicher sein, bei Zeiten und ehe es zu wirklichen Aktionen gerate, gänzlich zu quittieren, als auf einer ungewissen Hoffnung Dero Leben, hohe Gemahlin, Kinder, Ämter und gänzlichen Ruin zu hazardieren. Wir können leicht ermessen, daß E. D. diesem allen Dero Reputation, so hierbei periclitieren möchte, uns werden entgegensetzen; aber, gnädigster Herr, wer kann und wird an Dero *courage* zweifeln? Schweden kennt E. D. *actiones* zur Genüge; der letzte Feldzug hat allen Alliierten gezeiget, daß es E. D. an Tapferkeit und Herz nicht mangele, und wer daran zweifeln wollte, wird allemal von E. D. die Probe zu gewärtigen haben. Vielmehr wird männiglich urteilen, daß E. D. höchst wichtige Ursachen, sich diesem Kriege zu entziehen, haben müssen; wie denn selbige auch wahrhaftig sind und wohl hier angeführet werden könnten, wenn solche nicht durch Mr. Geismar mündlich vorzustellen ratsamer erachtet worden, der dann zweifelsfrei E. D. mit mehrerem gehorsamst hinterbringen wird, was Dero Frau Gemahlin schmerzlich verlangen und alle treumögende, redliche Diener von Grund der Seelen wünschen, und E. D. Konservation unumgänglich erfordert, worauf uns dann ferner beziehen und nochmalen gehorsamst bitten, diese unterthänige Remonstration nicht anders als eine schuldige Gebühr Dero pflichtverbundenen treuesten Diener in allen Gnaden aufzunehmen und uns mit hohen Hulden und beharrlichen Gnaden zugethan zu verbleiben, die wir hingegen lebenslang mit unterthänigstem Respekt sind

Ew. Fürstlichen Durchlaucht
v. Kolhans. v. Geismar.

Weferlingen, den 24. Mai 1675.«

Oberhofmarschall von Canitz an den Prinzen von Homburg

»Durchlauchtigster Fürst,
Gnädiger Herr,

Ew. Durchlaucht Schreiben habe vor einer Stunde von Dero Trompeter erhalten, auch das beigeschlossene an Se. Kurfürstl. Durchlaucht, meinen gnädigsten Herrn, gehorsamst übergeben. Anreichende aber die mir aufgetragene Kommission, so wissen E. D. zwar, daß ich Dero Diener bin und schuldig, in allem E. D. Befehle alsofort zu exekutieren; trotzdeme mich aber auch bescheide, da E. D. von mir jederzeit versprochene Devotion zustehet, wann zu Dero Besten einige Erinnerungen finde, dieselben mit gehöriger modestie E. D. hochvernünftigen Dijudikation gehorsamst und aus aufrichtig treuen Herzen zu unterwerfen. Als lebe der Zuversicht, E. D. werden nicht ungnädig nehmen, daß E. D. hiebevor, und ehe meinem gnädigen Herrn, sonderlich bei itzigen Dero Zustand, da Sie mit dem chiragra wieder behaftet und billig vom treuen Freund und gehorsamen Diener mit aller Verdrießlichkeit verschonet werden, von E. D. *desiderio* unterthänigst referiere, zu erkennen zu geben, ob bei itzigem Zustand, in welchem E. D. meinen gnädigsten Herrn wissen, E. D. ratsam und ohne Besorgung vieles Unheils wohl geschehen könne, daß E. D. Dero Abschied nehmen.

Der Feind hat nunmehr das ganze Havelland okkupieret, hausieret drinnen mehr als barbarisch, nähert sich der Elbe, hat Ouranienburg in die Asche geleget, drauet Potsdam dergleichen, und wir seind in dem point, daß mein gnädigster Herr Dero eigen Leben dagegen, will's Gott, in kurzen Tagen bei einer schönen occasion zu hazardieren resolvieret. Ich zweifle, ob in considération dieses E. D. über Dero genereuses Herze bringen und sich überwinden können, diesem redlichen Kurfürsten, deme Sie Dero Herze in so contestrierter Fidelität einmal gewidmet und dagegen das Ihrige gewonnen, bei dergleichen kurz bevorstehender Begebenheit zu quittieren. Es kann eine wackere *occasion,* die nicht ausbleiben kann, E. D. hohe Reputation noch vermehren, und ich bilde mir ein, daß, wenn dies von E. D. sollte versäumet werden, E. D. nachmal hundert *regrets* über Dero gefaßte Resolution nachbringen würde. Ich weiß zwar E. D. Anliegen, die Sie auch meiner Wenigkeit im Haag vertrauet, und die concernieren meist E. D. Interesse; E. D. kennen hingegen das gute Gemüte Sr. Kurf. Durchlaucht, welches die renommée durch die ganze Welt hat, daß es nimmer undankbar gewesen denen, von welchen es treue Dienste empfunden. Ist doch E. D. noch bis dato wegen Dero General- und Regimentsstabes alles, was versprochen, gehalten, wie ich nicht anders weiß; und was E. D. sonsten verlangen, das haben Se. Kurfürstl. Durchl. nicht auf ewig abgeschlagen, sondern es beruhet ja alles auf einer dazu dienlichen occasion. E. D. wissen den itzigen Zustand, Sie kennen des Kurfürsten ruinierte Lande und können leicht schließen, daß die Unmöglichkeit eine Zeitlang verbietet, dasjenige zu thun, was mein gnädigster Herr zu Vergnügen der Ihrigen sonsten gerne thäten. Die Zeiten aber werden, ob Gott will, sich bessern, und alsdann werden E. D., soviel ich weiß, nicht der Letzte sein, deme mein gnädigster Herr Dero dankbare Bezeigungen und erkenntliches kurfürstliches Gemüte *en effet* erweisen werden.

Also werden E. D. gerechte gegen einander abwiegen und sehen, ob E. D. treue *affection* gegen dieses kurfürstl. Durchlauchtige Haus nicht diese wenige Zeit, welche Sie allein verlieren, überwiegen solle; und ich wollte noch beilegen zum Übergewichte, da jene beide gleich sein sollten, E. D. hohe Inklination, mit Dero zu jeder Zeit mit höchsten Ehren geführten Degen Dero ohnedies erworbene *renommée* vollends unsterblich zu machen. Es dünket mich, Dero treuen Diener, unmöglich zu sein, daß E. D. Herze überwinden könnte, bei itziger occasion vor diesem redlichen und so nahe verwandten Kurfürsten und Schwager den Degen in die Scheide zu stecken. Es wird E. D. gewiß gereuen, und E. D. würden ohne Bewegung nicht Abscheid nehmen können. E. D. kennen übrigens unsern Hof: Redlichkeit behält doch allezeit die Oberhand, obschon dieselbe bisweilen durch übeles Gewitter traurig gemacht. Gott wirft Sie doch endlich empor, und E. D. werden gewiß nimmer bereuen, daß Sie bei diesem kurfürstlichen Hause sich engagieret und durch Dero Tapferkeit aus diesem itzigen Labyrinth retten helfen. Ich wünsche mit E. D. zu reden, indessen aber bitte dies, was ich aus Devotion schreibe, nicht übel zu nehmen; ich meine es redlich und treu. Sollten aber E. D. meinem treuen Rat zu folgen sich nicht überwinden können, so können Sie mir weiter ordre geben; alsdann will ich thun, was E. D. vor sich gut finden und mir befehlen werden. Ersterbe Ew. Durchlaucht

treugehorsamer Diener

Ilmenow, den 30. Mai 1675. Canitz.«

Der Prinz von Homburg an den Oberhofmarschall von Canitz

»Wohlgeborener Herr Baron,
Hochgeehrter Herr Obermarschall,

Desselbigen beliebtes Antwortschreiben habe ich wohl erhalten und daraus ungern ersehen, daß Ihre Kurfürstl. Durchlaucht wegen des *chiragra* sich etwas inkommodiert befinden; wünsche von Herzen völlig erlangte Besserung. Daß sonsten der Herr Obermarschall meiner an Ihn gesonnenen Angelegenheiten und Begehren halber mir sein Gutdünken so offenherzig entdecket, solches nehme ich auf als ein gewisses Zeichen seiner gegen mich beharrlichen, aufrichtigen Redlichkeit; habe aber Folgendes darauf zu antworten:

Die Notwendigkeit erachtet und zwar seine erste Motive betreffend, durch gegenwärtige Konjunkturen, da der Feind einen großen Teil Sr. Kurf. Durchl. Landen überzogen, darin barbarisch hausierte, meinem festgesetzten Vorhaben mich detournieren zu lassen, darauf muß dieses melden, daß gottlob Ihro Kurf. Durchlaucht in so gutem *état* nach Dero *off-defensive* geschlossenen *alliance* wegen kaiserlicher und übriger hoher Alliierter considerablen Succurse stehen, daß dahero Sie nichts anders als gewünschten *succès* Ihrer victorieusen Waffen zu hoffen, wofern alle, wie sie es vor Gott und I. K. D. schuldig, auch mein treu und herzlich Einreden jederzeit gegen den lieben Kurfürsten gewesen, handeln werden. Aber die eine Zeit lang ungewöhnliche gegen mich bezeigte *froideur* auf meinen Ämtern, auch mir und meinen Dienern zugemutete in der That anhaltende, meinem fürstlichen Stande zuwiderstrebende rüde Traktamenten mit der Accise, um welcher billiger Remedierung öfters aber vergeblich angehalten, mich in meinem bisherigen ungewissen Urteil nunmehr fast konfirmieren, daß I. K. D. meine unterthänige und wohl von Herzen treu gemeinte Dienste in kein considération ziehen noch mit Gewogenheit aufnehmen, sonsten würde ohnmöglich sein, daß nicht gleich andere in . . .[1] Zweck meines Verlangens erreichen und in billigen Ansuchen mir gefüget werden sollte. Bei meinem *appointement* kann ich, ohne mich zu ruinieren, nicht stehen, dessen Vermehrung mir aber gänzlich abgesaget ist; auf ein Regiment zu Fuß habe vor geraumer Zeit so gewisse Versicherung empfangen, die Begnadigung davon bleibt andern; die Hoffnung zu einem Gouvernement ist mir auch benommen, wiewohl, seitdem mir selbige so fest gemacht worden, man mit denen vacierenden andere begnadiget.

Was betrifft, daß mit Sr. K. D. Hause so nahe alliiert zu sein das Glück habe, so kömbt in diesem Fall mir unerträglich für, daß die, so durch *naissance* und vielleicht auch wahrhafte Treue gegen S. K. D. von mir weit unterschieden, dennoch mehrer Hulde und Gewogenheit sich rühmen und erfreuen. *Enfin*, der Herr Obermarschall kennet mein Herz und kann versichert leben, daß meine Devotion gegen einen so braven Kurfürsten nicht ehender als mit meinem Tode sich enden sollte, für dessen *gloire* und Durchl. Hauses Aufnahme ich den letzten Blutstropfen ohne *répugnance* würde aufgeopfert haben; aber es hat mein Verhängnis mir solches mißgönnet, und meine Wohlgönner haben es nicht gewollt. *En dépit* von welchen ich dennoch als ein ehrlicher Fürst mein devoir gegen einen so großen Kurfürsten mit Hazardierung Guts und Bluts zu beobachten nicht ermüden wollen, wann nicht meine partikuliere *affaires*, welche bishero wegen I. K. D. Diensten guteteils hintangesetzet, mich ein anderes zu thun höchst nötigten.

Bitte derohalben mir die Freundschaft zu erweisen, dasjenige, so in meinem jüngsten Schreiben gebeten, bei S. K. D.

[1] unleserlich

füglichen und unterthänigst zu hinterbringen, auch mich mit einer verlangten Antwort zu erfreuen, dann mein *propos* stehet ohne merkliche *ruine* meines Glückes auch ohnegleicher Nachrede halber nicht zu ändern, und habe ich, ehe zu dieser Resolution geschritten, alles ja reiflich überleget, daß davon mich abwenden zu lassen nichts *capable* ist. Wer meine Ursachen nicht weiß und zu meinem *désavantage* es interpretieren will, soll allemal die Probe erfahren, daß die nicht ohne Ruhm vor vielen Jahren in mehreren occasions bezeigte einem rechtschaffenen Kavalier und Fürsten zukommende valeur mir nicht erloschen, sondern selbige mich bis in mein Grab begleiten soll. Bis dahin ebenmäßig von Herzen bin

des Herrn Obermarschalls dienstwilliger

Friedrich, Landgraf zu Hessen.

Die große *passion*, Lieb' und Respekt, so vor S. K. D. ich trage, verursachet, daß ich nicht alle mir so höchst schädliche widerfahrne Traktamenten anziehen will, sondern nur dem Herrn Obermarschall als meinem lieben Freund mit wenigem sagen, daß ich eine solche Resolution *malgré moi* habe fassen müssen, die ohne Verlust meiner fürstlichen Reputation und zeitlicher Wohlfahrt, wann auch schont S. K. D. in allem mir gnädigst willfahren wollte, nicht ändern kann. *Mon très-cher ami, mon mal est sans remède;* und weiß der Herr Obermarschall, was ihm unterschiedliche Male, unter andern zu Kolmar und Schweinfurt treuherzig gesagt. Bei unserer Zusammenkunft, wann die Gnade haben werde, von Ihro Gnaden dem Kurfürsten unterthänigst Abschied zu nehmen, ein Mehreres. (Ort und Datum fehlen.) F.«

Oberhofmarschall von Canitz an den Prinzen von Homburg

»Durchlauchtiger Fürst,

Gnädigster Herr,

Ew. Durchlaucht abermaligen Befehl habe wohl erhalten; mir ist von Herzen leid, daß E. D. meine treumeinende Erinnerung nicht gelten lassen, und bin ich versichert, daß E. D. noch an Dero treuen Diener gedenken werden. Mit meinem gnädigen Herrn ist es noch recht schlimm; dennoch habe ich gestern von E. D. Verlangen Sr. Kurfürstl. Durchl. gehorsam Relation erstattet, Die mir aber andere Antwort nicht gegeben, als daß Se. Kurfürstl. Durchl. nimmer verhoffen wollten, daß E. D. Dero Schluß fortsetzen würden; Se. Kurf. Durchl. hätten es umb E. D. nimmer verschuldet, wollen, wenn E. D. zu Sie kommen würden, auch selbsten mit E. D. sprechen. Sie müssen sich einbilden, als wenn E. D. mit Fleiß sich entbrechen wollen, da Se. Kurfürstl. Durchl. zu E. D. ein viel besser Vertrauen annoch hätten, wie Sie denn auch deswegen mit Dero Frau Schwester[1] davon geredet, die Ihnen Derowegen *dessin* zu verstehen gegeben. Ich bitte noch, E. D. bedenken sich und betrüben nicht denjenigen, der E. D. so hoch angehet, und machen, daß die Feinde frohlocken. Ich muß wahrhaftig E. D. sagen, es kann Ihnen nimmer wohlgehen; und ich kann E. D. schwören, daß mein gnädiger Herr gegen mich solche *contestation*[2] gethan, wie Sie geneigt, auf alle Weise E. D. zu helfen, daß Sie Dero Dienste nicht gereuen würden, wenn E. D. nur Zeit Ihnen lassen wollen.

Ich befehl' zu E. D. Gnade meine Wenigkeit und erwarte Deren bei uns. Ersterbe Ew. Durchlaucht

treuer Diener

Hauptquartier Siebingen, den 4. Juni 1675. Canitz.«

Der Prinz von Homburg an den Großen Kurfürsten

»Durchlauchtigster Kurfürst,

Ew. Kurfürstl. Durchlaucht habe mit heutigem Wachtmeister von den Henningschen geschrieben, daß einen Anschlag auf Riebenitz hatte; heute habe ich den Ort mit dem frühesten selbsten rekognoscieret, und wie es *practicable* gefunden wurde, habe ich die Attaque gegen 2 Uhr angefangen. An-

[1] Landgräfin Hedwig Sophie

[2] hier im Sinne von Beteuerung

fänglich schossen sie recht scharf; wie sie nun den rechten Ernst sahen, und auch alle zum Generalsturm fast bis an die Thore advansieret waren, ließen sie in die Trompete stoßen; endlich mußten sie sich *à la discrétion* ergeben. Weilen aber der Sturm so angefangen war, was so *à la haste* nicht contremandieren konnte, kamen die Dänen bei der linken Seiten fast so balten hinein, als kaum das Thor auf dieser Seiten konnte geöffnet werden; das gab in etwas *désordres*, doch seind sie alle beim Leben salvieret worden, und haben Ew. Durchl. auf der *lista* genädigst zu ersehen die Liste der Gefangenen; erwarte nun gnädigste Ordre, wie es Ew. Durchl. mit den Gefangenen wollen gehalten haben, ob ich die Hälfte an die Dänen überlassen soll, oder ob Ew. Durchl. genädigst zufrieden, daß ich alles an Se. Maj. den König von Dänemark schicken solle. Rekommendiere mich unterdessen in Ew. Durchl. beharrliche Gnade und werde zeitlebens sein Ew. Kurfürstl. Durchl.

gehorsambster Bruder, Vetter und Knecht
Friedrich L. z. Hessen.

Hauptquartier Petersdorf, den 13ten Xbris 1675.

P. S.

Alleweil empfange ich Schreiben von General Arnstorffen, daß er noch keine Antwort von Wismar hat, wie der Sturm abgegangen sei. Dieses seind nun Wangelins übrige zwei Kompanieen, und sagte der eine Kapitän, ich hätte nun den Rest von Wangelin; die letzten 200 Mann seind erst gestern abends von Königsmarken zum Succurse kommen, seind eben mit zurecht kommen; wollte, Wangelin wäre mit da gewesen, und hat Graf Königsmark bei Stribsö alles sehen können; gegen Abend gingen drei starke Truppen sehr geschwind zurücke jenseits, es kann aber nichtes über kommen, ich erfahre es denn, denn ich kleine Laufparteien derorts habe. *Enfin* die Schweden haben durch diese Partie über 400 Mann verloren.«

Der Prinz von Homburg an den Großen Kurfürsten

»Durchlauchtigster Kurfürst,
Gnädigster Herr,

In Eil' berichte Ew. Gnaden hiermit, daß den 13ten Xbris morgens mit dem Frühesten der Sturm vor Wismar gottlob glücklichen ist gethan worden. Sobalten das neue Werk über gewesen, haben die Dänen auch ihre Abschnitte forcieret, so sie auf dem neuen Werke gehabt; darauf haben sie gleich die weiße Fahne aufgestecket und umb Akkord gebeten.

Mein Letztes vom 13. werden Ew. Gnaden nun erhalten haben, darinnen unterthänigst berichtet die kleine glückliche *rencontre,* so ich mit dem Städtichen Riebenitz gehabt; wir haben mehr als 300 Mann bekommen, deren über 60 Dienste genommen, 33 bei Ew. Gnaden Truppen und so viel bei den Dänen. Wir sind glücklich gewesen, daß wir den Platz so bekommen; die Dänen haben 8 Dragoner und Reuter verloren, einen Konstabul, so gequetschet, ich aber nur 3 gequetschte Dragoner und keine Tote. Die Mauern waren mehr als 20 Fuß hoch, und war alles so wohl inwendig verbauet, daß wir viel Volkes würden verloren haben; aber wie wir eben anfangen wollten zu stürmen, schickte Königsmark ihnen eine schriftliche Ordre zu Wasser, daß, sobald sie würden mit Stücken beschossen werden, daß sie sich sollten ergeben, und kann Ew. Gnaden versichern, daß alles mit solcher *furi* von den Pferden fiel, als ich nur rufe: daß wer Lust hätte anzulaufen, sollte es fein haben[1], daß man welche wieder kommendieren mußte, die Pferde zu halten. Wie das die Schweden gesehen haben, haben sie wider einen, so von Ew. Gnaden Garde gefangen, angerufen: ›Wir müssen akkordieren; sonsten geht's hier wie zu Rathenau!‹ und ließen sofort in die Trompete stoßen. Arnstorff hielte bei den Stücken am Thore, und ließen nur kanonieren, bis sie den Akkord nehmen mußten, wie ich es begehrte. Heute haben wir einen übergehen lassen nacher Damgart und ihme einen Originalbrief mitgeben, wie es den 13. zu Wismar abgangen, wird wohl

[1] Also Freiwillige von den Dragonern, die zum Sturm aufgerufen wurden.

wenig Freude verursachen. Bis dato hat uns noch niemands gefolget; kommen sie diese Nacht, werden sie uns *parat* finden.
Wo wir durchgehen, machen wir so reinen Tisch, daß nach uns der Feind wenig oder nichts finden wird. Schließlichen rekommendiere mich in Ew. Gnaden gnädigen Schutz, der ich zeitlebens verbleibe Ew. Kurfürstl. Durchlaucht

gehorsambster Bruder, Vetter und schuldigster Knecht

Friedrich L. z. Hessen.

Sultz, den 15. Xbris 1675.«

Brief des Prinzen von Homburg an seine Gemahlin

Allerliebste Dicke,

Diesen Morgen haben wir mit stürmender Hand den Paß Ratenau einbekommen; sie haben sich zwar vaillamment gewehret, und wie sie sich am besten wehreten, kam der Adjutant Canowsky mit 300 Knechten auf der andren Seiten unversehens hinein. Wangelin und seine Liebste seind gefangen, wie auch der Obrist-L. und Major, 2 Kapitäns und etliche Lieutenants, ungefähr 100 Gemeine; sie waren 600 Mann, die übrigen sein alle niedergemacht worden. Wir haben den ehrlichen Ob.-L. v. Uckermann und einen Fähndrich sambt 40 bis 50 Gemeinen verloren; es ist die schönste action von der Welt, vor der ganzen Feinds armada einen so konsiderablen Ort zu gewinnen. Ob Gott will, folgt bald ein mehreres; hätten wir unsere Infanterie bei uns, wollten wir den Feind gut schlagen, enfin Gott wird schont machen. *Adieu*, ich kann nicht mehr schreiben; sterb' Dein treuer Mann und Diener

Im Lager vor Ratenau,

den 15. Juni 1675. Friedrich L. z. Hessen.

Brief des Prinzen von Homburg an seine Gemahlin

Meine Engels Dicke, wir seint braff auff der jacht mit den Herren Schweden, sie seint hier beim *passe nauem* diesen Morgen übergangen, musten aber bey 200 Todten zurücke lassen von der *arrier-guarde,* jenseiths haben wir *Fer-Berlin* alle brücken abgebrant, und alle übriche *paesse* so besetzet, das sie nun nicht auf dem lande wider können, sobalt vnsere *infanteri* kombt, soll ob Gott wolle die gantze *armade* dran, der feltherr war mit 3000 mann in Havelberg, wolte die brücke über die Elbe machen lassen, aber nun ist er von der armada abgeschnitten, und gehet über Hals und Kopf über Rupin nach pom̄ern, sein bruder *com̄andiret* diese 12 000 man, wo keine sonderbare straff Gottes über uns kombt, so [soll] keiner darvon kom̄en, wir haben dem feindt schont über 600 todtgemacht, vnd über 600 gefangen, heute hat Henning wolh 150 pferth geschlagen, und gehet alleweil Luttique[1] mit 1500 mann dem feindt in ricken, morgen frihe werden sie ihnen den morgensegen singen. wir haben noch keine 60 mann verlohren, vnd vnsere leite fechten als lewen, alleweil bringt wieder eine partie einen Ritmeister Feltmarschalcks Linden fetter. in 2 tagen haben wir unsere *infanterei* vnd morgen den Fürsten von Anhalt mit 4000 mann, die Kayserlichen werden alle Tage erwartet mit 8000 mann, dann gehen wir gerath in pom̄ern, und wann die battaglie vorbey, gehe ich nach Swalbach habe schont Urlaub.

Las dieses copiren durch den Kamerschreiber vnd schicke eine *copei* an die Landtgreffin[2], vnd eine an *Doctor* Jungmann nach Francofort, den alten Beier, wann er kommen wöll, schicke mir ihn, über Botzdam mus er gehen, adieu mein Engel, dein trewer mann und diner sterb ich

im feltlager bey Nauum Friedrich L. z. Hessen.

den 17t. Juni 1675.

ich kan wegen affaires vnmüglich mehr schreiben, las Kolhans den briff lesen.

[1] v. Lüdicke, Generalmajor

[2] Hedwig Sophie von Kassel

Brief des Prinzen von Homburg an seine Gemahlin

Allerliebste Fraue,

Ich sage nun E. L. hiermit, daß ich gestern morgen mit einigen tausend Mann in die *advanguart* kommandieret gewesen, auf des Feindes *contenance* Achtung zu haben; da ich denn des Morgens gegen 6 Uhr des Feindes ganzer Armee ansichtig wurde, der ich dann so nahe ging, daß er sich mußte in ein Scharmützel einlassen, dadurch ich ihn so lange aufhielte, bis mir I. D. der Kurfürst mit seiner ganzen Kavallerie zu Hülfe kam. Sobalten ich des Kurfürsten Ankunft versichert war, war mir bang, ich möchte wieder andere *ordre* bekommen, und fing ein hartes Treffen mit meinen Vortruppen an, da mir denn Dörffling sofort mit einigen Regumentern sekundierte. Da ging es recht lustig ein Stunde 4 oder 5 zu, bis entlichen nach langem Gefechte die Feinde weichen mußten, und verfolgten wir sie von Linum bis nach Fer-Berlin, und ist wohl nicht viel mehr gehöret worden, daß eine formierte Armee, mit einer starken Infanterie und Kanonen so wohl versehen, von bloßer Kavallerie und Dragonern ist geschlagen worden. Es hielte anfänglich sehr hart, wie dann meine Vortruppen zum zweiten Mal brav gehetzet wurden, wie noch das anhaltische und mehr anderer Regumenter, wie wir dann endlichen so *vigoureusement* drauf gingen, daß uns der Feind *le champ de bataille malgré* hat lassen und sich in den Paß Ferberlin retirieren mußte mit Verlust mehr als 2000 Toten ohne die Blessierten. Ich habe ohne die 2000 im Vortrupp Kommandierte mehr als 6 oder 8 Eskadronen angeführet; zuweilen mußt' ich laufen, zuweilen machte ich laufen, bin aber dieses Mal gottlob ohnblessiert davon kommen. Auf schwedischer Seiten ist geblieben der Obrist Adam Wachtmeister, Obr.-L. Malzan von General Delwichen[1], und wie sie sagen, noch gar viele hohe Offizierer; Delwig ist durch die Achsel geschossen, und sehr viele hart blessiert. Auf unser Seiten wurd' mir der ehrliche Obrist Mörner an der Seiten Knall und Fall totgeschossen; der ehrliche Frobening tot mit einem Stücke kein Schritt vom Kurfürsten; Strauß mit 5 Schossen

[1] d. i. vom Regiment v. Dalwig

blessiert, Major Schlapperdorf blieb diesen Morgen vor Ferberlin, Rittmeister Beier und Asseburg tot, Obr.-L. Henning hart blessiert, Obr.-L. v. Wilmersdorf hart blessiert, von mir Rittmeister Buch blessiert und fast Major Stammers ganze Eskadron tot, enfin sehr viele brave Offizierers mußten dran. General Delwichen ganzes Regiment wurde niedergemachet, daß kein Mann darvon kam; bekamen alle 8 Fahnen und 2 Estendarten von gedachten Obristen A. Wachtmeister, 6 schöne Stücke, und holte in Ferberlin über 500 Wagens. Es ging sehr hart zu, dann wir gegen die Piken continu fechten mußten, Gott hat mir doch allemal wieder draus geholfen; und wären alle unsere Stücke und der Feldmarschalk selbsten verloren gewesen, wenn ich nicht *en personne* sekundieret hätte, darüber denn der redliche Mörner blieb. Hätten wir unsere Infanterie bei uns gehabt, sollte kein Mann von der ganzen Armee darvon kommen sein; es ist itzo eine solche schreckliche terreur panique unter der schwedischen Armee, daß sie auch nun brav laufen können. Heute schickte Wolmar Wrangel Dalwig und andere mehr an mich, und begehrten Pässe vor ihre Weiber nacher Pommern; I. D. der Kurfürst haben généralement einen Paß vor alle dames heute mit einem expressen Trompeter gesandt. Wollte Gott, unsere Armee wäre frisch und nicht schwach, so sollten sie diese Nacht oder morgen dran, aber nun gehen wir gegen Berlin oder liegen hier herumb etliche Tage stille, darmit die armen Pferten nicht gar crepieren. Von Nauum habe E. L. geschrieben, wie wir dazumalen selben Passes uns bemächtiget, welches Schreiben ich mit einem gewissen Offizier vom Fußvolk geschicket; hoffe, es sei zurecht kommen. Budeweltz[2] seind 2 Pferth totgeschossen, und ist fast keiner davon gekommen, der nicht etwas bekommen hat. Nachdem alles nun vorbei gewesen, haben wir auf der Walstatt, da mehr als 1000 Toten umb uns lagen, gessen und uns brav lustig gemacht. Der Herzog von Hannover wird nun schwerlich gedenken über die Elbe zu gehen, und ich halte davor, weilen die Schweden nun so eine harte Schlappe bekommen, er werde sich eines Bessern bedenken. Wangelin, der durch Übergab' Ratenau viele daran schuldig

[2] v. Podewils, brandenburgischer Kapitän

ist, dörfte große Verantwortung haben, wo er nicht gar den Kopf lassen muß. Gegeben im Feldlager bei Fer-Berlin, den 19. Juni 1675. Laß Kohlhansen und Bene von Höttingsleben[3] dieses vorlesen.

[3] Daniel Benne im Amte Hötensleben, 1667 als homburgischer Amtsschreiber in Neustadt a. d. Dosse erwähnt.

Feldmarschall Steenboks Attest 1666

Det hafver Hans Fürstl. Nåden, Herr Friedrich Landgrefve af Hessen-Homburg, hos mig den behagelige ansökning gjöra låtet, jag vilde H. F. N. om Deras i polniska kriget til kronaus tjenst errättade regiment til häst med en skriftelig attest tilhanda gå, at benämd regiment verkligen är framstält och af mig som oftast vorden commenderat, men enkannerligen för den orsaken, efter munsterrollerne ofvan benämd regiment jemte tilhörige documenter med andre saker flere genom skeppsbrott ved Anhout H. F. N. äre afkomne och förlorade. Såsom jag nu intet egentligen kan mig påminna, huru starkt af manskap förbemelt regiment var: men det ved jag sannfärdeligen, at H. F. N. först tvenne compagnier ret i Danziger Haupt inbragte, och sedan de öfrige compagnier efterfölgde, som genast til verkelig tjenst äre commanderade vorden. Alldenstund och samme regimentet så i polniska som danska kriget gode och nyttige tjenster gjord hafver, altså har jag för den skuld intet betänkande dragit, så vida jag mig ännu om benämd regiment erindra kunnat, H. F. N. begäran med denne attest at villfara.

Stockholm, 20. Oktober 1666.

Gustav Otto Steenbok.

Übersetzung

Se. Fürstl. Gnaden, Herr Friedrich L. z. H., hat an mich das gefällige Ersuchen gerichtet, Sr. Durchl. inbetreff Ihres im polnischen Kriege zum Dienst der Krone errichteten Regiments zu Pferde durch ein schriftliches Attest zu bezeugen, daß genanntes Regiment wirklich gemustert und von mir oft kommandiert ist, und zwar besonders aus dem Grunde, weil die Musterrollen des Regiments samt zugehörigen Dokumenten und anderen Sachen mehr durch den Schiffbruch bei Anholt Sr. Durchlaucht abhanden gekommen und verloren gegangen sind. Zwar kann ich mich nicht mehr erinnern, wie stark an Mannschaft das Regiment war; aber das weiß ich bestimmt, daß Se. Durchl. erst zwei Kompanien nach Danziger Haupt führte, und später die übrigen Kompanien nachfolgten, welche sogleich zu wirklichem Dienst kommandiert worden sind. Und weil das Regiment sowohl im polnischen wie im dänischen Kriege gute und nützliche Dienste getan hat, so trug ich kein Bedenken, soweit ich mich des betreffenden Regimentes noch erinnern konnte, Sr. Durchl. Wunsch mit diesem Attest zu erfüllen.

Schreiben der Landgräfin Hedwig Sophie an Kurfürst Friedrich Wilhelm

Durchläuchtigster Kurfürst,

Gnädiger, hochgeehrter, herzallerliebster Herr Bruder! Weil Ew. Liebden mir befohlen, die Kopie der Ehepakten mit Mariechen[1] E. L. zu schicken, also komme ich nicht allein Dero Befehl nach, sondern auch demütigst bitte zu verhelfen, daß solche von mein Schwager mit vollenzogen werden, denn ohne Se. L. glaube ich, sollte man das Kind wohl geben, aber weiter sich nichts resolvieren. Der Landgraf, fürcht man, werde so viel wollen von ihm prätendieren, daß es noch fein lang hinausgesetzt werde, doch hofft er auf E. L. Gnad'; er ist auch en peine wegen seiner Leute, die er nach Frankreich geschickt, so er gemeinet, hier zu finden, und seind noch nicht kommen; fürcht, sie seind geplündert. Den Revers werde ich sehen unterschreiben zu lassen, dann I. L. sich ganz nicht weigern; ich glaube aber, es werde doch gut sein, daß in den Ehepakten der Freiheit der Religion auch bedacht werde, sonst möcht' es Gedanken bei den Brüdern verursachen; doch daß es ein we-

[1] Marie Emilie, die jüngste der drei kurländischen Prinzessinnen, geb. 1653, 1678 vermählt mit Landgraf Karl, dem Sohne der Landgräfin Hedwig Sophie.

nig gelind aufgesetzt werde, damit sie nicht Bedenken haben dürfen, es zu unterschreiben. Ich habe gehofft, E. L. und Dero Gemahlin würden den Landgraf bekehrt haben, da I. L. bei E. L. waren; nur Gott weiß die Stunde, wann er die Seinigen berufen will, der wird auch die Stunde ersehen, wann er diese Seele in seinen Weinberg berufen wird. Keine Bittrigkeit finde ich gottlob mehr; ob die Art des Freiers so ist, will ich doch nicht hoffen, daß es bei I. L. eintreffen wird, denn ich mich einbilde, daß man auf dessen Wort trauen darf. *Ma soeur* schreibt, sie wüßte noch keine Prediger, schreibt aber nicht, daß ich mich nach einen umbhören sollte, sonst wollte ich noch wohl einen hiero finden. Der Landgraf sagt, er baue ganz fest auf E. L. Gnad'; ich bin versichert, E. L. werden sich auch nimmer betrogen an I. L. finden, und haben E. L. gewißlich einen treuen Diener an ihm; ich repondiere aber noch vor eine, welche mit höchstem Respekt verbleiben wird E. L. demütige, gehorsamste, treueste Schwester und ganz ergebene Dienerin

Cassel, den 14. April 1670. Hedwig Sophie.

Mit E. L. gnädigen *permission* küsse meiner liebsten gndst. Kurfürstin ich demütig die Händ' und bitte Dero *faveur* allezeit gegen Dero leibeigen Dienerin zu kontinuieren. Meine Kinder küssen E. L. unterthänig die Händ', rekommandieren sich mit deren alten Mutter in E. L. hohe Gnad'; Mariechen ist mit unter die Kinder gerechnet, welche ich auch eben liebe wie mein Kind.

Ehepakten 1670

Wir Jacob zu Kurland etc. bewilligen, Unserer freundlichen, lieben Tochter L. E. zu einem rechten Heiratsgut 20,000 Rthr. in teutschen reichsgangbaren und vollgültigen speciebus innerhalb Jahr und Tag nach vollzogenen Beilager, jedoch ohne Zins, und gegen genugsame Quittung bar entrichten zu lassen, wie nicht weniger hochermelte Unsere Tochter daneben mit fürstl. Geschmück, Kleidern, Kleinodien, Silbergeschirr und allen andern, was über das hierzu erfordert wird und gehörig ist, zu versehen, wie solches Dero fürstl. Stande eignet und geziemet, und daß Sie damit gleich andern Ihres Standes fürstl. Personen wohl bestehen kann. Ferner wollen Wir Jacobus etc. Unsere Tochter über obberührte Ehegelder noch mit einer *summa* von 60,000 Rthr. dergestalt versehen haben, daß, so bald wir entweder aus Polen, Schweden oder anderen Örtern unsere Schulden werden mächtig werden können, dieselbe an gewisse Örter, es sei Städt' oder Ämbter, auf interesse geleget werden sollen, damit Se. L. der Landgraf Friedrich die Zinse jährlich daraus habe, und so lange Er lebet, zu Seinem und Seiner Gemahlin Nutzen und Frommen anwenden möge, das Kapital aber an selbigen Ort unverrückt verbleibe. Sollten Wir aber der Gelder nach Erlegung der Ehegelder nicht mächtig werden können, alsdann wollen Wir gedachte *summa* mit 5 *pro cento* verzinsen und jährlich zustellen.

Dahingegen versprechen Wir F. L. z. H. hiermit, Unsere künftige Gemahlin den ersten Morgen nach dem ehelichen Beilager nebst Überreichung eines rühmlichen Kleinods oder andern fürstl. Präsents mit 4000 Gulden fürstl. hessischer Kammerwährung dergestalt zu bemorgengaben, daß Derselben das Kapital solcher 4000 G. entweder bar ausgezahlet, oder jedes 100 mit 5 jährlich verzinset werde. Ferner versprechen Wir der Prinzessin L. nach vollzogenem Beilager zum täglichen Handpfennig und Spielgelde, auch Ihrer selbst eigenen Kleidung jährlich auf 3 Termin 2000 G. zeit Unsres Lebens auszuzahlen, wie auch Dero hohe und niedere Bediente, als eine Hofmeisterin, 3 adlige Jungfern, Kammer- und andre Mägde nach Notdurft, einen Junker, 2 Pagen und 2 Lakaien mit Besoldung, Kleidung und andern Zubehör, andern Unsern Hofdienern gleich, ohne Ihrer der Pr. L. Zuthun nach der Gebühr zu versorgen und unterhalten. Nächstdem bewilligen Wir, obgedachtes Heiratsgut und Ehegelder ebenfalls mit 20,000 Rthr. zu widerlegen und die ganze *summa,* so sich an Heiratsgut sambt der Widerlage auf 40,000 Rthr. belaufet, auf Unser Schloß und Ambt ... zu versichern, damit I. L., wenn nach Gottes Willen Wir mit dem Tode abgehen, und Dieselbe dadurch in den Witwenstand geraten würden, an besagten Ort den Witwensitz und Leibgeding bequemlich haben, auch aus den Renten und Gefällen jährlich 4000 Rthr. genießen und gebrauchen mögen.

Und nachdem Unsere Jacobi etc. freundliche, liebe Tochter in der reformierten Religion geboren und erzogen, so versprechen Wir L. F. z. H. vor Uns, Unsere Erben und Nachkommen hiermit kräftigst, daß Wir Unsere künftige Gemahlin zu einiger Veränderung sothaner I. L. Religion durchaus nicht nötigen, sondern so wohl I. L. als Dero Bediente, so der Religion etwan mit zugethan sein möchten, bei deren freien exercitio ganz unbehindert bleiben, Ihr auch zu dem Behuf Ihren eigenen derselben reformierten Religion zugethanen Hofprediger zu halten unweigerlich gestatten und in Unserer Residenz ein hierzu bequemes Gemach einräumen lassen wollen, und sollen, da Gott Unsere christliche Ehe mit Leibeserben gesegnen würde, die Söhne in Unserer evangelischen Religion auferzogen werden, die Töchter aber der mütterlichen Religion und education untergeben bleiben.

Kurfürstl. brandenburgisches Generals-Patent 1670

Wir Friedrich Wilhelm von Gottes Gnaden Markgraf zu Brandenburg etc. thun kund und geben hiermit jedermänniglichen, denen es zu wissen nötig, in Gnaden zu vernehmen: Nachdem der hochgeborne Fürst, Unser fr. lieber Vetter, Herr Friedrich Landgraf zu Hessen, sich bishero im Kriege dergestalt berühmbt gemacht und von Ihrer Tapferkeit, guten conduite und anderen fürnehmen Qualitäten, auch mit Hintansetzung Ihrer Gesundheit und ohngescheuter Hazardierung Leibs und Lebens solche *preuven* gethan, daß Ihro billig und mit gutem Fug die hohen Kriegschargen anvertrauet werden können, und dann I. L. nun seither vielen Jahren eine sonderbare *affection* gegen Uns und Unser Kurhaus verspüren lassen, so haben wir zu Bezeugung Unserer zu I. L. tragenden *estime* aus freundvetterlicher *confidence* und Zuneigung Deroselben das Generalat über Unsere Kavallerie konferieret und aufgetragen, womit sich dann auch I. L. gern und williglich beladen lassen, und vermöge des von Ihro ausgestellten Reverses versprochen und zugesagt, Unser und Unsers kurfürstlichen Hauses Nutzen, Ehre, Aufnehmen und Bestes äußerster Möglichkeit nach zu befördern, Schaden aber und Nachteil zu verhüten und abzuwenden, was Ihro von Uns oder Unseren höheren Kriegsoffizieren zu verrichten aufgetragen und anvertrauet wird, williglich zu *exequieren* und mit ungescheuter Darsetzung Leibes und Lebens unweigerlich ins Werk zu richten, sonsten auch bei allen *occasionen* sich dergestalt zu verhalten und zu erweisen, wie es I. L. hoher fürstlicher Stand und angestammtes tapferes Gemüt erfordert, Unser sonderbares zu I. L. tragendes freundvetterliches Vertrauen auch zu Deroselben gerichtet ist. Und ob Wir zwar anjetzo durch Gottes Gnade des Friedens genießen, welchen der Allerhöchste Gott lange Zeit beständig und unverrücket erhalten wolle, dannenhero I. L. auch zu keinen *extraordinari* Spesen dieser Charge halber verbunden sein, so haben Wir doch auch I. L. zu einer geringen Ergetzlichkeit, und damit Sie Unser gutes Gemüt und geneigten Willen desto mehr in der That verspüren mögen, eine Pension von 2000 Rthrn. jährlich, von nächst künftigen Ostern des 1671sten Jahres an zu rechnen, zugesagt und versprochen, welche 2000 Rthr. Deroselben alle Jahr richtig gegen Quittung ausgezahlet werden sollen. Dafern Wir auch hiernächst I. L. zu wirklichen emploi und Verrichtung dieser hohen Charge erfordern würden, alsdann wollen Wir nicht unterlassen, Dieselbe mit einer zureichenden Gage und Verpflegung darbei zu versehen, sonsten aber auch jedesmal I. L. gegen Uns und die Unsrigen bezeugende freundvetterliche und ungefärbte affection und Liebe mit aller Dankbarkeit und gebührenden Gegenbezeigungen zu erkennen. Zu Urkund dessen etc.

Cöln a. d. Spree, den 9. *Decembris* a. 1670.[1]

[1] Nach dem Konzept im Archiv der Geh. Kriegskanzlei

Kurfürstliche Resolution 1672

Weil Se. Kurfürstl. Durchl. in Dero Instruktion bereits die Lande, worin Ihre Fürstl. Gnaden die *militaria* zu inspizieren hatten, benannt, als lassen Sie es dabei bewenden. Se. K. D. wollen Dero hinterlassenen Geheimräten gnädigst anbefehlen, daß, wenn militärische Sachen fürfallen, sie sich bei I. F. Gn. angeben und davon mit Derselben deliberieren und schließen sollen. Wie sie sich dann sonsten auch jedesmal, wenn es I. F. Gn. verlangen, bei Deroselben einfinden werden. I. F. Gn. dependieren wegen Dero Ihro anitzo aufgetragenen Verrichtung von Sr. K. D. allein und haben auch von niemand anders darunter ordre zu empfangen; im übrigen aber bleibt es wegen des Kommando bei der gebräuchlichen Kriegsräson nach Proportion I. F. Gn. Charge.

Se. K. D. stellen I. F. Gn. frei, ob Sie auf Dero Residenz zu Cöln a. d. Spree, wenn Sie daselbst gegenwärtig, logieren wollen, woselbsten Ihr auch die Notdurft an Holz, Fischen und Wildbret gereichet werden soll.

Halberstadt, den 22. August 1672.

Schreiben des Grafen von Hofkirch an den Prinzen von Homburg 1672

Monseigneur,

Je fais savoir très-humblement à Votre Altesse que nous avons passé le Main à Russelsheim contre toute notre espérance là où nous croyons passer bravement le Rhin pour nous joindre avec nos ennemis et non pas pour leur tourner derechef le dos, comme nous faisons autrefois avec grande notre disréputation et mépris de tout le monde, et de cette manière V. A. se peut tenir pour bien heureux d'être absent, puisque nous fuyons ainsi comme des biches quasiment; notre première partie a été battue sous Mr. Arnheim, un lieutenant de tués avec 6 à 8 cavaliers dont l'un est de la compagnie de Mr. Geismar; il est bien vrai que la partie était fort inégale,

60 contre 300. Nos généraux vont toujours en pointes l'un contre l'autre, principalement notre maréchal de camp avec le lieutenant-général: le désordre est grand dans l'armée comme aussi dans celle des Imperiaux. Ils ont hier forcé un bourg appartenant à Metternich, ils ont pillé tout, entré dans l'église, ouvert les sépulcres, jetté les hosties à terre et ce qui est exécrable fait leurs ordures sur l'autel même; après ils ont mis le feu aux deux cotés et ont brûlé le bourg tout net. Je crois que notre électeur fera faire grand inquisition de cela. Adieu mon brave prince. V. A. conserve son pauvre mais fidèle serviteur dans son souvenir et grâce. Je mourrai, Monseigneur, de V. A. le plus humble et devot serviteur et valet

Weiterstadt, 1 Meile v. Darmstadt,
28. Oktober 1672. le comte de Hofkirch.

V. A. me fasse la grâce de brûler cette lettre. Je baise les mains et la robe à madame la princesse avec le plus grand respect.

Übersetzung

Monseigneur,

Ich gebe Eurer Hoheit untertänigst zu wissen, daß wir entgegen aller unserer Hoffnung den Main dort überquert haben, wo wir glaubten, ordnungsgemäß den Rhein zu überqueren, um uns unseren Feinden zu stellen und nicht, um ihnen abermals den Rücken zu kehren, wie wir es seinerzeit zu unserer großen Schande und unter der Mißbilligung aller Welt getan haben, und Eure Hoheit sich daher glücklich schätzen können, abwesend zu sein, denn wir flüchten wie die Hindinnen sozusagen; unserer erste Abteilung wurde unter Herrn Arnheim geschlagen, unter den Toten ein Leutnant mit sechs bis acht Reitern, von denen einer zur Kompanie des Herrn Geismar gehörte; allerdings stand die Partie sehr ungleich, 60 gegen 300. Unsere Generale liegen immer in Streit, einer gegen den anderen, vor allem unser Marschall mit dem Generalleutnant: die Unordnung in der Armee ist groß, ebenso wie bei den Kaiserlichen. Gestern haben sie eine Burg erobert, die Metternich gehört, sie haben alles ausgeplündert, sind in die Kirche eingedrungen, haben die Grabstätten geöffnet, die Hostien auf den Boden geworfen und, was das abscheulichste ist, ihren Kot auf die Altäre fallen lassen; danach haben sie an zwei Seiten Feuer gemacht und die Burg ganz einfach niedergebrannt. Ich denke, unser Fürst wird ein strenges Gericht darüber halten.

Leben Sie wohl mein tapferer Prinz. Eure Hoheit möge seinem armen aber treuen Diener sein Gedenken und seine Gnade bewahren. Ich werde sterben, Monseigneur, als Eurer Hoheit untertänigster und ergebener Diener und Knecht

Weiterstadt, 1 Meile v. Darmstadt

28. Oktober 1672 der Graf von Hofkirch

Eure Hoheit möge mir die Gnade erweisen, diesen Brief zu verbrennen. Ich küsse mit dem größten Respekt die Hände und das Kleid der Frau Landgräfin.

Bericht des Auditeurs Ernst an den Prinzen von Homburg 1672

Durchl. Fürst, Gnädigster Herr,

Ew. Fürstl. Durchlauchtigkeit muß ich leider diese traurige Botschaft bringen, daß gestern Abend umb 6 Uhr unser Herr Obriste und Rittmeister Fuchs einander fast in einem *moment* erschossen und einander so gefasset, daß sie beide zugleich gefallen und fort tot geblieben. Welches sich denn folgender Gestalt zugetragen: daß nämlich der selige Herr Obriste bei Rittmeister Fuchsen auf beschehene Einladung nebst anderen Offizieren, als dem Herrn Oberst-Wachtmeistern Volkman und dem Kapitän-Lieutenant und anderen zu Gaste gewesen, da sich's denn, nachdem sie alle wohl bezecht gewesen, begeben, daß des Rittmeisters Trompeter seinen Jungen geschlagen, dem denn solches der H. Obrist-Wachtmeister mit fast harten Worten verwiesen, welcher Worte der H. Obriste sel. sich angezogen und darauf eiferig herausgefahren, ob er ihn als Obristen nicht besser respektieren könnte, und darauf denselben durch den Wachtmeister Taubenecker in Arrest nehmen lassen. Wiewohl nun der Major willig parieret, so hat ihm dennoch der H. Obriste das contrarium eingebildet und von hier ab wieder in des Rittmeisters Fuchsens Quartier geritten, da er denn sowohl den H. Obrist-Wachtmeistern als Rittmeister Fuchsen, welcher ihn den Obrist-Wachtmeister begleiten wollen, zu Pferde sitzend angetroffen, und auf den Obrist-Wachtmeister in vollem Eifer und mit diesen Worten zugeritten: »Willte westfälischer Hund[1] nicht parieren?« und ihn darauf bei dem Flor oder Halstuch gefasset und herumbgezogen, auch mit dem bloßen Degen auf ihn losgestochen, welches alles aber durch interposition des Kapitän-Lieutenants wiewohl nicht so sehr ohne Schimpf als Schaden abgegangen, bis endlich der Rittmeister Fuchs, welcher dieses alles mit angesehen, dem H. Obristen zugeredet und dieser Worte sich gebrauchet: er möchte doch sehen, was er thäte; darauf der H. Obriste ihm sofort den Arrest auch angedeutet und zugleich die Pistole auch gezogen, losgedrücket und ihn den Rittmeister durch und durch geschossen, welcher denn im Wehrufen und Niedersinken auch Feuer gegeben und den Obristen durchschossen, so daß beide zugleich von Pferden gestürzet, und ferner der H. Obriste sofort augenblicklich tot geblieben, dieser aber noch fast eine halbe Stunde wiewohl ohne Sprach und Verstand sich gequälet. Heute sollen dieserhalb die Zeugen verhöret, und von dem, was etwan sonsten dabei weiter vorgangen, hiernächst unterthänigster Bericht abgestattet werden. Ew. Fürstl. Durchl. unterthänigster Knecht

Geben im Quartier Weiterstadt,
den 31. Oktober 1672. L. A. Ernst, Auditeur.

[1] Heinrich v. Volkman, welcher an des Grafen v. Hofkirch Stelle Oberst des Regiments wurde, schreibt an den Landgrafen, Stendal, 1. April 1678: »Es geht die Rede, als wann der Bischof zu Münster in Westfalen greulich hausete und allschon Lübbeke, unser alt Quartier, und sonst andern Orten ausgeplündert, als muß mich vermuten, daß mein klein Armutgen allda auch wohl darauf gangen ist, welches mich zeitlebens ein großer Schade sein wollte.«

Aria zur Totenfeier für den Prinzen von Homburg

Ritornello

9
10
11
12
13
14

Lentissimo
Las-set thau-send Thrä-nen rin-nen
un - ser Lan-des-
fürst ist todt.
Ach, was sol-len wir be-gin-nen

bey so all-ge-
mei-ner Noth?
Das in Leid ver-
Leid ver-
setz-te Hes-sen
setz-te
kann den Friedrich
nicht ver-ges-sen.
kann den Friedrich
kann den Friedrich
nicht ver-ges-sen.

Johann Jungfer, Fehrbellin

Die trübe Trauer- und Kriegswolke, so bei Ausgang des 1674ten Jahres sich über die Kurmark Brandenburg gezogen hatte, als der Kurprinz Carl Aemil, ein so edles Blut und Herr von unvergleichlichen Qualitäten, der Welt entrissen wurde, die königlich schwedische Armee aber unter dem Kommando des Feldherrn Wrangel in die Uckermark fiel, verdunkelte die Kur-Lande weiter, indem obenerwähnte Armee den 3. Januar 1675 aus der Ucker- sich nach der Neumark und Hinterpommern wendete, und diejenige Tragödie, so sie dort gespielet, in gleicher Weise allhier repräsentierte. Was der schwedischen Armee Zug in die Neumark und Pommern betrifft, so nahm sie daselbst die Quartiere nach ihrem eigenen Gefallen, bemächtigte sich der Städte Landsberg an der Warthe und Stargard, verwahrete dieselben mit Schanzen und Palisaden, schrieb Kontribution aus, richtete daselbst und sonsten im Lande Magazine an. Alles übrige Getreide, auch viel Vieh, ließen sie aus dem Lande nehmen und nach Vorpommern führen, stellten Werbungen an, dazu sie die Werbegelder mit Schärfe von den Untertanen erpreßt, und in Summa nichts unterlassen, was in diesem Stück feindlicherweise geschehen kann, nur daß noch zur Zeit sie sich des Feuers und Niederbrennens enthielten. Bei diesem allen aber bemüheten sich die Schwedischen, in Teutschland aller Orten auszustreuen, es wäre mit Kur-Brandenburg zu keiner Feindseligkeit gekommen, es sollte diese Einquartierung in den kurfürstlichen Landen nur eine Veranlassung zur Wiederversöhnung sein, ja, es wäre dies alles mit Seiner kurfürstlichen Durchlauchtigkeit Vorwissen und Belieben, und zwar zu dem Ende geschehen, damit sie einen Praetext bekommen möchten, sich von dero Alliierten abzuziehen. Als sie aber damit bei männiglich keinen oder geringen Glauben fanden und dabei auch erfuhren, daß der Kurfürst die Invasion nicht für ein Mittel zur Versöhnung, sondern für eine offenbare Feindseligkeit aufnahm, gebrauchten sie auf Befehl der Krone andere Farben, beteuerten große Begierde zum Frieden, absonderlich sich mit dem Kurfürsten zu vereinigen, die entstandenen Mißhelligkeiten aus dem Wege zu räumen und alles auf den Fuß voriger Vertraulichkeit wieder zu stellen. Sie gewannen auch etliche hohe Häupter und sonderlich den Kurfürsten zu Bayern, daß er wegen dero Interposition hierob und daß der Kurfürst von Brandenburg den Schaden vergessen möchten, etwas an ihn gelangen ließ.

Allein wie der Krone Taten mit ihren Reden nicht übereinstimmten, indem eben zu der Zeit, als dieses an den Kurfürsten gebracht wurde, er erfuhr, daß die schwedische Armee in seinen Landen immer ärger hausete und man also schließen mußte, daß sie nichts anderes suchten, als entweder ihn von dem Reich abzuziehen oder Ihre Kaiserliche Majestät und das Reich, wie auch den König von Dänemark, die Herren Staaten der Vereinigten Niederlande und andere mit dem Kurfürsten hohe Alliierte von der wirklichen Assistenz abzuhalten, also waren dergleichen Wunden mit so leichtem Pflaster nicht zu kurieren.

Der Kurfürst dankte dem Kurfürsten zu Bayern und den übrigen Häuptern ob der angebotenen Bemühung und versicherte ihnen, daß, wann die von der Krone Schweden ihm zugefügte Vergewaltigung so beschaffen wäre, daß er sich deshalb in Traktate einzulassen vermöchte, ihre Vermittlung ihm lieb und angenehm sein würde. Aber er bäte allerseits zu erwägen, ob der Kaiser und die Stände des Reiches dulden wollten, daß Schweden mit Frankreich sich unterstünde, das *instrumentum pacis* für sich allein auszulegen? Ob ihnen gebühre, den Ständen vorzuschreiben, wie weit sie Bündnisse zu machen hätten oder nicht? Mit wieviel oder mit wie wenigem Volk einer dem andern assistieren oder nicht assistieren solle? Ob Schweden, wenn Frankreich vom Reich zum Feind erklärt, mit Frankreich dennoch eine Union und Bündnis haben könne und eines Kurfürsten des Reiches Lande darum, daß er dem Kaiser und dem Reich assistieret, feindlich zu überfallen befugt sei. Und ob daher also zugegeben sei, daß des geliebten Vaterlandes Heil, Wohlfahrt und Freiheit von den Auswärtigen unter die Füße getreten werden sollte? Sollten die armen, seufzenden Lande und Leute in der Bedrängnis gelassen werden?

Es beschloß also der Kurfürst, weil er allein mit Schweden sich einzulassen Bedenken trug, sich durch die Waffen von der nachbarlichen Unterdrückung zu befreien, setzte zu Gott die Zuversicht, daß er solche zweifelsfrei segnen und ihn beschützen würde, hoffte daneben auf den Kaiser und das Reich, wie auf seine übrigen Alliierten, welche alle in ansehnlicher Verfassung standen, daß sie ihn nicht hilflos lassen würden. Nach einigen Kur- und Fürstlichen Höfen wurden der Mindische Regierungsrat und Land-Drost, der von Ledebuhr, der kurfürstlichen Gemahlin Stallmeister, der von Lenthe und andere Bediente gesendet, um von der Schweden Einfall und Hausen in der Mark und Pommern vollkommene Nachricht zu erteilen und allerseits freund-, brüder- und vetterlich zu ersuchen, dem Kurfürsten Hilfe widerfahren zu lassen. Sollte ein getreuer Kurfürst des Reichs, der da nichts mehr als seine Schuldigkeit gegen das Vaterland erwiesen, anstatt Schutzes und Beistandes von seinen Mitständen gewärtig sein, auf der Reichs-Feinde Anstiften verfolgt und unterdrückt werden, so könne daraus nichts anderes als eine gänzliche Verheer- und Zergliederung des Römischen Reiches erfolgen, so der Allerhöchste gnädiglich abwenden wollte. Danach war der Kurfürst gemüßigt worden, bei Ihro Kaiserl. Majestät, wie auch zu Regensburg bei der ganzen Reichsversammlung, anzuhalten, daß Schweden nicht weniger als Frankreich zum Feind des Reichs deklariert werden möchte.

Nach Ihrer Königl. Majestät von Dänemark schickte der Kurfürst seinen Generalfeldzeugmeister und Gouverneur zu Magdeburg, den Herzog zu Holstein, nebst dem geheimen Rat Knesebeck, um dem König zu bezeugen, daß, nachdem zwischen den beiderseitigen Vorfahren allemal ein gar sonderes Verständnis und Freundschaft gepflogen worden und man erheischender Not nach, eins dem andern zu Hilfe gekommen, so hätte der Kurfürst, bei der Verwüstung seiner Länder und zugefügten großen Unrechts und Schimpfs, das unablässige Vertrauen in Ihre Königl. Majestät gesetzt, dieselbe würden ihn nicht stecken lassen, sondern ihn mit Ehre daraus retten helfen und ohne längeren Verzug nicht allein eine gute Flotte in See und an die pommerschen Küsten senden, sondern ihm auch mit einem Korps zu Lande, etwa im Stift Bremen oder in Pommern, zu Hilfe kommen.

Nach dem Haag mußte der kurfürstliche geheime Rat Blaspiel reisen und Ihre Hochmög. des Versprechens erinnern, so der Kurfürst wegen der Assistenz wider Schweden von ihnen erhalten, auch was er vormalen und in den letzten Jahren für den Staat getan, da er von Münster und Frankreich bekriegt worden und daß man ein gleiches jetzt an dem Kurfürsten bezeigen sollte: eine stattliche Flotte, wie auch eine Armee aus Friesland in das Bremisch- und Verdische senden, um damit eine höchstnötige Diversion machen zu lassen, auch den schwedischen Minister Ehrenstein nicht länger bei sich zu dulden, sondern aus dem Lande zu schaffen.

Da der Kurfürst glaubte, daß Ihre Königl. Majestät in England der guten Sache einen großen Ausschlag geben könnten, wenn England an Schweden keine Schiffe geben würde, wie auch keine Werbungen für Schweden in den Königreichen verstattete, so befahl er seinem geheimen Rat, dem jüngern Freiherrn von Schwerin, sich schleunigst nach London zu verfügen, welcher dann auch mit gutem Winde bald darauf dort anlangte.

Die Römische Kaiserliche Majestät hatte dem Kurfürsten danken lassen für die große Liebe und Treue, womit er deroselben und dem Reich zugetan, wünschten ihm zu seinen tapferen und großmütigen Anschlägen, um das angetane Übel von Brandenburg und dem Reich zu treiben, allen glücklichen Ausgang und versicherten, daß, sobald der Kurfürst mit seiner Armee marschieren würde, die gesuchte Avocatoria nicht allein ergehen, sondern auch die Kreis-Hilfe beschleunigt würde und dieselbe nebst dem Korps, das der Kaiser an der schlesischen Grenze unterm General Grafen Coob formieren ließe, ihm unverlangt zugeschickt werden sollte.

Der König von Dänemark hatte geantwortet, wie es ihm zum höchsten schmerzte, daß er zusehen müßte, daß des Kurfürsten Lande unter dem scheinbaren Namen der Freundschaft in die äußerste Ruin gesetzt würden, er wäre auf nichts in der Welt mehr bedacht, als wie er dem Kurfürsten Reparation und Satisfaktion verschaffen möchte, er würde dazu angetrieben teils durch das gemeine Interesse, wie auch durch die nahe Anverwandtnis. Weil er aber, um nicht ein größeres Unheil anzurichten, sich sobald nicht der Krone Schweden ins Gesicht stellen könnte, sondern erst abwarten müßte, welcher Gestalt sich Holland zu der Sache stellen würde: Also bäte er den Kurfürsten, eine kleine Frist und Geduld nicht übel auszudeuten.

Die Herren Staaten hatten auf des Herrn Blaspiel Vortrag resolvieret, dem Kurfürsten zu Wasser und Land zu assistieren, zu dem Ende eine Flotte in die Ostsee zu senden und die 120 Kompanien, so sie sonsten abzudanken gewillt gewesen, zu behalten, um ein Korps zu formieren, das ins Bremische gehen könnte, auch den Prinzen von Oranien zu ersuchen, daß er bedacht sein wollte, dieses alles zum Effekt zu bringen, wie auch hiernächst den König von Dänemark zu ersuchen, daß er vermöge des mit den Staaten aufgerichteten Bundes ehister Tage mit der Krone Schweden in Ruptur treten wollte.

Der König in England hatte versichert, daß er der Welt dartun wollte, wie angelegen er es sich sein ließe, einen billigen Frieden für alle Seiten herzustellen. Der Kurfürst würde es auch bei künftigen Traktaten erfahren, daß er beständige Freundschaft ihm zu zeigen beflissen. Es war im übrigen für die brandenburgische Seite sehr gut gewesen, daß der Freiherr von Schwerin hierher gekommen war, da er unter der Hand viel Dinge hintertrieben, auch dafür gesorgt hatte, daß die heimlichen Werbungen für Schweden eingestellt, als auch den dahin fahrenden Salzschiffen keine Konvoi war gegeben worden.

Der Kurfürst ersah aus allen diesen Beantwortungen (außer der letzteren), daß man sein Ungemach zu Herzen nähme und ihm zu helfen und mit den Schweden zu brechen beschlossen hatte. Er vermerkte aber dabei ungern, daß niemand sich bloßstellen und den Anfang machen wollte, sondern man entweder solange warten wollte, bis er sich vorher zu Felde begeben, oder die Herren Staaten zuvorderst zur See und Lande sich sehen lassen würden.

Weil nun solches an keinem Orte sich besser und schleuniger bestimmen ließ als in dem Haag, woselbst die meisten der Alliierten allbereits ihre Ministros hatten, die Herren Staaten sich auch dort fast täglich versammelten, also entschloß sich der Kurfürst, sich selbst dahin zu begeben. Er begab sich deshalb von Schweinfurt auf den Weg, konnte aber kaum Cleve erreichen, da er mit einem beschwerlichen Anstoß befallen und also gezwungen wurde, daselbst etliche Wochen zu verbleiben und die Kur abzuwarten. Nachdem er seine Gesundheit wieder erlangt, säumte er nicht, über Rotterdam und Delft sich nach dem Haag zu begeben, langte daselbst den 7. Mai an und fand dort den Marquis de Grana, den der Kaiser, die Herren Heimburg und Haacke, so die Herren Herzöge von Zell, Wolfenbüttel und Osnabrück auf sein Schreiben dahin gesendet hatten, wie auch anderer Potentaten Ministros, die alle auf ihn mit Verlangen gewartet hatten. Man schritt darauf täglich in Konferenz. Der Kurfürst brachte es durch erhebliche Vorstellungen und Anregungen dahin, daß allerseits beschlossen und festgestellt wurde: 1. Die Krone Schweden, wie auch alle diejenigen, die ihr Assistenz leisten würden, für einen offenbaren Feind zu halten. 2. Sollten Dänemark und Holland ihre Flotten in See wider dieselbe agieren lassen, jedweder aber auch Volk zu Lande ins Bremische senden. 3. Wollte man insgesamt nach dem moskowitischen Zar abschicken und denselben ersuchen, den Schweden eine Diversion in Livland, Ingermanland und Karelien zu machen. 4. Weil man vermeinte, kaiserlicher, dänischer, brandenburgischer und holländischer Seiten dem neuen Feind zu Lande genugsam gewachsen zu sein, sollte Braunschweig mit seinem Volk solange am Rhein kontra Frankreich agieren, bis die Not etwa erforderte, sich zurück zu begeben. Es sollte endlich der 5. Juni 1675 der Tag sein, da man insgesamt wider Schweden losbrechen wollte.

Als nun der Kurfürst hierunter wie auch im Haag glücklich angeschlagen, daß die Herren Staaten ihm erlaubten, ein Regiment Bootsknechte unter dem Obristen Bolsey in den Provinzen werben zu lassen, so auf den unter dem Schiffsdirektor Benjamin Raule ausgerüsteten kurfürstlichen Fregatten dienen sollten, begab er sich wieder über Utrecht und

Amsterdam nach Cleve und von dannen zu seiner Armee in Frankenland.

Der Kurfürst langte den 18. Mai hinwiederum in Schweinfurt an, erfuhr hierselbst, wie auch allbereit unterwegs, durch Expresse, die ihm von Tag zu Tage von dem Statthalter, dem Fürsten Anhalt, wie auch von den Landständen geschickt wurden, daß die schwedische Armee die Neumark und Hinterpommern außer Stargard, so sie besetzt gelassen, verlassen und in 6 Regimentern zu Roß und 9 zu Fuß, die Artillerie aber 38 Stück und 4 Mörser stark, die Oder zu Stettin passiert, das feste Haus Löcknitz belagert und zur Übergabe gezwungen, darauf abermalen in die Ucker- und Mittelmark gefallen waren, die Städte daselbst ausplünderten, und was sie an Pferden, Ochsen, Schafen und anderem Vieh, wie auch an Viktualien nicht fortbringen konnten, niedermachen und auf die Erde streuen, mit den Untertanen beiderlei Geschlechts übel verfahren, sie in Wäldern und Büschen niederschießen, in Städten und Dörfern ritteln, ihnen die Fußsohlen, Brüste ausschneiden, sie schänden, lebendig begraben, die Toten in der Erde auch berauben, auf die Straße werfen, die Kirchenkasten aufschlagen, das Geld und den Kirchenornat daraus nehmen, und in Summa alles vornehmen täten, was von einem Feind immer geschehen könnte, auch nunmehr nach der Havel und Elbe sich zu wenden Miene machten, um hierselbst den Kurfürsten zu empfangen und ihm den Rückpaß in seine Lande streitig zu machen.

Ob nun wohl der Kurfürst die verheißene Hilfe von den Alliierten gern abgewartet hätte, so konnte er doch das Schreien des Landes nach ihm in seinem Geist nicht länger anhören, sondern beschloß, zumalen der Feind nach der Elbe zog, ihm entgegen zu gehen. Vorher aber hielt er aus inbrünstigem Vertrauen auf göttlichen Beistand in allen seinen Landen und unter der Armee einen Buß-, Fast- und Bettag.

Indessen hatten die Schweden, nachdem sie in den uckermärkischen, stolpischen, ruppinischen, ober- und niederbarnimschen Kreisen alles kahl gemacht, sich nach dem havelländisch- und Zauchischen begeben, waren an Spandau vorbeimarschiert, woraus, da sie sich der Feste sehr genähert, einige Kanonenschüsse auf sie getan worden und hatten darauf den Fehrbellinschen und Oranienburgischen Paß zugleich angegriffen. Ob nun wohl der Fürst von Anhalt solches zu hintertreiben gesucht und den Generalmajor Sommerfeld mit etlichen hundert Mann Reitern, Dragonern und Fußvolk nebst Feldstücken dahin gelegt hatte, so hatte dieser doch, weil er zu schwach, um nicht gar abgeschnitten zu werden, sich zurückziehen müssen. Die Schweden bemächtigten sich darauf der an der Havel gelegenen Städte Rathenow, Brandenburg, Havelberg usw., prozedierten hier und auf dem Lande mit Peinigung, Hinrichtung der Leute, auch Spolierung der Kirchen, dergestalt, daß der Feldherr Wrangel selbst in einem, von einer brandenburgischen Partei aufgefangenen Schreiben gestand, daß bei Menschengedenken und solange er ein Soldat gewesen, dergleichen Verfahren unter Christen nicht wäre erhört worden.

Der Kurfürst erreichte endlich am 11. Juni mit der Armee die Stadt und Feste Magdeburg, und weil er genaue Kundschaft erhielt, daß der Feind von seiner so nahen Anwesenheit keine Gewißheit hatte, beratschlagte er, wie er ihnen einen Meisterstreich anbringen möchte, hielt zu dem Ende die Tore der Stadt diesen und den 12. Juni verschlossen, daß niemand daraus kommen und sein Vorhaben dem Feind verraten konnte. Des Abends aber um 9 Uhr ließ er alle Kavallerie und Dragoner nebst 10 dreipfündigen Stücken die Elbbrücke passieren, wie auch 1000 kommandierte Musketiere, welche, damit sie den andern stets folgen könnten, auf 146 große Wagen, auf deren jedwedem ein Kahn nebst Zubehör lag, gesetzt wurden. Der Kurfürst folgte mit dem Feldmarschall Dörfflinger, dem Fürsten von Hessen-Homburg, General von der Kavallerie, auch den Generalen Görtzke, Lütike, Götz und Pölnitz und marschierte insgesamt die gleiche Nacht und den folgenden Tag fünf starke Meilen. Weil aber ein kontinuierlicher Platzregen einfiel, wodurch die Wege sehr tief gemacht wurden, daß die Truppen nicht weit gehen mochten, mußte der Kurfürst selben Tag drei Meilen von Rathenow bleiben. Den 15. mit anbrechendem Tag langte man vor dieser Stadt an. Der Kurfürst beorderte alsbald den Obristen-Leutnant

Canne und General-Adjutanten Canowsky, mit 600 Gemeinen die Havel zu passieren und von der Landseite die Stadt und Tore anzugreifen, während das Dörfflingerische Regiment Dragoner die Havelbrücke und das dortige Tor attackieren sollte. Der Feldmarschall ging mit etlicher Mannschaft nach der ersten Havelbrücke, die aufgezogen war, und als er sich für schwedisches Volk, das von einer brandenburgischen Partei verfolgt würde, ausgegeben, auch nach hartem Zureden erhalten hatte, daß die Brücke darauf niedergelassen wurde, drang er hinein, machte die Wache nieder und avancierte bis an die große Havelbrücke, welche jedoch bis an die Zugbrücke, die aufgezogen, guten Teils abgeworfen war. Inzwischen eroberten Canne und Canowski, ungeachtet sie einmal wacker abgeschlagen worden, das eine Tor und faßten Posten, das gleiche taten der General Götze und Graf von Döhnhoff auch bei der Mühle und drangen mit Gewalt in die Stadt bis an das Haveltor, welches sogleich aufgeschlagen, die Zugbrücke niedergelassen und die abgeworfene Brücke mit heftiger Geschwindigkeit wieder repariert wurde, daß sofort darauf einige Regimenter zu Pferde darüber passieren konnten. Das Regiment, daß darin in Besatzung lag, 6 Kompanien, welche grüne Fähnlein und ein paar Pauken führten, wußte nicht, wohin es sich kehren sollte, wehrte sich etwas aus den Häusern, auch auf den Gassen, wurde aber außer wenigen, die gefangen genommen, niedergemacht.

Nachdem nun der Kurfürst durch des Höchsten Beistand, dem er auch dafür alsbald in einer Betstunde danken ließ, sich eines so stattlichen Passes über die Havel bemächtigt hatte, auch den Feldherrn, so zu Havelberg mit etwas Volk stand, von der Verbindung mit der Hauptarmee abgeschnitten hatte und von ausgeschickten Parteien erfuhr, daß der Feind in großer Konfusion und Eile von Havelberg nach Pritzerbe aufgebrochen und auf Branewitz und Fehrbellin marschierte, beschloß er, obwohl die Infanterie und Artillerie von Magdeburg aus nicht sobald nachkommen konnte, dem Feind nachzufolgen und ihm, wenn es möglich, noch eins zu versetzen. Er schickte den Obristleutnant Hennings, genannt Treffenfeld, Generaladjutant Canowski und Rittmeister Zabeltitz durch unwegbare Wälder und Moräste unter Anführung der Jäger voran, die alle Pässe, über die der Feind gehen mußte, besonders die Brücke zu Fehrbellin, ruinierten und abbrannten und darauf die schwedische Arrieregarde bei Bernewitz erwischten, von welcher dann viele im Stich blieben, also daß vor Nauen, in Nauen und auf dem ganzen Weg sehr viel tote Körper, zerbrochene Wagen und weggeworfene Kürasse lagen.

Wie der Feind nun sah, daß er ohne Fechten den Fehrbellin-Paß nicht würde erreichen können, stellte er sich eine Stunde von dort bei dem Dorf Hackelberg in Bataille, pflanzte das Geschütz und erwartete der Brandenburgischen in guter Positur. Der Kurfürst hielt im Felde geschwinde Rat, was zu tun und ob zu raten wäre, eine vollkommene und mit einer großen Anzahl Kanonen versehene, auch den Wind zu ihrem Vorteil habende Armee mit der durch stetiges Galoppieren ermüdeten Kavallerie und wenig Regiment-Stücken anzugreifen. Es stimmten die meisten der Generale dahin, daß es zu verwegen und wider die Maxime des Krieges liefe, der Kurfürst behauptete hingegen, daß er den Feind in die Klemme gebracht und daß Gott sich nicht an die Menge und Stärke binden, sondern auch ohne und durch wenige Mittel helfen täte.

Der Kurfürst bemächtigte sich alsbald einiger Sandberge, postierte darauf das wenige Geschütz nebst den Dörfflingerischen Dragonern und führte selbst etliche Eskadronen vom linken Flügel nicht ohne sondere Gefahr – da der Stallmeister Frobenius mit einer Stück-Kugel ihm zur Seite erlegt wurde – gegen den Feind, obwohl sie viele Kanonenschüsse vorher von demselben aushalten mußten, als das Gefecht um 8 Uhr morgens beim linken Flügel scharf anhub. Die schwedische Kavallerie ward bald zurückgetrieben, wollte auch nicht recht anbeißen, sondern hielt sich immer bei der Infanterie, auf welche die kurfürstliche Kavallerie treffen mußte, was sehr gefährlich war. Ein Teil dieser Infanterie aber avancierte auf das kurfürstliche Geschütz, in Hoffnung, weil keine Infanterie dabei, es weg zu bekommen. Es ward aber der Feind repoussiert und dergestalt in ihn gedrungen, daß nach hartem und anfangs sehr zweifelhaftem Gefecht das ganze Königl. Leibregiment zerhauen, wie auch das Ostrogothische Regiment und andere übern Haufen geworfen wurden. Die schwedische Armee wandte sich darauf eiligst, jedoch mit guter Ordre nach dem Dorfe und ferner längs des Morastes, den sie zur rechten Hand hatte, nach Fehrbellin zu. Dem Kurfürsten verblieb das Feld, so mit Toten und sterbenden Menschen, auch mit Gewehren ganz bedeckt war, nebst dem Sieg. Der Kurfürst folgte der Retirade der schwedischen Armee allbereit zur Seite, in der Meinung, mitten unter sie zu brechen. Die Schweden hielten sich aber, weil sie alle Bagage vorausgesendet, sehr geschlossen, wurden auch, wie oberwähnt, von dem Morast auf der einen Seite bedeckt, daß ein Angriff nicht möglich war, bis sie endlich halb laufend, da sie stets mehr und mehr Leute einbüßten, den Fehrbellinischen Paß mit der Nacht erreichten.

Der Kurfürst blieb in der schwedischen Armee Gesicht vor obgenannten Paß stehen. Daselbst wurden ihm acht eroberte Fähnlein und zwei Standarten präsentiert. Ehe man es aber gewahr werden konnte, hatte die schwedische Armee die Nacht sich über den Paß, so sie eiligst reparieren lassen, in großer Eile und Konfusion zurückgezogen, und ob man zwar die Dragoner und einige Kavallerie derselben nachsendete, die auch drei sechspfündige und zwei dreipfündige Stücke nebst vieler Munition und an die 2000 Bagagewagen und viel tausend Stück geraubten Viehs, so die Schweden verlassen mußten, bekamen, so hatten die Schweden doch die Brücke hinter sich in Brand gesteckt, daß der Kurfürst den Tag vor Fehrbellin stehen bleiben mußte. Den folgenden Sonntag darauf, als der Kurfürst den Damm wieder hatte reparieren lassen, folgte er dem Feind mit allem Volk, bekam auf dem Wege viele Bagage und Munition. Die feindliche Armee aber wich durch Ruppin und Wittstock, alles hinter sich anzündend, und zwar so stark, daß man ihr letztlich kaum folgen konnte. Als der Kurfürst nun dieselbe, nachdem sie in allem bei die 4000 Mann verloren, bis an die mecklenburgische Grenze immerhin verfolgt hatte, die kurfürstliche Kavallerie aber, welche seit ihrem Abmarsch aus Franken keinen Tag Ruhe gehabt, dadurch ganz ermüdet worden, so hielt es der Kurfürst für nötig, sie wenige Tage zurück zu führen, um sie zu erfrischen, ließ indessen die Infanterie und Artillerie anmarschieren, um mit derselben sobald als möglich die Kriegs-Operationes fortzusetzen. Der Kurfürst aber tat für seine Person eine kleine Kavalkade nach Berlin, seine dort gelassenen lieben kurfürstlichen Kinder zu sehen, langte daselbst den 23. Juni an, speiste in dem entblößten Gemach zwischen den Tages vorher von Rathenow und aus der Schlacht gebrachten Fahnen und Standarten, besah den Mittag die Fortifikationes der Stadt, dankte folgenden Tag frühe in öffentlicher Gemeinde mit heißen Zähren Gott für so herrlichen verliehenen Sieg und begab sich darauf, nachdem er seine Kinder und Bediente ganz gnädig gesegnet, wieder zu der Armee zurück.

Was für ein Frohlocken über diese Viktoria in und außerhalb Teutschlands entstand und wie dadurch die Veneration und Estime, so man für Seine Kurfürstliche Durchläuchtigkeit allbereits hatte, vermehrt, auch die Devotion und Liebe, so dero Untertanen und Lande deroselben zutrugen, vergrößert wurden, stehet nicht zu beschreiben. Viel Tausend weinten darob vor Freude, weinten und küßten abwesend den Arm dieses Helden, der so tapfer streiten lernen. Kriegsverständige wunderten sich bald über die Vorsichtigkeit, derer man sich bei der Ankunft zu Magdeburg bedient, bald über die Verschwiegenheit, so bei Rathenow, bald über die Klugheit, daß, um den Feind zerteilt zu halten, man alle Brücken und Passagen abwerfen und ruinieren lassen, bald über die Resolution und Valeur selbst, daß man ohne einzige Hilfe und bloß mit der ermatteten Kavallerie eine geruhte Armee von soviel alten Truppen, die mehr als jetztmals Teutschland in Schrecken gebracht, auch von einem der berühmtesten Generale in der Welt, dem Feldherrn Wrangel, kommandiert wurden, angegriffen und in wenig Tagen aus dem Lande gejagt, und bekannten alle, daß, wie diese Aktion voller Wunder, also der Triumph unvergleichlich und desto vollkommener wäre, weshalb Seine kurfürstliche Durchlauchtigkeit nicht genugsam gepriesen werden könnten. Zum stetswährenden Andenken der Fehrbellinischen Aktion ließ der Kurfürst eine Medaille prägen, auf deren rechte Seite er zu Pferde, unter welchem die Schlacht repräsentiert wurde, saß. Auf der andern Seite aber diese Schrift zu lesen war: »*Justum Suecorum exercitum, Marchiam, Pomeraniamque dum ipse alibi oppessis adest, vastantem, prope Fehrbellinum, die 18. Juni anno 1675 nactus, solo cum equitatu suo, imo vero sola Dei ope fretus, caedit, fundit, septimestres prädones septem diebus terris suis ejicit.*« In Teutsch lautend: »Der Schweden vollständiges Kriegsheer, welches, als der Kurfürst andern Unterdrückten ferne außer Landes war, sowohl die pommerschen als märkischen Lande verheerte, erhaschete derselbe den 18. Juni im Jahr 1675 bei Fehrbellin mit seiner Reiterei zwar nur alleine, jedoch vornehmlich auf die Hilfe seines Gottes sich verlassend, schlägt und verjaget er in sieben Tagen die sieben-monatlichen Räuber aus dem Lande.«

In allen seinen Ländern aber ließ der Kurfürst an einem dazu angesetzten Tag Gott dem Herrn nochmaln für den verliehenen Sieg danken, da in der Residenz zu Cölln an der Spree abends die Stücke von den Wällen losgebrennet, ein stattliches Feuerwerk angezündet und dabei unter dem Schall der Trompeten und Pauken die von den Schweden eroberten neun Stücke zu öftern malen abgefeuert wurden.

Die älteste Biographie des Prinzen von Homburg

Ihro Hochfürstl. Durchlaucht Hochseliges Lebenslauf von anno 1648 bis 1708 sich hat zugetragen

Anno 48 haben Seine Hochfürstliche Durchlaucht wollen von dem Hof in den Garten gehen; wie Sie nun an den Berg kamen und wollten den Berg hinunter gehen, thaten Sie mit dem rechten Fuß einen Mißtritt und fielen über die Seite und brachen den rechten Schenkel entzwei. Darauf riefen Se. D. Frau Mutter und riefen Sie zu aus dem Fenster und sagten: »Fritz, habt Ihr Euch weh gethan?« Darauf sagten Se. D.: »Ja, ich habe gewiß den Schenkel gebrochen!« Darauf erschraken I. D. Frau Mutter und machten gleich die Anstalt und ließen Sie herauftragen in Ihr Zimmer, allwo Sie vom

Balbier wohl versehen wurden, wurden also auch glücklich kuriert.

Anno 49 bekamen Sie einen starken Schlagfluß an demselben Schenkel, hatten aber viel damit zu thun, brauchten allerhand Arzeneien und Medikamenten, wollten aber wenig anschlagen, bis endlich Sie das Pfefferbad wurde rekommandiert, wie Sie sich auch gnädigst resolvieret und reisten dahin; brauchten Sie es daselbst mit allem Fleiß, fanden darauf eine ziemliche Besserung, thaten I. D. Ihre Reise wiederum zurück zu Ihrer Frau Mutter.

Wie Sie nun eine Weile zu Hause waren, würde des Königs in Frankreich sein General Turenne allhier in die Nähe kommen; sprach Se. D. Frau Mutter: Sie hätten gehört, daß der General mit seinen Truppen in die Nähe käm', müßte er sich fertig machen und dem Turenne entgegenreiten, um zu sehen, daß keine Truppen bei Sie einquartiert würden. Darauf gingen Se. D. gleich fort, kamen zu dem Turenne, erhielten bei Sie, was Ihr Anbringen war; darauf ritten Se. D. mit dem Turenne und besahen seine Truppen. Turenne aber fing an und sagte gegen Ihro D.: »*Mon prince,* haben Sie nicht Lust zum Krieg?« Darauf antworteten I. D.: Ja, wann Sie könnten mit guter Manier dazu kommen, sollte Sie es eine große Freude sein; welches dem Turenne sehr wohl gefiel. Sprach darauf zu I. D.: Wenn Sie könnten bei Ihro Frau Mutter erlangen, daß Sie zufrieden wären, wollten Sie I. D. Ihr Leibregiment zu Pferd geben, das soll wirklich stehen bleiben, und Sie wollten I. D. aus Ihren eigenen Beutel reisen lassen in Frankreich, Spanien und Italien und sollten sich in allen Exercitium qualifiziert machen; wenn Sie aber wieder zu Haus kämen, sollten Sie die Intrat, so von dem Regiment käme, vor Sie finden. Sie nahmen das zu allem Dank von dem Turenne an, ritten danach wieder nach Haus, thaten Se. D. Frau Mutter Bericht, was sich hat zugetragen bei dem Feldmarschall Turenne; aber alle Relationen wurden von I. D. Frau Mutter nicht angenommen, ging also die Sache ganz zurück.

Hernach thaten Se. D. mit wenigen Personen eine Reise nach *Genève,* sich die Akademie zu besehen; haben Sie sich bei dem vornehmen Reuter vor Weniges logiert und die Reutkunst allda gelernet zu vollkömmlich Perfektion benebst andern Exercitum, als sich perfekt gemacht in der französischen Sprach', wie denn auch im Tanzen und Fechten. Weil Sie sich nun eine Zeit lang allda hatten aufgehalten, haben Se. D. wieder seine Reise zurückgenommen in Deutschland.

Wie nun S. D. zurück zu Homburg sein gewesen, hatte sich zu der Zeit zugetragen, daß der Generalissimus von Schweden zu der Kron' kommen ist. Weil denn nun Se. D. dieses erfahren, haben Sie S. D. Frau Mutter um Rat gefragt und gesagt: Weil Sie so unglücklich wären, so müßten Sie eines erwählen und müßten also das Soldatenwesen annehmen; weilen sich aber hat zugetragen, daß der Generalissimus ist König worden in Schweden, also wollen Sie sich zu dem König machen, wenn es die Frau Mutter zufrieden wäre. Haben es Se. D. in Gnaden abgeschlagen, hat aber doch nicht geholfen; Se. D. so oft angehalten, bis Sie endlich lakartierte und zufrieden ware. Darauf machen Se. D. die Reise mit wenigen Personen fort auf Stockholm.

Anno 1654 thaten S. D. eine Reise in Schweden, weil der König noch nicht lange in der Regierung gestanden. Hielten Se. D. bei dem König an um eine Kondition, resolvierte sich der König und machte Se. D. zu einem Obersten über ein Regiment zu Pferd, so Sie auch werben sollten, denn I. Maj. der König sprachen, Sie wären der erste Offizier, so Sie haben angenommen, empfingen darauf Ihr Patent. Ist dieses ein Jahr hernach geschehen mit der Einladung bei dem Graf Königsmark, wurden Sie hernach bei dem alten Graf Königsmark zur Tafel geladen, nebst vielen Grafen und Offizieren wie folgendes. Hat der alte Königsmark einen großen goldenen Becher gehabt, ließ es voll Wein schenken und brachte es I. D., des Königs von Schweden seine Gesundheit; I. D. aber brachte es Graf Magnussen, wie auch der Graf zwei Obersten brachte. Kurz darauf sagte der Graf Königsmark: »Ich glaube, ich habe Gift und Galle getrunken!« Darauf huben I. D. an und sagten wider den Graf Magnus: »Es ist mir so wunderlich!« und stund von der Tafel, wie auch alle vier, so aus dem Becher getrunken hatten. Die zwei Obersten, so das Letzte getrunken hatten, sein den andern Tag gestorben; I. D. aber haben sich mit Medikamenten dermaßen verwahrt, daß Sie Gott sei Dank glücklich davon sein kommen.

Haben hernach Ihre Reise fortgesetzt auf Hamburg zu gehen, sind aber auf der See verunglückt durch einen Sturm, daß auch das Schiff verunglücket wurde, wie folgt. Wie sie nun gestrandet sein, haben Sie sich öfters mit dem Admiral Bankert beredet, wie sie ihre Sachen wollten anschlagen. Sagte Admiral Bankert: »Es lassen sich viel Seehund' bei dem Schiffe sehen,« sagte Admiral, »das ist unser Kirchhof!« Darauf sprachen Se. D.: »Laßt mir meine Büchse geben!« setzt an und sagt: »Sie sollen doch nicht alle von uns fressen!« und schossen viel davon. Darauf kam ein holländisch Schiff in die Nähe; sagte der Admiral, er wolle sehen, ob es sie wolle erretten, gab also mit zwei Stück die Losung. Der Schiffer aber wollte nicht warten, sondern ging fort. Des andern Tages kam abermals ein Schiff, welches ein Hamburger war; sagte der Admiral: »Das wird ein ehrlicher Mann sein, der wird uns erlösen!« gab abermals mit zwei Stück die Losung; darauf ließ der Schiffer die Segel fallen und legte sich vor Anker. Darauf redet I. D. mit dem Admiral Bankert: wenn es einer von den Matrosen wäre und wollte sich gebrauchen lassen nach dem großen Schiff hinüber zu gehen; hat sich einer resolviert, dem versprachen Sie 200 Rthlr., machen also eine Flöße von Dielen und schnitten in der Mitte ein Loch hinein, daß der Kerl drin sitzen konnte bis unter die Arm', und gaben ihm zwei Ruder in die Hände und banden einen langen Strick an das Floß, das reichet bis an das große Schiff. Wie er nun an das große Schiff ist kommen, hat der Schiffer erfahren, daß ein vornehmer Herr darin ist, hat er ihm gleich ein klein Schiff geben und hat sich gleich mit dem Strick zurückgezogen, denn der Strick ist fest gewesen an dem großen Schiff. Haben sich I. D. gleich resolviert und in das Schiff gesessen und haben Ihre Schatull zu sich genommen und haben sich mit dem Mann wieder hinüberziehen lassen bis an das große Schiff. Da seind die Wellen zu stark gegangen, daß auch die Wellen das kleine Schiff wider das große geschlagen, und davon entzwei ist gegangen, daß auch I. D. mit halbem Leib im

Wasser gestanden, daß auch der Schiffer I. D. einen Strick über den Leib geworfen und so hinauf auf das Schiff gezogen. Ihr Schatull ist in dem Meer geblieben mit vielen Pretiosen und große Obligation, so Sie wirklich von der Königlichen Kron' Schweden noch zu fordern haben. Auch hatte Se. D. dem Admiral noch die Parole gegeben, ihn auch abholen zu lassen. Weil aber das Schiff zerbrochen war und verunglückt, wollte der Schiffer nicht warten und ging fort, und kamen also glücklich zu Hamburg an.

Wie nun I. D. Ihre Reise nach Deutschland fortsetzten, kamen Sie Gott sei Dank in Homburg an, stellten gleich Ihre Werbung an zu Frankfurt am Main; ging also glücklich von statten. Wie das Regiment komplett war, ließen Sie es abmarschieren nach Stiftsbremen, um den Königsmark zu assistieren. Weil sich Se. D. noch etliche Tage aufhielten vor Ihrer Abreise, hatte der Königsmark die Devulte gemacht, er könne kein Quartier geben, er habe denn Spezialordre von der Kron' in Schweden. Darauf logieren die Offiziere und die Reuter, und gab darauf eine Uneinigkeit mit den Offizier und Reuter, weil sie kein Quartier bekommen hatten. Darauf kamen Se. D. an Post; wie Sie nun in den Flecken kommen, sahen I. D., daß die Soldaten auf einer Gasse stunden allein, und die Offiziere auch allein stunden, sahen I. D., daß die Sache nicht richtig war; kam der Rittmeister Streitwurst Sr. D. entgegen, wollte mit Sie reden, gaben ihm aber einen heimlichen Wink zu schweigen. Wie Sie nun fortfuhren, blieben Sie darauf bei den Soldaten halten, sprachen darauf zu den Soldaten: »Nun, ihr Brüder, ich bin lange ausgeblieben.« Darauf geben die Soldaten zur Antwort: »Ja, Herr Oberst, es ist uns lieb, daß Sie kommen sind.« Darauf fuhren Se. D. fort nach dem Wirtshaus, ließen Anstalt machen, den Soldaten etliche Tonnen Bier zu geben, wie auch Spielleute, daß sie sich sollen lustig machen und einen Tanz halten, wie sie denn auch thaten. Darauf den andern Tag gaben Sie Ordre das Regiment zu marschieren; den andern Tag darauf kamen nicht weit von Stattin sie auf eine Insel, so umher mit Wasser geflossen war; waren zwei Regimenter beordert von dem Königsmark, sich auf die Insul zu setzen. Wie nun Se. D. mit dem Regiment über dem Wasser war, hielten Sie einen Stillstand und ließen die zwei Regimenter einen Kreis machen um das Regiment. Darauf befahl Se. D. dem Regiment, sie sollten die Rädelsführer herausgeben; sie aber wögerten sich. Darauf gaben Ihro D. Ordre, sie sollten spielen, allemal der Zehnte henken. Darauf resolvierte das Regiment und gaben vier Reuter heraus, so die bösten vom ganzen Regiment waren; wie sie nun hangen sollten, that das Regiment einen Fußfall, baten sehr, Se. D. möcht' pardonieren, wie Sie denn auch haben pardoniert, und sein allezeit bei dem Regiment treu verblieben.

Darauf haben Se. D. Ihren Marsch fortgesetzt und sein also in das Hauptquartier vor Danzig glücklich angelangt; hat der König das Regiment mustern lassen und wohl befunden. Wie Se. D. mit seinem Regiment bei Danzig gestanden, kam der Feldmarschall Steinbock und gab I. D. die Ordre, daß etliche Truppen aus Danzig heraus wären kommen; also sollten Sie sehen, wie Sie dieselbige poussierten, und sollten etliche Kommandierte zu sich nehmen. Nahmen I. D. von etlichen Regimentern, die Sie wohl anstunden, so wohl beritten waren, ritten gleich viel Offizier mit. Wie sie nun den Feind ansichtig wurden, sahen Sie gleich, daß der Feind noch einmal so stark war als Sie, achten das nicht und gingen also vigresemang darauf, warfen viel über den Haufen, bekamen auch viel gefangen, daß also die ganze Partie geschlagen war. Hatten I. D. ein schön Pferd zur Beut' bekommen, war aber ein Rapp, wo mit die Rappen Ihr Lebtag kein Glück haben; ritten also mit den Gefangenen zurück nach Ihrem Quartier. Kam unterwegens Sie ein großer Durst an; weil die Polen alle Brunnen vergiftet hatten, ritten Sie mit etliche Pferd' vorweg nach einem Dorf, um einen Trunk Bier zu thun, waren aber unglücklich und stürzten mit dem Pferd so hart auf einen abgehauenen Stumpf, mit dem Kopf auf die rechte Seit', daß das Blut zur Nasen und zu den Ohren heraus ist gelaufen, auch die rechte Achsel entzwei und die Brust entzwei, darüber Sie haben geklagt, so lang als Sie gelebt haben. Sie haben Sie aber für tot auf den Wagen gelegt und auf das Quartier gebracht. Ihr Einzug ist gewesen: die Gefangene vorher, darauf haben Sie mit dem Wagen gefolget, darauf haben Ihre

Truppen gefolget; darauf hat der Hofmeister Kohlhans Sie in das Quartier gebracht, haben Sie Doktor und Balbierer gleich kommen lassen und Sie mit Medikamenten fleißig verwahret. Sie haben aber einen Tag und Nacht[1] gelegen, daß Sie keine Sprach' noch Verstand hatten gehabt; hernach haben Sie als vor sich hin still gelegen, daß man nur gespürt hat, daß der Atem noch ausgehet. Hat der Hofmeister Kohlhans gesehen, daß unmöglich wäre, Sie wieder aufzukommen; ließ also einen Sarg machen, wenn sie würden sterben, daß Sie sich diesen könnten gleich bedienen. Darauf bekamen I. D. einen Schlaf und schlafen zwei Tag' und zwei Nächt', wachen darauf auf und rufen Kohlhans und fragen ihn, was Sie wär'. Darauf sagt Kohlhans: »Leben I. D. noch?« Sagt I. D.: »Was ist mir denn? ich kann keinen Kopf und keinen Arm rühren.« Darauf erzählte der Hofmeister Kohlhans die ganze Aktion, so sich zugetragen hat. Sich nach dem als zu guter Besserung angelassen.

Wie nun der König über den Belt ist gegangen von Kopenhagen, in der Belagerung von Kopenhagen waren Se. D. avisiert, daß ein starker Ausfall würde geschehen. Darauf ritten I. D. dem Feind entgegen. Kam Ihr Jäger Peter Ahrhelgen, brachte I. D. ein weiß Schnupptuch, das nahmen I. D. ihm ab, steckten es in den Sack, der Jäger aber rennt gleich von Sie hinweg und kam nicht wieder zu Sie während der Aktion; kam darauf der Feind stark auf I. D. War ein Obristlieutenant, ein holsteinischer Kavalier mit Namen Powisch, präsentierte ein Mousqueton auf I. D.; darauf sagten Se. D. zu dem Offizier: »Schieß, du Hund!« – schießt also Se. D. auf den Leib, daß Sie auch gleich auf den Sattelknopf niederbückten, daß die andern Offizier gemeint haben, Sie wären tot. Erholten sich, kamen die andern Offizier dazu und schnitten die Scherff auf und wollten sehen, wo der Schuß sei; fielen die Kugeln aus dem Busen, und war aufgelaufen, wo der Schuß war hingangen, fäustendick, daß es auch große Schmerzen verursachte, und gaben also dem Schnupptuch die Ursach', so der Jäger gebracht, weil sie nichts wußten, woher daß es müßt' kommen sein. Zogen I. D. auf die Hauptwach'; dar-

[1] So ist die im Manuskript undeutliche Stelle wahrscheinlich zu lesen

auf thät der Feind einen Ausfall, wurde dermaßen von I. D. empfangen und poussieret bis in die Kontrescherff, und wurden darauf von einem sechspfündigen Stück geschossen, daß das Pferd durch und durch geschossen und starb also auf I. D. Leibe. Ihr Schenkel war abgeschossen, er hing aber noch an der großen Sehne; ließen sich ein Messer geben, schnitten den Schenkel selber ab und hatten sich so sehr verblutet, daß auch ein Arjedant gerennet kam und brachte ein Glas mit Schlagwasser, Sie damit anzustreichen. Nehmen Sie dem Arjedant das Glas aus der Hand und setzten es an den Mund und trunken es aus; darauf wurden Sie wieder ganz frisch. Wurden Se. D. in einen Schlitten gelegt, daß Sie unter den Stücken hinweg kämen, brachten Sie ihn nach Ihrem Quartier. Ist der König zu I. D. kommen und Sie geklaget, thät der König zu I. D. ein groß' Promiß, was Sie vor eine große Gnad' wollten vor Sie haben; wie auch I. Maj. der König zwei Ämbter hatten gegeben, die versprechen auch zwei Regimenter zu geben, viel andere Promisses, so der König hat gethan. Wie nun der König tot war, hat es die Krone all' wieder eingezogen. Im übrigen standen Se. D. große Schmerzen aus; wurd' aber an Doktor und Balbierer nicht gesäumet, denn Sie mußten große Schmerzen ausstehen wegen der vielen Splitter, so noch im Fleische steckten. Sie hatten sich resolviert, hierauf zu reisen; war unterwegs ein Stock in die Kalesche gekommen und kam justament in Ihren schlimmen Schenkel und war fast fingersdick ins Fleisch gegangen, daß also Sr. D. große Schmerzen verursachte. Kam also nach Homburg, wurden gewahr, daß ein trefflicher Balbierer sollte sein in Oppenheim; wie sich dann auch Se. D. resolvierten und reisten hin nach Oppenheim zu dem Balbierer. Wie nun der Balbierer den Schaden in Augenschein nahm, fand er, daß der kalte Brand schon angängig hätte gemacht; sprach der Balbierer: er könnte es nicht kurieren; wenn Sie es wollten ausstehen, wollte er was drauf legen, daß sich das böse Fleisch weg thäte. Darauf resolvierten sich I. D. und sagten wider den Balbirer: Ja, er sollte es in Gottes Namen auflegen und verbinden. Darauf kriegten Se. D. große Schmerzen und mußten vor Ungeduld zu Pferde sitzen und reiten hinaus ins Feld, haben auch etliche Lerchen geschossen. Die Schmerzen aber waren so groß, daß Sie mußten nach Hause reiten und den Balbierer lassen kommen. Machte er es auf, so fiel das Fleisch mitsamt dem Pflaster herunter; darauf sind Sie Gott sei Dank glücklich korriert worden.

Hernach haben Se. D. Ihre zweite Gemahlin genommen, eine Prinzessin aus Kurland mit Namen Lowise, und wurde die Mariage in Berlin vollendzogen.

Darauf hat der Kurfürst Friedrich Wilhelm S. D. aufgetragen das Kommando als ein General über die Kavallerie benebenst ein Regiment zu Pferd. Wie nun der Kurfürst im Elsaß stand, rückten die Schweden in die Mark Brannenburg, daß der Kurfürst über Hals und über Kopp mußte aufbrechen und nach der Mark Brannenburg marschieren. Kam der Kurfürst nach Magdeburg und vernahm, daß die Schweden bei Fehrbellin stunden, gab darauf der Kurfürst Se. D. die Ordre, den Feind aufzusuchen; Ihro D. aber wollten es von dem Kurfürst schriftlich Ordre haben. Darauf bekamen von dem Kurfürst schriftlich Ordre, daß Sie sollten mit 6000 Pferd den Feind aufsuchen. Wie Sie nun an die Landwehr kamen, zwei Stunden von Fehrbellin, haben Sie den Feind angetroffen, daß der Feind 20,000 Mann stark sei und stunden in voller Bataille. Darauf kommandieren Sie den Grafen Prumnitz, er sollte die Landwehr wegnehmen, und hat sie sich auch bemächtigt; darauf schickt er gleich den Argitant Spiegel und läßt den Kurfürsten remonstrieren: wenn er wolle, Sie zu sekondieren, hoffte eine glückliche Bataille zu liefern. Darauf schickte der Kurfürst zurück und läßt sagen: sie sollten sich abziehen, sie wären nicht imstand, dem Feinde Widerstand zu thun. Darauf schickten I. D. den Grafen Prumnitz zum Kurfürsten und läßt ihm sagen: er könnte nicht mit guter Manier abziehen, denn er hatte sich schon mit dem Feinde meliert. Darauf sagt der Feldmarschall zu dem Kurfürsten: »Wir müssen ihn sekundieren, sonst kriegen wir keinen Mann wieder.« Darauf sagt der Kurfürst gegen den Graf Prumnitz: er sollte gleich zurückreiten und dem Landgrafen berichten, er soll sich halten; er wollte ihn sekundieren. Drauf kommt der Kurfürst und Feldmarschall und sekundieren ihn. Drauf nehmen I. D. das Regiment Derfflingersche Reiter und des Fürsten von Anhalt sein Regiment und treffen gleich auf das Leibregiment Infanterie, so der Oberst Dalwig kommandiert haben, und ist übern Haufen geworfen, wie sie in Bataille gestanden haben, der Kurfürst auf der einen Seit' und der Feldmarschall auf der andern Seit', und ward also die 20,000 Mann, so in voller Bataille stunden, mit bloßer Kavallerie aus dem Feld geschlagen.

Wie nun I. D. vor etlichen Jahren zu Kopenhagen waren, ritt der Feldmarschall Schack mit I. D. auf der Festung herum und zeigte Sr. D. das Stück, womit Sie geschossen wären; und haben einen großen Stein auf den Platz gebracht, wo Sie geschossen sein worden, und heißt der Platz »am Acker.«

Ist von mir unterthänigst aufgesetzt, so ich von Sein. Hochfürstl. Durchlaucht von Wort zu Wort selbsten gehöret, ist geschehen Homburg, den 24. Februar 1708.

Gewesener Kammerdiener $29^{1}/_{2}$ Jahr
Johannes Pocksen.

Personalia & Lebenslauf derer Grafen von Heßen-Homburg

L. Friedrich wurde zu Darmstadt 1585 am 3ten Martii gebohren. Seine Älteren waren L. Georg zu Heßen-Darmstadt, und Magdalena Gräfin von der Lippe. A^{0} 1600 that Fr. eine Reise nach Frankreich, Burgund und der Schweitz: 1602 wohnte Fr. der Belagerung Ostende bey. 1605 thate Fr. mit seinem fl. [ält.?] Bruder L. Philipp eine Reise nach Spanien, 1607 eine Reise allein nach Engelland, Schottland, und wiederfuhre Ihnen viel Ehre an Königs Jacobi Hofe. A^{0} 1618 begleitete Fr. seinen fl. Bruder L. Ludwig, der auf ... [?] ... [unereugt] über daß absterben seiner Fr. Mutter eine Reise in daß gelobte land [unter?] nahm, bis nach Blois, gienge über Paris a^{0} 1620 wieder nach Deütschland. A^{0} 1622 d. 10. Aug. vermählte Er sich mit Margarethen Elisabeth, Gräfin von Leiningen Westerburg. Das Beylager wurde zu Buzbach gehalten, und bezoge Er hernach die Residenz Homburg v. d. Höhe.

Er erzeugte 6 Kinder, 5 Prinzen und eine Prinzeßin. Er starb nach einer kurzen Krankheit d. 8. Maj 1638 im 54. Jahr seines Alters, und bekandte sich zur augspurgischen Confession. Die 5 Söhne waren folgende: (1) Ludov. Philipp, geb. d. 20. Aug. 1623. Starb ohne Erben d. 16. Mart. 1643. (2) Georg, geb. d. 29. October 1624, gestorben 24. December 1625. (3) Willhelm Christoph, geb. 13. Nov. 1625. So anfänglich von seiner Appanage Bingenheim Landg. von Bingenheim hieß, und ohne mänliche Erben starb 17. Aug. 1681. Er nahm die catholische Religion an. (4) Georg Christian, geb. 10. Decemb. 1626. Nahm auch die catholische Religion an, und starb ohne Erben d. 18. Maj 1694. (5) Fridericus II, geb. d. 30. Maj 1633. Nahm die Reformierte Religion an, und führte dieselbe in Homburg zu erst ein. Er hatte 3 Gemahlinnen. 1. Margarethan, deß Schwedischen Grafen Abraham Brahe Tochter, und eine Witwe Grafen Benedicti Joannis Oxenstierna, welche Er nach dem Tode Carl Gustavs deß Königs in Schweden, a^{0} 1661 heurathete, die Ihm einen großen Reichtuhm zubrachte. Die 2te Gemahlin war Louisa Elisabeth, Herzogs Jacobi zu Curland Tochter, mit deren Er sich A^{0} 1672 vermählte, und nach Ihrem Nahmen die an Homburg gebaute Statt, die Louise Statt hieße. Die 3te Gemahlin ware Sophia Sybilla Grafens Johannis Ludovici zu Leiningen Westerburg Tochter, und Nichte Grafens Johannis Ludovici zu Leiningen Heidesheim, welche Er A^{0} 1692 sich beylegte. Er starb A^{0} 1708 d. 24. Jan. und hinterließe aus erster Ehe keine, aus 2ter Ehe aber 13 Kinder, davon noch 4 am Leben sind; aus 3ter Ehe 2. Printzen, die aber gestorben.

Von denen aus 1ter Ehe erzeugten Kindern sind folgende zu [erwehnen?] 1. Frideric Jacob, jetz regierender Landgraf zu Heßen-Homburg, von dem unden ein mehreres; 2. Kasimir Wilhelm, der d. 9ten [unles.] 1726 gestorben und mit der noch lebenden Christiana Wilhelmina Charlotte, Grafen Wilhelm Moritzen zu Solms-Braunsfels Tochter vermählet ware, welche auf dessen Brandenburgische Unter Ämteren Götringsleben residieret. Er hinterließe 1726 einen Prinzen Carolum Ludovicum, der dießmahl in französischen Diensten sich befindet. 3. Charlotte Dorothea Sophia, Herzogs Joannis Ernesti zu Sachsen Weimar hinterlaßne Wittib. So den [unles.] gestorben, 4. Hedwig Louisa Gemahlin Georgii Christophori Grafen von Schlieben, so noch am Leben. 5. Wilhelmia Maria eine Gemahlin Grafen Antonii von Oldenburg in Dänemark, so noch lebt. 6. Francisca Juliana, so vermählt mit einem Fürsten N. N. von Nassau-Siegen. 7. Prinz Philipp, so bey Speyerbad A° 1708 geblieben. 8. Carolus so vor Namur 1709 Tod geblieben. 9. Margaretha Eleonora, noch unvermählt. Decanissin deß Reformierten Stifts zu Herford, so noch lebt. Aus 3ter Ehe ist Ludovicus Georgius, so mit der noch lebenden Christiana Magdalena Grafens Vollrath von Limpurg Sontheim Tochter vermählt, und 1728 ohne Erben verstorben. So viel von Seinen Kindern. Unser Friedrich war ein Tapferer General; Er war in Schwedischen und Preußischen Diensten und hat in den ersteren schon im 20ten Jahr Seines Alters under Gustav Adolph und Carl Gustav als Oberster gestanden. In der Belagerung von Koppenhagen hat Er als Schwedischer General-Major das linke Bein verlohren, Er mußte sich also einen hölzernen Fuß machen laßen, den man vor Silber hielte, und Ihn deswegen den Landgrafen von Heßen mit dem Silbernen Bein nannte. Er wurde vom König Carl Gustav zur Belohnung seiner Treuen Dienste zum Gouverneur von gantz Liefland im Testament erklärt, das Testament aber ist nicht exequirt worden, und hat also das Gouvernement nicht erhalten, darüber Er die Schwedische Dienste quittieret, und in preußische under Churfürst Friedrich Wilhelm den Großen getretten, mit demselben ist Er in allen Actionen gewesen, u. hat viele blessuren bekommen.

Bey Fehrbellin hat er als Obrister d. 18. Juni A° 1674 oder 1675 die gloriose Action gethan, und mit 4 Regimenter die gantze Schwedische Armee so lange zurückgehalten, und zu weichen [?] genöthigt, biß daß sich die brandenburgische Armee zu Ihm geschlagen, da sie dann einen völligen Sieg über die Schweden erhalten, zu deßen Gedächtniß eine Münze ist geschlagen, und allen Generalen aufgeteilet worden. Er bekam darauf das Gouvernement zu Magdeburg, so Er etliche Jahr bekleidete. Fridericus Jacobus, des vorigen Frederici ältester Printz und jetz Regierender L. G. H. ist 1673 d. 19. Maj gestorben, ist in seiner Jugend auf Ansuchen Churfürst Fried. Wilhelm von Brandenburg am Berlinischen Hofe erzogen worden. Hat sich A⁰ 1700 d. 24. Febr. zum ersten mahle mit Elisabetha Dorothea L. Ludwig VII. zu Heßen Darmstadt Tochter vermählet, so A⁰ 1721 d. 9t. 7bris verstorben. Sie ware eine Tugendsame und Gelehrte Fürstin: verstunde die französische, lateinische und Italianische Sprache. Zur Probe deßzu kann der aus dem französischen in das Italianische übersetzte Tractat Pensées sur la mort par Mr. de la Serre dienen, in der Poesie und Music ware sie auch wohlerfahren. Sie hatte Courage wie ein Soldat, und folgte Ihrem Gemahl in allen Campagnen nach. Unser Friedrich Jacob kann auch mit recht under die guten soldaten gezehlet werden gehalten [?]. Er muß [?] bey allen Bataillen die sich A⁰ 1690 biß 1714 in Brabant und Flandern geschehen als Officier und General beygewohnt; obwohl Er sich tapfer under die Feinde gewaget, dennoch das Glück gehabt niemahls blessiert zu werden. Czaar Peter der Große wollte Ihn in Rußische Dienste haben, und suchte Ihn zu Amsterdam durch vortheilhafte Vorschläge zu gewinnen. Er schlug es aber aus, konnte sich jedoch nicht anders looßmachen, als mit Versprechen, seine 2 Prinzen in Rußland zu schicken. Peter I. ließe selbige durch einen abgeschickten Cavalier abhohlen und reisten d. 13. Januar 1723 von Homburg ab. Friedrich Jacob trate hingegen A⁰ 1687 im 14. Jahr Seines Alters als Rittmeister in holländische Dienste under das Regiment Holland Würtemberg; A⁰ 1692 wurde Er durch Vermittlung deß Prinzen von Oranien Obrister vom Gröningischen Regiment Cavallerie. 1701 Brigadier, A⁰ 1704 General-Lieutinand, A⁰ 1738 Gouverneur von Tournay, A⁰ 1741 Gouverneur von Breda, A⁰ 1742 General von der Cavallerie. Er vermählte sich zum andern mahle A⁰ 1728 mit Christiana Grafens Ludovici Friderici zu Nassau Ottweiler Tochter und Grafen Caroli Ludovici von Nassau Saarbrücken Witwe, hat aber keine Kinder aus dieser 2ten Ehe; mit der Ersten Gemahlin zeugte er 12 Kinder, davon nur noch 2 Prinzen am leben, und wie gemeldet in Rußische Dienste getretten. Der Ältere Prinz Nahmens Ludwig Johann Willhelm Gruno ist gestorben A⁰ 1715 (sic!) den 15. Januar, die Statt Gröningen ward zum Taufpahte erbeten, daher Er den Zunahmen Gruno bekommen hat. Würklicher Rußischer General und Oberster bey der Garde Preobrazinsky, wurde 1726 vom Czaar Peter als Obrister vom Narvischen Regiment nach den persischen Grentzen geschickt, und erziehlte da einen Sieg über die Tartaren. A⁰ 1732 wurde Er Statthalter derer in Persien eroberten Landen und Provinzien, 1734 General en chef der in der Ukraine liegenden Truppen, A⁰ 1735 Generalfeldzeugmeister. A⁰ 1737 General, Feldmarschall 1742. (Er war Rector zu Wießmar [?] 1717 [1727?])

Er vermählte sich im Dec. 1737 mit Anastasia, gebohrene Fürsten Trubetzkoy Witwe deß Fürsten Cantini, Goßpodars in der Moldau, hat keine Kinder. Er war ein gelehrter Herr, gütig [unles.], war auch ein großer Kenner und Liebhaber der Music. Er kam auch nach (sic!) einem 16jährigen ausbleiben im Maj. 1731 nach Homburg um d. ffl. Eltern zu besuchen, und reisten im December Ej. anni wieder nach Petersburg.

Von diesem Sohn Prinzen ließe sich noch gar viel sagen, wenn es der Absicht gemäß wäre, wesselben mein Bericht erfordert worden.

Der jüngere Prinz, nahmens Johann Carl Willhelm Ernst Ludwig, ward gebohren d. 25. Aug. 1706 zu Homburg. Studierte mit seinem fl. Bruder zu Gießen, A⁰ 1723 reiste Er mit demselben nach Rußland, wurde Obriste über das Narvische Regiment, so durch seinen fl Bruders beforderung ledig geworden. Er ware bey dem Czaar Peter dem Großen in besonderen Gnaden. Starb d. 29. April 1728 zu Fellin in Liefland, und wurde zu Riga begraben.

Von gedruckten Sachen besitze ich folgende.

1. Privilegie Friderici den Einwohnern der Louisen Statt 1698.
2. Vorstellung an Heßen Darmstadt in form Schreibens von Heßen Homburg 1699 abgelaßen.

(geschrieben etwa 1740)

Theodor Fontane, Neustadt a. D.

Auf der langen Bohlenbrücke
Drüber unsre Schritte dröhnen,
Wandeln wir mit heitrem Blicke
In die Stadt; kühl sind die Straßen,
Blank die Steine, kannst du's fassen?
Du betrittst sie ganz alleine.

Wer kennte nicht Neustadt? Aber wenn es einerseits zu den Städten gehört, von denen die Welt nur den Bahnhof kennt, so gehört es andererseits zu denen, die beständig verwechselt werden.

Uns gegenüber im Kupee sitzt eine blasse Dame von sechsunddreißig und mustert abwechselnd das Bahnhofstreiben und das Bahnhofsgebäude.

»Neustadt an der Dosse ... Hier ist ja wohl eine Forstakademie?«

Der Angeredete, den ich meinen Lesern kurzweg als einen Onkel Bräsig der Neustädter Territorien vorstellen möchte, verbeugt sich artig und antwortet: Nein, meine Gnädigste, die Forstakademie ist in Neustadt-Eberswalde.

Richtig. Ich meinte ein Irrenhaus.

Bitte um Entschuldigung, das ist auch in Neustadt-Eberswalde.

Aber ich dächte doch ...

Ganz richtig, hier ist ein Gestüt.

Ein Gestüt?

Ja. Sehen sie dort.

Aber mein Gott, das ist ja eine Kirche.

Verzeihung, ich meine weiter links, dort wo die Pappeln stehen.

Ah, so; dort.

Es gibt nämlich, wenn Sie sich dafür interessieren ...

Oh, bitte.

... ein Königliches und ein Landesgestüt, und durch Heranziehung arabischer ...

Ah, so ... Wie weit haben wir noch bis Wittenberge?

Der Zug rasselt inzwischen weiter. Nur der Leser und ich sind ausgestiegen, um Neustadt, an dem wir zahllose Male vorübergefahren, endlich auch in der Nähe kennenzulernen. Ein anmutiger Spaziergang, bei sinkender Septembersonne, führt uns ihm entgegen. Unterwegs, von einer Brückenwölbung aus, erfreut uns der Blick über einen weiten Wiesengrund und die kanalartig regulierte Dosse. Fünf Minuten später haben wir die Stadt erreicht, eine einzige Straße, darauf rechtwinklig eine andere mündet. Da, wo sich beide berühren, erweitern sie sich und bilden einen Marktplatz, an dem die »Amtsfreiheit« und die Kirche gelegen sind. Am äußersten Ende der Längsstraße das Gestüt. Auf einen Besuch dieser berühmten Vorbereitungsstätte für unsere Kavalleriesiege verzichten wir und begnügen uns damit, unsere Aufmerksamkeit auf Stadt und Vorstadt, und insonderheit auf die Geschichte beider zu richten.

Diese (wenigstens bis in die zweite Hälfte des siebzehnten Jahrhunderts) ist in wenig Zeilen erzählt.

Burg oder Schloß Neustadt gehörte 1375, wie das Landbuch Kaiser Karls IV. ausweist, dem Lippold von Bredow. Später an die Ruppiner Grafen übergehend, war es zeitweilig den Quitzows, den Bredows, den Rohrs verpfändet, bis es, nach dem Erlöschen des gräflichen Hauses nach Lindow-Ruppin (1524) dem Kurfürsten zufiel. Aber neue Pfandinhaber folgten, und erst 1584 kam es erb- und eigentümlich an Reimar von Winterfeld. Die Winterfelds besaßen es bis zu Beginn des Dreißigjährigen Krieges, an dessen Ende wir Neustadt plötzlich in eine Epoche berühmter historischer Namen eintreten sehen. Es waren dies:

Feldmarschall Graf Königsmarck von 1644-1662;
Prinz Friedrich von Hessen-Homburg von 1662-1694;
Eberhard von Danckelmann (nicht als Besitzer, aber als kurfürstlicher Amtshauptmann) von 1694-1697.

Nach dieser Zeit hören die historischen Namen wieder auf und »Amt Neustadt« wird ein kurfürstliches resp. königliches Amt wie andere mehr.

Aus der Graf Königsmarckschen Zeit ist wenig zu berichten. Der Graf hat mutmaßlich seine Neustädter Besitzungen nie gesehen, begnügte sich vielmehr damit, sie durch seinen

Regimentsquartiermeister Liborius Eck in allerdings mustergültiger Weise verwalten zu lassen. 1662 ging das Gut, wie schon vorstehend erwähnt, an den Hessen-Homburger Prinzen über, wodurch ein Zeitabschnitt eingeleitet wurde, bei dem wir eingehender zu verweilen haben werden.

Prinz Friedrich von Hessen-Homburg

Nehmt den besten Reiterhaufen,
Folgt dem Feind und macht ihn laufen,
Aber laßt Euch nicht verleiten,
Ernstlich Euch herumzustreiten.

Prinz Friedrich von Hessen-Homburg, dies sei voraus bemerkt, war vor allem nicht der, als der er uns in dem Heinrich von Kleistschen Schauspiel entgegentritt. Der Heinrich von Kleistsche und der historische Prinz von Homburg verhalten sich zueinander wie der Goethesche und der historische Egmont. Sie waren in der Zeit, wo sie hervortraten, keine Liebhaber und keine Leichtfüße mehr, vielmehr ernste Leute von mittleren Jahren und reichem Kindersegen, überhaupt ebenso gute Ehemänner wie Patrioten.

Unser Prinz Friedrich ward am 9. Juni 1633 geboren. Er war der zweite Sohn des Landgrafen Friedrich von Hessen, des Stifters der Homburgischen Linie. Er trat jung in schwedischen Dienst, war 1659 mit vor Kopenhagen und verlor bei dieser Belagerung ein Bein. Dasselbe wurde künstlich ersetzt, weshalb er seitdem der »Prinz mit dem silbernen Bein« hieß. Neben Götz von Berlichingen wohl der einzige Fall einer derartigen Namensgebung. Die Belagerung von Kopenhagen fiel in die glänzende Regierungszeit Karl Gustavs von Schweden, nach dessen plötzlichem Tode, 1660, unser Homburger Prinz sich zurückgesetzt fühlte, weshalb er denn auch den Abschied nahm. Wahrscheinlich 1661.

Um eben diese Zeit (1661) hatte er sich mit der Gräfin Margarete Brahe, die übrigens bereits Witwe zweier Grafen

Oxenstierna war, vermählt, und übersiedelte nach Weferlingen, einem schönen Gute im Magdeburgischen, das ihm durch seine Gemahlin zugebracht worden war. Hier, von Weferlingen aus, kam er an den Berliner Hof, trat in die Armee des Kurfürsten, erhielt ein Regiment und wurde später, 1770, zum General der Kavallerie erhoben.

Ziemlich gleichzeitig mit seinem Eintritt in unsere Armee hatte er sich auch im Brandenburgischen ansässig gemacht und Amt Neustadt, das, wie wir wissen, seit 1644 in Händen des Grafen Hans Christoph von Königsmarck war, von eben diesem erstanden. Dies war 1662. Er nahm nun, wenigstens zeitweilig, seinen Aufenthalt an genanntem Ort, und alles, was Neustadt in diesem Augenblick ist, ist es im wesentlichen durch Prinz Friedrich von Hessen-Homburg. Er besaß es zweiunddreißig Jahre lang, aber nur sechzehn Jahre (bis 1678) konnte er ihm seine ganz besondere Aufmerksamkeit widmen.

Diese sechzehn Jahre genügten jedoch. Ja, wenn dieser Zeitabschnitt auch noch wieder halbiert worden wäre, würde dadurch an dem Gesamtresultate seines Schaffens an eben dieser Stelle nichts Erhebliches geändert worden sein, denn er griff so rasch und energisch ein, daß bereits zwei, höchstens vier Jahre nach Übernahme des Besitzes all das begonnen war, was spätere Jahrzehnte nur glänzender hinausführten. Auf dies »erste Beginnen« kommt es allezeit an. Ob dasselbe, mal auf mal, bei ihm selber oder bei seiner Gemahlin, der Gräfin Brahe, oder aber bei dem schon rühmlich erwähnten Amtsverwalter Liborius Eck lag, den er, als einen höchst fähigen Administrator aus der Königsmarckschen Zeit her, mit übernommen hatte, gilt gleich; die oberste Herrschaft gibt den Namen und die Hessen-Homburgische Zeit ist und bleibt die große Epoche von Neustadt.

Bei Übernahme des Gutes bestand es aus sieben Bauernhöfen, einer Schmiede und einer Mühle, war also kleiner als das kleinste Dorf. Die Bewohner zahlten keine Abgaben, hatten aber Dienste auf dem Amte zu leisten. Das war das Neustadt von 1662. Zwei Jahre später (1664) bestand es bereits aus siebenundvierzig Bürgerhäusern und einer Vorstadt, in welcher letzteren sich weitere fünfundzwanzig Familien niedergelassen hatten; dem Orte selbst aber war auf Antrag des rastlosen und bei Hofe einflußreichen Prinzen Stadtgerechtigkeit und das Recht, zwei Jahrmärkte abhalten zu dürfen, zugestanden worden. Das gleichzeitig empfangene Wappen setzte sich links aus einem Elentier, rechts aus einem springenden Löwen zusammen, wovon sich der Löwe mutmaßlich auf den Prinzen, das Elentier auf die Stadt bezog.

Aber bei dem bloßen Bauen und Stellenbesetzen ließ es der Prinz nicht bewenden, vielmehr ging durch seine ganze Tätigkeit ein organisatorischer Zug, dem es nicht genug war, überhaupt etwas zu tun, sondern vor allem das praktisch Richtige zu tun. Das nächste war eine Regulierung der Dosse, die damals, wie noch jetzt die Spree im Spreewald, in zahllosen Armen durch die Dosseniederung floß. Der herrliche Wiesenstand, der auf diese Weise gewonnen wurde, leitete zu sorgsamer und eifriger Pferdezucht und dadurch zu den Anfängen der späteren Gestüte hinüber. Der Raseneisenstein, der sich vorfand, ließ eine Eisenhütte, der reiche Holzbestand eine Glashütte entstehen, an der Dosse selbst hin aber erwuchsen einerseits Schleifereien für das gewonnene Glas, andererseits Papier- und Schneidemühlen. Wer Kolonisierung studieren will, muß die Geschichte von Mark Brandenburg studieren. Aber wenn die ganze Provinz nach dieser Seite hin ein sehr lehrreiches Beispiel bietet, so bietet vielleicht unser Neustadt von 1662-1666 ein Muster unter den Musterstücken.

Das Jahr 1666 schien freilich ausersehen, alles wieder in Frage zu stellen. Die siebenundvierzig Bürgerhäuser brannten nieder, mit ihnen das Amt, das mutmaßlich dem Prinzen als Wohnung gedient hatte. Zugleich auch die reformierte Kapelle. Eine Stadtkirche gab es noch nicht. Erhalten blieben (vorläufig) nur die vorstädtischen Fabrikbezirke, soweit von »Vorstadt« und »Fabrikbezirken« damals die Rede sein konnte.

Prinz Friedrich indes, tapfrer Soldat der er war, ließ sich diesen Unheilstag nicht allzuschwer anfechten, und die niedergebrannte Stadt wurde schöner und größer wieder aufgebaut. Von einem Rathausbau sah er vorläufig ab und nur der

Errichtung eines Gotteshauses schenkte er seine volle Aufmerksamkeit. Schon 1673 konnte der Grundstein zur Kirche gelegt, 1686 dieselbe geweiht werden. Lange vorher jedoch hatten sich Ereignisse zugetragen, zu denen – wenn auch nicht die Stadt Neustadt als solche – so doch ihr Besitzer, der Prinz, in die nächsten Beziehungen getreten war.

Diesen Ereignissen wenden wir uns jetzt zu.

Der Dienst, selbstverständlich, hielt den Prinzen monatelang von seinem geliebten und mit Vorliebe gepflegten Neustadt fern. War dies schon in ruhigen Zeiten der Fall, so vollends in Kriegszeiten, wie sie seit 1674 wieder angebrochen waren. Der Prinz befand sich (1675) mit seinem kurfürstlichen Herrn im Elsaß, danach in Franken, allwo den 18. Mai, im Lager vor Schweinfurt, die Nachricht vom Einfall der Schweden in die Mark Brandenburg eintraf. Der Kurfürst brach sofort auf, mit ihm der Prinz. Am 11. Juni war er in Magdeburg, am 14. vor Rathenow, und nahm von hier aus, nach Erstürmung eben dieser Stadt durch Derfflinger, an jener berühmt gewordenen Verfolgung teil, die der schwedischen Armee schon am 16. und 17. in verschiedenen Avantgarden-Gefechten erhebliche Verluste beibrachte. Am 17. waren die verfolgenden Brandenburger bis Nauen gekommen. Von hier aus schrieb unser Prinz, dem für den nächsten Tag eine so bedeutende Rolle vorbehalten war, an seine Gemahlin folgenden Brief:

»Meine Engelsdicke[1], wir seint braff auf der jacht mit den Herren Schweden, sie seint hier beim passe Nauen diesen morgen übergegangen, musten aber bei 200 Todten zurückelassen von der arrier guarde; jenseits haben wir bei Fer-Berlin alle brücken abgebrannt und alle übriche paesse so besetzet, das sie nun nicht aus dem Lande wieder können. Sobald unsere infanterie kombt, soll, ob Gott wolle, die ganze armada

[1] Die Dame, die hier in so gewinnender Weise angeredet wird, war seine zweite Gemahlin, eine geborene Prinzessin von Kurland, mit der er sich, nach dem 1669 erfolgten Tode der Gräfin Brahe, im Jahre 1672 vermählt hatte. Diese zweite Gemahlin starb 1690. Er vermählte sich dann 1692 zum dritten Mal und zwar mit Gräfin Sibylle von Leiningen. Diese überlebte ihn.

dran. Der schwedische Feldherr[2] war mit 3000 Mann in Havelberg, wollte die Brücke über die Elbe machen lassen, aber nun ist er von der armada abgeschnitten und gehet über Hals und Kopf über Ruppin nach pommern. Sein Bruder commandirt diese 12,000 mann hier vor uns. Wo keine sonderbare straff Gottes über uns kombt, soll keiner davon kommen, wir haben dem Feind schon über 600 todtgemacht und über 600 Gefangene. Heute hat Hennig wohl 150 pferth geschlagen, und gehet alleweil Lüttique mit 1500 Mann dem Feindt in ricken. Morgen frihe werden sie ihnen den 1. morgensegen singen. Wir haben noch kein 60 Mann verlohren, und unsere leite fechten als lewen. – In zwei Tagen haben wir unsere infanterie und morgen den Fürsten von Anhalt mit 4000 Mann, die Kayserlichen werden alle Tage erwartet mit 8000 Mann. Dann gehen wir gerath in pommern, und wenn die battaglie vorbey, gehe ich nach Schwalbach, habe schont Urlaub. – Adieu, mein Engel, dein trewer Mann und diner sterb ich.

Friedrich L. z. Hessen.«

»Ich kann wegen affaires unmöglich mehr schreiben.«

Nichts kann uns eine bessere Vorstellung geben von der Stimmung, welche im brandenburgischen Heere herrschte, zumal auch von der des Prinzen selbst, der nunmehr auf vierundzwanzig Stunden in die vorderste Linie trat. Am folgenden Tage, am »Tage von Fehrbellin« führte er die Avantgarde, hing sich mit dieser an die Schweden, brachte sie zum Stehen und wurde so die vorzüglichste Ursache zum Siege über dieselben. Verfuhr er anders, so entkam der Feind. Er selber hat über diese glänzende Aktion am Tage darauf (19.) von Fehrbellin aus, abermals in einem Briefe an seine »Engelsdicke« berichtet. Der Brief lautet:

[2] Der »Feldherr«, von dem der Brief hier spricht, war Karl Gustav Wrangel, der berühmte Wrangel aus der Zeit des Dreißigjährigen Krieges; sein weiterhin in diesem Schreiben erwähnter jüngerer Bruder, der bei Fehrbellin kommandierte, war General Waldemar Wrangel. (»Henning«, von dem der Brief spricht, ist natürlich Oberst Henning von Treffenfeld und »Lüttique« General Lüdicke.)

»Allerlibste Frawe!

Ich sage nun E. L. hiermit, das ich gester morgen, mit einichen Tausent mann in die advanquart commandiret gewesen, auff des Feindtes contenance achtung zu haben, da ich denn des Morgens gegen 6 Uhr des Feindtes gantzer armé ansichtig wurde, der ich dann so nahe ging, das er sich muste in ein Scharmützel einlassen, dadurch ich ihn so lange aufhielte, bis mir J. Dl. der Churfürst mit seiner gantzen Cavallerie zu Hülfe kam. Sobalten ich des Churfürsten ankunft versichert war, war mir bang, ich möchte wider andere ordre bekommen, und fing ein hartes treffen mit meinen Vortruppen an, da mir denn Dörffling soforth mit einichen Regimentern secontirte. Da ging es recht lustig ein stundte 4 oder 5 zu, bis entlichen nach langem Gefechte die Feindte weichen musten, und verfolgten wir sie von Linum bis Fer-Berlin, und ist wohl nicht viel mehr gehört worden, daß eine formirte armee, mit einer starken infanterie und canonen so wohl versehen, von bloßer Cavallerie und tragonern ist geschlagen worden. Es hilte anfenglich sehr hart; wie denn meine Vortruppen zum zweidten mahl braff gehetzet wurden, wie noch das anhaltische und mehr andere regimenter. Wie wir denn entlichen so vigoureusement drauff gingen, das uns der Feind le champ de battaglie malgré hat lassen, und sich in den passe Fer-Berlin retiriren muste, mit Verlust von mehr als 2000 Todten ohne die plessirten. Ich habe, ohne die zweitausend im Vortrupp commandirten, mehr als 6 oder 8 escatronen angeführet. Zuweilen must ich lauffen, zuweilen machte ich laufen, bin aber diesesmahl Gottlob ohn plessirt davongekommen. Auf schwedischer seiten ist gepliben der Obrist Adam Wachtmeister, Obr.-Liet. Malzan von General Dalwichens (Regiment) und wie sie sagen noch gar viele hohe officirer; Dalwig ist durch die achsel geschossen, und sehr viele hart plessirt. Auf unser seiten wurde mir der ehrliche Obrist Mörner an der Seiten knall und falle todt geschossen, der ehrliche Frobenius todt mit einem stücke, kein schrit vom Kurfürsten. Strauß mit 5 Schossen plessirt; Major Schlapperdorf blib diesen Morgen vor Ferberlin; – – es ging sehr hart zu; da wir gegen die biquen Compani fechten musten, ich bin etzliche mahl ganz umringet gewesen, Gott hat mir doch allemahl wider drauss geholfen, und wehren alle unsere stücke und der Feld-Marschalk selbsten Verlohren gewesen, wenn ich nicht en personne sencundiret hette. Darüber denn der retliche Mörner blieb. Hetten wir unsere infanterie bey uns gehabt, solte kein mann von der gantzen armée davon gekommen sein, es ist jetzo eine solche schreckliche terreur panique unter der schwedischen Armee, das sie auch nur braff lauffen können. – – Nachdeme alles nun vorbey gewesen, haben wir auff der Walstett, da mehr als 1000 Todten umb uns lagen, gessen und uns braff lustig gemacht; der Hertzog von Hannover wird nun schwerlich gedenken über die Elbe zu gehen, und ich halte davor, weilen die schweden nun so eine harte schlappe bekommen, er werdte sich eines besseren bedencken. Wangelin, der durch Uebergab von Ratenau viel daran schultig ist, dörffte grose Verantwortung haben, wo er nicht gar den Kopf lassen mus. Gegeben im Feldlager bei Fer-Berlin, den 19. Juni 1675.«

Dieser Brief (an einer Stelle vielleicht lückenhaft; es scheint ein Nachsatz zu fehlen), ist, wie der vorige, nicht nur bezeichnend für die Frische und Anspruchslosigkeit des Schreibers, er ist auch historisch wichtig, weil er die älteren Berichte über diese Schlacht, wie sie sich im Theatrum Europaeum, im Pufendorf usw. finden, bestätigt und die erst um die Mitte des vorigen Jahrhunderts auftretende Sage von Insubordination, kurfürstlichem Zorn und Kriegsgericht aufs evidenteste widerlegt. »Wir haben uns nachher recht lustig auf der Wahlstatt gemacht.« Diese Worte des Briefes passen schlecht zu einem angedrohten Kriegsgericht. Nicht Angeklagter, wohl aber Kläger scheint er später gewesen zu sein. Wenigstens finden wir in einem Briefe, den seine Schwägerin am 19. Oktober 1675 an den Grafen von Schwerin schreibt, folgende Stelle: »dem redlichen Landgrafen ist nicht eins gedankt, vor dem das er bei Fehrbellin gethan; also geht es in der Welt, die Pferde, die den Haber verdienen, bekommen am wenigsten.«

Alle diese Verstimmungen können aber nicht ernster Art gewesen sein. 1676 sehen wir den Prinzen aufs neue mit seinem kurfürstlichen Herrn im Felde, und nachdem er sich bei der Eroberung von Pommern an der Seite desselben abermals ausgezeichnet hat, erhält er von ihm die erledigten Wachtmeisterschen und Rheinschildschen Lehne als ein Geschenk.

Der Verwaltung dieser aber (ebenso wie der seines vielgeliebten »Amtes Neustadt«) konnte er sich von da ab nicht mehr unterziehen. Zwei Jahre später schon, 1678, fiel ihm, nach dem Ableben seines Bruders Wilhelm, die Grafschaft Hessen-Homburg zu. Größeres lag ihm nunmehr ob, und das Kleinere, das so viele Jahre lang der Gegenstand seiner liebevollen Sorge gewesen war, mußte daneben zurückstehen. Die Administration der märkischen Güter ward immer schwieriger, und so sprach er denn – nachdem er übrigens im Jahre 1679 noch Amt Neustadt durch Ankauf des Lüderitzschen Rittergutes Dreetz erweitert hatte – seine Bereitwilligkeit aus, besagtes Amt an den Kurfürsten Friedrich III. käuflich abzutreten. Dies war 1694.

Was er aber bis dahin gegründet hatte, lebte fort und prosperiert (wenigstens teilweis) bis diese Stunde noch. Überall hatte sein Blick das Richtige getroffen, das, was den gegebenen Bedingungen entsprach.

Er starb 1708.

Fehrbellin

Das war ein rasches Reiten vom Rhein bis
an den Rhin,
Das war ein heißes Streiten am Tag von
Fehrbellin.
Julius Minding

Schon im Havelland, aber unmittelbar an der Grenze der Grafschaft Ruppin (kaum eine Viertelstunde davon entfernt), liegt Fehrbellin und sein berühmtes Schlachtfeld. Es ist fraglich, ob uns unsere Wanderungen so bald wieder in diese Gegenden führen, so sei es denn gestattet, die Nachbarstadt, die schon jenseits der Peripherie des Kreises liegt, an dieser Stelle mit in den Kreis hineinzuziehn.

Wir kommen von Wustrau her, fahren am Nordrande des durch seine Torflager berühmten Rhinluches (an dieser Stelle das Wustrauer Luch geheißen) entlang und erreichen nach kurzer Fahrt einen langen mit Weiden besetzten Damm, der uns rasch dem Städtchen Fehrbellin, der Hauptstadt des kleinen »Ländchens Bellin« entgegenführt. Dies Ländchen Bellin, jetzt dem Havellande einverleibt, ist ein schmaler Streifen Land am Rhinfluß entlang, und so glau und sauber, wie der Name »Bellin« ist, so hübsch ist das Ländchen selbst.

Fehrbellin liegt am Ausgange des Dammes, an der Südseite des Rhin. Die Einfahrt in die Stadt ist reizend, besonders der Blick von der Rhinbrücke aus, die wir eben passiren. Zur Linken, im Schmucke hoher Silberpappeln, streckt sich vom jenseitigen Ufer her eine Halbinsel in das schilfige Flüßchen hinein und giebt dem Ganzen den Charakter einer in's Wasser vorgeschobenen Parkanlage. Die Attribute kleinstädtischen Lebens geben dem Bilde mehr, als sie ihm nehmen, und wir entbehren gern das Schwanenhaus und den Vogel Leda's um der Enten und Gänseschaaren willen, die das Schlammufer von allen Seiten umspielen und umschnattern. Die Stadt ist, wie kleine märkische Städte zu sein pflegen, schlicht, freundlich, in der Front abgeputzt und zwei Linden vor der Thür, ganz wie die Mädchen, die in diesen Städtchen wohnen. Alles stattlich Damenhafte fehlt; sie stricken, haben Lesekränzchen und kichern verlegen, wenn ein Fremder zu ihnen spricht, aber ihre lachende Freundlichkeit thut wohl.

An den Namen Fehrbellins knüpft sich allerhand Liebes und Gutes. Hier wirkte Friedrich Bolte, einer unserer heimischen Poeten aus der alten märkischen Schule, die nicht voll so schlecht war, wie die Olympier in Weimar es wahr haben wollten; hier wurde unser Thierbildner Friedrich Wilhelm Wolff geboren, der sich den auszeichnenden Namen der »Thier-Wolff« erworben hat, und hier endlich, um das Beste nicht zu vergessen, wurde die berühmte Schlacht geschlagen, die vor beinahe zwei Jahrhunderten den Grund zu der Selbständigkeit und Größe unserer Monarchie legte.

Diesem Schlachtfelde gilt unser Besuch. Es liegt noch eine halbe Meile jenseits Fehrbellin, dicht an der Straße, die sich wie eine Grenzlinie zwischen dem Luch und der Höhe hinzieht. Zunächst erreicht man das Dorf Tornow, dann das Dorf *Hakenberg,* wo das Höhenterrain beinahe senkrecht in das Luch hinein abfällt. In unmittelbarer Nähe des letzt genannten Dorfes fand das berühmte Reitergefecht statt, das indeß, zum Glück für alle preußischen Poeten, statt des Namens »Gefecht bei Hakenberg«, den schönen Namen der *Schlacht von Fehrbellin* erhalten hat. Jeder, der sich in der Welt der Reime umhergetummelt hat, wird sich der Verlegenheiten entsinnen, die ihm die Sylben »berg« und »burg« bereitet haben. Vollklang und Reimfülle aber stehen wie lachende Genien neben dem Wort »Fehrbellin«.

Unmittelbar hinter dem Dorf, bereits auf historisch verbürgtem Schlachtgrund, befindet sich die Mühle des Müllers Conrad und dicht daneben das Monument, das, zum Andenken an die Schlacht, im Jahre 1800 errichtet und im Jahre 1857 erneuert worden ist. Das Denkmal, einfach aus Sandstein aufgeführt, ist ein Oblong, auf dessen oberem Theil eine Schale oder Urne steht. Der Hinweis auf diese Schlichtheit soll dem Monument kein Vorwurf sein, im Gegentheil. Es werden jetzt so viele Denkmäler errichtet, bei deren Errichtung man nicht weiß, wer und was eigentlich verherrlicht werden soll, ob der Held, dem das Denkmal gilt, oder die Zeit, die so erleuchtet ist, jenem Helden ein Monument zu setzen, oder endlich der Künstler selbst, der selber wieder zum Helden wird und gleichsam den Lorbeerkranz von der Stirn seiner eigenen Schöpfung nimmt. Solchem Gebahren gegenüber, für das die Beispiele nahe liegen, erfreut man sich doppelt beim Anblick jener einfacheren Gedenksteine, die nicht der Mode und der Eitelkeit, sondern der Gesinnung und dem Eifer eines Einzelnen ihre Entstehung verdanken. Es kommt nicht immer auf den *Kunstwerth* dessen an, was zu uns spricht; der Appell an unser Herz bleibt immer die Hauptsache. Das gekritzelte Briefchen von der Hand unserer verstorbenen Mutter hat als Erinnerungszeichen denselben Wert für uns wie das Portrait im Roccocorahmen, das über unserem Sopha hängt. Einen künstlerischen Genuß kann das Sandsteinoblong, das neben der Mühle des Müllers Conrad steht, freilich nicht gewähren, aber man liest nicht ohne freudige Bewegung die schlichten Worte, die in dasselbe eingegraben sind, und nimmt eine mangelhafte Accusativform, anderer Stileigenthümlichkeiten zu geschweigen, als ein Zeichen der Aechtheit aufrichtig dankbar mit in den Kauf.

Diese Worte sind folgende: »Hier legten die braven Brandenburger den Grund zu Preußens Größe. Das Andenken an den Held und seiner Getreuen erneuert dankbar mit jedem Freunde des Vaterlands Friedrich Eberhard von Rochow auf Rekahn, 1800.« – Die andern Seiten des Monuments zeigen die Namen derjenigen Offiziere, die sich am Schlachttage besonders ausgezeichnet haben. Sie lauten: Dörflinger, v. Görtzke, v. Lütke, v. Götz, von Canofsky, v. Mörner, Froben, Friedrich Landgraf von Hessen, v. Treffenfeld, v. Straus, v. Sydow, v. Zabeltitz. Ein Eisengitter faßt das Denkmal ein; an den Frontstäben desselben befindet sich ein herzförmiges Täfelchen mit der Inschrift: »Erneuert und bewehrt durch den Kriegerverein zu Fehrbellin 1857.«

Die unmittelbare Umgebung des Denkmals ist wenig poetisch und wird den Erwartungen derer wenig entsprechen, denen das schöne Wort »Fehrbellin« verführerisch im Ohre klingt, oder die den »Prinzen von Hessen-Homburg« unseres Heinrich von Kleist begeistert im Herzen tragen. Die Umgebung ist schlicht-märkisch, aber nicht fehrbellinisch. Ein Kartoffelfeld schließt das Denkmal ein, und die einzige Hoffnung, die dem Besucher bleibt, knüpft sich an die Lehre von der Fruchtfolge. Eine liebenswürdige Dame, die als Prinzessin Clotilde[1] im Kleist'schen Drama ihren ersten Bühnentriumph gefeiert, hatte mir den Auftrag gegeben, ihr Blumen vom Fehrbelliner Schlachtfeld mitzubringen. Lebhaft und phantasievoll, wie sie war, hatte sie sich die Umgegend von Hakenberg wie einen Rosengarten gedacht. Da stand ich nun und suchte umher; Schafgarbe, Winde und Glockenblume war alles, wozu sich die Natur hier zusammenraffte. Ich gab es auf, einen Strauß an dieser Stelle zu pflücken, und borgte

[1] Versehen oder Druckfehler, gemeint ist: Prinzessin Natalie (Anm. d. H.).

von einem Nachbarfelde drei Haferhalme, die ich später mit folgenden Zeilen überreichte:

Auf der Fehrbelliner Flur
Gab es *Blumen* am Schlachttag nur.

Märkische *Rosse* gewannen die Schlacht,
Haben das Feld berühmt gemacht.

Und dies Feld, es zahlt mit Glück
Alte Schulden in *Hafer* zurück.

An diesem Siegesdenkmal findet alljährlich am 18. Juni, dem Jahrestage der Fehrbelliner Schlacht, eine hübsche Feier statt, die sich ohngefähr aus folgenden Theilen zusammensetzt. Am Morgen des Tages schleppt Müller Conrad sechsunddreißig rostige Kanonenkugeln, die er und seine Väter auf dem Schlachtfelde gefunden haben, an das Denkmal und beginnt die Ausschmückung desselben. Eine Stunde später beleben sich alle Landstraßen, die nach Hakenberg führen, und die Schützengilden von Linum[2] und Fehrbellin, namentlich

[2] In Linum, wo man von Grund aus fehrbellinisch-patriotisch ist, werden noch in einzelnen Häusern Erinnerungsstücke an die Fehrbelliner Schlacht gezeigt, z. B. eine schwedische Trommel, einige Lanzen u. dgl. m. Man kann aber, da alle diese Dinge sicherlich nicht aus der Schwedenzeit herrühren, nur die oft gemachte Erfahrung daran aufs Neue machen, daß ein hervorragendes historisches Ereigniß jedesmal zur Domaine, zur Spezialität einer bestimmten Oertlichkeit wird, und zwar so, daß diesem einen Ereigniß, sich alles Spätere anpassen und unterordnen muß. Es ist erwiesen, daß das Bett der Maria Stuart in Holy-Rood-Palace nicht 300 (wie es müßte), sondern höchstens 150 Jahr alt ist, aber es muß das Bett der Maria Stuart sein, wenn es überhaupt noch etwas sein will. So ist es in den Dörfern des Ländchens Bellin mit Rücksicht auf die Fehrbelliner Schlacht. Alles ist »Fehrbellinisch«, dem klarsten Augenschein zum Trotz. Die Lanzen in Linum sind Landwehr-Ulanen-Piken aus den Tagen von Großbeeren und Dennewitz her (zur Schwedenzeit gab es gar keine Lanzenreiter) und die Trommel trägt auf ihrem Pergament einfach die Inschrift: »Landsturm-Trommel

aber die Schuljugend aller benachbarten Dörfer, von Brunne, Dechtow und Karwesee kommen von links und rechts herbei und marschiren dem gemeinschaftlichen Sammelplatze, dem Hakenberger Kirchhofe zu. Hier begrüßt man sich; Prediger und Magistrate stellen sich an die Spitze, und gegen tausend Mann stark, darunter sechshundert Kinder, geht es mit Sang und Klang nach dem Denkmal hinaus. Vor demselben wird Kreis geschlossen, der Hakenberger Geistliche tritt in die Mitte und hält eine kurze Ansprache an die Kinder, worin er sie auffordert, gute Preußen und gute Brandenburger zu sein, und wenn es Noth thut, an jedem Tag im Jahre so brav und tapfer zu Land und Thron zu stehen, wie am 18. Juni 1675 ihre Väter hier gestanden haben. Dann giebt es ein Hurrah und Mützenschwenken, und Musik vorauf, gemeinhin nach den Klängen des »alten Dessauers« marschiren nun Alt und Jung über das eigentliche Schlachtfeld hinweg, jener Hügelreihe zu, die nach Süd-Osten hin, den ziemlich schmalen Streifen, auf dem gekämpft wurde, begränzt. Die höchste dieser Hügelkuppen, kahl und unscheinbar und nur im Hintergrunde von einigen Pappeln überragt, heißt der Kurfürstenberg, weil von ihm aus der Kurfürst den Angriff und die Bewegungen der Schlacht leitete. Auf diesem und dem benachbarten Froben-Hügel macht man Halt, und unter allerhand Turnerspielen, mit Ringen und Laufen, Springen und Klettern verbringt die Jugend den Tag, bis spät am Nachmittag der Rückzug in die Städte und Dörfer beginnt.

Das ist ein Volksfest im besten Sinne des Worts, besser als unsere großstädtischen Festzüge, denen jeder geistige Mittelpunkt (wenn sie ihn jemals hatten) längst abhanden gekommen ist. Es gibt nichts kläglicheres, als die Volkslustbarkeiten unserer Residenzen, als der »Stralauer Fischzug« und alles, was ihm ähnlich sieht. In unsern *kleinen* Städten aber steckt noch ein guter und gesunder Rest von Volks- und Kinderfesten, und jeder, der ihnen beiwohnt, wird sich erheitert und gehoben fühlen. Man wirft unserem norddeutschen Leben vor, daß es nüchtern sei und des poetischen Schwunges entbehre.

für Linum, 4te Compagnie, 1813.« Aber trotz der Inschrift bleibt es die Schwedentrommel von 1675.

Das ist in gewissem Sinne wahr. Es fehlt uns das Bunte der Costüme und das Coulissenwerk einer Wald- und Bergnatur, und weil wir dieser Requisiten entbehren, mag bis zu einem gewissen Grade die Lust und die Fähigkeit in uns verkümmert sein, ein Schauspiel im großen Stile aufzuführen. Es fehlt uns außerdem die katholische Kirche, die große Lehrmeisterin der Festzüge und Processionen. Zugegeben das. Aber ein neues Volk, wie wir sind, dessen Traditionen über den Tag von Fehrbellin kaum hinausreichen, hat sich hierzulande eben alles abweichend von dem sonst Ueblichen gestaltet, und mit einem ganz neuen Lebensinhalt ist eine neue Art von Volkspoesie, mit dieser Poesie aber eine neue Art von Volksfesten geschaffen worden. *Das Soldatische hat sich zum poetischen Inhalt unseres Volkslebens ausgebildet.* Wir feiern Dennewitz und Großbeeren, und wenn wir an malerischem Effekt und an gutem Humor hinter den Volksfesten des Rheins und der Donau zurück bleiben mögen, so haben wir vielleicht einen bestimmteren Inhalt, einen geistigeren Mittelpunkt vor ihnen voraus. Es ist ein Unterschied, ob man in hundert lang bespannten Wagen auf die Theresienwiese fährt, um den König Gambrinus und vor allem sich selber leben zu lassen, oder ob man ernst und schmucklos sich auf den Kunersdorfer Höhen lagert, um den Jahrestag einer unglücklichen Schlacht zu begehen und die Stelle aufzusuchen, wo Prittwitz den schon verlorenen König in die Mitte seiner Husaren nahm. Wir verachten den König Gambrinus und seine Feier nicht, aber man soll auch *unsere* Art und Weise gelten lassen.

Wir verließen nun das Denkmal, beschrieben auf dem Rückwege zunächst einen Bogen, um vom Kurfürstenberge aus nochmals einen Überblick über das Schlachtfeld zu haben, und begaben uns dann nach Dorf Hakenberg, wo unser historischer Forschereifer den Geistlichen, von dessen Freundlichkeit wir allerhand Aufschlüsse und Anekdoten erwarteten, bei Tische unterbrach. Er ließ uns diese Störung nicht entgelten und war sogar freundlich genug, das, was er an historischen »Kosthäppchen« uns beim besten Willen nicht bieten konnte, durch eine freundliche Einladung zum Mittagessen ausgleichen zu wollen. Wir lehnten ab und machten statt dessen einen Spaziergang über den reizend gelegenen Hügelkirchhof, auf dessen höchster Spitze sich der Backsteinbau einer alten gothischen Kirche mit halb eingestürztem Dach erhebt. Diese Kirche, wie wir später vernahmen, geht einem gründlichen Umbau entgegen, der mit besonderer Rücksichtnahme auf den Fehrbelliner Schlachttag eingeleitet werden soll. Der Thurm wird wesentlich erhöht und nach Art alter Castellthürme mit vier Seitenthürmchen geschmückt werden, die wie eben so viele Ausluge (lookouts) aus der Mauerzinne hervorspringen sollen. Von diesen Thürmchen aus wird man dann nach allen Seiten hin einen prächtigen Ueberblick über das Luch und das Höhenland haben, bis Cremmen und Oranienburg, bis Nauen und Ruppin. Auch das Innere der Kirche wird mit besonderer Rücksicht auf den Schlachttag restaurirt und mit Votiv- und Erinnerungstafeln geschmückt werden. Wenn ich nicht irre, sind auf dem Hakenberger Kirchhof einige hervorragende Führer, die bald nach der Schlacht ihren Wunden erlagen, begraben worden, und ein gemeinschaftliches Grabmonument zu Ehren dieser würde vielleicht die beste Gelegenheit zu einer Inschrift und Mahnung bieten. Kommt dieser Plan zur Ausführung, so wird die Kirche zu Hakenberg über kurz oder lang zu einem Wallfahrtsplatz unserer Mark, zu einem Zielpunkt für Turnerfahrten und Schulexcursionen werden. Fehrbellin und das Luch, der alte Friedhof und seine Kirche, der Kurfürstenberg und das Denkmal, daraus baut sich schon ein Stück Interesse auf, und die Marmortafeln, die dann beim Eintritt in die Kirche von Derffling und Froben, von Treffenfeld und dem Prinzen von Hessen-Homburg melden werden, werden aus dem kleinen Sagenkreis einen Zauberkreis für junge Herzen schaffen.

Ich mag nicht schließen, ohne meiner Schilderung eine kurze Legende hinzugefügt haben, die, an den Fehrbelliner Schlachttag anknüpfend, zugleich den Hang zum *Legendenhaften* zeigt, der, wie die Freude am Mährchen und an der Sage, im Herzen jedes unverbrauchten Volkes lebt.

In alten Zeiten, wo innerhalb der Kirche das ganze geistige Leben des Volkes lag, wuchs auch die Legende nur auf kirchlichem Boden, und der Heiland und seine Jünger, die Heiligen und fromme Mönche hatten das schöne Vorrecht, die Träger einer solchen Legende zu sein. Der märkische Boden hat nicht Zeit gehabt, solche Legenden zu zeitigen, denn die katholische Kirche hat es nie zu einer Glanz- und Blüthenzeit auf diesem Boden gebracht. Kaum siegreich über die heidnischen Wenden, kaum fest geworden in ihrem Besitz, sah sie schon die Zeit des Verfalls kommen, die unmöglich Blumen hervorbringen konnte, wie sie immer nur auf dem Boden des Glaubens und eines unerschütterten Vertrauens gewachsen sind. Die Marken, wenn man den Ausdruck gestatten will, wurden um ihre Legendenzeit betrogen, wie manche Kinder um ihre Jugend betrogen werden; aber in derselben Weise, wie Kinder, die nie Kinder sein durften, in späteren Lebensjahren ein rührendes Verlangen zeigen, spielen und »dalbern« zu können, in derselben Weise, scheint es, haben die Brandenburger sich schadlos zu halten gesucht.

Sie haben ihre Lieblingsfürsten unter den Hohenzollern zu halb sagenhaften Gestalten ausgebildet und sie zu Trägern lieblicher Legenden gemacht. Die Geschichte von Froben gehört theilweis hierher; sie ist eine Sage, die nur da entstehen konnte, wo die »*Treue*« wie eine Pflicht und ein Bedürfniß im Herzen des Volkes empfunden wurde. Die Geschichte vom Hakenberger Bauernkind aber geht noch einen Schritt weiter und nimmt völlig den Charakter und die Formen einer Legende an.

Der Kurfürst, als er zur Schlacht ritt, so erzählt die Legende, kam durch Hakenberg. Das Dorf war ausgestorben und leer, nur auf der Schwelle eines Hauses saß ein dreijähriger Blondkopf, den die fliehenden Dörfler in der Hast und Unruhe des Augenblicks im Dorf zurückgelassen hatten. Er streckte die Händchen nach dem Fürsten aus. Der Kurfürst hielt sein Pferd an, bückte sich tief, hob das Kind auf und setzte es vorn auf seinen Sattel. »Wirst schon jemand finden«, dachte er, »der sich seiner annimmt.« So ritt er aus dem Dorf. Aber da war niemand, der Lust gehabt hätte, sich des Kleinen anzunehmen; die schwedischen Geschütze schickten bereits Kugel auf Kugel herüber und der Kurfürst selbst vergaß des Kindes, das ruhig und furchtlos auf der Sattelkruppe saß.

Das Regiment Mörner kam eben vorüber und der Kurfürst setzte sich an seine Spitze. Die Brandenburger hieben sich wacker durch das Regiment Dalwigk hindurch und die Schweden flohen. Als der Kampf vorüber war und Kurfürst Friedrich Wilhelm sich im Sattel hob, um aufathmend dem Gott der Schlachten für diesen Sieg zu danken, sah er den Blondkopf, der, mit beiden Händen am Riemenwerk des Panzers sich festhaltend, furchtlos zu seinem Retter aufblickte. Hier bricht die Legende ab. Der Kurfürst hatte das Kind und das Kind hatte den Kurfürsten gerettet, denn der Blondkopf, der auf der Schwelle des *Bauern*hauses saß, war deutungsreich – der Schutzgeist der Hohenzollern.

Fehrbellin in Sage, Kunst und Dichtung

Großes zählt zu den fremden Dingen,
Kleines steht näher und läßt sich bezwingen;
Großes drückt wie ein schwerer Stein,
Aber das Kleine schmeichelt sich ein.

Das Große soll herrschen, und es herrscht auch. Aber, wie paradox es klingen mag, neben dem Großen herrscht gleich das *Kleine*, und in vielen Fällen läuft es dem Großen den Rang ab. Es zieht sich ein gewisses »Davidthum, das den Goliath schlug«, durch die ganze Weltgeschichte. Sagen und Märchen behandeln dies Thema in allen Formen und die Dänen haben ein Nationallied »das Lob der Kleinen«. Der Instinkt des Volks (denn wir sehen etwas Tieferes darin, als nur Laune oder Zufall) geht seine eignen Wege. Ein Dichter schreibt Dramen und Epopöen, nach 50 Jahren sind sie vergessen; – aber ein Wein- oder Wanderlied, das er als Student trällernd improvisirte, als er den Rheingau oder die Bergstraße entlang zog, es kommt auf die Nachwelt. Fürsten regieren ein halb Jahrhundert und darüber, sie erobern eine Provinz, sie schreiben ein Gesetzbuch, und niemand weiß es, – nichts lebt fort von ihnen, als ein Bonmot, oder eine Liebschaft mit einer Bäckerstochter.

So ist es auch mit Schlachten und militärischen Großthaten. Nichts scheint gleichgültiger als Menschenhekatomben. Große dreitägige Massacres, ganze Kriegsabschnitte (ich erinnere nur an unsere Kriege von 1793-95) werden vergessen und kleine Scharmützel leben fort. Wer in unsrer Mark, Fachleute und die nächsten Anwohner abgerechnet, kennte die blutige Schlacht bei Wittstock (24. September 1636) und wer andrerseits kennte *nicht* den Tag von »Fehrbellin«. Und doch wurden beide Schlachten in demselben Jahrhundert und fast auf demselben Terrain geschlagen; Schweden und Deutsche standen sich in beiden Fällen einander gegenüber; Banier war berühmter als Wrangel; das eine war eine große Schlacht, das andre ein bloßes Reitergefecht, und doch ist Wittstock vergessen und Fehrbellin lebt fort in aller Herz und Mund. Freilich es war ein *erster* Sieg, allein und mit *eignen* Mitteln über einen fast für unüberwindlich gehaltenen Gegner davongetragen; freilich hatte dieser Reiterkampf seine poetischen Momente (abgesehen von Allem, was später poetisch *hineingetragen* wurde), aber wie viele Erklärungen sich finden lassen mögen – und wir sind keineswegs gewillt, etwas unerklärliches darin erblicken zu wollen – sie ändern nichts an der Thatsache, daß das Kleine, der Liebe nach die es weckt, das Große oft weit hinter sich zurück läßt, und daß der Tag von Fehrbellin unserem märkischen Volke mehr ans *Herz* gewachsen ist, als die großen Tage von Prag und Leuthen, vielleicht selbst als die Tage von Leipzig und Waterloo. In der Geschichte füllen diese großen Tage freilich ein größeres Blatt, aber sie müssen zurücktreten gegen Fehrbellin in Sage, Kunst und Dichtung.

Ich stelle nachstehend zusammen, wo überall ich dem Fehrbellin-Stoff zumal in Liedern und Balladen, begegnet bin.

Sagen

1. Der Sagen-Cyclus der an den Landrath *von Briest* auf Bamme und an die Ueberrumpelung von *Rathenow* anknüpft.

2. *Fr. Rambach:* Der große Kurfürst vor Rathenow. Vafürst vorn auf den Sattel setzte und mit in die Schlacht nahm. (Vgl. das vorige Kapitel.)

3. Die Sage von dem Ungehorsam, der Verurtheilung und Begnadigung des Prinzen von *Hessen-Homburg.*

4. Die Froben-Sage (der Pferdetausch in der Schlacht).

Dramatische Arbeiten

1. *Blum:* Das befreite Rathenau. Schauspiel. (Leipzig, Weygand, 1775.)

2. *Fr. Rambach:* Der große Kurfürst vor Rathenow. Vaterl. Schauspiel. (Berlin. Maurer, 1795.)

3. *E. Mehrmann:* Friedrich Wilhelm der Große oder Rathenow's Errettung. Vaterl. Schauspiel in 4 Akten. (Rathenow, Flick, 1826.)

4. *Heinrich von Kleist:* Prinz Friedrich von Hessen-Homburg.

5. *Leo Goldammer:* Vom Rhein zum Rhin.

6. *Hans Koester:* Der große Kurfürst. Hist. Schauspiel in 5 Akten.

(Die Zahl der geschriebenen, aber weder aufgeführten noch gedruckten Dramen, die ebenfalls *Fehrbellin und Rathenow* zum Gegenstand haben – so bemerkt mein auf dem Felde des Drama's wohlbewanderter Gewährsmann – ist wahrscheinlich Legion.)

Balladen. Erzählende Gedichte

1. *Balthasar Müller* (Subrektor des Joachimsthaler Gymnasiums): Ehren- und Trauergedicht über Emanuel v. Froben. 1675.

2. König Davids und seiner Unterthanen Kriegs- und Siegeslitanei, von Chr. Gottschalk. Guben 1675.

3. *v. Besser's* Verse auf die Schlacht bei Fehrbellin.

4. *Wagner:* Der große Kurfürst und Stallmeister Froben bei Fehrbellin.

»Elf stehn jetzt wider sieben, zurück ist das Geschütz«,
So warnen die Genrale. Ihn dünkt die Red' unnütz.
»Wollt ihr die Feinde zählen, so thut es, wenn sie todt;

Folgt meinem Beispiel, Kinder«; – dies war sein einziges Gebot. etc.

5. *Julius Curtius:* Fehrbellin und der Prinz von Hessen-Homburg.

Auch in Brandenburgs Gefilden fließt ein Wasser, *Rhein* genannt,
Schlingt sich durch beblümte Wiesen und durch braunes Haideland. etc.

6. *Julius Minding:* Fehrbellin.

Herr Kurfürst Friedrich Wilhelm, der große Kriegesheld,
Seht, wie er auf dem Schimmel vor den Geschützen hält;
Das war ein rasches Reiten vom Rhein bis an den Rhin,
Das war ein heißes Streiten am Tag von Fehrbellin. etc.

7. *Das Lied vom Feldmarschall Derfflinger.* (Volkslied.)

Unterdessen war es den Schweden eingefallen
In die Mark hereinzufallen,
Streiften schon bis bei Berlin.
Wollten sich auch weiter wagen,
Wurden auf das Haupt geschlagen:
O du schöne Schlacht bei Fehrbellin!

8. *G. Hesekiel:* Der große Kurfürst bei Fehrbellin!

Da mit Pauken und Trompeten
Fielen in das Land die Schweden,
Weil der Churfürst nicht daheim,
Bei dem Heere an dem Rhein
Gegen die Franzosen.

Friedrich Wilhelm störte endlich
Dieses Leben gar zu schändlich,
Eilte mit der Reiterei
Ueber Magdeburg herbei,
Gnad' euch Gott, ihr Schweden!

»Frisch! getrommelt und gepfiffen
Kinder«, rief er, »angegriffen,
Daß die Kerle sehen ein,
Daß wir wieder heime sein,
Ich und meine Reiter!«

Und nun ging es auf die Schweden,
Trotz Kanonen und Musketen
Thäten sie wie Schelme fliehn
Durch den Sand bei Fehrbellin.
Liefen bis zum Meere.

Dreizehnhundert Schweden lagen
Auf dem blut'gen Sand erschlagen;
Die man auf der Flucht noch fing,
Deren Zahl war nicht gering,
Auch noch nah an Tausend.

Und der Churfürst stieg vom Pferde,
Kniete nieder auf die Erde,
Dankte Gott für seinen Sieg,
Denn absonderlich im Krieg
Lernet sich das Beten.

9. *G. Hesekiel:* Das Kind von Fehrbellin.
Der Churfürst reitet gewaltig zur Schlacht
Mit seinen Paladinen,
Der Derffling, Görtzcke, Hennig, Kracht
Sind allesammt erschienen,
Churbrandenburg'sche Reiterwacht,
Und Gott im Himmel mit ihnen. etc.

10. *G. Hesekiel:* Emanuel von Froben.
Und an Friedrich Wilhelm's Seit'
Emanuel von *Froben* reit't,
War ein Diener treu wie Gold,
Was er heute zeigen sollt'. etc.

11. *G. Hesekiel:* Hennig v. Treffenfeld.
Wer so die Feinde treffen kann
Im Feld, der ist ein Edelmann,
Steht auf mein tapfrer Kriegesheld
Als *Hennig* Herr von *Treffenfeld.* etc.

12. *Friedrich v. Sallet:* Der Derfflinger.
Ein Gott den Soldaten, ein Teufel im Streit,
Wie maß er der Schwedischen Heer
Bei Fehrbellin die Läng' und die Breit'; –
Die eiserne Elle war schwer. etc.

13. *Eugen Herzog von Württemberg:* Fehrbellin.
Es stürmen die Reiter wie Windsbraut daher,
Es schmieden die Schwerter wie Hämmer so schwer,
Und schmettern die Donner des Feindes darein,
Es gilt im Getümmel der Vorderste sein. etc.

14. *Julius Metz* (Landwehrmann aus Luckenwalde): Im Feld bei Fehrbellin.
Im Kriegsgefild bei Fehrbellin, wenn naht die Mitternacht,
Wenn Alles ruhig schlummert, und kaum ein Sternlein wacht,
Da wird, wenn's zwölf geschlagen, die Nacht zum hellen Tag,
Die Luft erdröhnet mächtig, wie von Geschütze Schlag. etc.

Denkmäler. Bilder

1. Denkmal in Rathenow.
2. Denkmal auf dem Fehrbelliner Schlachtfeld.
3. Gobelin-Tapete im Königl. Schloß: Schlacht bei Fehrbellin.
4. *Eybels* großer Kurfürst bei Fehrbellin (im Königl. Schloß).
5. *Weitsch:* Der Prinz von Hessen-Homburg als Gefangener vor dem Kurfürsten. (Wahrscheinlich im Königl. Schloß; im Stich mannigfach verbreitet.)
6. *Bernhard Rode:* Die Schlacht bei Fehrbellin. (Im Besitz des Geh. Commerzienraths Fretzdorff in Stettin.)

Diese Aufzählungen – deren gewiß vielfache Lücken ich die Leser meines Buches ersuche, je nach dem Maß ihres beßren Wissens auf diesem oder jenem Gebiet ausfüllen zu wollen – werden trotz ihrer Unvollständigkeit ausreichen, ein Bild davon zu geben, was »Fehrbellin« zu allen Zeiten dem

Gemüth unsres Volkes gewesen ist. Keine Schlacht, von den vielen die kamen, hat jenen ersten »achtzehnten Juni« zu überflügeln oder zu verdrängen vermocht. Und das *letzte* Bild ist noch nicht gemalt und das *letzte* Lied noch nicht gesungen.

Literaturverzeichnis

Andersson, Ingvar, *Schwedische Geschichte*, München 1950

Demandt, Karl E., *Geschichte des Landes Hessen*, Kassel 1972

Duvenbeck, Brigitte, Die Waldensersiedlung, in: *Mitteilungen des Vereins für Geschichte und Landeskunde zu Bad Homburg vor der Höhe* (im folgenden zitiert: *Mitteilungen*), Jahrg. 32, Bad Homburg 1974

Fay, Sidney, B., *The Rise of Brandenburg-Prussia to 1786*, New York 1966

Fontane, Theodor, *Wanderungen durch die Mark Brandenburg*, Band 1, Die Grafschaft Ruppin, München 1960

Grünewald, Karl, Friedrich der Ältere und seine Zeit, in: *Mitteilungen*, Jahrg. 26, Bad Homburg 1958

Jacobi, Heinrich, Die Glashütten des Landgrafen Friedrich II. von Hessen-Homburg, in: *Mitteilungen*, Jahrg. 27, Bad Homburg 1960

Jungfer, Johann, *Der Prinz von Homburg*, Berlin 1890

Kleist, Heinrich von, *Prinz von Homburg*, herausgegeben und kommentiert von Richard Samuel, London 1957

Lauring, Palle, *Geschichte Dänemarks*, Neumünster 1964

Lotz, Friedrich, *Geschichte der Stadt Bad Homburg vor der Höhe*, Band I, Begegnung mit Urkunden, und Band II, Die Landgrafenzeit, Frankfurt/Main ^{2}1977 und 1972.

Oestreich, Gerhard, *Friedrich Wilhelm, der Große Kurfürst*, Göttingen 1971

Rommel, Dietrich Christoph von, *Geschichte von Hessen*, Band 9, Gotha und Kassel 1820-1858

Schleussner, A., Über eine Blockade Homburgs durch Darmstädter Truppen im Jahre 1699, in: *Mitteilungen*, Jahrg. 7, Bad Homburg 1903

Schottmüller, Konrad, *Fehrbellin*, Berlin 1875

Schulze, Ernst, Lebensbeschreibung des Prinzen Gruno von Hessen-Homburg, in: *Mitteilungen*, Jahrg. 26, Bad Homburg 1958

Schwartz, Karl, *Landgraf Friedrich V. von Hessen-Homburg und seine Familie,* Rudolstadt 1878, ^{2}1888

Theatrum Europaeum, Band XI, 1682, hier: Fehrbellin; herausgegeben, eingeleitet und mit Anmerkungen versehen von Harald von Koenigswald, in: *Kriegsgeschichtliche Bücherei,* Band 14, Berlin 1936

Thomsen, Knut, Die Bemühungen Hessen-Homburgs um Sitz und Stimme im Bundestag, in: *Mitteilungen,* Jahrg. 30, Bad Homburg 1966

Verdy de Vernois de, Adrien François, *Histoire généaloique et chronologique de la Sérénissime maison de Hesse-Hombourg,* Berlin 1791

Winter, Georg, Die Schlacht bei Fehrbellin, in: *Ruppiner Heimat,* Heft 1, Oranienburg 1925

Witzleben, Arwied von/Dr. Hassel, *Fehrbellin. Zum 200jährigen Gedenktag,* Berlin 1875

Namenregister

Kursive Ziffern weisen auf den Anhang hin

Georg I. der Fromme
1547–1596
Landgraf zu Darmstadt
⚭ Gräfin Magdalena zur Lippe

Philipp III.
1581–1643
Landgraf zu Butzbach

Friedrich I.
1585–1638
Landgraf zu Homburg
(s. Tafel III)

Johann
1609–1651
Landgraf zu Braubach

Friedrich
1616–1682
Fürstbischof von Breslau
und Kardinal

Georg III.
1632–1676
Landgraf zu Itter

Sophie Eleonore
1634–1663
⚭ Landgraf Wilhelm
Christoph von Homburg

Georg
1669–1705
Kaiserl. Feldmarschall

Elisabeth Dorothea
1676–1721
⚭ Landgraf Friedrich
Jakob von Hessen-Homburg

Ludwig Philipp
1623–1643

Georg
geb. u. † 1624

Christine Wilhelmine
1653–1722
⚭ 1671 Herzog Friedric
von Mecklenburg-Grabc
1638–1688

2. Ehe

Charlotte
1672–1738
⚭ 1694
Herzog
Johann
Ernst III.
von Sachsen-
Weimar
1664–1707

Friedrich III. Jakob
1673–1746
folgt als reg. Land-
graf zu Homburg 1708
1. ⚭ 1700 Landgräfin
Elisabeth Dorothea
von Darmstadt
1676–1721
2. ⚭ 1728 Gräfin
Christiane Charlotte
von Nassau-Ottweiler
1685–1761

Karl
Christian
1674–1695

Hedwig Louise
1675–1760
⚭ 1718 Graf
Adam
Friedrich
von Schlieben
1677–1752

Philipp
1676–1703

Ludwig Gruno
1705–1745
⚭ 1738 Prinzessin
Anastasia Trubetzkoj
1705–1755

Johann Karl
1706–1728

e der Europäischen Staaten",

Hermann I., gest. 1368
Landgraf zu Nordeck

nrich III. 1440–1483
ndgraf zu Marburg

–1478
rburg

Wilhelm III. 1471–1500
Landgraf zu Marburg

Wilhelm IV.
1532–1592
Landgraf zu Kassel
⚭ Herzogin Sabine von Württemberg

Moritz der Gelehrte
1572–1632
Landgraf zu Kassel bis 1627
1. ⚭ Gräfin Agnes von Solms † 1602
2. ⚭ Gräfin Juliane von Nassau-Siegen

Wilhelm V.
1602–1637
Landgraf zu Kassel
⚭ Gräfin Amalie Elisabeth
von Hanau

Hermann III.
1607–1658
Landgraf zu Rotenburg

Fried
1617–
Landgraf zu

Wilhelm VI.
1629–1663
Landgraf zu Kassel
⚭ Markgräfin
Hedwig Sophie
von Brandenburg

Wilh
1648–
Landgraf zu
(Nachko

Wilhelm VII.
1651–1670
Landgraf zu Kassel

Karl
1654–1730
seit 1670 regierender
(Nachkommen)
Landgraf zu Kassel

Phili
1655–
Landgraf zu P
(Nachko

Stammtafel II

Philipp I. der Großmütige (1504–1567)
seit 1509 Landgraf von ganz Hessen
⚭ Herzogin Christine von Sachsen
(2. Ehe ⚭ zur linken Hand: Margarete von der Saale)

Ludwig IV.
1537–1604
Landgraf zu Marburg

Philipp II.
1541–1583
Landgraf zu Rheinfels

Ludwig V.
1577–1626
Landgraf zu Darmstadt
⚭ Markgräfin Magdalena
von Brandenburg

ch
559
Eschwege

Ernst
1623–1693
Landgraf zu Rheinfels
⚭ Gräfin Maria Eleonore
von Solms

Georg II.
1605–1661
Landgraf zu Darmstadt
⚭ Prinzessin Sophie
Eleonore von Sachsen

m
725
Rotenburg
men)

Karl
1649–1711
Landgraf zu Wanfried
(Nachkommen)

Ludwig VI.
1630–1678
Landgraf zu Darmstadt
1. ⚭ Herzogin Maria
Elisabeth von Holstein-
Gottorp † 1665
2. ⚭ Herzogin Elisabeth
Dorothea
von Sachsen-Gotha

p
721
hilippsthal
men)

Ludwig VII.
1658–1739
Landgraf zu Darmstadt

Ernst Ludwig
1667–1739
Landgraf zu Darmstadt
(Nachkommen)

Stammtafel I

(Auszug nach Isenburg-Loringhoven „Stammtafel zur Geschich
Band I, Marburg 1965)

Heinrich I. 1244–1308
aus dem Hause Brabant
1265 Landgraf von Hessen

Otto ca. 1272–1328
Landgraf von Hessen

Heinrich II. ca. 1299–1376
Landgraf von Hessen

Ludwig, gest. 1345
nicht regierender Landgraf

Hermann II. der Gelehrte
ca. 1340–1413
Landgraf von Hessen

Ludwig I. 1402–1458
Landgraf von Hessen

Ludwig II. 1438–1471
Landgraf zu Kassel

H
L

Wilhelm I. 1466–1515
Landgraf zu Kassel

Wilhelm II. 1469–1509
Landgraf zu Kassel
(Mitregent) seit 1500
zu Marburg

Ludwig III. 146
Landgraf zu M

Philipp I. der Großmütige
1504–1567
Landgraf von ganz Hessen
(s. Tafel II.)

Stammtafel IV

Friedrich IV. Karl
1724–1751
folgt 1746 als reg. Landgraf zu Homburg
⚭ 1746 Prinzessin Ulrike Louise von Solms
1731–1792

Friedrich V.
1748–1820
folgt 1751 unter Vormundschaft
1766 selbständig als reg. Landgraf zu Homburg
⚭ 1768 Landgräfin Caroline von Darmstadt
1746–1821

ise Ulrike 72–1854 3 Prinz Karl :hwarzburg- dolstadt 71–1845	Amalie 1774–1846 ⚭ 1792 Erbprinz Friedrich von Anhalt-Dessau 1769–1814	Auguste 1776–1871 ⚭ 1818 Erbgroß- herzog Friedrich Ludwig von Mecklenburg- Schwerin 1778-1819	Philipp 1779–1846 folgt 1839 als reg. Landgraf zu Homburg ⚭ 1838 Antonia Rosalia Pototschnig 1806–1845

Karoline
1819–1872
⚭ 1839 Fürst
Heinrich XX. von
Reuss zu Greiz
1794–1859

Stammtafel III

Friedrich I. (1585–1638)
Landgraf von Hessen zu Homburg seit 1622
1622 Gräfin Margarethe Elisabeth von Leiningen-Westerburg 1604–1667

Wilhelm Christoph
1625–1681
Landgraf zu Homburg
1650–1669
zu Bingenheim seit 1648
1. ⚭ 1650 Landgräfin Sophie
Eleonore von Darmstadt
1634–1663
⚭ 1665 Herzogin Anna Elisabeth
von Sachsen-Lauenburg
1624–1688

Georg Christian
1626-1677
Landgraf zu Homburg
1669–1675
⚭ 1666 Anna
Katharina
von Pogwisch

Anna Margarethe
1629–1686
⚭ Herzog Philipp
Ludwig von Holste
Wiesenburg
1620–1689

Leopold Georg
1654–1675

Magdalena Sophie
1660–1720
⚭ 1679 Graf Wilhelm Moritz
von Solms 1651–1724

Wilhelmine
Marie
1678–1770
⚭ 1711 Graf
Anton von
Aldenburg
1681–1738

Eleonore
Margarethe
1679–1763

Elisabeth
Franziska
Juliana
1681–1707
⚭ 1702 Fürst
Adolf von
Nassau-Siegen
1680–1722

Johanna
Ernestina
1682–1698

Ferdinand
geb. u. † 1683

Friedrich VI. 1769–1829 folgt 1820 als reg. Landgraf zu Homburg ⚭ 1818 Prinzessin Elisabeth von England 1770–1840	Ludwig 1770–1839 folgt 1829 als reg. Landgraf zu Homburg ⚭ 1804 (gesch. 1805) Prinzessin Auguste von Nassau-Usingen 1778–1846	Karoline 1771–1854 ⚭ 1791 Fürst Ludwig Friedrich von Schwarzburg- Rudolstadt 1767–1807	Lo 1 ⚭ 17 von S F 1

n-

Friedrich II.
1633–1708
Landgraf von Hessen zu Homburg
seit 1681
1. ⚭ 1661 Gräfin Margarethe Brahe
1603–1669
2. ⚭ 1670 Prinzessin Louise Elisabeth
von Kurland 1646–1690
3. ⚭ 1691 Gräfin Sophie Sibylle
von Leiningen-Westerburg
1656–1724

3. Ehe

Karl
Ferdinand
1684–1688

Kasimir
Wilhelm
1690–1726
⚭ 1722 Gräfin
Christine
Charlotte
von Solms
1690–1751

Friedrich IV.
1724–1751
Ludwig
(s. Tafel IV)

Ulrike
Sophie
1726–1792

Ludwig Georg
1693–1728
⚭ 1710 Gräfin
Christine
von Limpurg
1683–1746

Sophie
1714–1777
⚭ 1727 Fürst
Karl Philipp
von Hohen-
lohe 1702–1763

Friederike
Sophie
1693–1694

Leopold
geb. u. †
1695

Gustav
1781–1848
folgt 1846 als
reg. Landgraf
zu Homburg
⚭ 1818 Prinzessin
Louise von
Anhalt-Dessau
1798–1858

Ferdinand
1783–1866
folgt 1848 als
letzter reg. Landgraf
zu Homburg

Amalia Maria Anna
1785–1846
⚭ 1804 Prinz
Wilhelm von
Preußen
1783-1851

Leopold
1787–1813

Elisabeth
1823–1864

Friedrich
1830–1848
Erbprinz
von Homburg

Autor und Verlag danken

Herrn Professor Dr. Eckhart Franz und seinen Mitarbeitern (Hessisches Staatsarchiv, Darmstadt); Herrn Dr. Hans-Joachim Witzel (Verein für Geschichte und Landeskunde, Bad Homburg v. d. H.); Frau Dr. Hilde Miedel (Magistrat der Stadt Bad Homburg v. d. H., Stadtarchiv); Frau Sabine Höhne (Magistrat der Stadt Bad Homburg v. d. H., Kulturamt); Herrn Dr. Wolfgang Einsingbach, Herrn Werner Jagott (Verwaltung der staatlichen Schlösser und Gärten Hessen, Bad Homburg); Herrn Karl Ebinghausen (Stadtarchiv Friedrichsdorf/Ts.); Frau Britta Helander-Hörnlund, Stockholm, für die freundliche Hilfe bei der Erarbeitung der Grundlagen für dieses Buch.

Bildnachweis

Die Fotos für den Bildteil wurden zur Verfügung gestellt von Archiv für Kunst und Geschichte, Berlin; Bayerische Staatsgemäldesammlungen, München; Bildarchiv Preußischer Kulturbesitz, Berlin; Karl Ebinghausen, Stadtarchiv Friedrichsdorf/Ts.; Stadtarchiv, Bad Homburg v. d. H.; Svenska Porträttarkivet, Nationalmuseum, Stockholm; Ullstein Bilderdienst, Berlin; Verwaltung der Staatlichen Schlösser und Gärten, Bad Homburg v. d. H.

Inhalt

ANHANG